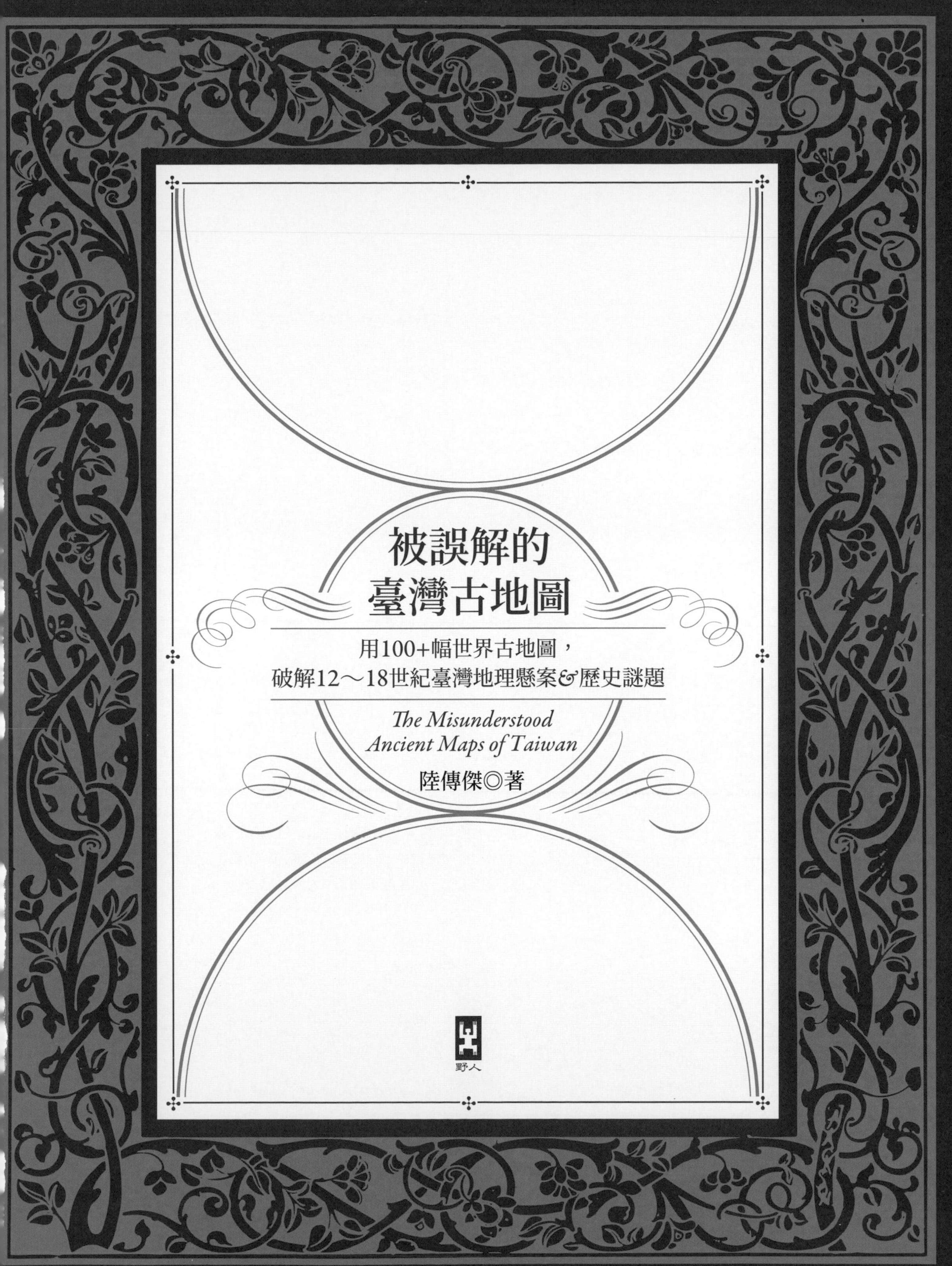

被誤解的臺灣古地圖

用100+幅世界古地圖，
破解12～18世紀臺灣地理懸案&歷史謎題

The Misunderstood Ancient Maps of Taiwan

陸傳傑◎著

野人

國家圖書館出版品預行編目(CIP)資料

被誤解的台灣古地圖：用100+幅世界古地圖，
破解12-18世紀台灣地理懸案&歷史謎題／陸傳傑著.
—初版.—新北市：野人文化出版：遠足文化發行，2018.10
面； 公分.—(地球觀：45)
ISBN 978-986-384-317-7 (精裝)
1.古地圖 2.歷史地圖 3.臺灣史
733.35 107016476

地球觀45

被誤解的臺灣古地圖

用100+幅世界古地圖，破解12~18世紀臺灣地理懸案&歷史謎題

作　者　陸傳傑

社　長　張瑩瑩
總編輯　蔡麗真

責任編輯　蔡麗真
協力編輯　余純菁
專業校對　魏秋綢
美術設計　黃暐鵬
行銷企畫　林麗紅
出　版　野人文化股份有限公司
發　行　遠足文化事業股份有限公司
地址：231新北市新店區民權路108-2號9樓
電話：(02) 2218-1417　傳真：(02) 86671065
電子信箱：service@bookrep.com.tw
網址：www.bookrep.com.tw
郵撥帳號：19504465遠足文化事業股份有限公司
客服專線：0800-221-029

讀書共和國出版集團

社　長　郭重興
發行人兼出版總監　曾大福
印務經理　黃禮賢
印　務　李孟儒
法律顧問　華洋法律事務所 蘇文生律師
印　製　成陽印刷股份有限公司
初版一刷　2018年10月

本書線上讀者回函卡

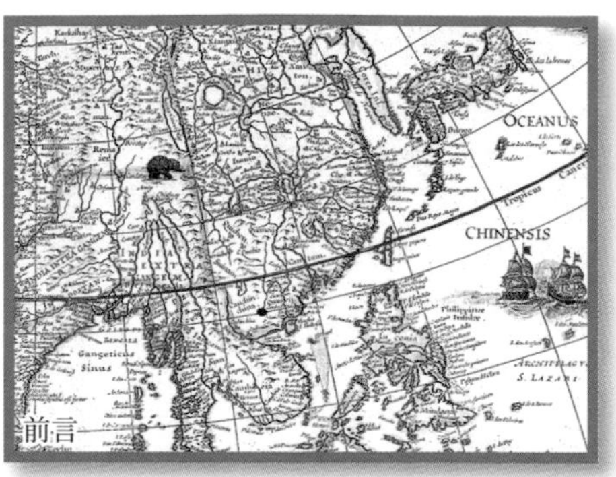

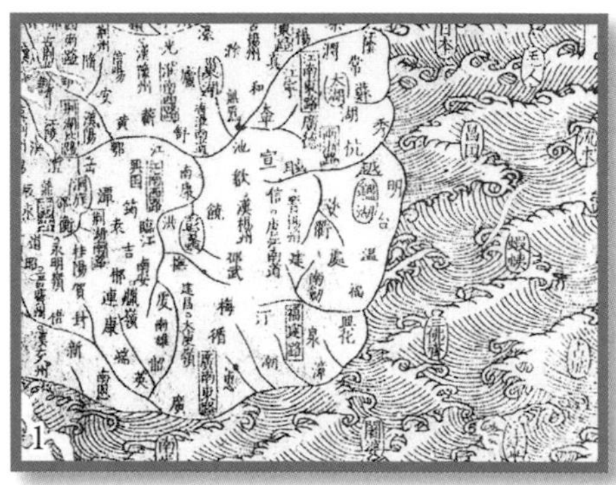

目　錄
CONTENTS

序
以古地圖，訴說臺灣走入世界舞臺的故事……006

前言
一窺歐洲古地圖中〈臺灣創世紀〉的混沌亂象……008

CHAPTER 1 —— 1098-1266年……017
中國古地圖首次出現的流求
是指臺灣？還是琉球群島？抑或兩者皆是
✦「琉球」名稱是明代以後才確立的
✦「流求」是臺灣還是沖繩，在明代之前可能沒有嚴格的區分
✦伊能嘉矩的「一脈相承」論點，史料無法證明
✦幾乎可以推斷《唐十道圖》中的流求國就是臺灣

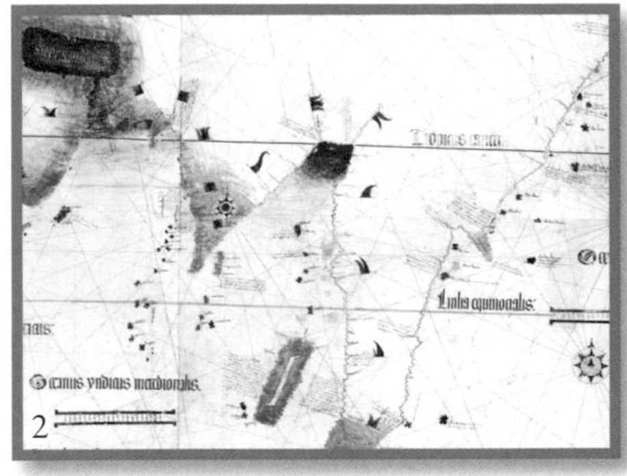
2

4

6

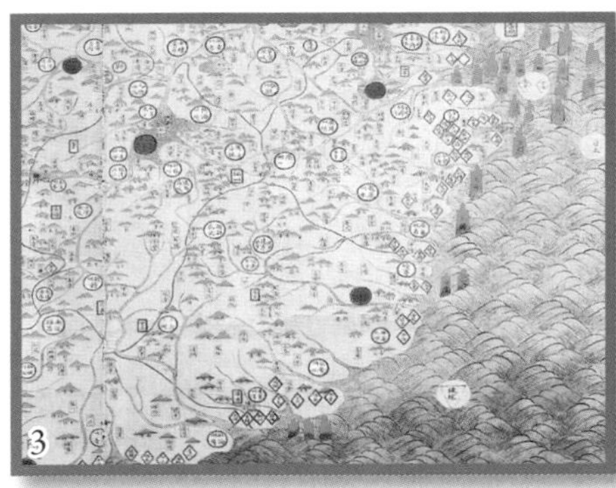
3

5

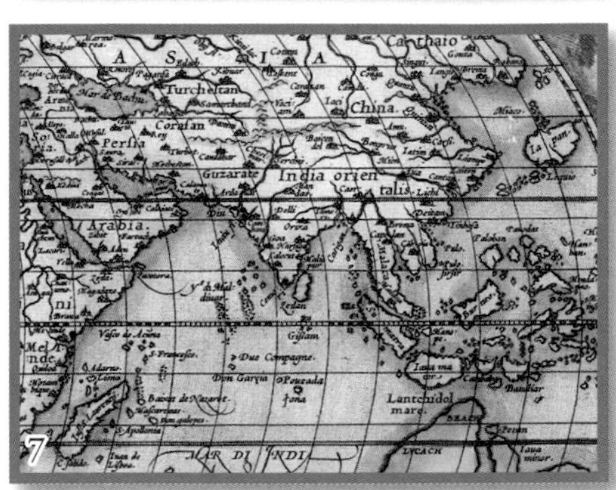
7

CHAPTER 2 —— 1502-1508年……025
臺灣在歐洲古地圖的首部曲
托勒密《地理學》中的東亞
✦托勒密《地理學》開啟了現代地圖學的革命
✦想了解歐洲古地圖中的臺灣，
必須先從發現中國與琉球的航路著手
✦為歐洲引薦兩個新大陸：美洲與中國

CHAPTER 3 —— 1398-1631年……033
明初輿圖上的「琉球」為什麼長得像臺灣？
✦為什麼明代輿圖中的「琉球」和臺灣的輪廓、大小神似？
✦中山國之所以被稱為「琉球」，是冊封使楊載「忽悠」來的？
✦徐曉望的說法真能解釋明代輿圖中的「琉球」為什麼像臺灣？

CHAPTER 4 —— 1502-1529年……039
擺脫托勒密的千年魔咒
葡萄牙人第一次邂逅Lequio
✦Lequio是敲開中國貿易大門的通關密語
✦「知之為知之，不知為不知」的負責任地圖

CHAPTER 5 —— 1550-1568年……045
是Fremosa還是Lequio pequeno？
葡萄牙海圖上的奇異錯誤
✦第一幅畫出福爾摩沙的西方地圖
✦這樣也行？！用一張地圖瓜分世界
✦兩個琉球與北回歸線的疑點
✦把河口看成海峽，臺灣變成三個島
✦地圖出版業崛起，三島式臺灣傳遍歐洲

CHAPTER 6 —— 1561-1605年……055
大明朝兩幅海防輿圖
終於將臺灣從琉球國區分出來！
✦大明朝驚醒！原來臺灣是「野人島」？
✦拍板定案！明代的小琉球就是臺灣
✦中國史上最早的臺灣通

CHAPTER 7 —— 1569-1590年……063
《寰宇概觀》地圖集出版暢銷，
歐洲人最初認識的臺灣是兩個島……
✦地圖商業出版崛起
✦麥卡托開啟現代製圖學
✦16世紀最暢銷的歐提留斯《寰宇概觀》地圖集
✦山寨版古地圖出現獨一無二的錯誤
• 福爾摩沙為何出現在大琉球與小琉球之間？

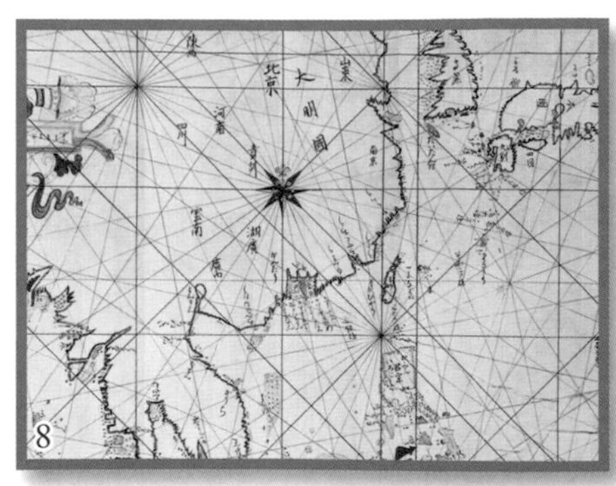
8

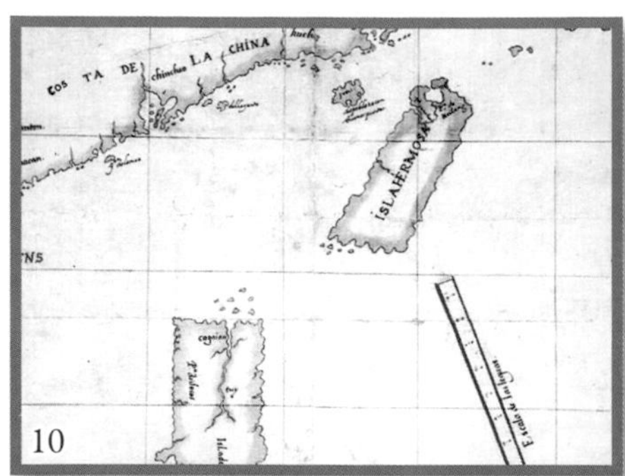
10

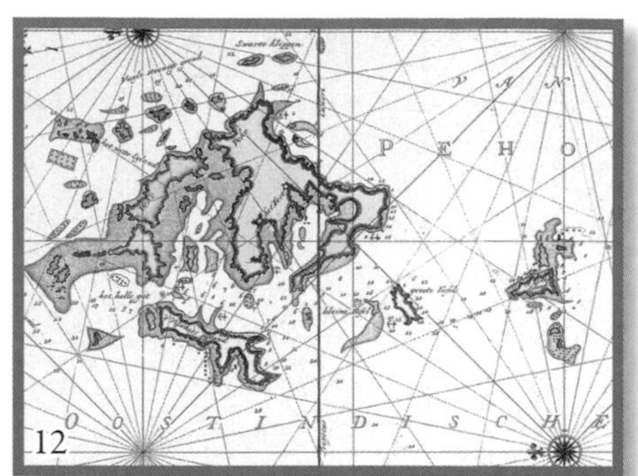
12

9

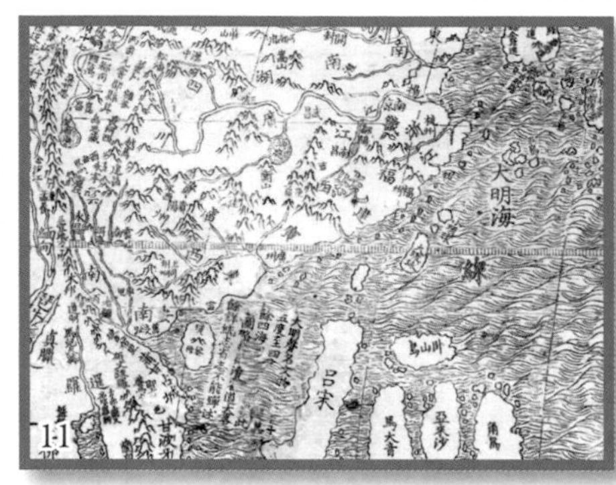
11

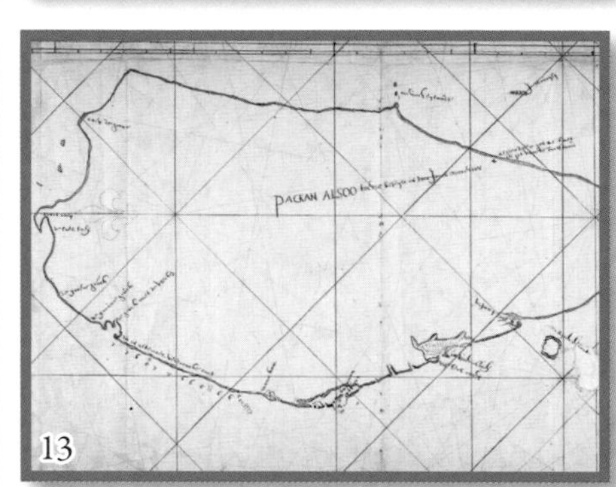
13

CHAPTER 8 —— 1591-17世紀初 ……… 075
「高砂」たかさご與Fermosa的碰撞
江戶幕府朱印船航海圖上的臺灣
✦ 豐臣秀吉的野心，從改地名開始？
✦ 原來一切都是雞頭籠？
✦「高山國」、「高砂國」只是發音不同？
✦ 最後的高砂

CHAPTER 9 —— 1590-1631年 ……… 083
變化多端的臺灣島
16、17世紀歐洲地圖最離奇的錯誤
✦ 臺灣從兩島變成三島
✦ 西方地圖各派形式大融合
✦ 不知從哪來的「微小琉球」
• 西方地圖上臺灣島形變化史

CHAPTER 10 —— 1591-1624年 ……… 093
拜豐臣秀吉的野心之賜，
17世紀之前最優秀的臺灣地圖
✦ 臺灣島像是被咬了一口的「可口奶滋」
✦ 既然豐臣秀吉已死……

CHAPTER 11 —— 1569-1785年 ……… 099
《坤輿萬國全圖》開啟東西方地理訊息交流，
而臺灣卻變成兩個名稱？
✦ 東西方地理信息大融合，臺灣卻反而愈錯愈大
✦ 杜拉多＋布朗休斯＋明代輿圖＝利瑪竇的臺灣？
• 利瑪竇參考了歐提留斯的《世界圖》嗎？

CHAPTER 12 —— 1622-1944年 ……… 109
荷蘭人前進臺灣第一站
澎湖究竟有幾座紅毛城？
✦ 澎潮究竟有幾座紅毛城？
✦ 曹永和為何沒有引用克倫繪製的《澎湖島海圖》？
✦ 克倫的《澎湖島海圖》為何遺漏了風櫃尾紅毛城？
✦ 認定「天啟明城」的關鍵在於規模大小
✦ 嘉慶年版手繪《臺灣輿圖》透露的玄機
✦ 被荷蘭人遺忘的城堡？

CHAPTER 13 —— 1625-1683年 ……… 119
17世紀「北港」是FORMOSA的另一個通稱？
✦ 終於知道臺灣是「一座」島
✦ 因為荷蘭人坐的船叫北港？
✦ 因為中國船員說這裡是北港？

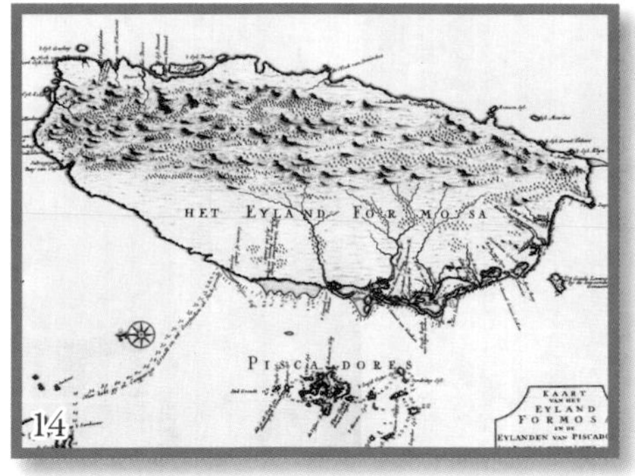
14

16

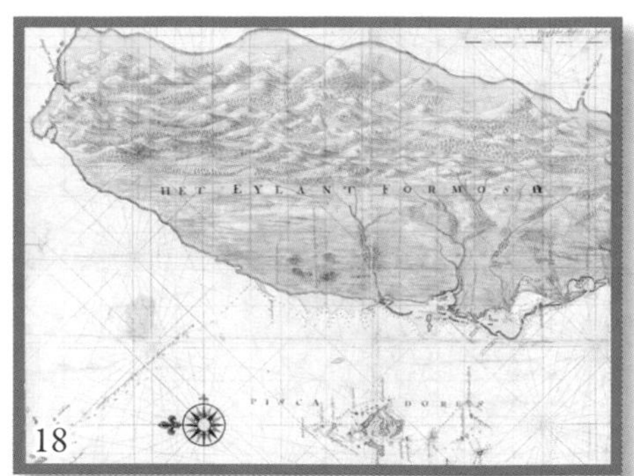
18

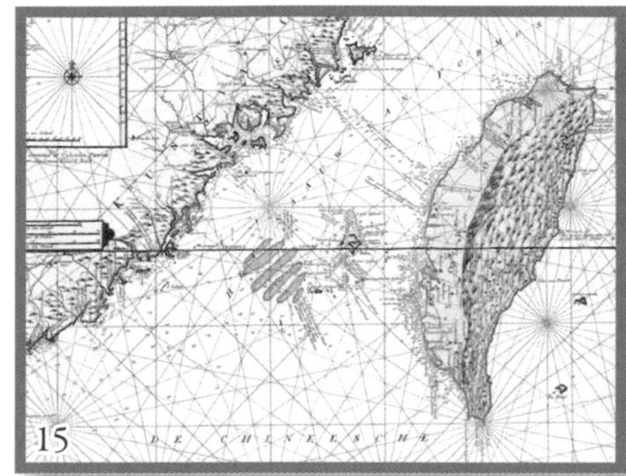
15

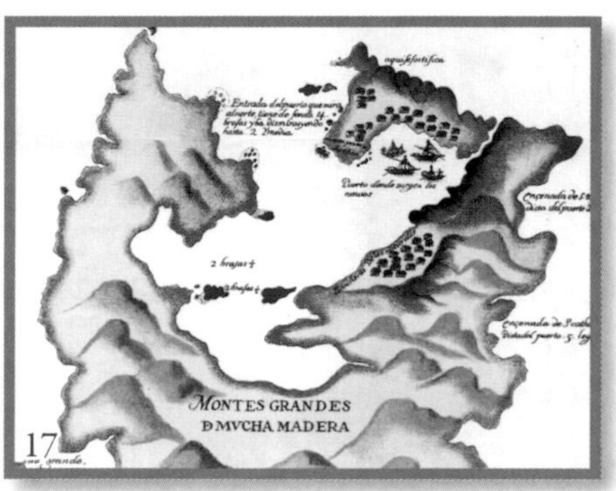
17

19

CHAPTER 14 —— 1636-1724年 …… 127
第一幅登上世界舞臺的臺灣全島圖
✦臺灣最早與世界掛鉤的全島圖
✦所有政績都在一張半吊子的臺灣地圖上？
✦從哪冒出來的皇冠山？而且還會移動？
✦破解臺灣古地圖，素民學者功不可沒

CHAPTER 15 —— 1640-1728年 …… 135
荷蘭時期《卑南圖》是黃金尋寶圖？
✦中西合璧的臺灣地圖
✦卑南圖＝藏寶圖？X點在哪裡？
✦都是白銀帝國惹的禍？

CHAPTER 16 —— 1626-1778年 …… 145
臺灣島第一城——熱蘭遮城，
VOC所屬城堡最奇特的案例
✦熱蘭遮城的稜堡形制是西方殖民的印記
✦荷蘭人為什麼將大員市街與熱蘭遮城分隔開來？
✦大員市街為何成為熱蘭遮城防禦的對象？
✦稜堡如何發揮防禦功能？
✦熱蘭遮城為何如此怪異？
✦熱蘭遮城的最後一塊拼圖
•《大員鳥瞰圖》的版本源流
• 歐洲城市從哥德式城堡到稜堡防禦的轉變
• 熱蘭遮城城堡構造演變

CHAPTER 17 —— 1626-1784年 …… 171
成也白銀，敗也白銀！
✦西班牙與荷蘭的貿易之戰
✦白銀與生絲交織的黃金航道
✦始於白銀，終於白銀的殖民時代
• 雞籠大事記

CHAPTER 18 —— 1636-1878年 …… 181
倒風內海、臺江內海
滄海變桑田最佳見證！
✦400年前的臺南海岸線
✦臺南獨有的海上鯨背
• 從古地圖看臺南海岸線變遷

CHAPTER 19 —— 1654-1904年 …… 191
大臺北歷史文獻的起點
✦荷蘭時代最詳細的大臺北地圖
✦記錄北臺灣平埔社群歷史的珍貴資料
✦臺北平埔族其實不叫「凱達格蘭族」？！
• 臺北曾經有座湖？
• 從古地圖看大臺北發展

序

以古地圖，訴說臺灣走入世界舞臺的故事

1950年代末，鄭成功復臺三百週年將近，陳正祥等著名的史地學者號召學界撰述相關的史學著作，以紀念此一偉大的歷史時刻。其中年輕且自學出身的曹永和以〈歐洲古地圖上之臺灣〉一文響應了此一號召。〈歐洲古地圖上之臺灣〉發表距今已歷半個多世紀，哲人亦遠遊數載，至今仍是這個領域無可取代的著作。

河圖洛書是中國史學上的傳說，左圖右史則是中國史學的傳統，在官修史書的同時，歷朝歷代都有學者致力於歷史地圖集的出版。曹永和撰寫〈歐洲古地圖上之臺灣〉，以作為臺灣前荷蘭時代、荷蘭時代歷史的「左圖」，意圖是十分明顯的。他希望在深入臺灣早期歷史研究的同時，有一套較完整的地圖資料，為歷史研究提供更準確的地理信息，這應該是曹永和撰寫該文最主要的用意。

曹永和撰寫〈歐洲古地圖上之臺灣〉一文時，條件十分有限，文中列舉的絕大部分古地圖應該都是得自於國外的學術刊物，並非原圖甚至復刻本。從圖面不甚清楚的印刷品上，探討比例微小的臺灣島，困難程度是可想而知的。

〈歐洲古地圖上之臺灣〉一文作為研究臺灣前荷蘭時代、荷蘭時代歷史的「左圖」其實只提供了一半的地理信息，另一半必須是來自中國方面的古地圖。臺灣這方面的權威應該是英年早逝的夏黎明教授。前荷蘭時代中國方面的古地圖，在了解當時臺灣地理信息的重要性，應該是不低於歐洲的古地圖。單單是從臺灣古名之一的「小琉球」，就可發現歐洲古地圖其實是從羅洪先的《廣輿圖》獲得這方面的地理信息。

我常想如果有人能整合曹永和與夏黎明的研究成果出版一本那個時代的臺灣歷史地圖集，該是一件多麼有意思的事。因為臺灣現代社會的起點始於那個年代，對臺灣而言，那是臺灣現代社會的「創世紀」。

了解臺灣現代社會的「創世紀時代」需要一本結合中、歐古地圖圖檔的歷史地圖集，但是目前臺灣關於歷史地圖集的著作和出版還十分有限，屈指可數，更遑論結合中、歐古地圖圖檔的歷史地圖集。

自1960年以來，臺北市文獻會出版過兩本臺北歷史地圖集，但第二本1992年版的《臺北古今圖說集》嚴格地說，並不能算是歷史地圖集，而高雄市政府文化局出版的兩本高雄歷史地圖集質量明顯要優於臺北市。奇怪的是，在一般人的眼中，高雄還只是個文化沙漠。

我第一本關於地圖與地名的書是2000年出版的《臺北老地圖散步》。這本書的內容很單純，就是將臺北市的老地名標註在12張最新繪製的臺北市分區地圖上，地圖的邊欄上介紹每個老地名的源流。除了地圖還附錄了一本由「三劍客」，鄧南光、張才和李鳴雕，以及鄭桑溪拍攝的老臺北攝影集。後來我又寫了一本關於日本時代臺灣老地圖的書《太陽帝國的最後一塊拼圖》。我真正的企圖是完成一部臺灣歷史地圖集，前述兩本關於地圖的著作都是在為此做準備。

南天書局是臺灣古地圖最重要的出版機構，《地圖臺灣》、《經緯福爾摩沙》、《測量臺灣》、《原漢界址圖》等等都是質量俱優的地圖集。既然如此，為什麼我還要撰寫臺

灣歷史地圖集？

在我看來南天書局出版的臺灣古地圖比較側重於古地圖類型的整理與分類，當然這都是非常重要的臺灣古地圖基本參考書，但並不是我撰寫歷史地圖集的方向。中國史學傳統中的左圖右史，在我看來，似乎隱含了某種假設前提：地圖只是史書的附圖，主要是為歷史事件提供地理上的說明。然而在此假設前提之前，還需另一個假設前提，那就是古地圖都必須正確無誤。歷史地圖集真的只能作為歷史事件的地理信息說明？地圖有可能完全正確無誤嗎？我並不那麼認為。

我認為古地圖是歷史的另一種文本，它可以為文字撰寫的歷史提供地理上的說明，也可以獨立存在於文字撰寫的歷史之外。簡單的說，只要能正確的解讀古地圖中所記錄的地理信息符號，古地圖也可以作為記錄歷史事件的文本。關鍵是我們要能讀懂古地圖中記錄的地理信息，並分辨其對錯。

本書撰寫的目的便在於針對學界熟知的前荷蘭時代、荷蘭時代臺灣古地圖，探討其源流，分辨其真偽，解讀其中獨立於文字撰寫的史書之外的歷史地理信息，而整合曹永和與夏黎明的研究成果是撰寫本書最主要的方法。

完整的臺灣歷史地圖集是我畢生努力的目標，前荷蘭時代與荷蘭時代是臺灣現代社會的「創世紀」，也是臺灣走入世界舞臺的起點。本書就從這個起點為您述說屬於臺灣的故事。

前言

一窺歐洲古地圖中〈臺灣創世紀〉的混沌亂象

福爾摩沙是臺灣的另一個通稱，荷蘭時代Formosa是臺灣的正式名稱。關於「福爾摩沙」的起源，在臺灣即使是小學生都能朗朗上口。這是一個美麗的傳說，臺灣島上的人們大都深信不疑，甚至還有人以為Formosa是臺灣專屬的地名，世上獨一無二。我的老友，已故攝影家李文吉，就是這麼想的。

1980年代，李文吉曾接受某雜誌社委託，深入菲律賓群島採訪數月之久。回臺之後，他告訴我，當他向菲律賓朋友自我介紹他來自Formosa時，菲律賓朋友竟然回他：「我們菲律賓也有好幾個Formosa。」李文吉聞之愕然，無言以對。剛開始李文吉還以為這位朋友和他開玩笑，後來陸陸續續又聽到其他菲律賓人也有類似的說法。

李文吉說，當年葡萄牙人大概是海上航行太久了，一看到島嶼就狂喊「Formosa！Formosa！」他估計從印尼到菲律賓，叫Formosa的島嶼超過一百個。李文吉生性詼諧，一百多個Formosa大概是戲謔之言，當不了真，但我想真如菲律賓人所言，應該總有幾個吧？東印度地區曾是葡萄牙的勢力範圍，出現幾個Formosa應該不令人意外。

古地圖比一般文字資料具有更高的參考價值

因為對地名學的興趣，長期以來，「臺灣」、「Formosa」之名的起源一直為我所關注。聽了李文吉的說法，我當真在東南亞地圖上認真地尋找叫Formosa的島嶼，結果一無所獲。地理學大師陳正祥說，全世界叫Formosa的地方至少有六處，其中一處是阿根廷的一個內陸省分；巴西叫Formosa的地方也在內陸；英國泰晤士河上也有一個小島叫Formosa。這是當時關於Formosa我僅有的、也極為貧乏的知識。

在探討地名學時，我發覺古地圖提供的線索通常比一般文字資料具有更高的參考價值。地圖以實用為目的，地圖繪製的成本比撰寫文字資料要高很多，所以地圖的隨意性或造假的可能性相對也較低。一般的文字資料撰寫動機多元，隨意性和造假的成本低，所以在判斷可信度時要十分小心。這也是為什麼在所有文獻資料中，古地圖的價值通常高於單純的文字資料。當然任何地圖都有它的局限性，錯漏難免。說地圖參考價值高於單純的文字資料也只是相對而言，並非一概而論。

我曾認為荷蘭占領臺灣之前的歐洲古地圖，應該有探討Formosa地名起源的重要線索。可是那個年代，學界對歐洲古地圖的認識還十分有限，甚至可以說是忽視，臺灣的歐洲原版古地圖十分稀有，難得親眼目睹。一般學術著作上即使有這方面的附圖，也多半是從國外出版品上翻拍下來，結果當然是慘不忍睹，常是模糊一片根本看不出細節，完全無從參考。

當時我還不曉得曹永和早在1962年就已經發表了〈歐洲古地圖上之臺灣〉一文，只知道曹永和與李文吉是姻親，李文吉曾在《人間雜誌》上發表過曹永和的專訪。所以關於Formosa之名的探索，我只能到此為止，無法再進一步了。直到1989年歲末，IBM臺灣分公司發行了一份關於臺灣古地圖的月曆，才有了轉機。

當年IBM發行的臺灣古地圖月曆是超級搶手的公關贈品，真是有錢難買。月曆內容是16～18世紀初歐洲國家繪製的亞洲古地圖，其中幾張是以臺灣、澎湖為主題的單幅地圖。這些古地圖雖然以月曆的形式印製，但印刷水準不亞於一般的單張地圖，整本月曆甚至可以算得上是一本大開本的地圖集。跨國企業的作風真是氣勢非凡。

這份月曆在年前發送時，學界圈早已傳得沸沸揚揚。學者爭相走告，務必拿到一份。因為月曆中的部分地圖在臺灣還不曾出版，有的甚至連學者也未必看過。當時我還在《大地地理雜誌》服務，既是媒體，跟學術機構也能沾點邊，風聞IBM的大手筆，於是動用了一些關係，總算得到一份，欣喜之餘，迫不及待地欣賞起來。沒想到頭一

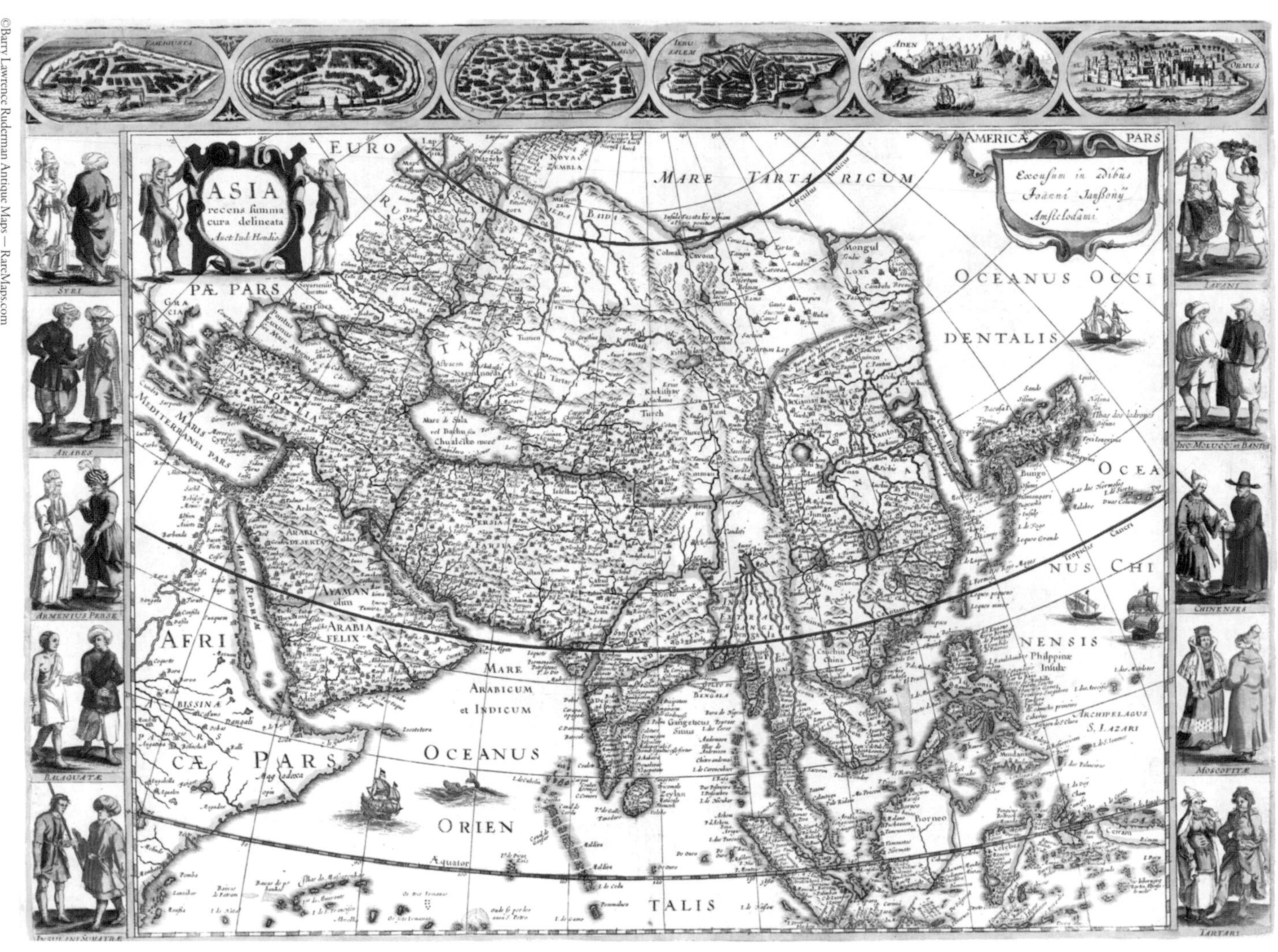

▲圖1｜《亞洲新圖》*Asia Noviter Delineata*, 1638年
此圖中的東亞海岸線像是被拍扁了一樣，不但輪廓嚴重失真，臺灣居然還被畫成三節、類似脊椎骨組成的列島。很難相信這是經過實測的作品，但若是沒有經過實測，為何會標示北回歸線通過臺灣呢？實在很矛盾。

張，月曆封面上的《亞洲新圖》(*Asia Noviter Delineata*)，就把我給矇住了。

到底是福爾摩沙？是小琉球？還是兩者皆是？

《亞洲新圖》是1630年發行於阿姆斯特丹，彩色印刷，由著名的地圖出版世家布勞（Willem Janszoon Blaeu）出版的。此圖非洲、阿拉伯半島、南亞印度、中南半島以及東南亞部分，經過百餘年的實測，已經有模有樣，唯獨東亞地區的海岸線，好像被拍扁了一樣，不但輪廓嚴重失真，臺灣居然還被畫成三節、類似脊椎骨組成的列島。更令人不解的是，北島的標示為Formosa，中島Lequeo pequeno，南島Lequeo minor。為什麼福爾摩沙和小琉球並列？而且三個島中竟然有兩個叫小琉球？

Lequeo pequeno、Lequeo minor都是「小琉球」的意思，只是用字不同罷了。根據中國方面的史料，明中葉以後，官方與民間刊行的輿圖把臺灣島標示為「小琉球」，《亞洲新圖》上標示的Lequeo pequeno、Lequeo minor應該是來至中國方面的地理信息。

1987年解除戒嚴令之前，官方或一般學界在談臺灣早期歷史時，幾乎全都像流水帳一樣，將中國歷代史書上，和臺灣相關的古地名，「東鯷」、「夷洲」、「流求」、「小琉球」之類的，像通關密語一樣念上一回。當時已有學者希

▲圖2｜《中國區域新圖》*Chinae olim Sinarrum Regionis, Nova Descriptio*, 1595年

臺灣島又變成兩島式了，而且福爾摩沙島（Ins. Fermosa）的南面，居然還有一個大小相當的島嶼Lequeio parua，即「小琉球」。

望運用西方的史料，探討臺灣早期的歷史；這也是這份月曆引起學界重視的原因之一。但這份得來不易的月曆，不但沒為我帶來新的視野，反而帶來新的問題，而且問題還沒有就此打住。

再翻到七月，是歐提留斯（Abraham Ortelius）出版的《中國區域新圖》（*Chinae olim Sinarrum Regionis, Nova Descriptio*），臺灣島畫得也很離奇，福爾摩沙島（Ins. Fermosa）的南面，居然還有一個大小相當，標示為Lequeio parua的島嶼。Lequeio parua島和上一圖中的Lequeo pequeno島拼法類似，也是「小琉球」的意思。三個島變成兩個島，真是太不可思議了。

這兩張地圖的繪製年代應該不會相差50年，為什麼會有這麼大的差別呢？難道17世紀初之前，荷蘭人、葡萄牙人都沒實測過臺灣島？如果沒實測過，他們又根據什麼樣的地理信息繪製臺灣島？不論Lequeo pequeno還是Formosa，指的都是臺灣島，為何要將兩個名稱並列，來個「中西合璧」？甚至還重複兩個小琉球？

歐洲古地圖都經過實測繪製的？

轉眼之間，我從獲圖的喜悅，一下子墮入疑惑不解的深淵。當時我完全沒有能力提出解釋，甚至也不知道尋求

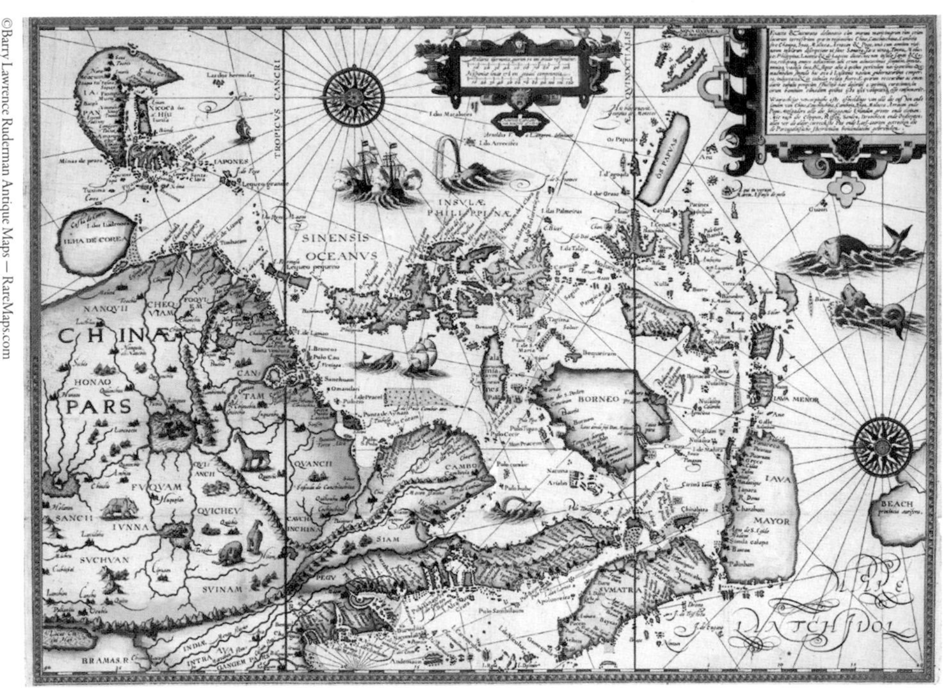

◀圖3｜《中國領土及海岸線精確海圖》*Exacta et Accurata Delineatio cum Orarum Maritimarum tum Etjam Locorum Terrestrium quae in Regionibus China*, 1596年

這幅圖是法蘭德斯派「山寨」葡萄牙的地圖中，相對較好的。曹永和認為，與其說林蘇荷頓畫出三島式的臺灣，是因為誤把河口看作是海峽；不如說是因為他沒有實測過臺灣，而是將多方地理信息拼湊在一起的結果。

解答的途徑與方法。IBM臺灣古地圖月曆發行不久之後，我在一份學術刊物上看到一篇關於布勞《亞洲新圖》的文章，作者說臺灣之所以被畫成由三個島嶼組成的列島，可能是因為當時的西方海員經過臺灣海峽眺望臺灣本島時，將寬闊的河口誤以為是海峽。這個說法令我十分訝異，他難道不覺得Lequeo pequeno、Formosa、Lequeo minor同時出現在臺灣島上很奇怪嗎？我想他很可能不知道Lequeo pequeno就是中國輿圖上的「小琉球」。把河口看成海峽，我覺得這種說法和小學生「看圖說故事」的邏輯差不多。然而現在臺灣相信這個說法的人還不少。

把河口看成海峽的說法源於伊能嘉矩。伊能嘉矩在其著作《臺灣文化志》上曾引用了一幅1596年林蘇荷頓（Jan Huygen van Linschoten）出版的《中國領土及海岸線精確海圖》（*Exacta et Accurata Delineatio cum Orarum Maritimarum tum Etjam Locorum Terrestrium quae in Regionibus China*）。圖中臺灣也被畫成由三個方形島嶼組成，北島是I. Formosa，中島、南島為Lequeo pequeno。伊能嘉矩說林蘇荷頓之所以這麼畫，是因為他經過臺灣海峽時，「據其實地勘查繪製成此圖云，竟將全島北方三分中位之巨大河口，誤認為海岸線，而將南方一島命名Lequeo pequeno者。……」

伊能雖然清楚圖中Lequeo pequeno指的是「小琉球」，也知道這個名稱是源於中國方面，但奇怪的是，他並不覺得林蘇荷頓將北島稱為Formosa，中島、南島合稱為Lequeo pequeno有什麼不妥。我不知道伊能究竟根據何種資料，那麼篤定地認為此圖是林蘇荷頓經過「實地勘查繪製」的。其實直到現在，還是有很多人，甚至學者，一看到歐洲人繪製的古地圖，便不假思索地認為是經過「實地勘查繪製」的，當時我也是這麼想，我想這就是問題所在。

其實《中國領土及海岸線精確海圖》並非林蘇荷頓「實地勘查繪製」的，而是因為他曾擔任印度果阿大主教的祕書多年，趁職務之便，遍覽了葡萄牙東印度總部關於亞洲地區的機密圖檔後而摹繪的。這些都是我研讀了曹永和的〈歐洲古地圖上之臺灣〉之後，才逐漸了解的。

曹永和在〈歐洲古地圖上之臺灣〉上提到：「舊說對林蘇荷頓的三島圖，認為係由於在海上看到很大的河口，誤認臺灣是三個島。……這種說法似有問題。這很可能是當初葡萄牙的航海記有些是根據得自中國人的見聞，記著小琉球，有些是把他們自己望見而所命名的美麗島（Ilha Formosa）記錄下來，……有的僅註名小琉球，有的只記Fermosa島，有的認為小琉球和Fermosa為另外的島嶼，於是遂有小琉球在南，Fermosa島在北的描法……，後來布朗休斯根據拉素和杜拉多的地圖……把臺灣繪為南島是小琉球，北島則是Fermosa的三島型圖後，由於林蘇荷頓的水路志頗受歡迎和重視，遂使這種三島型的地圖更

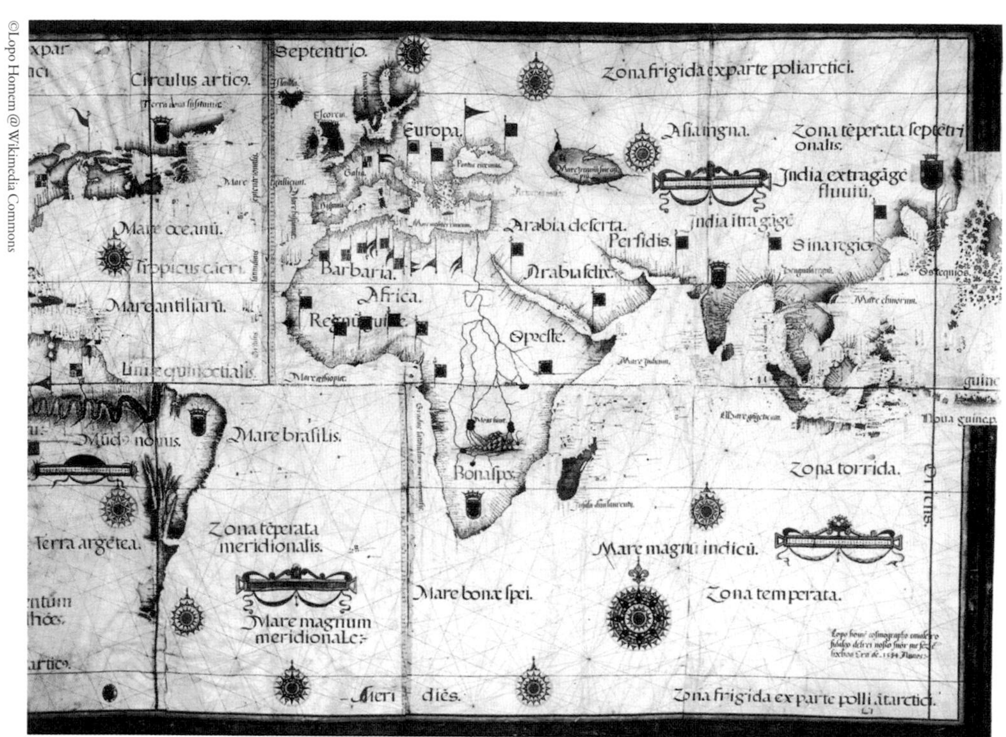

◀圖4｜《羅伯．歐蒙世界圖》
World Map of Lopo Homem, 1554年
這是西方地圖中首次將臺灣畫成一座島，但不知為何，在歐蒙之後的繪圖師卻都沒有沿用他的畫法。

流行於全歐了。」

顯然曹永和並不認同伊能嘉矩的說法。曹永和認為17世紀之前，葡萄牙人繪製的地圖是當時較先進的，而荷蘭法蘭德斯派繪圖師所出版的地圖幾乎全是「山寨」自葡萄牙的。有些山寨得不錯，例如林蘇荷頓的《中國領土及海岸線精確海圖》，但有些就大有問題了。曹永和認為林蘇荷頓的《中國領土及海岸線精確海圖》受到布朗休斯（Petrus Plancius）的影響，這個說法似乎有問題，稍後再作說明，先談談關於三島式的現象。

〈歐洲古地圖上之臺灣〉一文沒提到1630年布勞出版的《亞洲新圖》，此圖中臺灣以三島三名的形式出現，可說是山寨地圖中的「極品」。國內刊物介紹歐洲古地圖中的臺灣時，布勞的《亞洲新圖》是經常出現的例子。有些學者將Lequeo pequeno翻譯為「小琉球」，卻把Lequio minor翻成「小小琉球」，或「微小琉球」，那就真不知從何說起了。

近幾年荷蘭時代的臺灣史成為顯學，不少公私機構主辦的相關展覽中，法蘭德斯派出版的東印度海圖或是中國地圖成了展覽會場上亮眼的展品，有些博物館也跟著收藏這方面的古地圖，以致臺灣有些文化人，甚至學者誤認法蘭德斯派的地圖是當時歐洲最先進的亞洲地圖。

這說明了我們雖然已經開始重視從歐洲古地圖的角度探索臺灣早期的歷史，但事實上這些古地圖卻常常淪為學術上，甚至政治意識型態上的裝飾品，我們並沒有好好剖析這些古地圖所承載的歷史地理信息。以致臺灣學術界關於歐洲古地圖的研究領域，至今還沒出現比曹永和半個世紀前撰寫的〈歐洲古地圖上之臺灣〉更有見地的著作。

引用歐洲古地圖只是為了異國情調？

17世紀之前，荷蘭法蘭德斯派的地圖出版商「山寨」葡萄牙人的一手地理資訊，這是無庸置疑的歷史事實。那麼被「山寨」的葡萄牙人在繪製東印度海圖、東亞地圖時，是否真的都經過實地測量呢？曹永和在〈歐洲古地圖上之臺灣〉沒有正面說明這個問題，他在談到臺灣被葡萄牙人畫成雙島式、三島式時提到：「……葡萄牙的本國製圖家從這些不同來源的資料，據他們技術上的想像，妥為安排……。」

這句話的意思分明是葡萄牙人在繪製雙島式或三島式的臺灣時，並不是根據實地測量繪製的，而是根據「不同來源的資料」而想像出來的。如果真的實際測量過當然不可能犯下如此拙劣的錯誤。因為有河口的島嶼太多了，不可能一看到河口就誤認為海峽。這種「看圖說故事」的理解方式，太幼稚了。說白了，曹永和認為三島式、雙島式

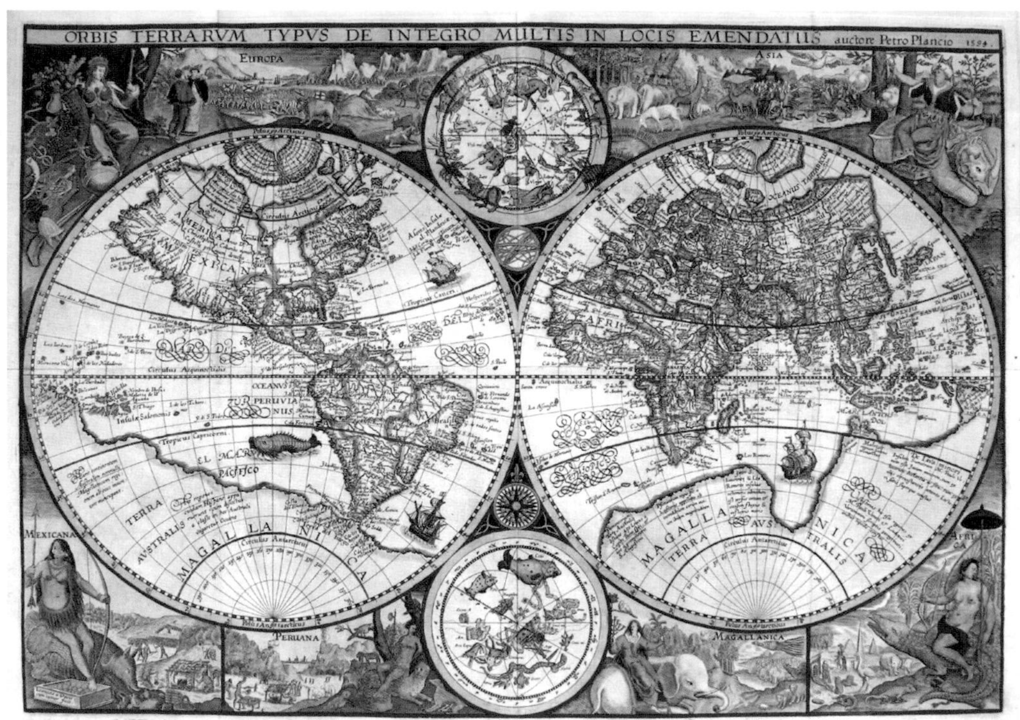

◀圖5｜《世界圖》
Orbis terrarum typus,1594年
這幅圖的東亞部分，除了臺灣之外，對歐洲地圖出版界的影響力幾乎持續了整個17世紀，直到1720年代之後，歐洲地圖中關於中國的畫法才被《皇輿全覽圖》取代。

的畫法都是「想像畫」，不是實測繪製，只是他的說法比較婉轉罷了。但是這又該如何解釋北回歸線穿過三島式的臺灣呢？如果沒有經過一定的天文測量，北回歸線應該無法靠想像標示在臺灣島上。可見這不是一個容易回答的問題。

曹永和在〈歐洲古地圖上之臺灣〉中，對各種葡萄牙地圖中的臺灣島做類型分析的同時，也對周邊地區如中國大陸、菲律賓群島、日本列島做了詳細的描述。

奇怪的是，從1560～1630年代的70年間，當臺灣周邊地區隨著時間推演，輪廓日漸完善時，惟獨臺灣島的輪廓非但沒有明顯的進步，反而出現三島式如此脫離現實的樣貌。曹永和沒有嘗試解答問題發生的原因，似乎也沒有意識到這個問題的獨特性。

早在1554年，葡萄牙著名的繪圖師羅伯．歐蒙（Lopo Homen）便將臺灣描繪為單一大島，島名為Fremosa（應為Fermosa之誤），而當時的日本和菲律賓群島在歐蒙的圖中都還不成形。可是在後來的6、70年間，日本列島與菲律賓群島從無到有，從局部到完整，完全可以說明葡萄牙製圖大師實事求是的精神。但為何1554年之後，葡萄牙的製圖大師們卻開始靠「想像」來繪製臺灣島呢？

這個問題不但曹永和沒有深究，半個世紀以來臺灣的學界也沒人深究。似乎當時歐洲地圖對臺灣奇特的詮釋，和《創世紀》中所描述的渾沌一樣，是再自然不過的現象，沒什麼好奇怪的，也沒有什麼需要進一步探討的。由此看來，近年臺灣頻繁地引用這些歐洲古地圖，很大的成分是基於「異國情調」的趣味使然，並沒有太多的研究意圖。

布朗休斯的1594年《世界圖》或許有助於釐清問題

探討16世紀下半葉臺灣在歐洲古地圖中的面貌，葡萄牙人繪製的東亞海圖無疑是最重要的線索之一。但是以目前我們所能掌握的葡萄牙地圖，卻出現極其怪異的三島、雙島類型，和周遭逐漸明朗的地理信息十分不相襯。這說明了葡萄牙人在臺灣地理信息的取得上，不太可能是依靠自身的測繪能力，應該是得自其他的信息來源。曹永和在這方面的說法，除了「得自中國人的見聞」之外，並沒有更多敘述。經過長期的古地圖比對，我發覺以法蘭德斯派的著名繪圖師布朗休斯於1594年繪製的半球形世界地圖切入，或許有助於釐清這個問題。

曹永和認為布朗休斯是17世紀之前，荷蘭最重要的地圖繪圖師。布朗休斯1590年以麥卡托的《世界圖》為藍本，繪製了半球形世界地圖。此圖中包括菲律賓在內的東亞地區還是十分粗略，臺灣也還是雙島式的畫法。四年之

◀圖6｜《1660年新阿姆斯特丹城堡規劃紅皮書》*Redraft of the Castello Plan New Amsterdam in 1660*
荷蘭西印度公司占領紐約曼哈頓島（當時稱新阿姆斯特丹），時間與東印度公司占領臺灣差不多，城堡的形制、規模也很類似。但熱蘭遮城有些獨特之處，是荷蘭其他殖民地城堡不曾出現過的。

後，布朗休斯重繪的半球形世界地圖進步神速，不但菲律賓群島十分完整，日本也擺脫了葡萄牙人「烏蠋蟲」形的傳統畫法，較接近實際的圖形，連朝鮮半島、遼東半島、山東半島也都有了一定的輪廓，惟獨臺灣島還是模仿葡萄牙人三島式的畫法。

問題是布朗休斯1594年半球形世界地圖中的東亞部分，除了菲律賓、臺灣是摹自拉素（Bartholomeu Lasso）等葡萄牙人繪製的地圖外，中國、日本、朝鮮等最新的地理信息究竟是從何處取得？

布朗休斯為了繪製最新的世界地圖，曾花費巨資購買了當時世界最先進、由拉素所繪1590年版的24幅地圖作為參考。拉素地圖集中的東亞部分，除了菲律賓之外，其他部分和法蘭德斯派「山寨版」的地圖也沒多大差別。所以布朗休斯1594年的半球形世界地圖中，中國、日本、朝鮮最先進的地理信息，應該都不是拉素地圖集所能提供的。其實，完整的菲律賓群島也不是葡萄牙人測繪的，而是得自於西班牙人。當時葡、西兩國合併，共享了彼此的地理信息。更重要的是，此時葡萄牙人原本在地圖繪製上的優勢，開始逐步被荷蘭人所取代。如果再比對著名的1596年林蘇荷頓的《中國領土及海岸線精確海圖》，更可以說明問題所在。

林蘇荷頓的《中國領土及海岸線精確海圖》中，除了三島式的臺灣和完整的菲律賓外，中國海岸最突出的特徵是「寧波角」，而長江以北的海岸線全無蹤影，朝鮮像是長江口外的瓜子形大海島，日本則是延用葡萄牙人傳統的「烏蠋蟲」畫法。此圖和布朗休斯1594年半球形世界地圖中的東亞部分完全是兩回事。曹永和說林蘇荷頓的《中國領土及海岸線精確海圖》可能得到布朗休斯的協助，這個說法恐非事實。

林蘇荷頓的《中國領土及海岸線精確海圖》真正能說明的，是此圖為葡萄牙人「終極版」的東亞海圖。因為林蘇荷頓在葡萄牙東印度總部果阿擔任大主教祕書多年，閱盡了葡萄牙關於東印度地區的機密圖檔，才得以繪製《中國領土及海岸線精確海圖》。此圖和布朗休斯1594年半球形世界地圖中的東亞部分相比，更加證明布朗休斯有異於葡萄牙之外的地理信息來源。

曹永和說布朗休斯是17世紀之前，荷蘭最重要的地圖繪圖師，可能還小看了布朗休斯的影響力。事實上，布朗休斯1594年半球形世界地圖中的東亞部分，除了臺灣之外，對歐洲地圖出版界的影響力幾乎持續了整個17世紀，直到1720年代之後，歐洲地圖中關於中國的畫法才被《皇輿全覽圖》取代。

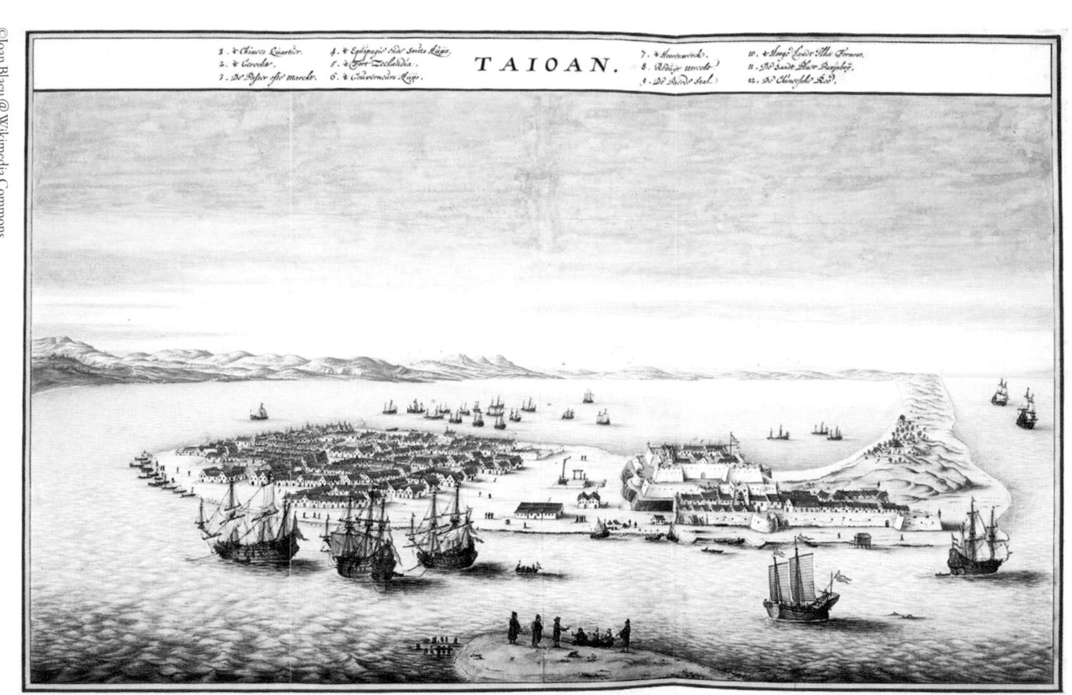

◀圖7｜《大員鳥瞰圖摹本》
TAIOAN, 1644年
從這張圖可以看出熱蘭遮城最明顯的不同之處，在於主城之外又蓋了附城，將東印度公司的倉庫、職工宿舍、大員長官官邸全圍了起來，甚至與大員市街分開，彷彿大員的中國人比海上來的敵人更讓他們忌憚。

整個17世紀歐洲出版的地圖，除了臺灣因荷蘭占領，經過實測之後做了修正，還有朝鮮半島也有所修正之外，東亞其餘地區和布朗休斯1594年的半球形世界地圖差別並不大。那麼布朗休斯東亞全新的地理信息究竟從何而來？

這個問題曹永和沒有留下答案。經過多年的比對、思索，我發覺17世紀前後，和布朗休斯1594年的半球形世界地圖最接近的世界地圖，應該是1602年李之藻出版發行的《坤輿萬國全圖》。兩者相差不足10年，而利瑪竇完成此圖的時間應該是在1601年之前，如此一來，兩者相差的時間就更短了。

布朗休斯1594年的半球形世界地圖中，日本列島還沒有北海道。《坤輿萬國全圖》看似乎有北海道，但地名卻標示為北陸道、加賀、能登、佐渡、越中後，可見類似北海道的島嶼，應該是本州西部的海島。所以《坤輿萬國全圖》和布朗休斯的圖一樣，都沒有北海道。臺灣部分兩者類似，都是三島式，可見兩者東亞部分的信息來源似乎有所關聯。

目前學者相信《坤輿萬國全圖》中，中國、日本、朝鮮的部分，利瑪竇應該是摹繪自中國舊有的圖檔，而非歐洲地圖。那麼布朗休斯1594年的半球形世界地圖的東亞部分也是源於中國嗎？目前還沒有明確的答案，可以確定的是，當時歐洲地圖東亞部分沒有相似的例子。當然也不可能是布朗休斯自己實地測繪的，所以最大的可能性還是來自中國，問題是布朗休斯從什麼途徑獲得呢？

如果歐洲古地圖已經無力解答的話，我想應該盡早展開「中國古地圖中的臺灣」這個課題的研究，或許可以找到答案。本書除了引用歐洲古地圖之外，也嘗試以中國清代之前的古地圖來釐清這個問題。

熱蘭遮城是荷蘭殖民城堡中的特殊個案？

荷蘭時代的臺灣古地圖是曹永和〈歐洲古地圖上之臺灣〉中的另一個研究重點。其中熱蘭遮城相關的地圖占了相當的比例。熱蘭遮城是臺灣本島最古老的城堡，所以一直是我關注的焦點。

一次偶然的機會，我發現荷蘭西印度公司占領紐約曼哈頓島的時間與荷蘭東印度公司占領臺南安平的時間差不多，而且兩地同樣流傳荷蘭人向原住民買一張牛皮大小土地的傳說。於是我特別找出曼哈頓（那時還叫新阿姆斯特丹〔New Amsterdam〕）荷蘭時代的地圖和大員的熱蘭遮城相互比對。

結果發現不但新阿姆斯特丹城堡和熱蘭遮城最原始的樣貌幾乎完全一樣，連荷蘭人在曼哈頓上的市街布局也差不多。剛開始我以為只是偶然的巧合，後來我又搜尋了其他荷蘭人在東、西印度殖民地上的城堡地圖，才發覺荷蘭

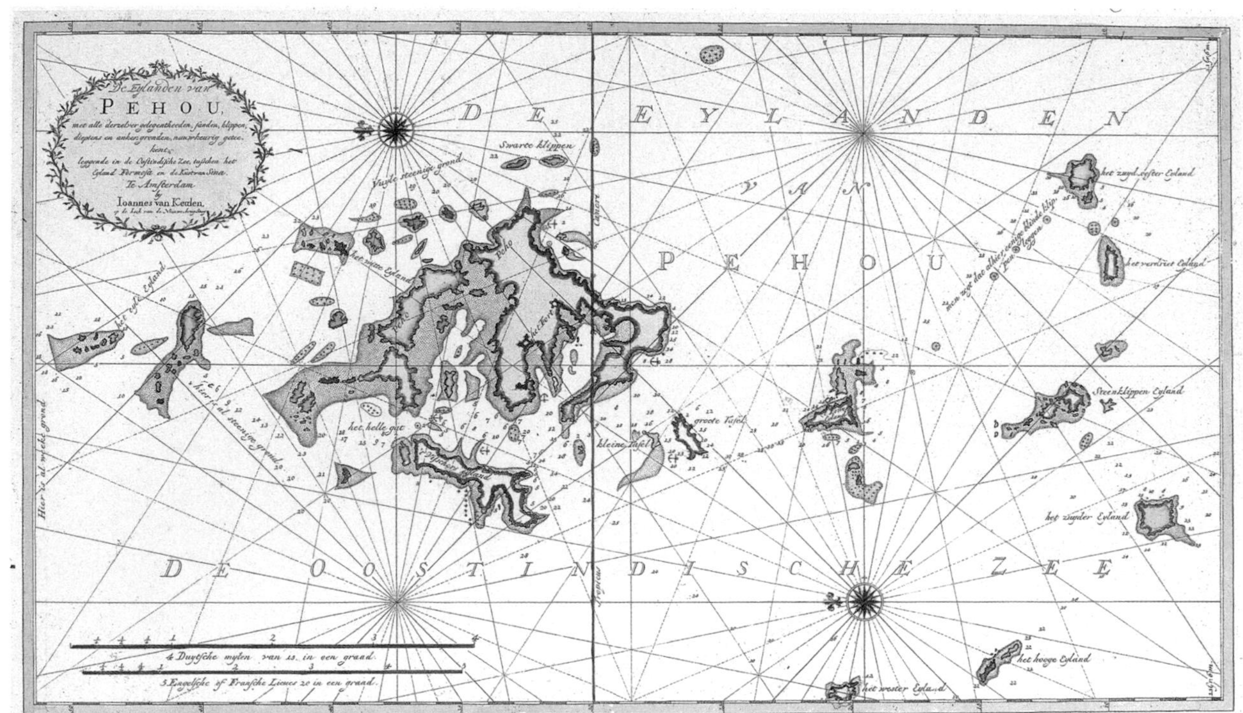

▲圖8｜《澎湖島海圖》*De Eylanden van Pehou*, 1753年

從圖中可以看出澎湖確實有兩座城堡，但兩座都是紅毛城嗎？或者有一座是明朝的「天啟明城」？

人在殖民地據點構築的城堡幾乎全部是同一個模式。

但奇怪的是1636年之後，荷蘭人挨著熱蘭遮城一側，開始構築附城（network），將東印度公司的倉庫、職工宿舍、大員長官官邸全圍了起來。除了熱蘭遮城，包括曼哈頓的新阿姆斯特丹城堡在內，我還沒發覺荷蘭殖民地的城堡有過類似的做法。

更奇怪的是，有些殖民據點為了強化防衛能力，一般是在市街的外圍構築短牆，例如曼哈頓的新阿姆斯特丹和印尼的巴達維亞都沒有構築附城，而是在市街的外圍構築短牆。曼哈頓著名的華爾街（Wall street）原來就是新阿姆斯特丹城短牆的遺址，因此以牆為街名。

熱蘭遮城所在的大員構築附城，應該是為了加強防衛，但奇怪的是，荷蘭人寧願花大錢構築附城，卻不願修築一道經濟又實惠的短牆？這個奇怪的設計，好長一段時間讓我苦思不得其解。

後來我又發現有些學者將熱蘭遮城半圓形的城牆稱為半月堡（ravelin），這也是錯誤的說法，而且類似的半圓形城牆也不曾出現在荷蘭其他殖民地的城堡上。為何熱蘭遮城會出現其他荷蘭殖民城堡不曾出現的附城、半月堡呢？為什麼熱蘭遮城會如此特別？本書將以較多的荷蘭時代古地圖來探討這個問題。

風櫃尾紅毛城是荷蘭人唯一在澎湖修建的城堡？

澎湖風櫃尾蛇頭山的紅毛城是比熱蘭遮城更古老的荷蘭城堡，但是澎湖卻很少有人知道風櫃尾有座紅毛城，澎湖居民慣稱的紅毛城是位於馬公朝陽里的「紅木埕」。其實「紅木埕」是林豪主撰的《澎湖廳志》誤植所造成的錯誤，後來日本人將「紅木埕」定為正式地名，一直沿用到現在。但一般澎湖人仍以「紅毛城」稱呼該地，因為澎湖人認為朝陽里的「紅木埕」有座荷蘭人（紅毛番）構築的城堡。

1988年澎湖縣政府邀請中研院曹永和等知名學者辦了一場高規格的學術座談。會上曹永和發表了一篇名為〈澎湖之紅毛城與天啟明城〉的論文。根據曹永和的考據，馬公朝陽里紅木埕的古城遺址並非荷蘭人營建的城堡，而是明末天啟年間，福建水師將荷蘭人逐出澎湖之後，福建巡撫南居益善後規劃、澎湖游擊王夢熊主持修築的「天啟明城」。曹永和認為風櫃尾蛇頭山的紅毛城才是荷蘭人在澎湖唯一修建的城堡。這是真的嗎？本書也有深入的分析。

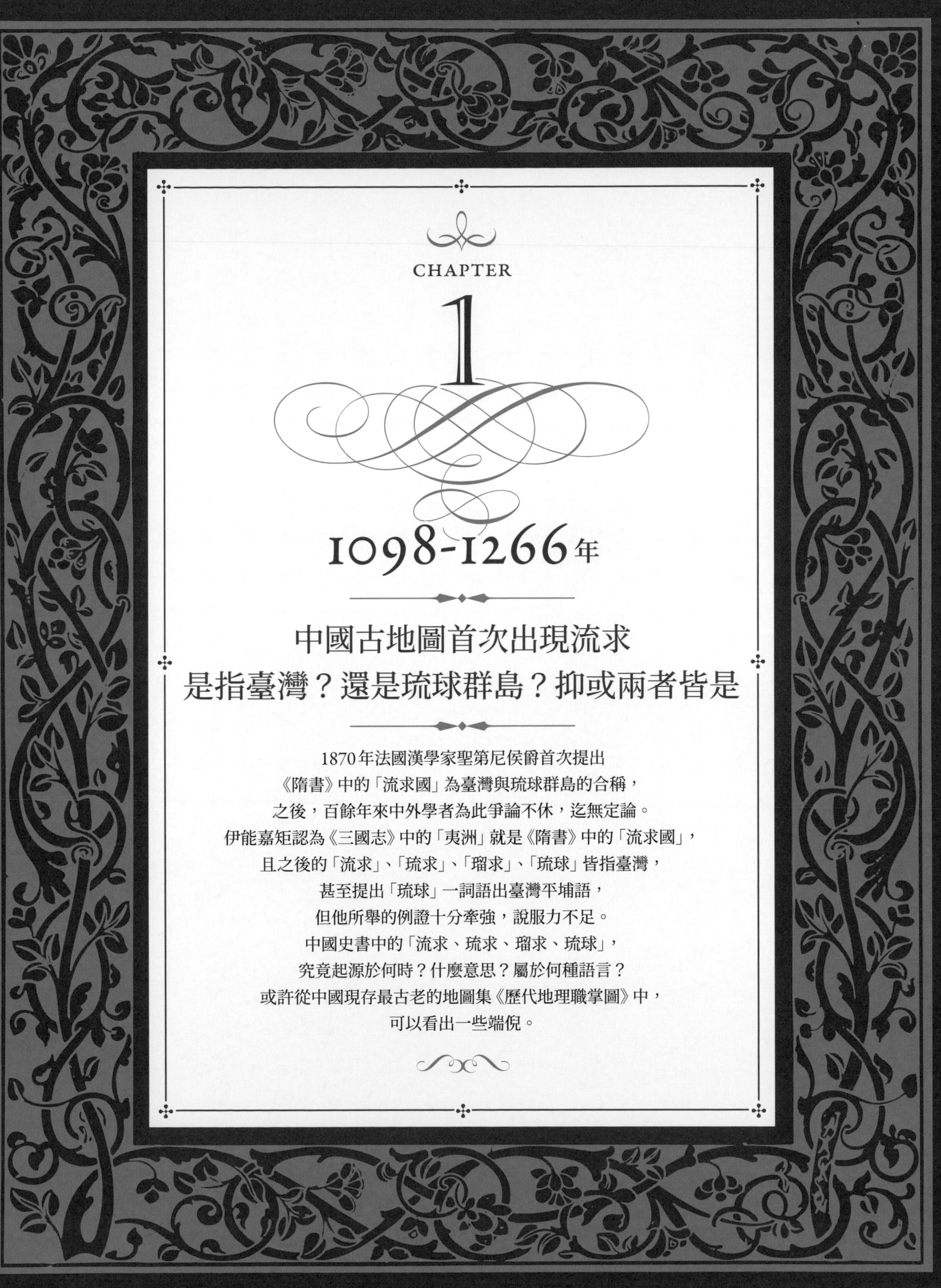

CHAPTER

1

1098-1266年

中國古地圖首次出現流求
是指臺灣？還是琉球群島？抑或兩者皆是

1870年法國漢學家聖第尼侯爵首次提出
《隋書》中的「流求國」為臺灣與琉球群島的合稱，
之後，百餘年來中外學者為此爭論不休，迄無定論。
伊能嘉矩認為《三國志》中的「夷洲」就是《隋書》中的「流求國」，
且之後的「流求」、「琉求」、「瑠求」、「琉球」皆指臺灣，
甚至提出「琉球」一詞語出臺灣平埔語，
但他所舉的例證十分牽強，說服力不足。
中國史書中的「流求、琉求、瑠求、琉球」，
究竟起源於何時？什麼意思？屬於何種語言？
或許從中國現存最古老的地圖集《歷代地理職掌圖》中，
可以看出一些端倪。

西域在匈奴之西烏孫之南南北有大山中央有河東則接漢阨以玉門陽關西則限以葱嶺其南山東出金城與漢南山屬焉其河有兩源一出葱嶺一出于闐于闐在南山下其河北流與葱嶺河合東注蒲昌海其水停居冬夏不增減世皆以為潛行于地下南出于積石山為中國河云

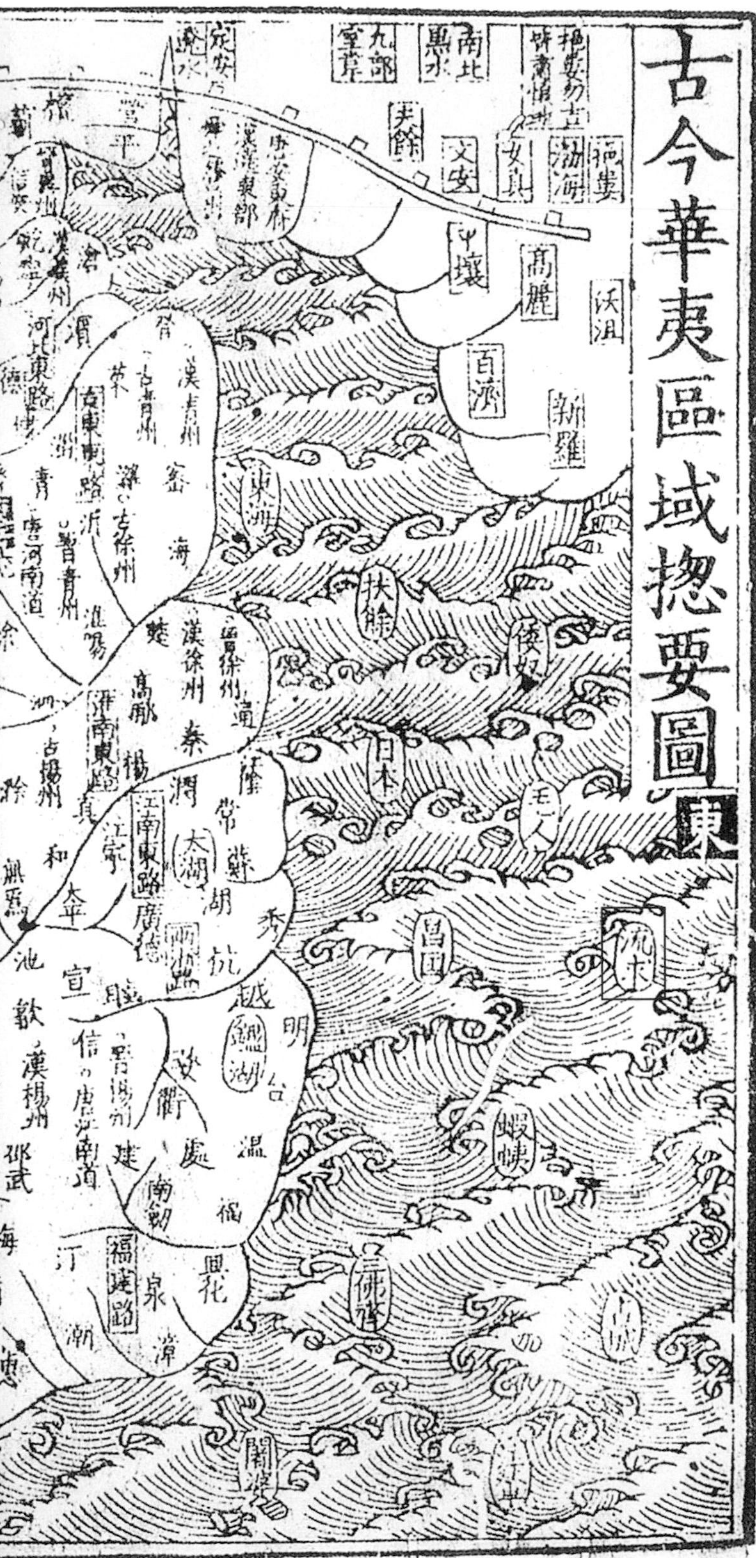

《古今華夷區域總要圖》

館藏地點｜北京中國科學院自然科學史研究所
出　　處｜《歷代地理職掌圖》
繪 製 者｜稅安禮
繪製年代｜北宋元符年間（1098～1100）
繪製方式｜手繪
印製形式｜雕版墨印
地圖尺寸｜23×32 公分
相關地圖｜1.《唐十道圖》，北宋元符年間（1098～1100）
2.《輿地圖》，南宋咸淳元年～2年（1265～1266）

◀圖 1｜本圖出自中國現存最古老的地圖集《歷代地理職掌圖》，而且也是最早標示「流求」位置的地圖，其重要性不言而喻。由於圖中中國大陸東方海面上標示的地名並非全是島嶼，而且相關位置不但談不上精確，甚至錯位得十分離譜，所以此圖東海海面上標示的地理名稱，只能說明宋人所認知的海外地理概念，並非精確的地理位置。因此我們無法依圖上的相關位置斷定「流求」究竟是不是臺灣或琉球群島。

但是參考相關的文獻、史書，還是可以印證《隋書》所提到的「流求國」應該是位在中國大陸東方的海面上，再配合「流求」、「琉求」、「瑠求」、「琉球」等同音異字地名的流變，勉強可以得出「流求」或「流求國」有可能是臺灣和琉球群島總稱的推測，這應該是《古今華夷區域總要圖》最重要的價值之一。

扶餘：位於中國東北的古國，為扶餘人所建，後為高句麗併吞。

倭奴：可能是指日本，但圖中已經標示了「日本」，故「倭奴」便不知所指。

毛人：唐代韓愈的文章曾提到毛人，《太平御覽》、《山海經》稱為毛民國，距臨海郡（浙江臨海市）東2000里。大陸學者徐曉望認為「毛人」、「毛民國」應該是指日本沖繩縣，因為不但地理位置相近，而且沖繩原住民為愛奴（阿奴伊）人的一支，體毛偏多，極可能被稱為「毛人」。

昌國：可能是浙江省定海縣。

蝦蛦：日本人稱北海道、庫頁島上的愛奴（阿奴伊）人為蝦蛦，因其體毛偏多，像蝦子的鬚毛一樣。愛奴、阿奴伊都是蝦蛦同音異字的音譯名稱。1854年出版的《日本輿地全圖》將北海道標示為蝦蛦、東蝦蛦和西蝦蛦，庫頁島為北蝦蛦，而此圖中的「蝦蛦」卻標示在「日本」、「流求」之南，令人不解。

三佛齊：又稱室利佛逝，是東南亞民族所建立的印度文化古國，發源於蘇門答臘島的巨港附近。

占城：《新五代史》、《宋史》、《元史》、《明史》均曾記載，占族人在越南中部建國。

琉球是現今華人世界對日本沖繩縣的通稱，然而7～13世紀的中國史籍，如《隋書》、《宋史》，與古地圖上的「流求」、「琉求」、「瑠求」等類似「琉球」之島名、國名，和現今華人口中的「琉球」有關嗎？

自1870年法國漢學家聖第尼侯爵（d'Hervey de Saint-Denys）首次提出《隋書》中的「流求國」為臺灣與琉球群島的合稱之後，歷史學者對「流求」究竟指的是臺灣？還是沖繩？抑或包含兩者？百餘年來爭論不休，迄無定論。過去學者對「流求國」的爭論，主要是依據文獻上的記載，本文結合古地圖上的標示，希望另闢蹊徑，驗證「流求國」與臺灣、琉球群島的關係。

「琉球」名稱是明代以後才確立的

中外古地圖、史冊中的「流求」、「琉求」、「瑠求」、「琉球」、「Leqvios（琉球）」，甚至「大琉球」、「小琉球」、「Lequio Pequeno（小琉球）」不但和琉球群島有關，和臺灣也有密切的關聯。如今，「琉球」和臺灣扯得上關係的，只剩下屏東縣的小琉球鄉。

小琉球嶼在荷蘭時代的地圖上標示為't Goude Leeuws Eyland，意譯為「金獅島」。荷蘭時代的古地圖上同時還註明，「金獅島」上的原住民稱為Lamey。那麼Lamey、「金獅島」又是什麼時候改稱為「小琉球」的呢？

根據康熙23年（1684）版的《福建通志》記載，清政府剛將臺灣納入版圖，便將Lamey稱為「小琉球」。中國人很可能並不知道Lamey曾被荷蘭人稱為「金獅島」，而一直以「小琉球」稱呼Lamey。

中國人以「小琉球」稱呼Lamey是一件很奇怪的事。因為在明代的文獻中，「小琉球」通常是指整個臺灣島，而非僅僅局限於屏東縣的小琉球鄉。中國人究竟從什麼時候開始，將Lamey稱為「小琉球」的呢？而琉球群島和小琉球鄉是否有淵源？目前並無文獻足資證明。

「琉球」成為琉球群島正式的國名、地名是在明代之後。洪武年間（1368～1402）琉球群島中的中山國開始向中國進貢，此後的中山王都由中國政府派遣使者冊封，中國也以「琉球」作為中山國的正式稱呼，「流求」、「琉求」、「瑠求」等異字名稱便在官方文書中被「琉球」取代。由此可見「流求」、「琉求」、「瑠求」與「琉球」是一脈相承的關係。

到了清末，長崎薩摩藩逐步控制了琉球群島，將其稱為琉球藩，但仍允許琉球國王向中國朝貢。根據1870年代之前日本官方出版的文書、地圖顯示，日本政府與民間社會一直以「琉球」這個中國式的地名稱呼琉球群島。

直到1872年，在未知會清政府的情況下，日本政府悄然廢除琉球中山國，改琉球藩為沖繩縣。此後「琉球」之名在日本官方文件、地圖中一律以沖繩取代，但「琉球」之名卻在華人世界中頑固地保存了下來。

「流求」是臺灣還是沖繩，在明代之前可能沒有嚴格的區分

Okinawa是漢字「沖繩」的日語訓讀，與琉球無關，而日文中的「琉球」二字是以漢音發聲。由此可見日文中的「琉球」二字源於中國，並非日本固有的名稱。但中國史書中的「琉球」又是從何而來？「琉球」應該源於「流求」、「琉求」、「瑠求」等古代稱呼，而「流求」、「琉求」、「瑠求」應該也是漢語的音譯地名，和中土無關，其究竟起源於何時？什麼意思？屬於何種語言？

這些問題至今仍然無解，不過1870年法國聖第尼侯爵另闢蹊徑，首先提出《隋書》中的「流求國」為臺灣與琉球群島之合稱。此後，中外學者為此爭論不休，迄無定論。其中，日籍學者伊能嘉矩認為「琉球」一詞語出臺灣平埔語，但他所舉的例證十分牽強，說服力不足。

現在我們能確定的是，在明代之前，中國史書中的「流求」應該是指中國大陸閩、越之東，日本之南的海上島嶼，可能包括臺灣和沖繩，因為當時中國官方並沒有嚴格地區分兩者。硬要區分兩者，可能只是被現在的國界、地理概念所制約，而產生的慣性思維；漢語將沖繩稱為琉球，其實也是華人的慣性思維。

伊能嘉矩的「一脈相承」論點，史料無法證明

中國史書中，較早出現「流求」之名的是《隋書．東夷列傳》：「流求國居海島之中，當建安郡東，水行五日而至。……大業元年海師何蠻奏：『每春秋二時，天清風靜東望，依稀似有煙霧之氣，亦不知幾千里。』三年，煬帝令羽騎尉朱寬入海訪求異俗。何蠻言之，遂與蠻俱往，因到流求國，言不相通，掠一人而返。明年帝復令寬慰撫之。流求不從，寬取布甲而還。時倭國使來朝，見之曰：

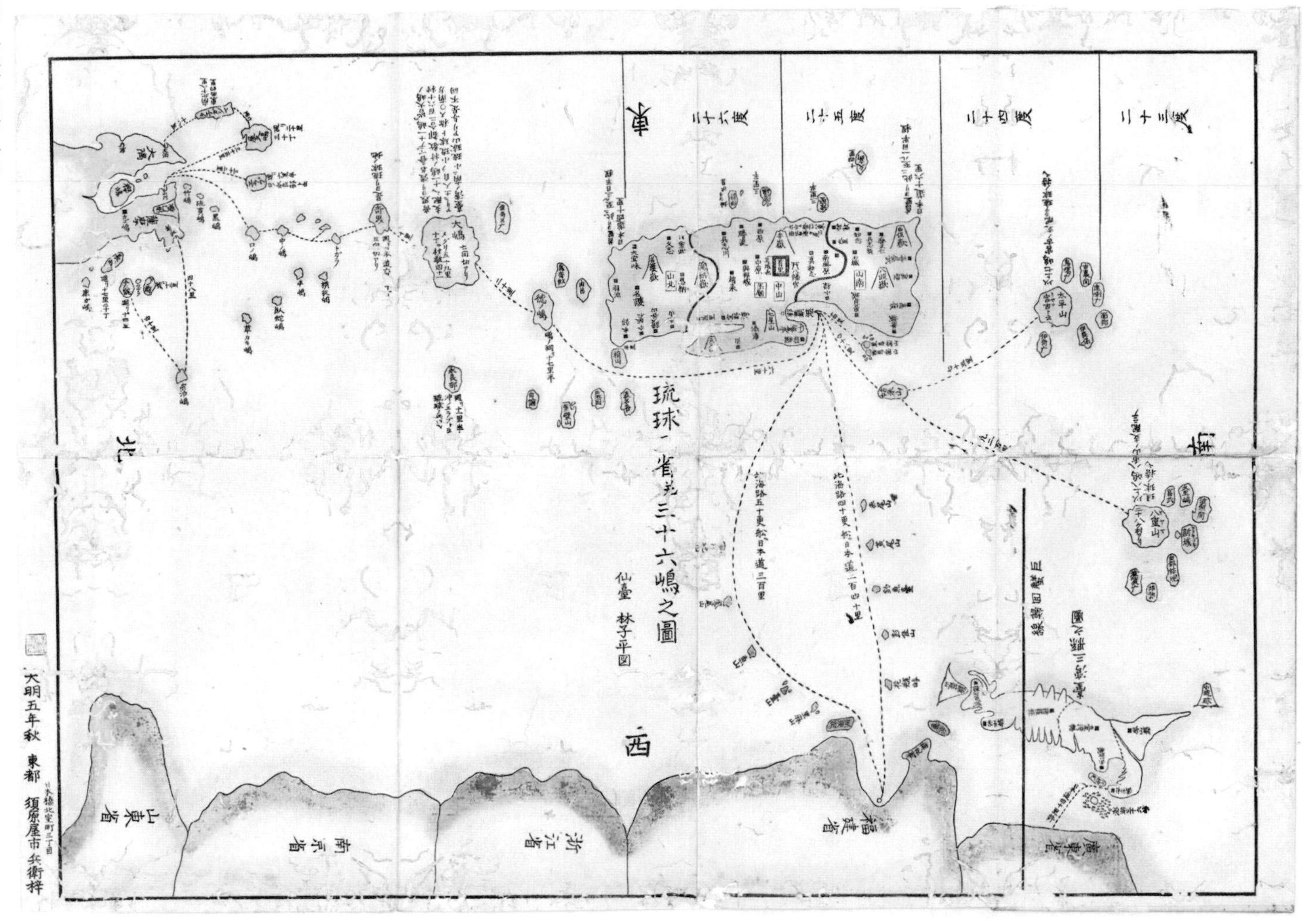

▲圖2｜《琉球三省並三十六嶋之圖》，
日本江戶時代天明5年（清乾隆50年，1785）

本圖為日本仙台人士林子平所著《三國通覽圖說》之附圖，圖中將琉球國分中山、山北、山南三省，臺灣為臺灣、諸羅、鳳山三縣。過去日本官方文件、地圖中一律以「琉球諸島」稱呼琉球群島，直到清末日本的長崎薩摩藩逐步控制了琉球群島，才將其改稱為琉球藩，但仍允許中山國王向中國朝貢。1872年在未知會清政府的情況下，日本政府悄然廢除琉球中山國，改琉球藩為沖繩縣。

『此夷邪久國人所用也。』帝遣武賁郎將陳稜朝請大夫張鎮州，率兵自義安浮海擊之，至高華嶼，又東行二日至鼊鼊嶼，又一日便至流求。稜將南方諸國人從軍，有崑崙人頗解其語，遣人慰諭之；流求不從，拒逆官軍，稜擊走之，近至其都，頻戰皆敗，焚其宮室，虜其男女數千人，在均時而還，自爾遂絕。」

隋代的建安郡治在今天的福州，轄區相當於整個福建省。「當建安郡東」可能是琉球群島，也可能是臺灣，更可能是兩者的合稱。如果正常航程「水行五日而至」的話，臺灣的可能性就不高了。因為從福州到臺灣，正常的情況下頂多一個晝夜就到了。不過這也只能說明何蠻、朱寬所至之處可能不是臺灣，並不能否定臺灣不是「流求國」的一部分。

至於從「義安浮海擊之」的義安是廣東潮州，依正常航程判斷，也不能說明其所至之地為臺灣。《隋書》中並沒有提到「流求」之名的由來。

伊能嘉矩在《臺灣文化志》上曾將《隋書》中記載「流求國」的風俗民情與《臨海水土志》的「夷洲」，兩者列表比較，其目地似乎是企圖將三國時代的「夷洲」和《隋書》中的「流求國」掛勾，以作為中國史書對臺灣地理認知「一脈相承」的敘述源流。這種企圖似乎比中國學者更加「中國」。

伊能雖然竭盡所能地引經據典，最後也不得不承認：「……所謂流求、琉求、瑠求、琉球，並不能斷定單指今之琉球，同時亦不能認為是專指臺灣之演變。」

但是根據《元史．列傳九十七．瑠求》中兩次遠征瑠求的記載，似乎可以認定元人所說的「瑠求」應該就是現在的臺灣。因為這兩次征伐「瑠求」都是從離臺灣最近的泉州和澎湖出發。這是歷史文獻中少數較能說明明代之前的「流求」與臺灣有關的例證。

幾乎可以推斷《唐十道圖》中的流求國就是臺灣

明代之前的中國地圖，記載「流求」的有三幅。分別是《歷代地理職掌圖》中的《古今華夷區域總要圖》(圖1)、《唐十道圖》(圖3)以及南宋咸淳年間出版的《輿地圖》(圖4)。

《歷代地理職掌圖》現藏於北京中國科學院自然科學史研究所，根據考證是蜀人稅安禮所編撰。《歷代地理職掌圖》成書年代大約是北宋元符年間，相當於西元1098～1100年。南宋淳熙12年（1185）趙亮夫根據《歷代地理職掌圖》增訂圖幅，重新出版，之後明代也有新刊刻的版本發行。

《歷代地理職掌圖》是中國現存最古老的歷史地圖集，全書共收錄44幅地圖，內容包含從傳說中的帝嚳到宋代的歷代地圖，每一幅都有簡要的文字說明，《古今華夷區域總要圖》、《唐十道圖》是其中的兩幅。

《古今華夷區域總要圖》可視為宋代的疆域圖，此圖在中國大陸的東方海域標示了許多大大小小的島嶼，如東海、扶餘、倭奴、日本、毛人、昌國、流求、蝦蛦、三佛齊、占城、闍婆等等。這些地名有些可考，有些就不知所指為何了，如東海、倭奴、毛人等。《古今華夷區域總要圖》中島嶼分布的位置相當紊亂，例如蝦蛦（可能是北海道或庫頁島）在日本的南面，三佛齊（馬來亞巨港）則在福建的東面？有些學者還在糾結，為什麼流求（臺灣、琉球）的東面會出現一個「昌國」？糾結這些疑問其實沒有太大的意義。對臺灣而言，此圖的重要性是在於「流求」的出現與其相關位置的標示。

《唐十道圖》顧名思義是唐代的全國行政區域劃分圖，圖中標示中國大陸東方海域上的海島比《古今華夷區域總要圖》準確一些。《唐十道圖》和《古今華夷區域總要圖》同樣出自《歷代地理職掌圖》，《唐十道圖》應該是宋代的編者根據唐代的地圖或者文獻資料所繪製的。

《唐十道圖》在中國大陸東方海域上所標示的地名，除了「流求國」之外，和《古今華夷區域總要圖》完全不同。且此圖東方海域上所標示的地名，相對於《古今華夷區域總要圖》，位置比較準確，而非像《古今華夷區域總要圖》僅僅是唐人所認知的海外地理概念。《唐十道圖》應該是依地理位置，盡可能地準確標示，而根據圖中所標示的相對位置，幾乎可以認定「流求國」就是臺灣。

但是像伊能嘉矩那樣，將《唐十道圖》中的高華嶼、鼊鼊嶼說成是澎湖的花嶼與圭鼊嶼（澎湖本島），那就純屬臆測，毫無依據了。比對《唐十道圖》和《古今華夷區域總要圖》，我們應該可以進一步推斷「流求國」很可能指的就是臺灣，這是《唐十道圖》最重要的價值之一；此圖的可信度應該超過《古今華夷區域總要圖》。

另一幅標示出「流求」的中國古地圖，是南宋咸淳元年～2年（1265～1266年）的石刻地圖《輿地圖》，其中中國大陸東方海域海島的標示模式和《古今華夷區域總要圖》十分相似，所以《輿地圖》很可能參考了《古今華夷區域總要圖》，或者兩者參考了一個共同的「母本」。

西方國家第一次在地圖上標示「流求」（琉球）是16世紀之後的事，很可能是從中國海商那兒聽來的。所以《古今華夷區域總要圖》、《唐十道圖》以及《輿地圖》在地圖文獻上的重要性是：最早以地圖的形式標示出「流求」的位置，而「流求」和現在的臺灣、琉球群島應該有一定程度的關聯。

▶圖3｜《唐十道圖》，北宋元符年間（1098～1100）
《唐十道圖》是唐代的全國行政區域劃分圖。其中中國大陸東方海域的海島應該是依實際地理位置，盡可能地標示準確。比對《唐十道圖》和《古今華夷區域總要圖》，我們應該可以進一步推斷「流求國」很可能指的就是臺灣，這是《唐十道圖》最重要的價值之一。

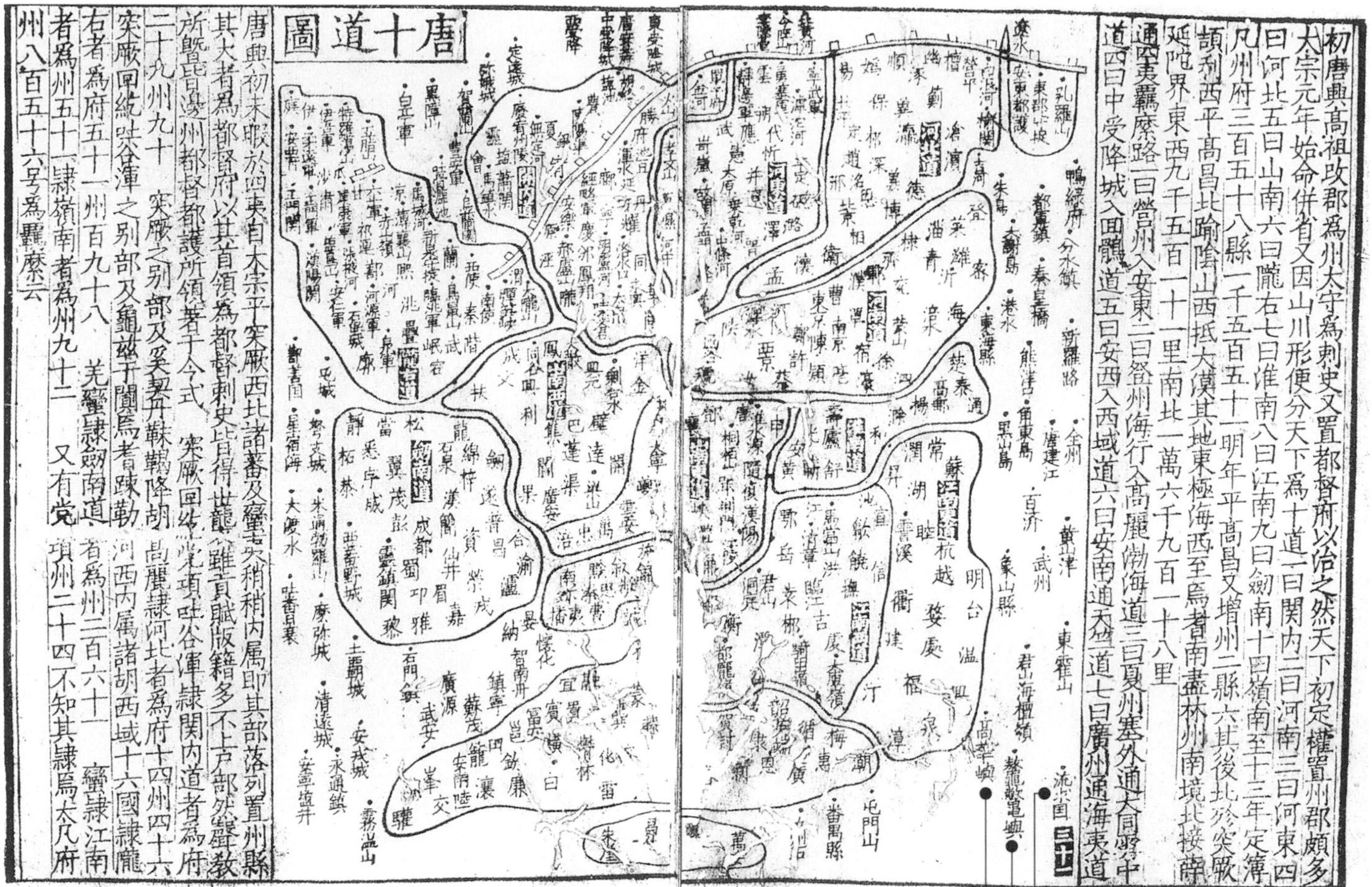

圖3

伊能嘉矩認為高華嶼是澎湖的花嶼，鼊鼊嶼是圭鼊嶼；但這種說法沒有任何學術上的依據。

依據圖中所標示的相對位置，幾乎可以認定「流求國」就是臺灣。

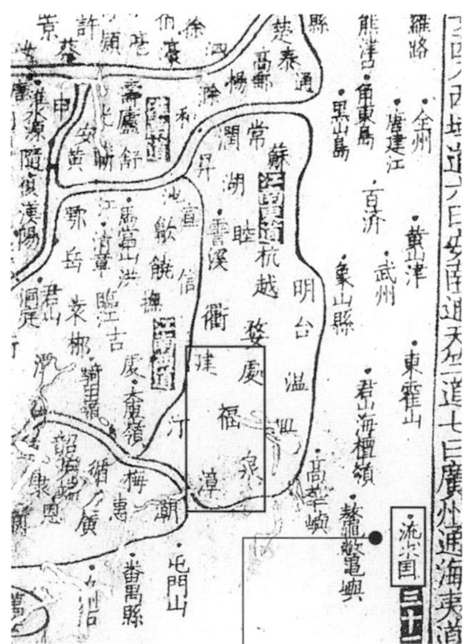

《唐十道圖》中的流求國和福建省漳州、泉州的相對位置比較接近。

《古今華夷區域總要圖》中的流求國反而在福建省漳州泉州的東北方。

《輿地圖》中國大陸東方海域海島的標示模式和《古今華夷區域總要圖》（左圖）十分相似，所以此圖很可能參考過《古今華夷區域總要圖》，或者兩圖都參考了同一個「母本」。

▲圖4｜《輿地圖》南宋咸淳元年～2年（1265～1266）

《輿地圖》描繪了宋代疆域及其周邊國家，也是最早繪出海上交通路線的航海圖，在長江口外的崇明島和流求之間，陰刻白描了數條航路：「過沙路」、「大洋路」等航線。此圖現藏於日本京都的栗棘庵，是日本僧人於宋代（1279）從中國攜回的拓本。

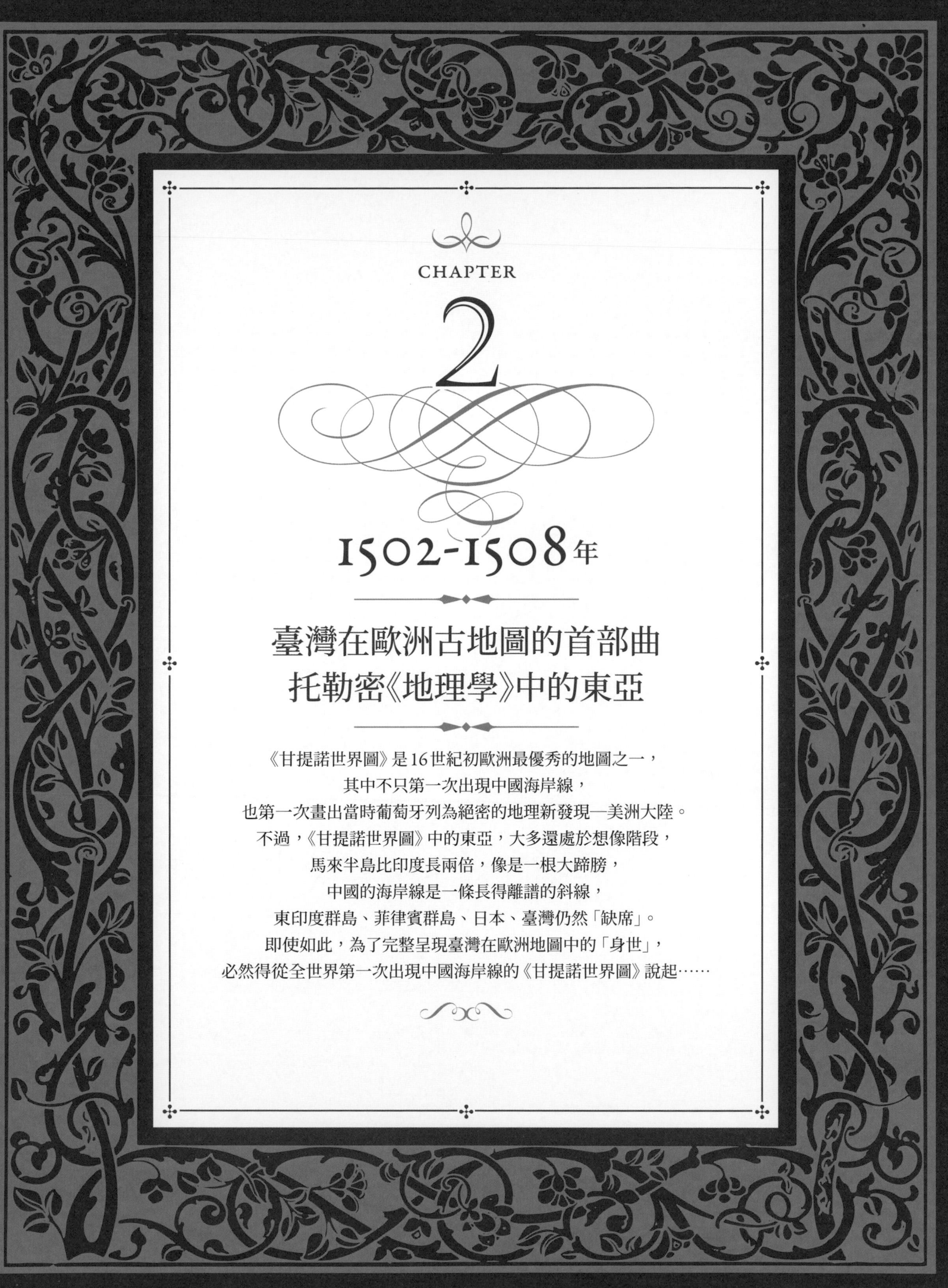

CHAPTER

2

1502-1508年

臺灣在歐洲古地圖的首部曲
托勒密《地理學》中的東亞

《甘提諾世界圖》是16世紀初歐洲最優秀的地圖之一，
其中不只第一次出現中國海岸線，
也第一次畫出當時葡萄牙列為絕密的地理新發現—美洲大陸。
不過，《甘提諾世界圖》中的東亞，大多還處於想像階段，
馬來半島比印度長兩倍，像是一根大蹄膀，
中國的海岸線是一條長得離譜的斜線，
東印度群島、菲律賓群島、日本、臺灣仍然「缺席」。
即使如此，為了完整呈現臺灣在歐洲地圖中的「身世」，
必然得從全世界第一次出現中國海岸線的《甘提諾世界圖》說起……

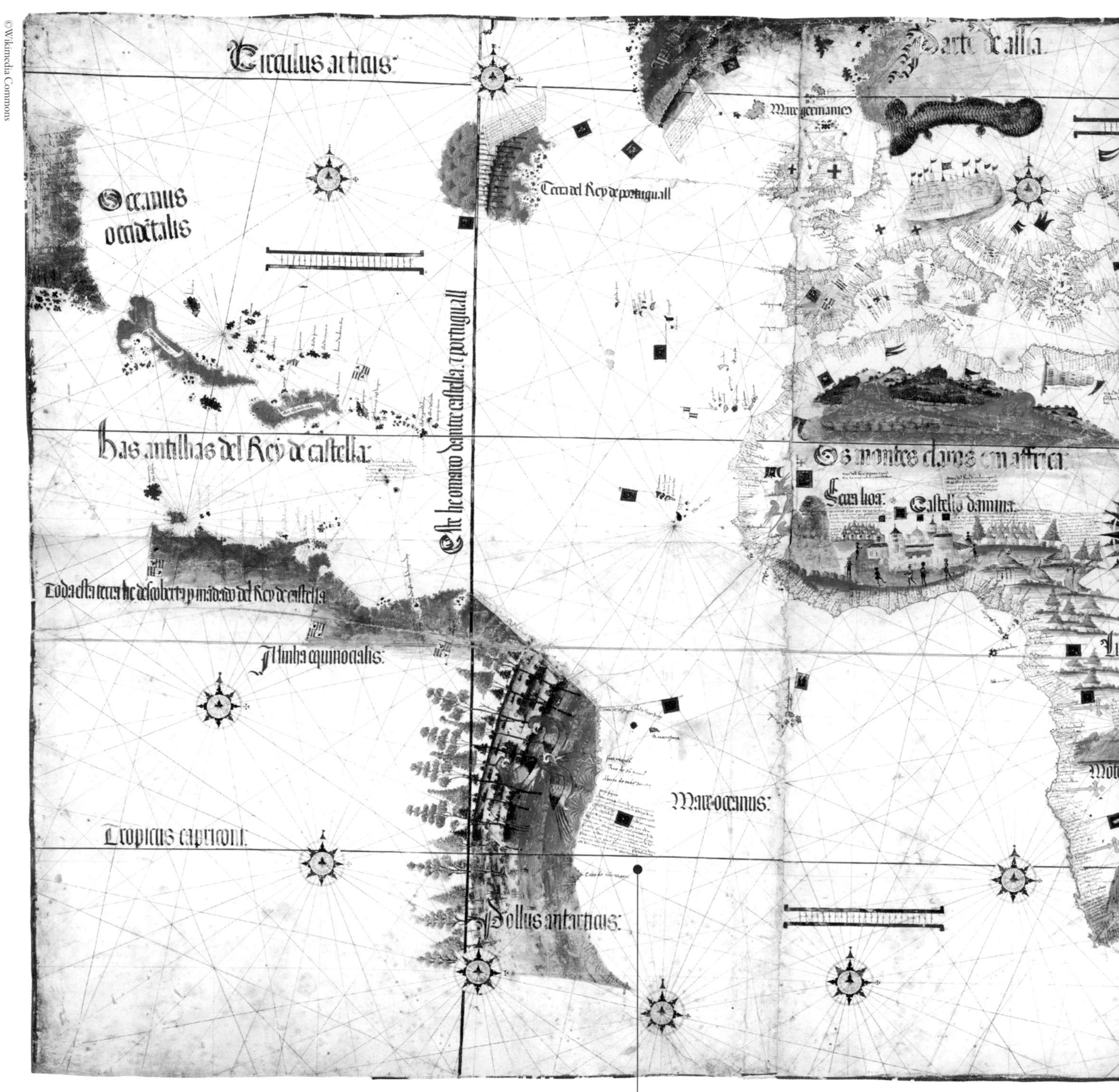

《甘提諾世界圖》*Cantino Planisphere*

地圖出處｜義大利摩德納市艾斯特圖書館（Biblioteca Estense, Modena）
繪 製 者｜不知名的葡萄牙製圖員
繪製年代｜1502年
繪製方式｜手繪在牛皮紙上
地圖尺寸｜218×102公分
相關地圖｜1. 孔達里尼版《地理學》*Geographiae*附圖，1506年
2. 馬丁．瓦爾德澤米勒版《地理學》附圖，1507年
3. 約翰．魯伊許版《地理學》附圖，1508年

創舉1｜《甘提諾世界圖》之所以引起世人的注意，是因為相較於之前的世界地圖，此圖是美洲大陸（巴西海岸）第一次出現在世界地圖上。在此之前，美洲地理新發現被葡萄牙視為絕密情資。

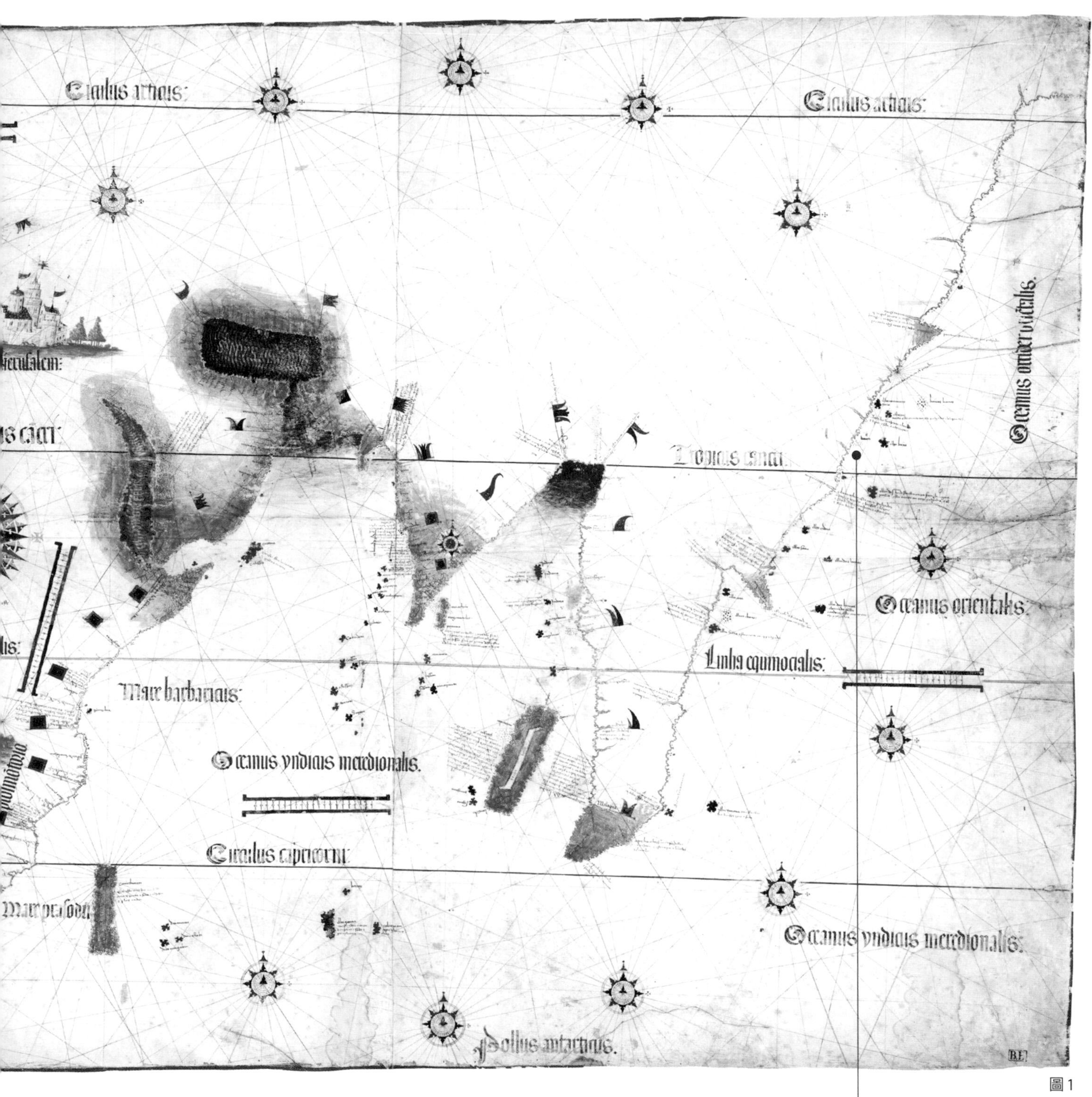

圖1

創舉2 | 中國的海岸線第一次出現在歐洲人繪製的地圖上。
此海岸線雖然是一條長得離譜的斜線，
且地名標示並無新意，但想了解歐洲地圖中的臺灣，
必須先從中國與琉球航路著手，
而這張地圖對臺灣的意義便在於此。

探索臺灣早期的地理訊息，如果完全只依據中國方面的史料，猶如遮蔽了左眼，單單以右眼觀察這個世界，結果得到的可能是一個不平衡、甚至有些變形的視野。如果能同時採用西方世界的史料、古地圖，那就像是以健全的雙眼來觀察這個世界，如此一來，我們理解臺灣早期的歷史，應該會更加的平衡與全面。

曹永和院士在1960年代發表的〈歐洲古地圖上之臺灣〉*一文是臺灣學界最早以西方古地圖理解臺灣早期歷史的開山之作，其影響力至今仍無人能出其右。

在此文中，曹永和將16世紀初歐洲繪製的世界地圖分為兩類，第一類如1506年孔達理尼（Giovanni Matteo Contarini）版（圖2）、1507年馬丁・瓦爾德澤米勒（Martin Waldseemüller）版、1508年約翰・魯伊許（Johann Ruysch）等版本的世界地圖，曹永和稱之為「理論派地圖」。其特徵是將托勒密（Claudius Ptolemaeus）的地理概念與地理新發現參雜混合，描繪出他們想像的世界。

托勒密《地理學》開啟了現代地圖學的革命

歐洲古地圖中最早出現臺灣島的是16世紀中葉葡萄牙人繪製的世界地圖，然而理解歐洲古地圖中的臺灣並不能簡單地以此為起點，應該要對歐洲古地圖的發展有較全面的認識。文藝復興時期是現代地圖學的發軔期，理解歐洲古地圖中的臺灣也應從這個時期的古地圖開始；這也就是曹永和所稱的「理論派地圖」。

文藝復興時期崇古之風盛行，15世紀中期一位佛羅倫斯學者安傑魯斯（Jacobus Angelus）至伊斯坦堡旅行，希望能尋找到荷馬著作的早期版本。無意間，安傑魯斯發現了托勒密的《地理學》（*Geographiae*，一譯《地理學指南》），從此開啟了現代地圖學的革命。

托勒密從其姓氏名字可以斷定他是古羅馬時代的希臘人，他可能一生都生活在羅馬帝國埃及行省的亞歷山卓。安傑魯斯得到《地理學》的希臘文本後立即將它翻譯成拉丁文本。此後托勒密的地理概念在歐洲學術圈中大行其道，成為當時的顯學，《地理學》更是不斷再版。不過，在16世紀中葉之前，歐洲各種版本的托勒密《地理學》中所附錄的世界地圖上，中國還是一個類似「山海經式」的國度，和神話傳說沒有太大的分別。

隨著地理與新航路的發現，新版本托勒密《地理學》中附錄的世界地圖也隨之更新。從1506年孔達理尼版、1507年馬丁・瓦爾德澤米勒版、1508年約翰・魯伊許版的世界地圖就可看出其中差異。

不過這些差異主要表現在美洲大陸與西印度群島的部分，東印度地區除了印度、中國之外，在這類的世界地圖中，日本、爪哇只看得到約略的位置。印度、斯里蘭卡輪廓逐漸清晰、細緻；中國的外形還是很粗獷，像牛屁股加上牛大腿。各式版本的托勒密《地理學》中附錄的世界地圖上，中國地名的標示更是脫離現實甚遠，還停留在《馬可波羅遊記》式的說法，例如華北被稱為「契丹」（Cathay），華南為「蠻子」（Mangi，蠻子是遼、金、蒙古政權對南宋的稱呼），現代的北京為契丹市（Cathaio civitas），南宋的行都杭州為Quisai civitas celi；這些名稱應該都是根據元代之前蒙古人的說法。

想了解歐洲古地圖中的臺灣，必須先從發現中國與琉球的航路著手

15世紀末、16世紀初是西方世界的大航海時代，當時歐洲的探險家在葡萄牙、西班牙國王的資助下，以尋找航向東方、中國的航路為第一目標。16世紀初葡萄牙探險家抵達馬六甲之後，目標直指中國。而1540年代為了進一步尋找中國與日本之間的可靠航路，葡萄牙人又從中國海員那兒獲知了琉球群島的地理概念，之後才又將琉球與福爾摩沙區分開來。所以想了解歐洲地圖中的臺灣，必須先從地圖上中國與琉球的航路著手。相對於「理論派地圖」，另一類曹永和稱之為「實驗派地圖」的繪圖師便以地理新發現為依據，來繪製地圖。其中以1502年版的《甘提諾世界圖》（圖1）為代表作。曹永和認為《甘提諾世界圖》是16世紀初歐洲最優秀的地圖之一，如今收藏於義大利摩德納市艾斯特圖書館。

《甘提諾世界圖》的原圖上首次出現巴西的部分海岸線，是當時葡萄牙列為絕密的美洲地理新發現。義大利費拉拉公爵艾斯特為了獲取這份情資，委託義大利人甘提諾（Alberto Cantino）以12枚金幣的代價買通了葡萄牙繪圖師，複製了這幅地圖。因為這幅地圖名氣實在太大了，而且葡萄牙的原版地圖早已不知所終，所以這幅地圖便以《甘提諾世界圖》（*Cantino Planisphere / Cantino world map*）之名而聞名天下。

為歐洲引薦兩個新大陸：美洲與中國

《甘提諾世界圖》之所以引起世人的注意，是因為相對於過去的世界地圖，出現了兩個不同之處，一是費拉拉公爵艾斯特亟欲了解的巴西，這是美洲大陸第一次出現在世界地圖上；其次是中國的海岸線也首次出現在歐洲人繪製的地圖上。

《甘提諾世界圖》中的歐洲、非洲已經測繪得相當準確；阿拉伯半島雖不算精準，也還看得出樣子；印度、斯里蘭卡比例相當，有模有樣，但再往東就說不清楚了。馬來半島比印度長兩倍，像是一根大蹄膀；中國的海岸線是一條西南—東北走向的斜線，而且長得離譜；東印度群島、菲律賓群島、日本一概「缺席」，臺灣更是無從說起。中國海岸線上標示的地名，也毫無新意，大多數還是從托勒密《地理學》上山寨來的，屬於歐洲中古時代的傳說。所以從這前提看來，被曹永和列為「實驗派地圖」的《甘提諾世界圖》和所謂的「理論派地圖」相較，以中國與東亞的角度而言，其實沒有差別，都是想像的國度，根本談不上什麼新發現。

不過，當時葡萄牙人將印度以東的東亞地區畫成這副模樣，也不令人意外，因為葡萄牙人真正進入東印度群島、中國海岸線是十年以後的事了。無論如何，這幅地圖是中國海岸線首次出現在歐洲人繪製的地圖上，也算是創舉，而臺灣島出現在歐洲地圖上還要再等約半個世紀。

＊在文章中，曹永和可能是根據日文音譯，將Ptolemy拉丁式的拼法Ptolemaios翻成「普特雷麥歐斯」，而非現在臺灣學界慣用的「托勒密」音譯。

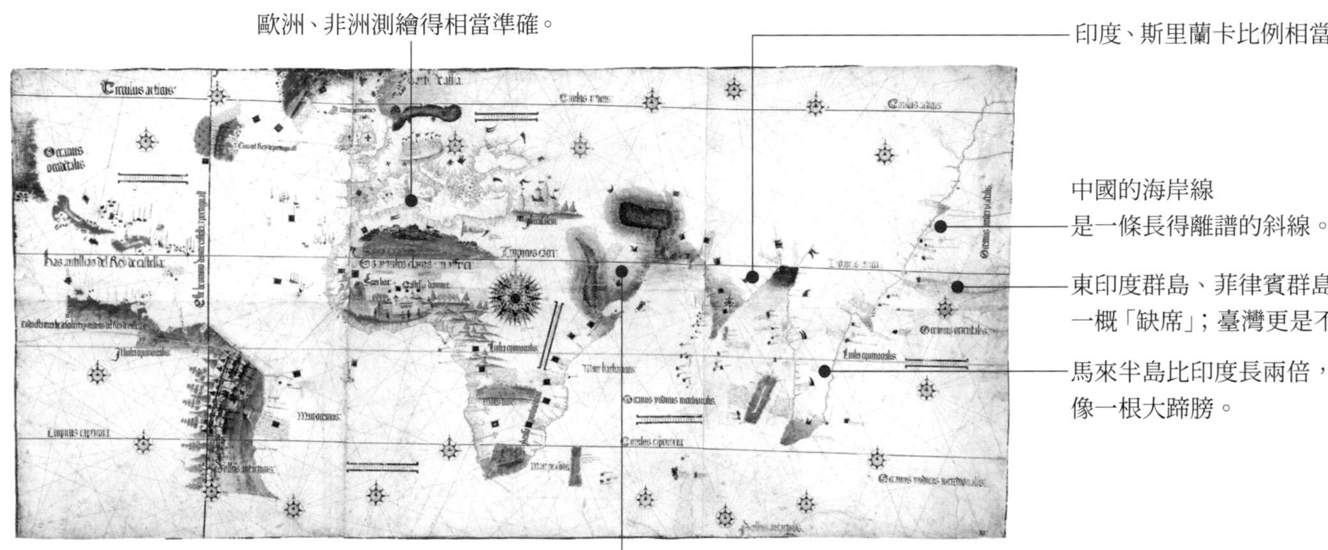
歐洲、非洲測繪得相當準確。
印度、斯里蘭卡比例相當。
中國的海岸線
是一條長得離譜的斜線。
東印度群島、菲律賓群島、日本
一概「缺席」；臺灣更是不知在哪。
馬來半島比印度長兩倍，
像一根大蹄膀。
阿拉伯半島雖不精準，但看得出樣子。

◀◀圖1｜理解臺灣在歐洲古地圖中的「身世」，必須從中國海岸線的「發現」說起，而中國海岸線首次出現在歐洲古地圖上，又以《甘提諾世界圖》最早。

《甘提諾世界圖》之所以引起世人注意，是因為相較於之前的世界地圖，此圖出現了兩個不同之處：一是美洲大陸第一次出現在世界地圖上，其次是中國的海岸線也首次出現在歐洲人繪製的地圖上。

但是此圖的中國海岸線被畫成一條西南—東北走向的斜線，而且長得離譜。之所以如此，很可能是當時西方的航海家並未實測過中國海岸線，而是根據傳說「瞎畫」的。圖中東印度群島、菲律賓群島、日本一概「缺席」，臺灣更是無從說起。因為臺灣在歐洲地圖中的「身世」，必得從中國海岸線說起，而此圖是中國海岸線出現在歐洲地圖上的首例，所以對臺灣而言，其意義也在於此。

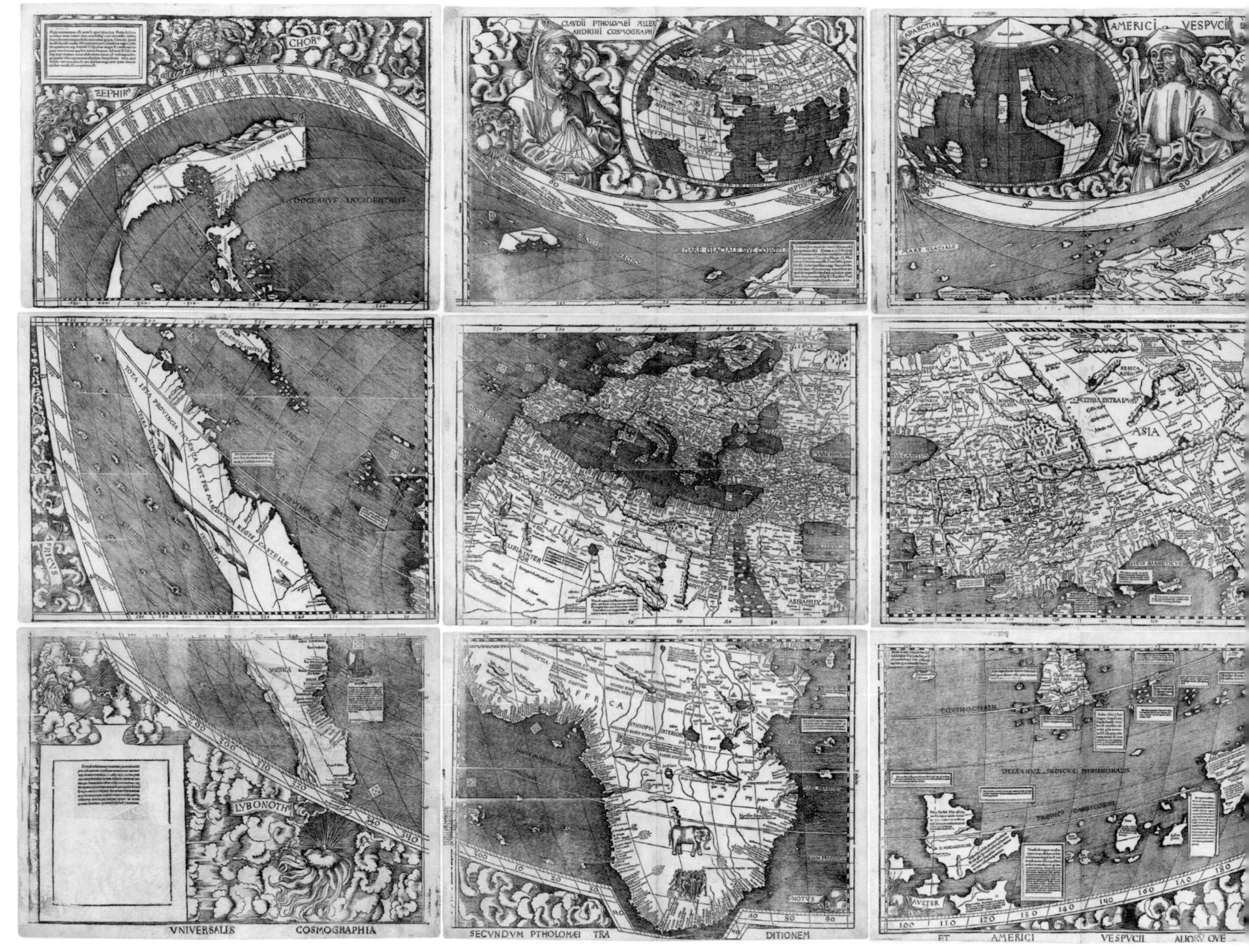

▲圖2｜瓦爾德澤米勒版的《地理學》附圖，1507年

雖然曹永和將此圖歸類為「理論派地圖」，但這卻是歐洲人首次將新大陸標示為「亞美利加」，並繪製出太平洋的世界地圖。

此圖於1901年在德國符騰堡發現，原為德國私人收藏，經過長達一個世紀的協商之後，2003年美國國會圖書館終於以1000萬美元的驚人高價收購。原圖是由12塊木刻印版印製而成，全圖高122公分，寬244公分。當年可能印了上千幅，可是如今世上還未發現第二幅，所以1000萬美元應該不算是敲竹槓。

此圖為德國神職人員瓦爾德澤米勒所繪，是托勒密《地理學》的附圖。圖中亞洲、中國部分和《甘提諾世界圖》所繪相差無幾。

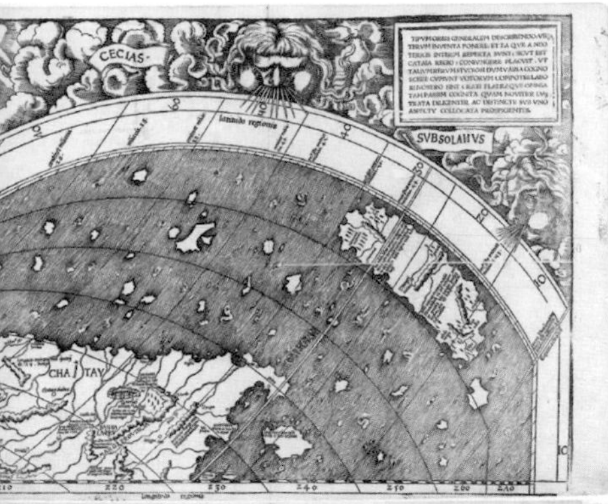

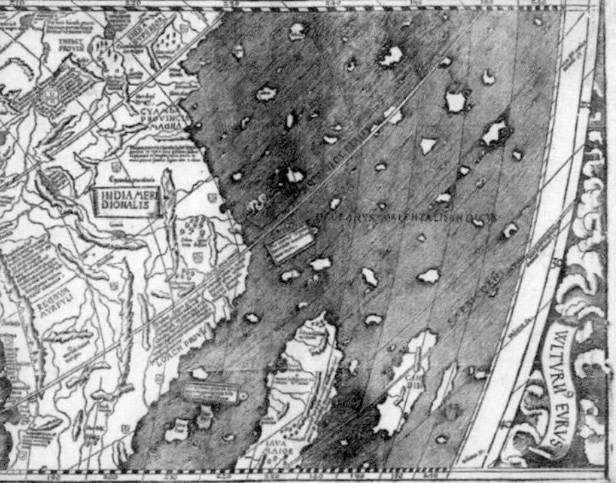

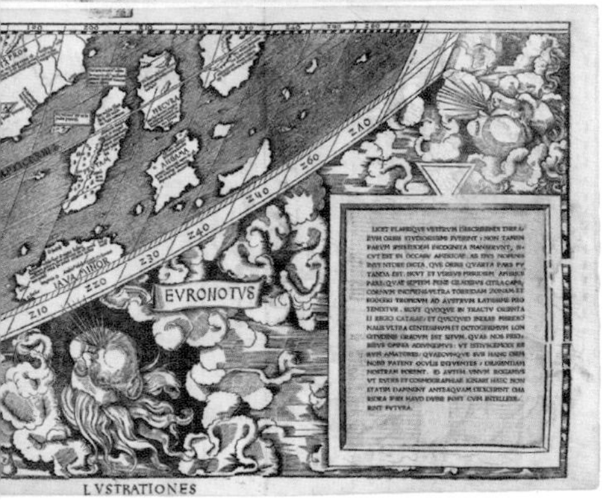

©MartinWaldseemüller@Wikimedia Commons

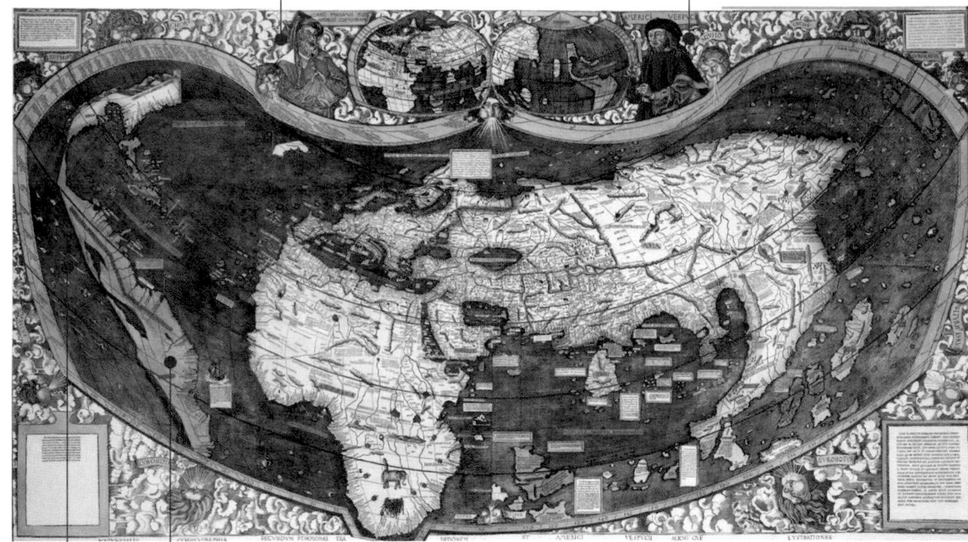

©Wikimedia Commons

爭議1｜將新發現的新大陸標示為AMERICA，即亞美利加。

爭議2｜在中國與美洲大陸之間描繪出一個大洋，但是太平洋「被發現」是在此圖繪製的15年後，1522年麥哲倫環遊世界之後才加以證實的，瓦爾德澤米勒為什麼能未卜先知？至今還沒有確切的說法。

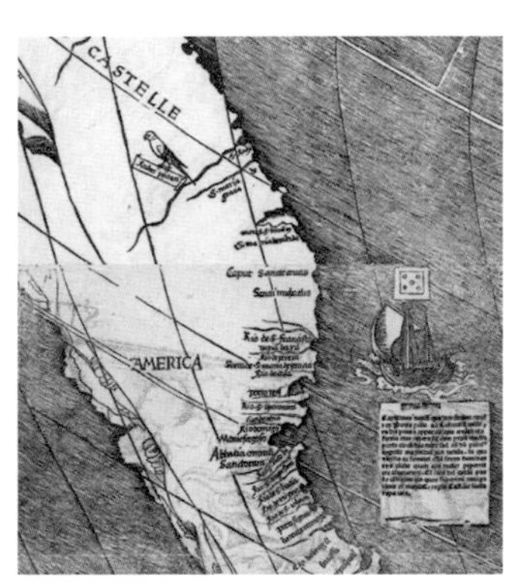

©Wikimedia Commons

事實上，除了中國之外，瓦爾德澤米勒版的世界地圖所包含的地理信息並不比《甘提諾世界圖》來得差。此圖應該參考了當時最新的地理發現，並不完全如曹永和所認為的「……將托勒密的地理概念與地理新發現參雜混合，描繪出他們想像的世界……」。

此圖較受爭議的有兩點，一是將新發現的新大陸標示為AMERICA，即亞美利加。這應該是受到義大利人亞美利奇．維斯普奇（Americi Vespucii）的影響。此圖的刊頭瓦爾德澤米勒竟然將維斯普奇的肖像與托勒密並列，可見瓦爾德澤米勒將維斯普奇視為與托勒密同一等級的大人物。

美洲大陸是否真是維斯普奇首先確認為新大陸的呢？其實還有爭議，當然這應該也是美國國會圖書館重金收購此圖的主要原因。後來瓦爾德澤米勒在新出版的世界地圖上推翻了維斯普奇首先確認AMERICA為新大陸的說法，但覆水難收，AMERICA已陸續出現在其他地圖上了，而且愈傳愈廣……

其二是此圖竟然在中國與美洲大陸之間描繪出一個大洋，但是太平洋「被發現」是在此圖繪製的15年後，1522年麥哲倫環遊世界之後才加以證實的，瓦爾德澤米勒為什麼能未卜先知？至今還沒有確切的說法。

日本（ZAMPA）

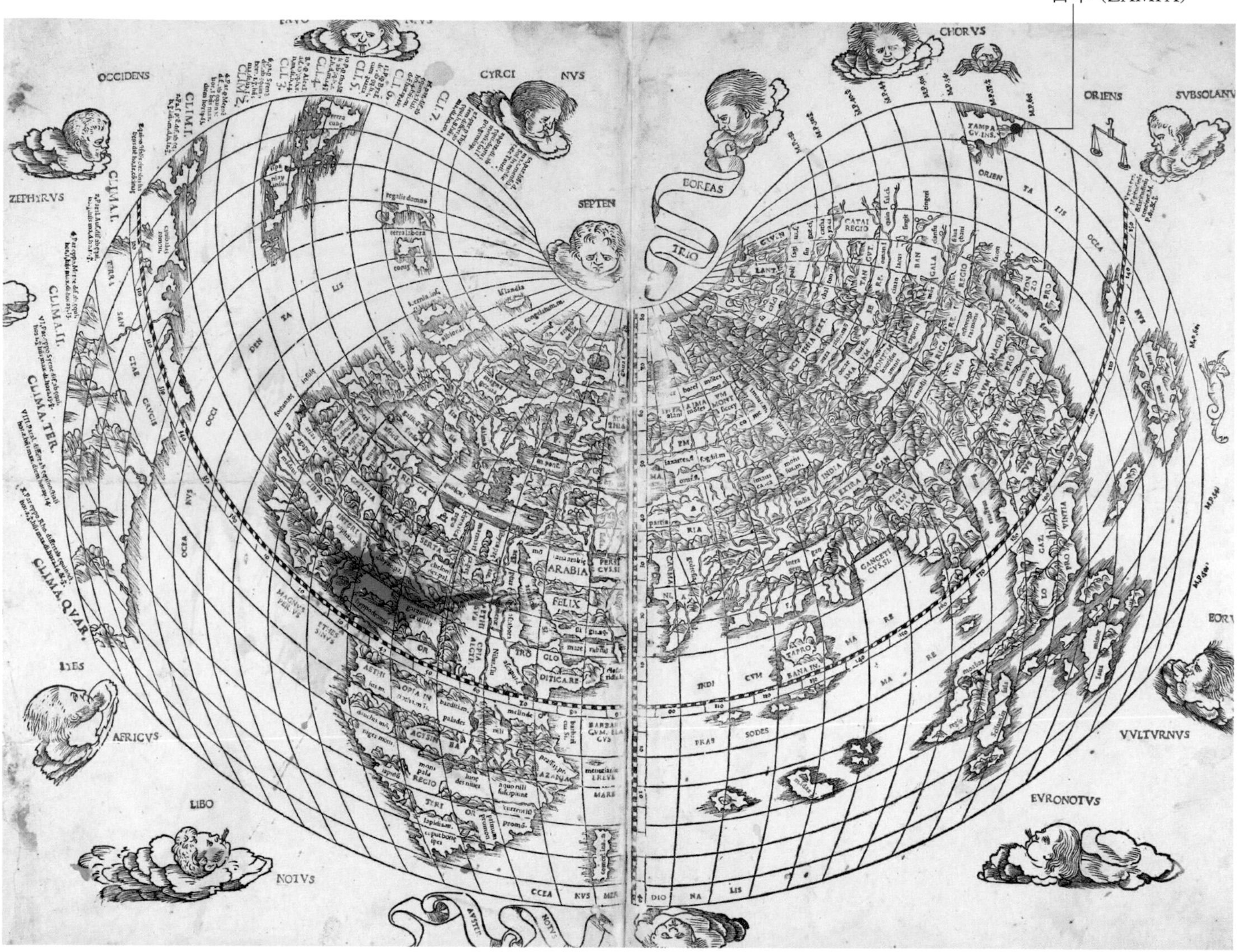

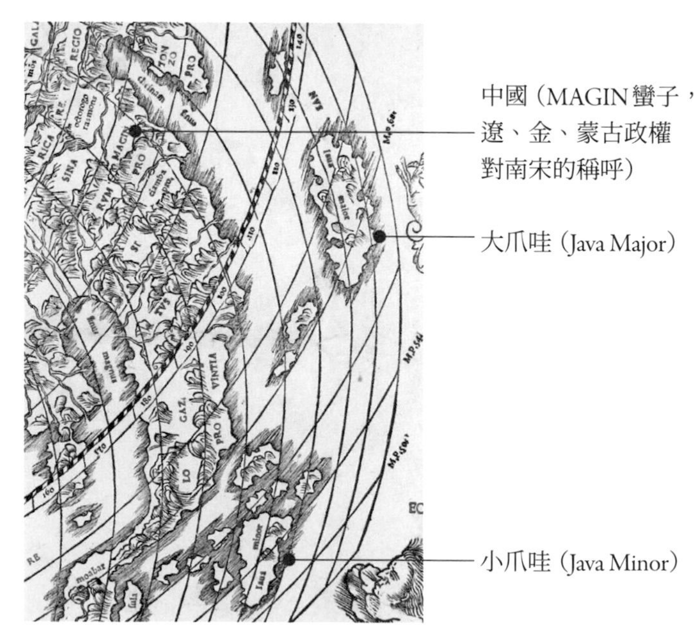

▲**圖3｜西爾瓦尼・貝爾納多（Silvani Bernardo）版的《地理學》附圖，1511年**

此圖和1507年版瓦爾德澤米勒的世界地圖十分相似，但是美洲大陸已經不再標示AMERICA，而改以Terra Sancate Crucis，所以此圖可能是1507年瓦爾德澤米勒版世界地圖的增訂版。

此圖東亞的海面上分別標示了大爪哇（Java Major）、小爪哇（Java Minor）和日本（ZAMPA）等「新發現」，但臺灣、菲律賓與琉球群島都不見蹤影，還沒被「發現」。大爪哇可能是指新幾內亞，小爪哇則可能是爪哇島。日本的拉丁拼法和《馬可波羅遊記》一樣，而中國也還有「蠻子」（MAGIN，遼、金、蒙古政權對南宋的稱呼）之類的標示，可見此圖東亞部分的地理信息並非全然得自當時歐洲人的親身見聞，而是沿襲《馬可波羅遊記》的說法。

CHAPTER

3

1398-1631年

明初輿圖上的「琉球」為什麼長得像臺灣？

歷史學者徐曉望認為，
「流求」、「琉求」、「瑠求」，甚至「琉球」其實指的都是臺灣，
在今日本沖繩縣的中山國之所以被稱為「琉球」，
是朱元璋被冊封使楊載「忽悠」所造成的錯置。
當初楊載奉朱元璋的命令，出使日本與琉球，要求對方進貢、稱臣。
日本楊載想辦法應付過去了，但琉球自古以來就沒有明確的政權，
該找誰來進貢呢？
根據徐曉望的說法，楊載找了中山國（今沖繩縣）來忽悠朱元璋，
所以才有了「琉球」究竟是沖繩還是臺灣的爭議，
而明代輿圖上的「琉球」也才會長得像臺灣，
但真的是這樣嗎？

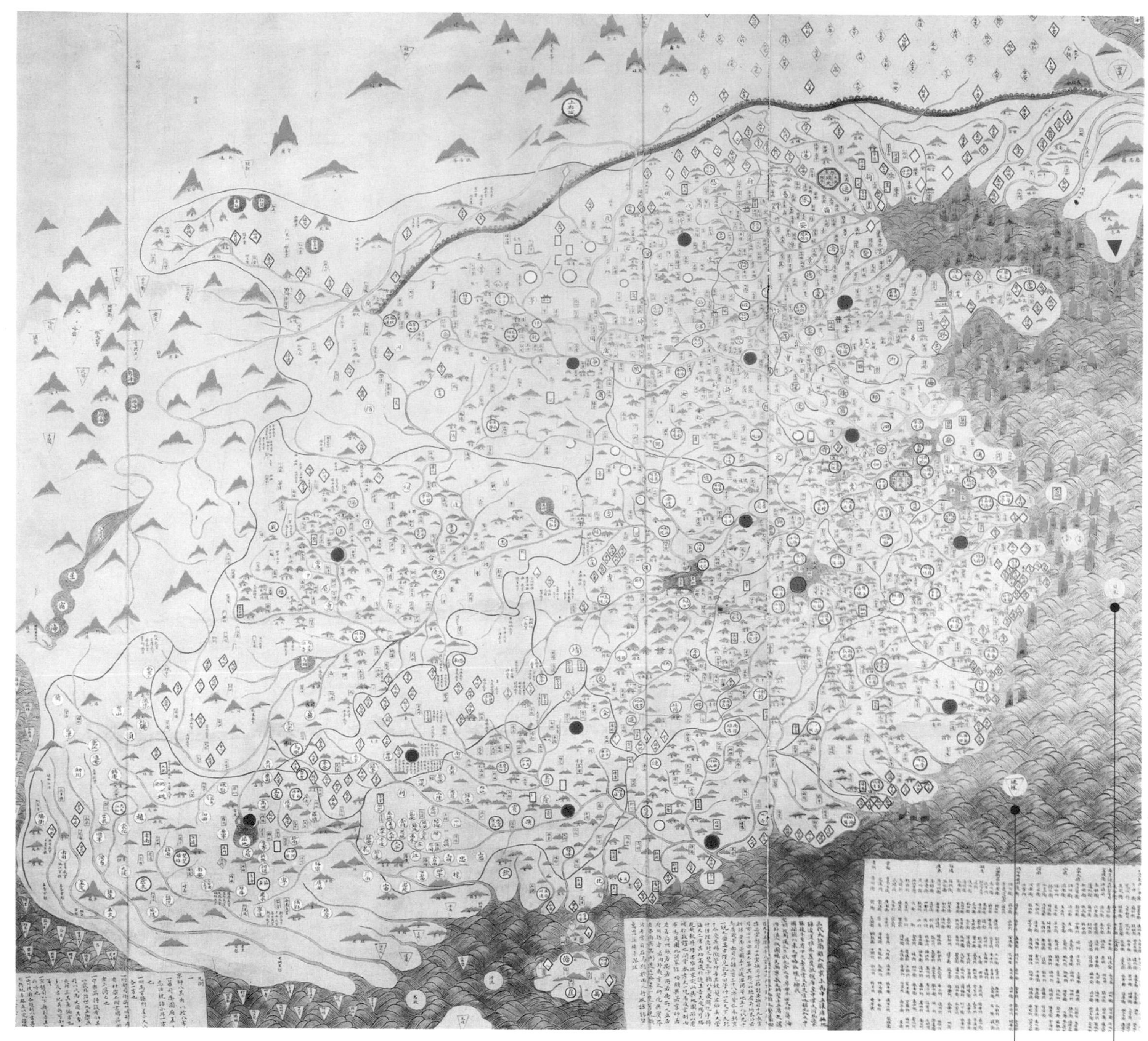

《楊子器跋輿地圖摹本》

館藏地點｜旅順博物館
繪製年代｜明嘉靖5年（1526）重繪，
原圖繪於明正德7~8年（1512~13）
繪製方式｜彩繪於絹上
地圖尺寸｜164×180公分
相關地圖｜1.《大明混一圖》，1398年
2. 嘉靖8年版《大明一統之圖》，1529年

此圖臺灣的位置，以倒三角形的符號標示，符號內書寫琉球二字。標示的方式與日本相同，可見倒三角形的符號代表不屬於大明疆域的外藩。這幅具有代表性的明代輿圖所描繪的「琉球」究竟是臺灣？還是琉球群島的中山國？長久以來學界始終爭論不休，難有定論。

日本

明代中葉之前，中國官方所繪製的輿圖，都在福建外海標示了一個叫「琉球」的島嶼。如北京中國第一檔案館收藏的洪武23年（1398）繪製的《大明混一圖》（圖2）、《大明一統志》中的附圖《大明一統之圖》（圖3）以及《楊子器跋輿地圖摹本》（圖1）。

《大明混一圖》原圖長386公分，寬475公分，彩繪絹本，不但是中國所繪製最古老的世界地圖，也是目前所知，世界上最早描繪非洲大陸的古代地圖，重要性當然非比尋常。

《大明混一圖》的中國部分主要是依據元代朱思本的《輿地圖》所繪；非洲、歐洲和東南亞部分是依據元末李澤民《聲教廣被圖》繪製；而印度等地可能是依據元上都天文臺長札魯馬丁的地球儀和彩色地圖繪製而成。清政府入主中原後，將這幅地圖上的1000多個漢字地名，全部按等級貼蓋上了大小不同的滿文標籤。

為什麼明代輿圖中的「琉球」和臺灣的輪廓、大小神似？

《大明一統之圖》是明政府官修全國性地理志書《大明一統志》中的附圖。《大明一統志》全書共17幅地圖，《大明一統之圖》為第一幅。此圖的特點是中國大陸的輪廓十分簡略，但還是可以明顯看出受到宋代《禹跡圖》的影響。圖中「琉球」的外形和臺灣島的輪廓、大小異常神似，相信看過此圖的讀者應該都會同意這點。

此圖中琉球、日本、朝鮮三地與中國大陸之間的相對位置還算正確。總括來說，此圖只能算是簡圖，可能是根據更精確的大型官方地圖所摹繪的，因為簡略，所以說明性略嫌不足。

《楊子器跋輿地圖摹本》原圖無題，因為圖的底部有楊子器署名的跋文，所以以之為圖名。根據楊子器的生卒年代判斷，此圖大約繪製於正德7～8年間（1512～13），但原圖已經佚失，現藏於旅順博物館的摹本為嘉靖5年（1526）重繪。此圖內容相當豐富，地名1600多處、山岳500餘座，最特別的是行政區劃採用規格化的圖形符號，可說是開創地圖圖例的先河。

這幅地圖對後世地圖的影響相當大，目前所知《皇明一統地理之圖》（嘉靖15年，1536）、《輿地圖》（萬曆22年，1594）以及《皇明輿地之圖》（崇禎4年，1631）等應該都是仿效此圖。

此圖於臺灣的位置，以倒三角形的符號標示，符號內書寫琉球二字。標示的倒三角形符號與日本相同，可見倒三角形符號應該是代表此處是不屬於大明疆域的外藩。

這三幅具有代表性的明代輿圖所描繪的「琉球」究竟是臺灣，還是琉球群島的中山國，長久以來學界始終爭論不休，難有定論。

依外形與輪廓大小，圖中的「琉球」似乎更接近臺灣，可是明代的「琉球」自洪武5年中山王接受明朝的冊封後，即成為中國的屬國，此後中國官方文獻中，捨棄了「流求」、「琉求」、「瑠求」之類的舊稱，改稱「琉球」。所以「琉球」之名從明初開始便十分明確的是指琉球群島上的中山國。那麼明政府是不是有可能將臺灣視為中山國的一部分？的確有些學者如此主張。

這一派的看法認為，直到嘉靖年間（1522）之前，中國官方的文獻與地圖皆沒有嚴格地區分琉球與臺灣，所以洪武至嘉靖年間（1387～1522）中國官方似乎將臺灣視為琉球的一部分，同樣以琉球稱之。但也有學者認為問題可能不是那麼單純。

中山國之所以被稱為「琉球」，是冊封使楊載「忽悠」來的？

福建社會科學院歷史研究所所長徐曉望在〈臺灣：流求之名的失落〉一文中，主張長久以來所謂「流求」、「琉求」、「瑠求」，甚至「琉球」其實指的都是臺灣，如今日本沖繩縣的中山國之所以被稱為「琉球」，是明政府被洪武

◀圖1｜本圖內容相當豐富，地名1600多處、山岳500餘座，最特別的是行政區劃採用規格化的圖形符號，開創了地圖圖例的先河。

本圖的信息很可能和《大明混一圖》（圖2）有極深的淵源。圖中的琉球位置大小看似和臺灣類似，實則應指琉球群島上的中山國，因為島上倒三角的圖例和日本一樣，屬於大明的外藩。明代的輿圖大約是在16世紀中葉之後，才明顯以大、小琉球區分臺灣與中山國。

圖2

大明混一圖
©Wikimedia Commons
阿拉伯半島
非洲輪廓相當清楚，
可看出尼羅河及
南部好望角海岸。
日本
琉球群島
臺灣究竟在哪裡？
因為此圖貼了許多
清朝的滿語標註，
而難以判斷確切位置。

年間的冊封使楊載「忽悠」所造成的錯置。

徐曉望舉宋代福州的地方志《三山志》、元代汪大淵的《島夷志略》、《元史．瑠求傳》，甚至《大明一統志》等書為例，指出書中所指的「流求」、「琉求」、「瑠求」，甚至「琉球」都是臺灣。

《三山志》上記載：「……昭靈廟下，光風霽日，窮目力而東，有碧拳然，乃琉球國也……」徐曉望說，昭靈廟所在的塘嶼屬平壇縣，是福州距離臺灣最近的地方，此地能看到的只有臺灣島，絕不可能是琉球群島。

汪大淵的《島夷志略》提到：「瑠求……彭湖望之甚近。」彭湖是澎湖的古稱，同樣的，澎湖望之甚近的地方也只有臺灣，不可能是琉球群島。另外《島夷志略》中還提到「瑠求」出產沙金，臺灣的基隆河的確出產沙金，而琉球群島自古以來從不曾有出產黃金的紀錄。所以「瑠求」只能是臺灣島，絕不可能是琉球群島。

《元史．瑠求傳》：「瑠求在南海之東，漳、泉、興、福四州界內，彭湖諸島與瑠求相對。」這個說法和汪大淵的《島夷志略》是一致的。那麼朱洪武為什麼會被楊載給「忽悠」了，將中山國當成「琉球」呢？

徐曉望經過大量的考據，釐清了楊載出使中山國的實際過程。他說楊載曾是朱元璋對手張士誠的下屬，張士誠被殲滅後，楊載轉投朱元璋麾下，但是朱元璋對他並不完全信任，因此派遣他出使日本與「琉球」。

既然不信任楊載，為什麼朱元璋還派他去招安日本與「琉球」？因為日本之前曾拒絕向元政府進貢，導致元軍發動過幾次征討，結果遇到「神風」而失利。連跨越歐亞的大元帝國都未獲日本的認可與進貢，朱元璋當然特別留意日本的動向。

之前明政府派去的一位使者被日本人殺了，楊載是第二個出使日本的使者。這個任務顯然十分凶險，如果楊載無法達成任務，即便未遭日本人毒手，也會被朱元璋乘機下罪。結果，楊載兩次出使日本後，日本竟然同意接受中國的冊封，由此可見楊載是個頗有外交手腕的使者，當然日本方面的說法又是另一回事了。

歷來中國對外的關係，官方的說法幾乎都是進貢、冊封之類以上對下的形式，但實際情況恐怕並不盡然。有些使者為了完成使命，對上與對外常是採用兩面說法。總之，日本算是讓他應付過去了，但「琉球」就令他頭大了。

「琉球」自古以來不但不曾向中國進貢，連征討的對象都難以確定。因為歷來的中國政府始終沒弄清楚「流求」或「琉球」(也就是臺灣) 的國家政權所在。日本的政權所在十分明確，可楊載到哪去找「琉球國」的國王呢？

明代之前，沖繩的「中山國」從未向中國進貢，歷史上也未記載。歷代幾次出兵征討「流求」的遠征軍，頂多也就是俘虜一些當地的原住民，帶回中國就算交差了事，根本沒有碰到所謂的「琉球國」國王，所以沖繩的「中山國」不可能是「琉球國」。

但是朱元璋給楊載的使命相當明確，朱元璋給「琉球國」的詔書上寫道：「……朕為臣民推戴，及皇帝位，定有天下，之號大明，建元洪武，是用遣使外夷，播告朕意，蠻夷酋長，稱臣入貢，維爾琉球，在中國東南，遠據海外，未及報知，茲特遣使往諭，爾其知之……」所以楊載得向「琉球國」國王當面宣達中國已改朝換代的信息，而且當代的天子朱洪武要求琉球國王必須服從他的旨意，向中國進貢、稱臣。

後來楊載竟然找到了沖繩的中山國，設法讓中山王察度派遣其弟泰期赴大明朝貢，並向明政府宣稱「中山國」就是「琉球國」，當時的明政府顯然無法查證「中山國」是不是真的就是「琉球國」。於是洪武5年，明政府正式以楊載為冊封使，封察度為「中山王」，並以「琉球國」稱之。

徐曉望的說法真能解釋明代輿圖中的「琉球」為什麼像臺灣？

徐曉望的考證不但解決了「流求」、「琉求」、「瑠求」、「琉球」究竟指的是臺灣，還是琉球群島的爭論，似乎也從側面解釋了《大明混一圖》、《楊子器跋輿地圖摹本》、《大明一統之圖》等明代官方繪製的輿圖中，「琉球」為什麼位置、形狀大小那麼像是臺灣的疑問。

徐曉望認為這三幅輿圖中的「琉球」本來指的就是臺灣，因為這都是基於宋元以來中國人對臺灣 (即琉球) 的地理認知而繪製的。現在之所以覺得奇怪，是因為楊載為了完成其外交使命，將沖繩的「中山國」當作「琉球國」，而造成了地名上的紊亂。徐曉望的說法似乎不無道理，但歷史上關於「流求」、「琉求」、「瑠求」、「琉球」究竟是指臺灣還是沖繩的爭論，可能還需要更多的論證，才能得到最終的解答。

圖3

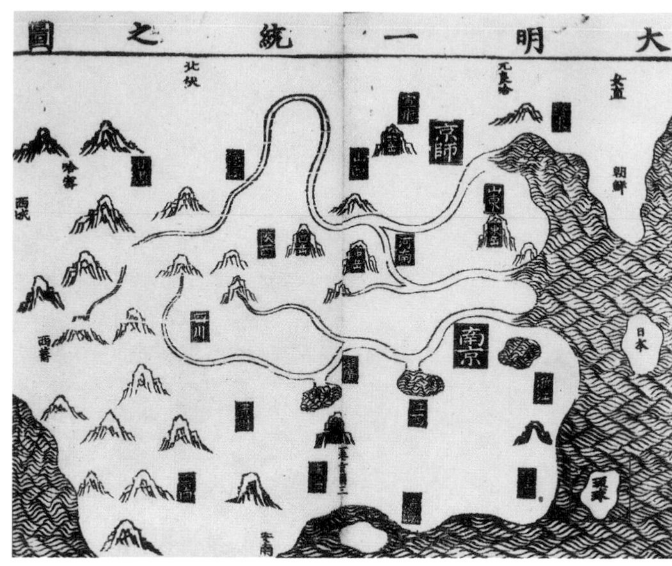

圖4

©Wikimedia Commons

◀圖2｜《大明混一圖》，1398年
《大明混一圖》以明代疆域為中心，北到蒙古、東到日本、南到爪哇、西到歐洲、非洲。圖中自然山川、治所堡寨描繪詳細，中國區域名稱細節有數千多處，西方也有幾百個。

▲圖3｜《大明一統志．大明一統之圖》天順5年版，1461年
《大明一統之圖》是《大明一統志》的第一幅。圖中「琉球」的外形和臺灣島的輪廓、大小異常神似，琉球、日本、朝鮮三地與中國大陸之間的相對位置也還算正確。

▲圖4｜《大明一統之圖》嘉靖8年版，1529年
內閣大學士桂萼根據天順5年版《大明一統志》中的《大明一統之圖》所重繪。

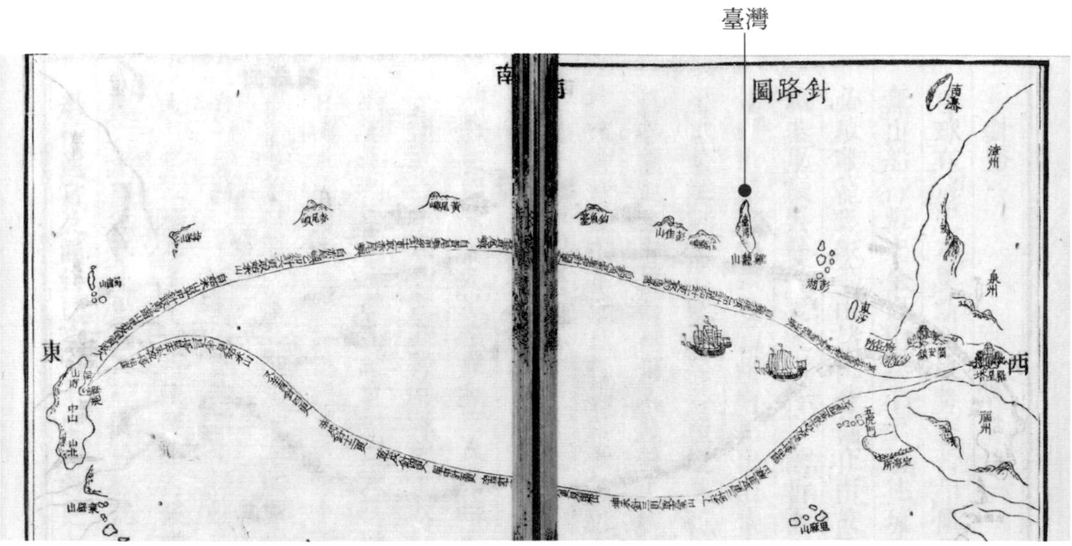

臺灣

圖5

©Wikimedia Commons

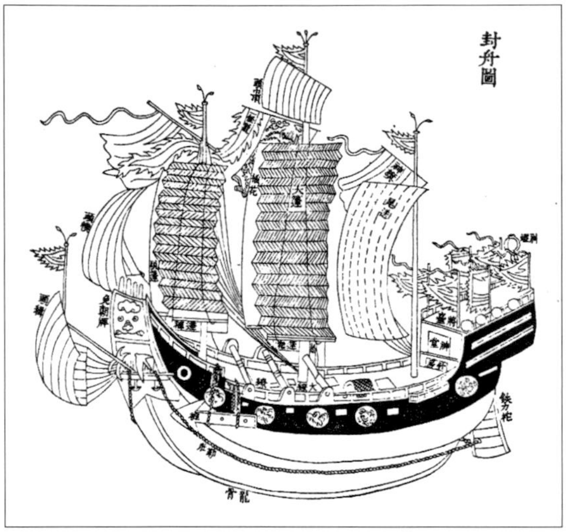

圖6

©周煌@Wikimedia Commons

圖7

©《図説琉球王国》@Wikimedia Commons

◀圖5｜福州往返琉球中山國針路圖

針路圖是中國古代的航海圖，主要標示航路上各個島嶼、港口的方位與航程。此圖顯示福州往返琉球中山國途經的各個島嶼、港口的方位與航程。圖出自1721年徐葆光撰《中山傳信錄》卷一。

◀圖6｜封舟

琉球封舟。明代出使琉球、冊封琉球王時的座船。圖出自1721年徐葆光撰《中山傳信錄》。

◀圖7｜琉球國的朝貢船。

▼圖8｜每當中山王王位更替時，除了派遣使者到中國尋求冊封外，也必須派遣使者前往日本。圖為1832年前往江戶幕府的中山國使者。

▼圖9｜1842年前往江戶幕府的中山國使者。

圖8

©Wikimedia Commons

圖9

©晁柳女史文圃〈琉球来聘使登営図〉@Wikimedia Commons

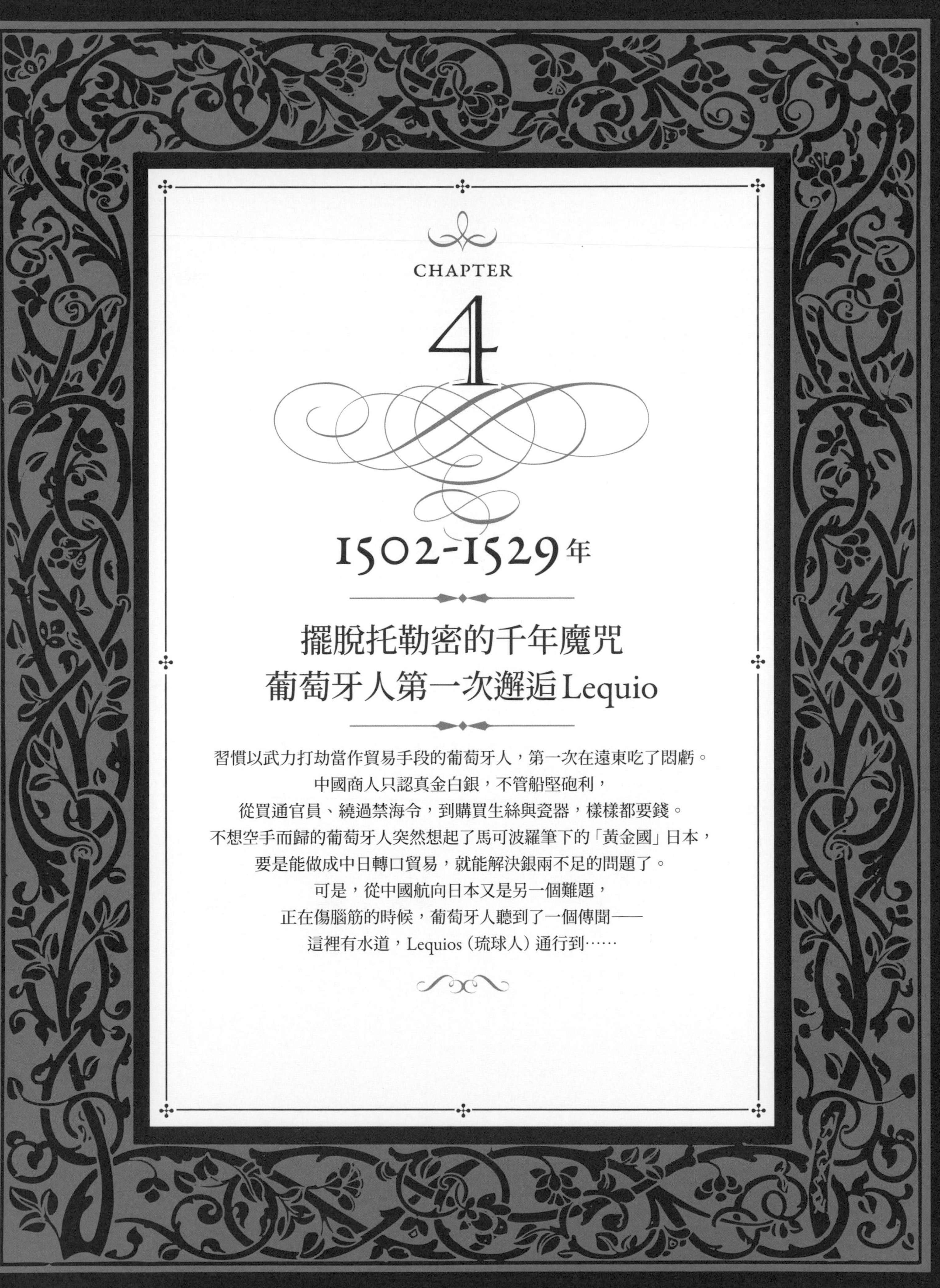

CHAPTER

4

1502-1529年

擺脫托勒密的千年魔咒
葡萄牙人第一次邂逅Lequio

習慣以武力打劫當作貿易手段的葡萄牙人，第一次在遠東吃了悶虧。
中國商人只認真金白銀，不管船堅砲利，
從買通官員、繞過禁海令，到購買生絲與瓷器，樣樣都要錢。
不想空手而歸的葡萄牙人突然想起了馬可波羅筆下的「黃金國」日本，
要是能做成中日轉口貿易，就能解決銀兩不足的問題了。
可是，從中國航向日本又是另一個難題，
正在傷腦筋的時候，葡萄牙人聽到了一個傳聞——
這裡有水道，Lequios（琉球人）通行到……

北美洲臨大西洋的海岸線大部分已清楚地描繪出來。

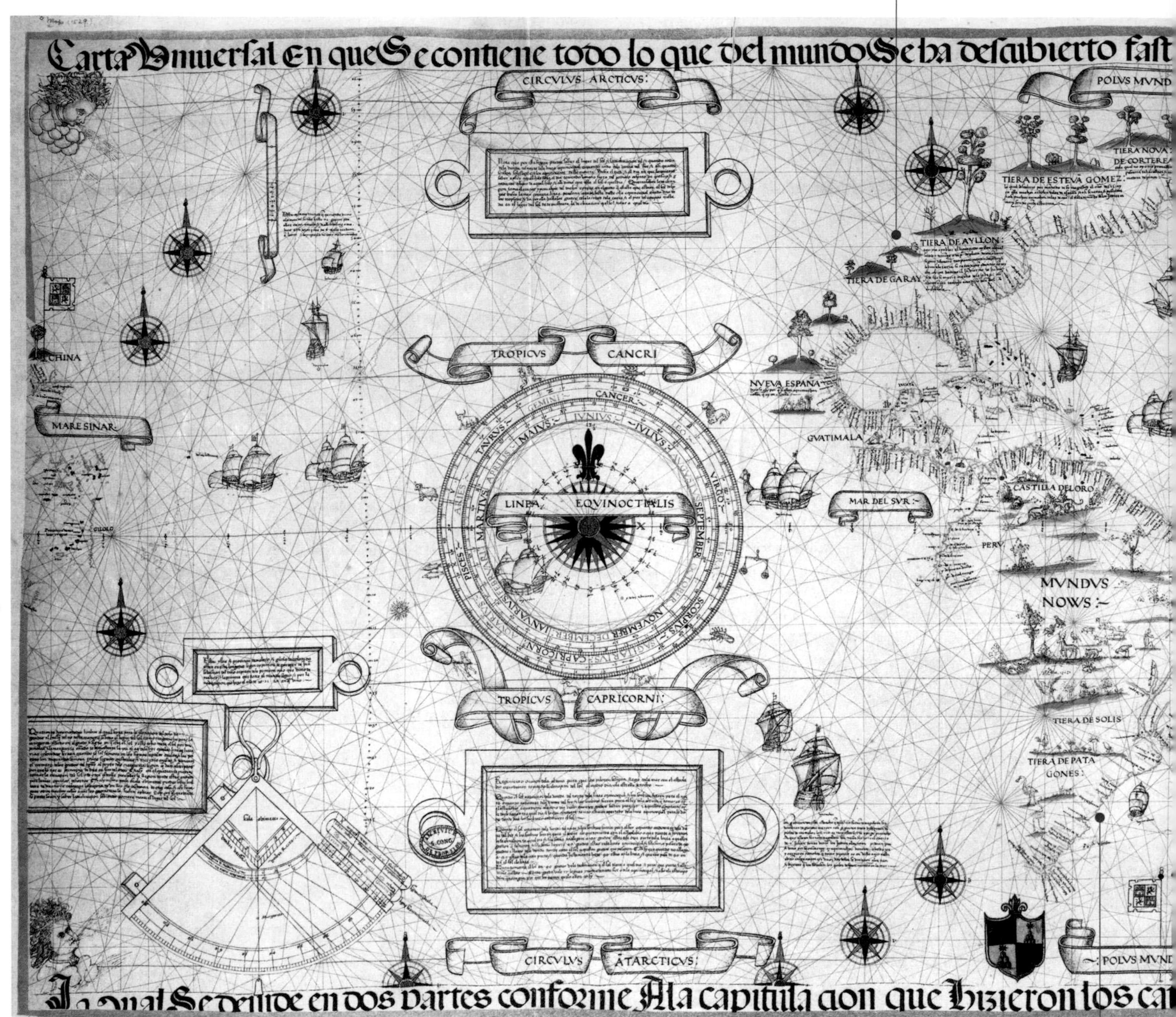

南美洲的海岸線已相對完整。

《麥哲倫環繞世界圖》*Planisphere*

地圖出處｜梵蒂岡萬民福音部（Congregatio pro Gentium Evangelizatione）
繪 製 者｜迪歐哥．利貝羅（Diogo Riberio）
繪製年代｜1529年
繪製方式｜手繪
地圖尺寸｜58×140公分
相關地圖｜1. 羅德里格斯繪製的地圖集，1512年
2.《米勒地圖集》*Atlas Miller*, 1519年

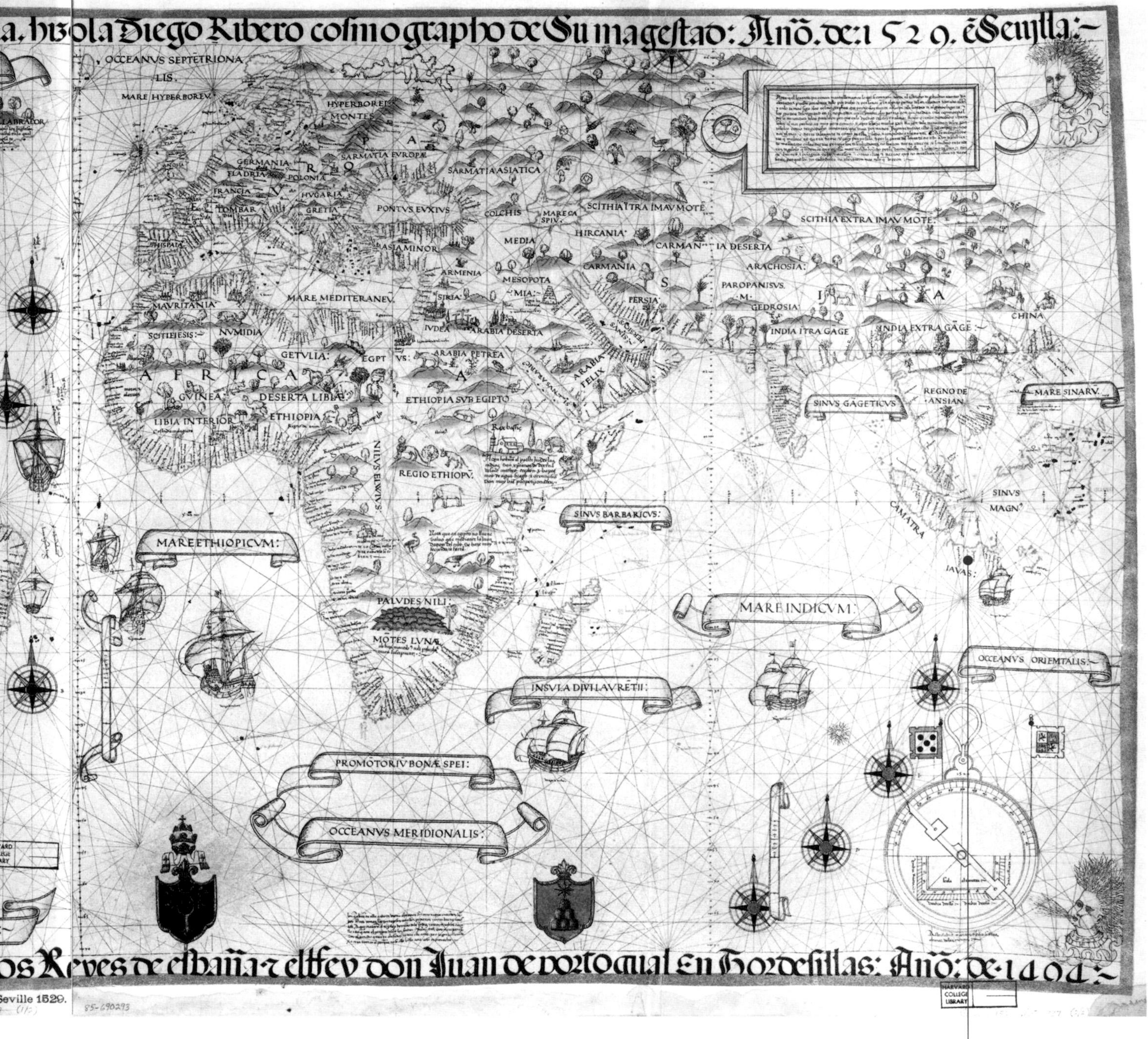

馬來半島、中南半島、蘇門答臘基本成形。

▲圖1｜曹永和院士在1962年發表於《臺北文獻》的〈歐洲古地圖上之臺灣〉中，提到16世紀上半葉葡萄牙人繪製的地圖，其中利貝羅的《麥哲倫環繞世界圖》對東亞部分的描繪有其獨創之處，對臺灣而言，與臺灣密切相關的「Lequios（琉球人）」，首次出現在歐洲人繪製的地圖上。

本圖和德國威瑪的安娜．瑪麗亞公爵夫人圖書館（Herzogin Anna Amalia Bibliothek）所藏利貝羅另一幅1527年所繪的世界圖十分類似，差別僅在於中國海（MARE SINARV.）標示的下方註記：「這裡有水道，Lequios（琉球人）通行到Boino（不知名地點）」，而無名氏所繪的世界圖標示為Balarea。這兩幅世界圖都是在麥哲倫環繞世界一周後完成的，都標示了麥哲倫殞命的民答那峨。此外，也顯示對太平洋有了具體的認識。琉球名字的出現表示西班牙人對遠東海域認識的進展。

圖1局部

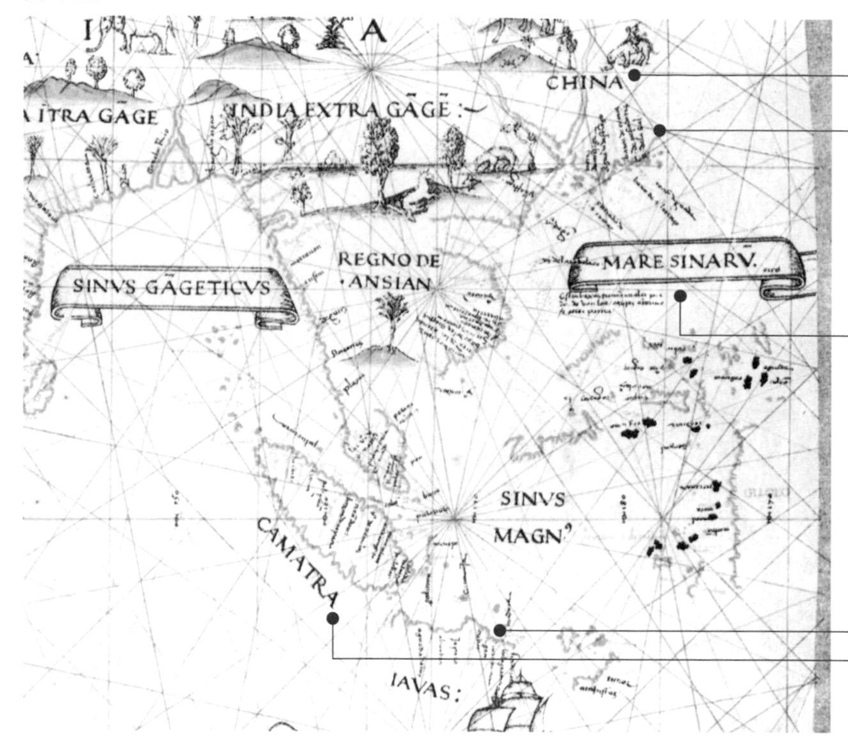

中國（以CHINA取代MAGIN蠻子之稱）。

中國僅描繪了珠江口一帶，代表歐洲繪圖師終於擺脫托勒密《地理學》的「魔咒」，以實際測量為基準。

MARE SINARV.（中國海）下方的小字提及「這裡有水道，Lequios（琉球人）通行到Boino」，顯示葡萄牙人對遠東海上形勢有進一步的認識。

爪哇JAVAS只畫出部分海岸線。

蘇門答臘CAMATRA

Lequio是敲開中國貿易大門的通關密語

西元1511年葡萄牙人攻占馬六甲，1512年占領摩鹿加香料群島，隔年葡萄牙人就馬不停蹄地抵達了中國海岸。葡萄牙人進入中國水域之後，並沒有馬上「發現」福爾摩沙（Formosa）。在敘說美麗島的傳奇之前，葡萄牙人在東亞還有一段漫長的摸索期，琉球是最關鍵的「通關密語」。所以當第一幅較合乎現實的中國海岸地圖在歐洲出現時，Lequio（琉球）也隨之現身。

想和中國貿易，不能和在東印度群島一樣單靠武力蠻幹，葡萄牙人首先必須準備足夠的真金白銀，先買通地方官員，繞過禁海令，然後才能引誘中國商人與之交易。畢竟中國是個大國，不像馬六甲、摩鹿加香料群島，一小支艦隊就能輕而易舉地擺平。

西元1515年葡萄牙人歐維士（Jorge Alvares）率船隊駛入珠江三角洲碇泊於屯門澳，卻因與當地土著發生糾紛而被當局逐出廣東。後來葡萄牙人轉移到漳州月港以及舟山群島的雙嶼，然而也不被當地軍民接受，最後被閩浙總督朱紈逐出了閩浙海岸，始終沒有找到適合的貿易據點。

初到中國那段恓恓惶惶、海上漂泊的日子裡，葡萄牙人想起了《馬可波羅遊記》中的「黃金國」日本。他們發現日本對中國商品，尤其是生絲，需求極大，如果能打開中日間的轉口貿易，便能取得足夠的資金與中國進行貿易。而想從中國航向日本，「琉球」又成了一個繞不開的航標。所以和中國一樣，想從葡萄牙人繪製的海圖中發現臺灣的地理信息，也必須從Lequio（琉球）尋找其間發展的脈絡。

「知之為知之，不知為不知」的負責任地圖

已故的荷蘭時代臺灣史研究先驅曹永和院士認為，葡萄牙人在東亞海上的貿易活動主要是依靠中國海員為其領航，所以葡萄牙人有關東亞海上的地理信息也是由中國海員傳授的。

曹永和院士在1962年發表於《臺北文獻》的〈歐洲古地圖上之臺灣〉中，提到16世紀上半葉葡萄牙人繪製的地圖，像是1512年羅德里格斯（Francisco Rodrigues）繪製的地圖集、1519年的《米勒地圖集》（圖2、3，*Atlas Miller*）與1529年迪歐哥．利貝羅（Diogo Riberio）的《麥哲倫環繞世界圖》（圖1）等三幅地圖。曹院士雖然簡略說明了這三幅地圖的內容，可惜文中沒有附上圖片，以致多年來一直無從了解這三張地圖的廬山真面目。

近年資訊發達，網路上較容易查得這些原本深藏在歐洲圖書館的古地圖。其中1529年利貝羅的《麥哲倫環繞世

圖2

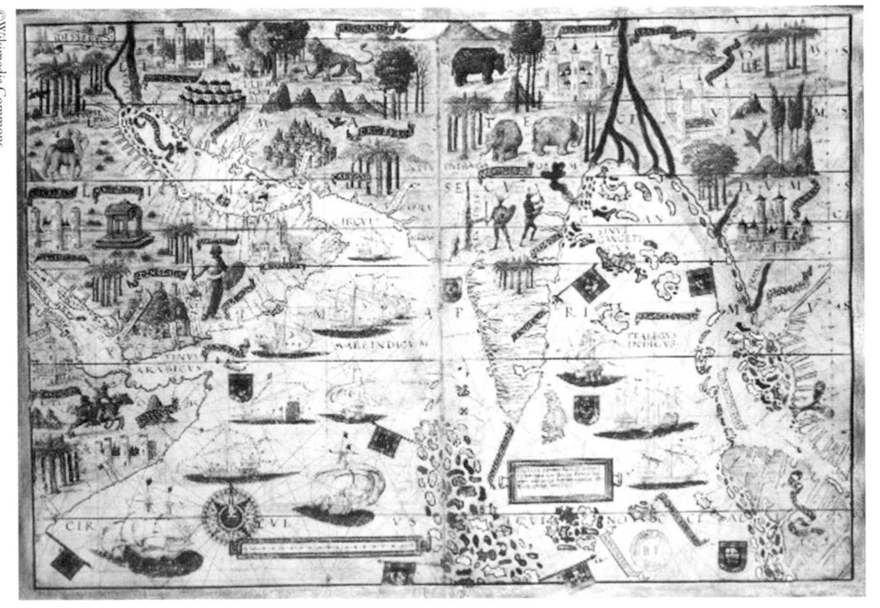

圖3

▲◀圖2、3｜《米勒地圖集》*Atlas Miller*, 1519年
本圖是米勒地圖集第16、17頁，圖中的重點描繪區域是東印度群島，其中蘇門答臘、爪哇島清楚可辨。1513年之後葡萄牙已控制馬六甲，掌握了香料的交易，因此貿易的目標轉向中國，開始在中國東南沿海尋找貿易據點，所以也將地圖的繪製向北拓展。米勒地圖集的繪者之一羅伯．歐蒙（Lopo Homem）於1554年首次將福爾摩沙繪入世界圖當中（第5章，圖1）。但上圖繪於1510年代，兩者的內容相去甚遠。

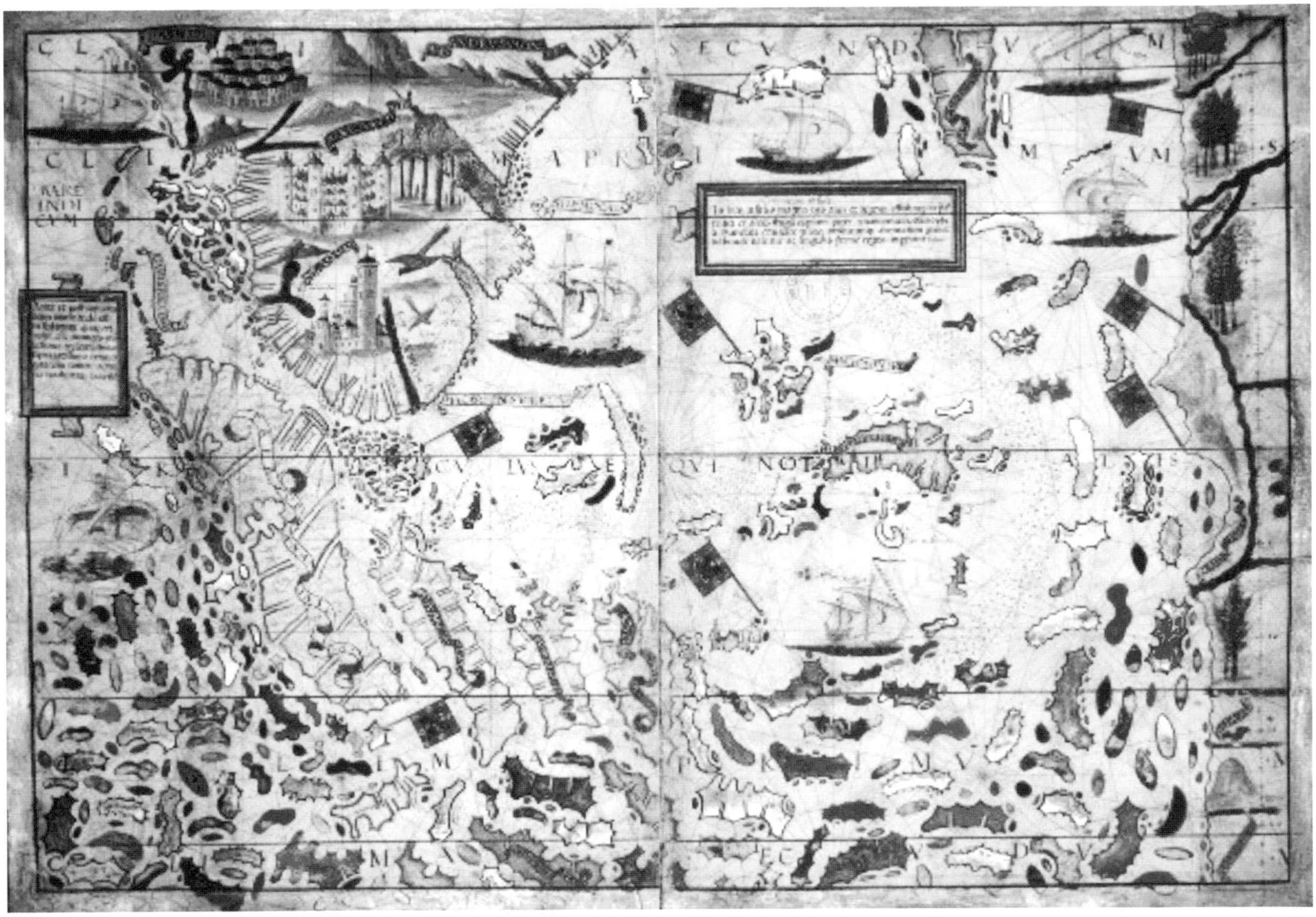

圖3為米勒地圖集第14、15頁南亞區域。

▲圖4｜葡萄牙印度艦隊，1565年
當時海上貿易主要靠遠征艦隊，一方面以武力征服殖民地，另一方面還要防備貿易對手、海盜的攻擊與搶奪。

▲圖5｜〈蘇伊士探險隊〉葡萄牙遠征埃及，1540年
16世紀初，葡萄牙和西班牙為了爭奪貿易利益與殖民地，從地中海打到美洲，又從美洲打到東印度群島。西班牙大帆船（galleon）與克拉克槳帆船（carrack）是西班牙的典型戰艦。

界圖》是繼1502年《甘提諾世界圖》（第2章，圖1）之後，西方繪製世界地圖的一大進展。

利貝羅的經歷相當豐富，他曾參與1502年達加瑪（Vasco de Gama）、1504年洛波．蘇亞雷斯（Lopo Soares）和1509年阿方索（Afonso de Albuquerque）的探險航行，尤其是1509年找到了摩鹿加群島的航路，取得了香料的貨源，收穫最為豐盛。

利貝羅雖然是葡萄牙人，但他大部分時間是在西班牙度過的。利貝羅的《麥哲倫環繞世界圖》中，新世界的部分，如北美洲臨大西洋的海岸線大部分已清楚地描繪出來；南美洲的海岸線則完整顯露；東方部分，馬來半島、中南半島、蘇門答臘基本成形，而中國僅僅描繪珠江口一帶的海岸線，其他則留下空白。利貝羅不像1502年的《甘提諾世界圖》莫名其妙地將中國畫成一道長長的斜線，顯然這是一幅「知之為知之，不知為不知」的負責任地圖。

利貝羅的《麥哲倫環繞世界圖》在珠江口的下方註記了MARE SINARV.（中國海），再往下還有三行字：「這裡有水道，Lequios（琉球人）通行到Boino（不知名地點）。」曹院士認為，這個信息雖然是得自於傳聞，但顯示出葡萄牙人對遠東海上形勢有了進一步的認識。更重要的是，從這幅地圖開始，歐洲繪製的東亞地圖正式擺脫了托勒密《地理學》的「魔咒」，以實測的方式繪製他們的「新發現」，所以此後我們可以比較「放心」地讀取這方面的信息了。

CHAPTER

5

1550-1568年

是Fremosa還是Lequio pequeno？葡萄牙海圖上的奇異錯誤

1554年的《羅伯．歐蒙世界圖》是值得細細玩味的一張地圖，
從這張地圖上可以看出許多有趣、甚至不可思議的事，例如：
這是福爾摩沙（I. Fremosa）第一次出現在歐洲地圖上；
葡萄牙、西班牙在這張地圖上留下了他們瓜分世界的「分贓線」；
日本以南有一長串島嶼，各有名稱，卻不知從何而來，而且有兩個琉球……
不僅如此，這張地圖還留下一個疑點：
在它之後的歐洲地圖上，臺灣不知為何被畫成兩島或是三島，
甚至福爾摩沙（Fremosa）與琉球（Lequio Pequeno）並列標示，
究竟是什麼原因，讓歐洲人無視歐蒙的地圖，把臺灣畫成兩個島呢？

《羅伯．歐蒙世界圖》
World Map of Lopo Homem

館藏地點｜佛羅倫斯考古博物館（National Archaeological Museum of Florence）
繪 製 者｜羅伯．歐蒙（Lopo Homem）
繪製年代｜1554年
繪製方式｜手繪
地圖尺寸｜42×53公分
相關地圖｜1. 無名氏《亞洲—大洋洲圖》*Asia-Oceania*, 1550年
2. 維利烏《世界圖》*General Chart of the Globe*, 1561年
3. 路易斯《東亞海圖》*Atlas de Lazaro Luiz*, 1563年
4. 杜拉多《地圖集》*The Universal Atlas*, 1568年

▼**圖1**｜本圖的中國海岸線以及整個東印度海域已燦然大備。中南半島、馬來半島、蘇門答臘輪廓完整，婆羅洲、爪哇島留下少部分空白，菲律賓群島完成不到一半。

以全球觀點而言，本圖的重要性在於標示了葡萄牙與西班牙，在教皇見證下，簽訂《托爾德西里亞斯條約》與《薩拉戈薩條約》之後，所畫下的「分贓線」。

對臺灣而言，則是第一次以「福爾摩沙」之名出現在世界圖上。奇怪的是，此後的葡萄牙繪圖師開始弄不清福爾摩沙、小琉球、琉球之間的關係，進而影響了其他歐洲地圖的繪製。為什麼歐洲繪圖師沒有以此圖為本？難道它是一幅「祕圖」？

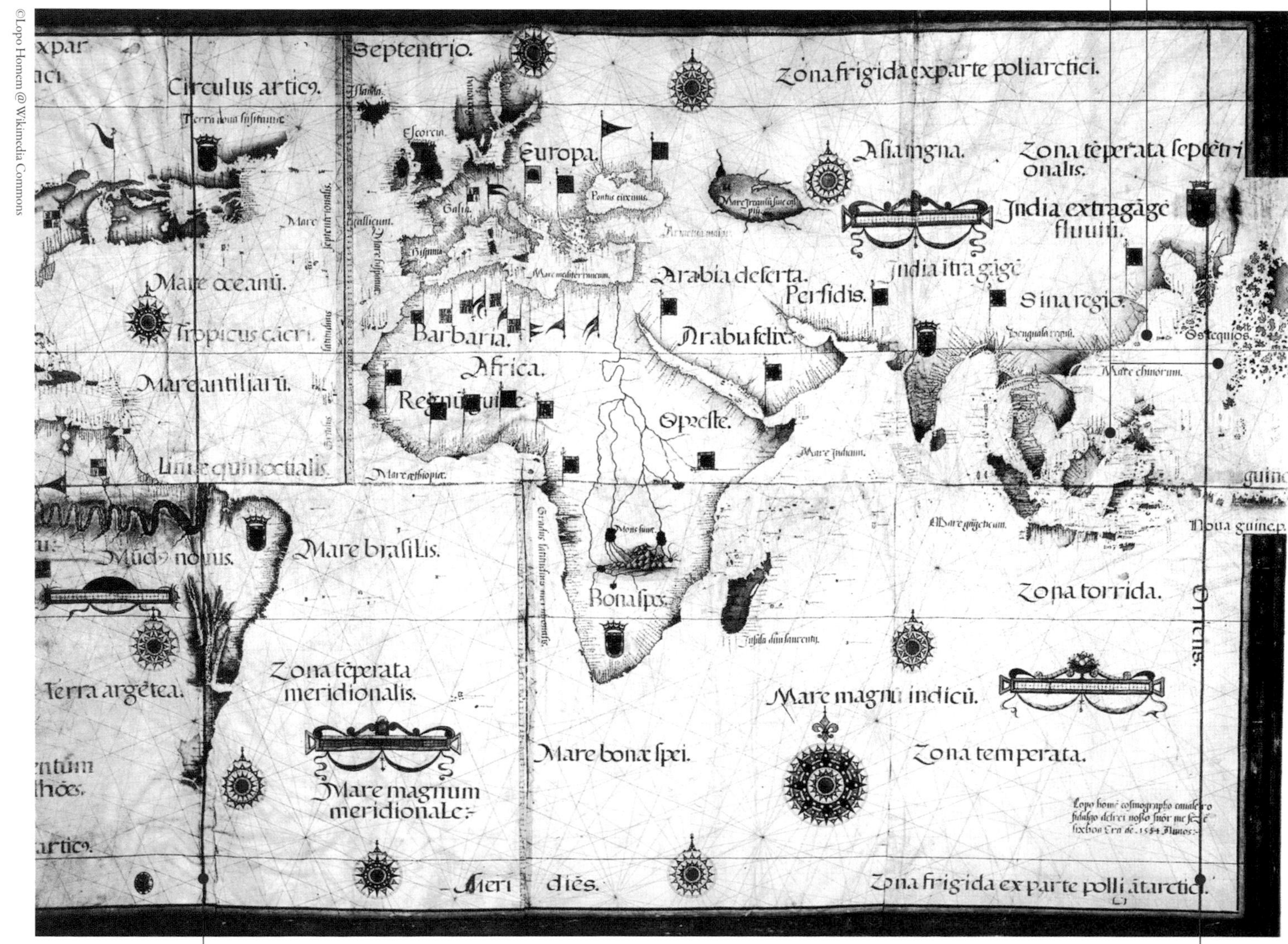

第一幅畫出福爾摩沙的西方地圖

無名氏繪製的《亞洲—大洋洲圖》(圖2，*Asia-Oceania*, 1550) 在中國海岸線的東面畫了一大串島嶼，旁邊標示了Leqvios (琉球)，字體甚至比China (中國) 還大、還醒目，由此可見繪者對琉球的重視。此圖是繼1529年利貝羅的《麥哲倫環繞世界圖》(第4章，圖1) 之後，東亞地區地圖的一大突破，其中最大的亮點之一就是琉球群島。

《亞洲—大洋洲圖》沒有標示日本，中國的北方海岸線也還是一片空白。這幅海圖至今查不出繪圖者是誰，但從繪製的手法，還是可以看得出，應該是出自葡萄牙繪圖師之手，而且很可能就是出自歐蒙 (Lopo Homem) 的手筆。

1542年葡萄牙人搭乘一艘中國帆船首次抵達日本，《亞洲—大洋洲圖》很可能記載了此次航程所得到的地理信息。但其在地圖史上的地位遠不及現藏於佛羅倫斯考古博物館的1554年《羅伯．歐蒙世界圖》(圖1)。目前所知，《羅伯．歐蒙世界圖》是最早出現I. Fremosa＊的地圖，當然，它的重要性並不僅僅是建立在首次繪出I. Fremosa的位置而已。

這樣也行？!用一張地圖瓜分世界

《羅伯．歐蒙世界圖》最重要的歷史價值在於呈現了西班牙、葡萄牙在羅馬教皇的見證下，在地球上劃分了各自的勢力範圍。圖上兩條醒目的經線就是西、葡兩國畫下的「分贓」界線。兩個歐洲國家就這麼將世界瓜分了，現在聽起來似乎有點不可思議，但當時這兩個歐洲國家還真的就這麼瓜分了歐洲以外的世界，甚至還正式簽訂了條約。

1494年葡萄牙與西班牙雙方簽訂《托爾德西里亞斯條約》(Tordesillas)，瓜分了美、非洲的殖民地。可是1512年葡萄牙取得了盛產香料的摩鹿加群島，而1520年代初期，西班牙國王支助的義大利航海家麥哲倫環球航行時，也抵達了摩鹿加群島，葡、西雙方在東印度再度發生了利益衝突。

＊ Fremosa是Fermosa (Formosa) 的葡萄牙語拼法。

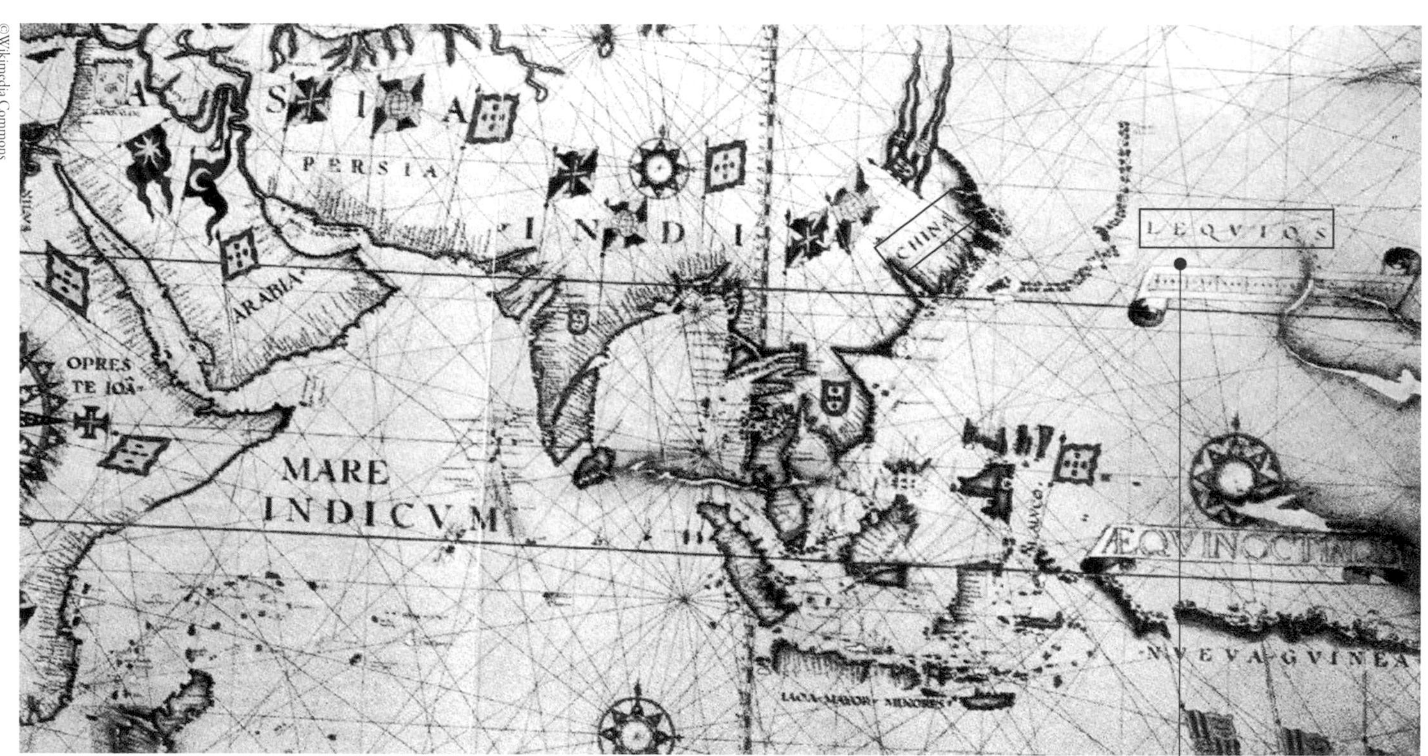

▲圖2｜《亞洲—大洋洲圖》*Asia-Oceania*, 1550年
此圖在中國海岸線的東面畫了一大串島嶼，旁邊標示了LEQVIOS (琉球)，字體甚至比China (中國) 還大、還醒目，由此可見繪者對琉球群島的重視。此圖是繼1529年利貝羅的《麥哲倫環繞世界圖》(第4章，圖1) 之後東亞地區地圖的一大突破，琉球群島則是一大亮點。

LEQVIOS (琉球) 的標示比CHINA還大、還醒目。

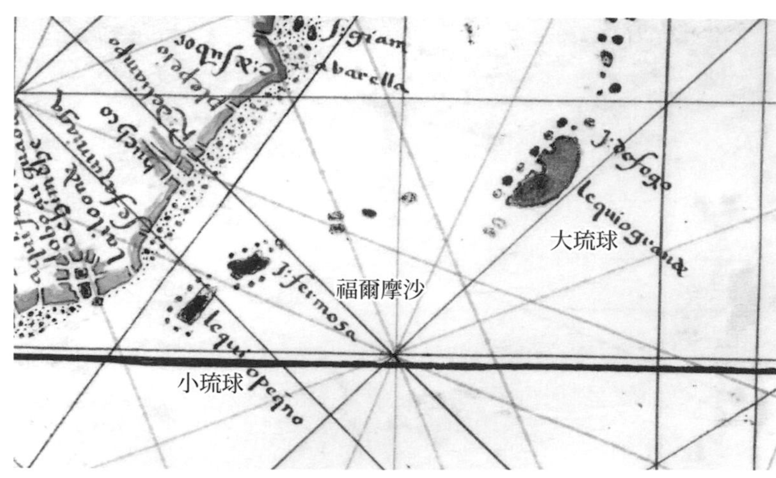

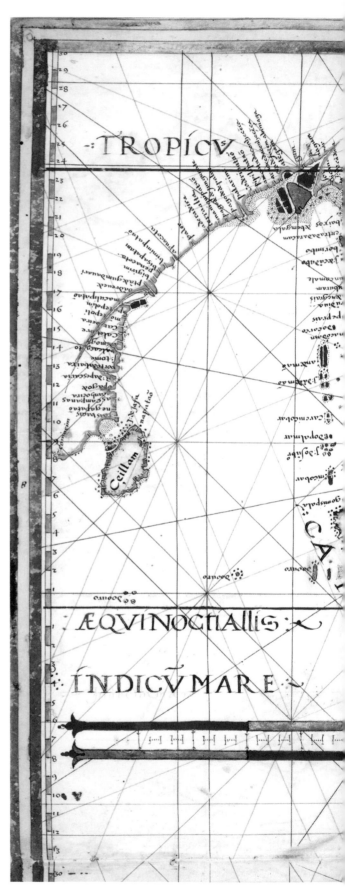

▶圖 3｜維利烏《世界圖》*General Chart of the Globe*, 1561 年
全圖由四張羊皮紙繪製而成，本圖為其中之一。維利烏是繼羅伯．歐蒙之後葡萄牙最重要的繪圖師之一。本圖以東印度地區為繪製範圍，根據薩拉戈薩條約，東印度地區除了菲律賓，其餘地區皆為葡萄牙的勢力範圍，所以本圖除了菲律賓群島，其他地區的繪製逐漸完善。

至於臺灣部分，則是葡萄牙地圖第一次出現雙島雙名的例子，北島為Fermosa（福爾摩沙），南島為Lequeo pequeno（小琉球），琉球群島部分則標示為大琉球，這種標示方式不由得使人聯想到1550年代羅洪先編印的《東南海夷圖》。1554年，羅伯．歐蒙繪製的世界圖中，臺灣被標示為福爾摩沙，琉球部分則被標示為琉球與琉球群島，此後葡萄牙人一直將福爾摩沙與臺灣聯繫在一起，但維利烏為何要改變歐蒙還算比較準確的標示方式？

可能的情況是，維利烏應該看過《東南海夷圖》之類的中國輿圖，但又不願完全放棄歐蒙的畫法，所以將兩者拼湊而成。在此之後，維利烏將福爾摩沙與小琉球並列的畫法，影響了歐洲地圖長達半個世紀之久，直到荷蘭人占領臺灣才得以澄清。

©Bartolomeu Velho @ Huntington Library

1529年葡、西兩國達成協議，簽訂《薩拉戈薩條約》(Zaragoza)，將《托爾德西里亞斯條約》中劃定的界線延伸到東半球來，即東經133.23度。《薩拉戈薩條約》簽訂的時候，歐蒙曾以皇家製圖師的身分參與這條分界線的劃定。

《羅伯．歐蒙世界圖》上兩條醒目的經線就是1494年《托爾德西里亞斯條約》，和1529年《薩拉戈薩條約》所規定的葡、西兩國「分贓界線」。不過《薩拉戈薩條約》的界線並不能完全算是兩國的分贓線，因為條約簽訂後，葡萄牙雖然如願取得了盛產香料的摩鹿加群島，但也為此付出35萬金幣回饋西班牙。此外，葡萄牙還同意西班牙取得《薩拉戈薩條約》界線以西的菲律賓群島；這也是菲律賓成為西班牙殖民地的由來。

兩個琉球與北回歸線的疑點

歐蒙是16世紀初期葡萄牙最重要的地圖繪圖師，知名的《米勒地圖集》就是他和佩德羅(Pedro Reinel)、豪爾赫．賴內爾(Jorge Reinel)父子合作完成的，所以《米勒地圖集》又被稱為《歐蒙—賴內爾地圖集》(*Lopo Homem-Reinel Atlas*)。

《羅伯．歐蒙世界圖》是繼1502年《甘提諾世界圖》(第2章，圖1)之後又一佳作。兩者最大的不同點是，《羅伯．歐蒙世界圖》中的中國海岸線以及整個東印度海域已燦然大備。中南半島、馬來半島、蘇門答臘輪廓完整，婆羅洲、爪哇島留下少部分空白，菲律賓群島完成不到一半。比較奇怪的是日本東面的太平洋上，竟然出現一大團不知為何的島嶼，相較於繪製東印度群島「知之為知之，不知為不知」的理性態度，這一大團不知為何「物」的島嶼，顯然又是「托勒密魔咒」再次猛烈的「發作」。

在中國海岸徘徊了30年後，1540年代葡萄牙人終於發現最大的商機就在於中日間的轉口貿易。在中國海員的指點下，葡萄牙人沿著臺灣、琉球群島開闢了一條航向日本的航線，臺灣就是從廣東、福建航向琉球群島最醒目的航標，重要性不言而喻。這也是為什麼《羅伯．歐蒙世界圖》上特別標示臺灣島的原因。

《羅伯．歐蒙世界圖》上，日本以南的島嶼，由北而南依次為：Ilhas Bravas(勇士島)；J. de Santa Maria(聖瑪麗亞島)；J. do fogo(火山島)；Lequios(琉球)；Ilhas dos Lequios(琉球群島)；I. dos reis magos(三王島群，即宮古島)；I. Fremosa(福爾摩沙島)。

曹永和在〈歐洲古地圖上之臺灣〉一文中，特別列舉了這幾個島。奇怪的是，他竟然漏掉了Lequios(琉球)南面的Ilhas dos Lequios(琉球群島)。難道曹永和也不知道該如何解釋兩個琉球的奇怪現象？其次圖中的福爾摩沙島位於北回歸線以北，與北回歸線還有一段相當的距離，這是明顯的錯誤。不過，因為福爾摩沙島是琉球群島以南最大的島嶼，所以這個明顯的錯誤還不至於影響到人們對福爾摩沙島的認知。

把河口看成海峽，臺灣變成三個島

《羅伯．歐蒙世界圖》使我們了解到，臺灣、福爾摩沙之所以在那麼早的年代，就出現在葡萄牙人的地圖上，最關鍵的原因是臺灣位於中日貿易航線最重要的截點上。同時，葡萄牙人在地圖上標示出來的I. Fremosa也為後來歐洲人繪製地圖立下一個典範。值得注意的是，在日本的輪廓還不清不楚的年代，I. Fremosa已先於日本，被明確地描繪在歐洲探險家的地圖上。

但《羅伯．歐蒙世界圖》也留下一個令人不解的謎團，因為之後的葡萄牙宮廷繪圖師並沒有繼承歐蒙對臺灣島的畫法。1561年維利烏(Bartolomeu Velho)繪製的《世界圖》(圖3，*General Chart of the Globe*)，1563年路易斯(Lázaro Luís)的《東亞海圖》(*Atlas de Lazaro Luiz*)，1568年杜拉多(Fernao Vaz Dourado)的《地圖集．東亞海圖》(圖5，*Southeast China, Japan, East Indies*)，臺灣島都被畫成兩個或三個列島，Fremosa之名也被Lequio Pequeno(小琉球)所取代。

維利烏、路易斯、杜拉多等人犯下的「錯誤」是怎麼形成的？伊能嘉矩在《臺灣文化志》上說，是因為歐洲航海家經過臺灣海峽時將臺灣西部海岸線上幾條溪河寬闊的出海口，誤以為是海峽，這種說法之前受到臺灣學界廣泛的認可，直到現在還有人這麼主張。

伊能嘉矩甚至認為當時葡萄牙人已經對臺灣島做過實測，但他的說法沒有任何事實依據，純粹是個人猜想罷了。因為將西海岸溪河寬闊的出海口誤認為海峽，所以將臺灣島畫成三個略呈方形的小島組成的列島，似乎有一定的道理，但兩個畫得大小接近，一個叫Lequio Pequeno，另一個叫Fremosa又該如何解釋？伊能嘉矩的論點似乎有點像是「看圖說故事」。

不過才歷經十年，葡萄牙繪圖師繪製、號稱是當時最先進的東亞海圖，為什麼會出現如此令人費解的錯誤？最大的可能性是，起初葡萄牙人在航向日本的途中，「發現」了臺灣島，並命名為I. Fremosa。後來又從中國地圖或是中國海員那兒，得知附近有一個叫「小琉球」的島嶼，於是在無從判斷孰是孰非的情況下，乾脆在海圖上兩者並列。或者如同路易斯的《東亞海圖》與杜拉多的《地圖集．東亞海圖》，只標示Lequio Pequeno，反而將葡萄牙人先前命名的Fremosa捨棄。不過，在路易斯的《東亞海圖》上，三島式的臺灣已經畫在北回歸線上，這對臺灣的地理位置認知是一大進步。

地圖出版業崛起，三島式臺灣傳遍歐洲

因為臺灣、澎湖附近島嶼也不少，又只是航行途中的航標，並非目的地，緊密相連的兩島、三島式，對商船航行造成誤判的影響並不是那麼大，所以當時很可能沒人深究這個錯誤。其實維利烏、路易斯、杜拉多等人繪製的海圖、地圖集對一般人沒有什麼影響，但卻是當時地圖出版商競相爭取的商業機密。

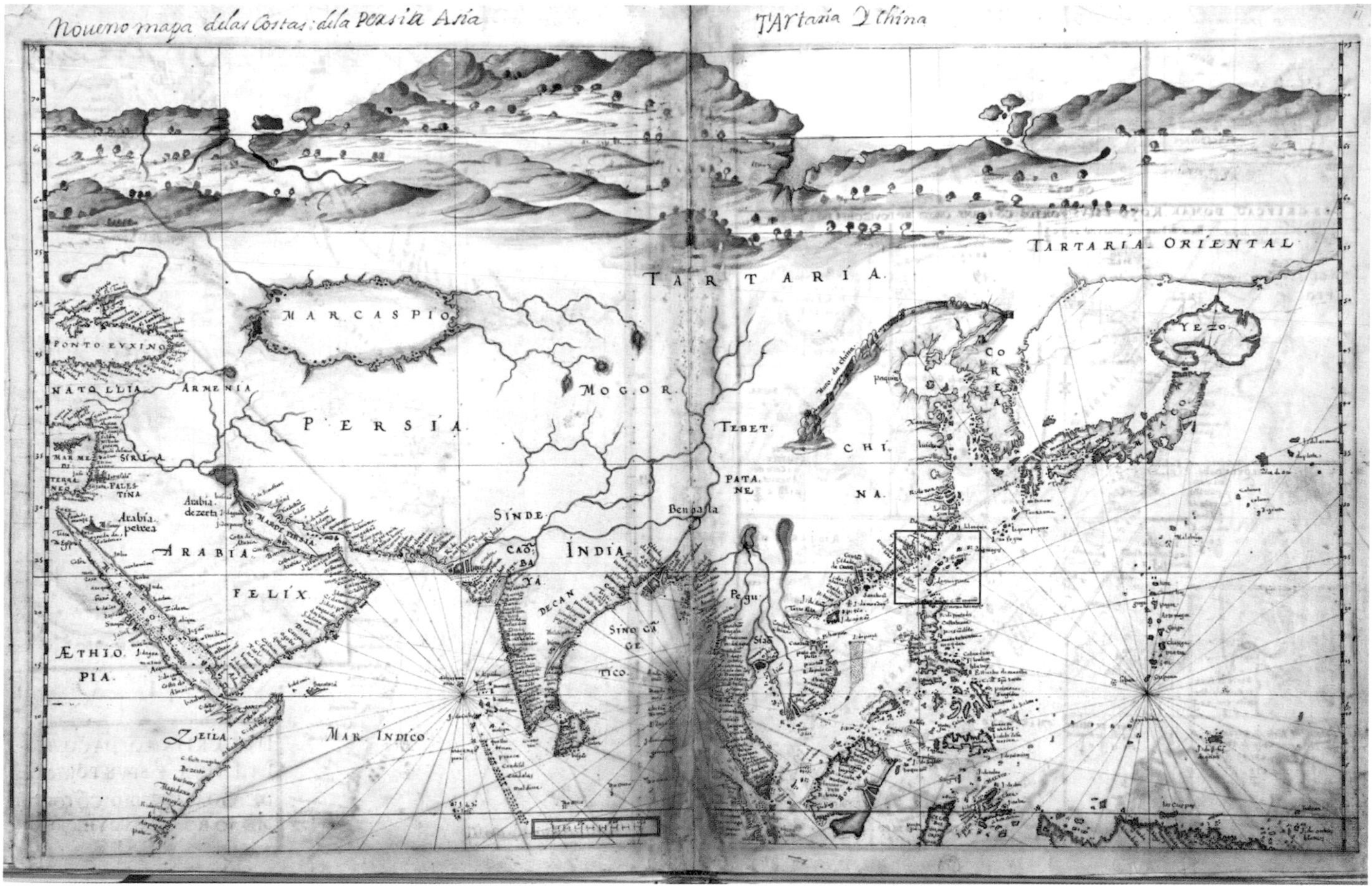

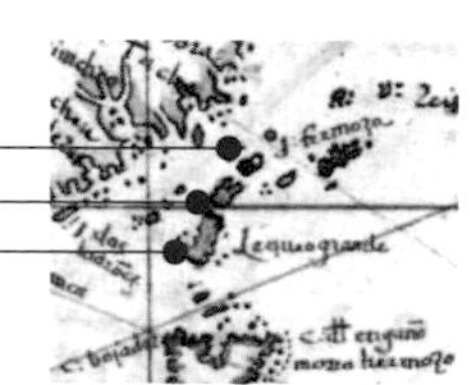

三島式臺灣，北島標示Fremosa（福爾摩沙）

中島無名

南島標示Lequio grande（大琉球）

▲圖4｜《葡萄牙亞洲地圖》*Portugiesische Asien-Karte von*, 1630年

1630年，葡萄牙地圖在歐洲已逐漸失去發言權，臺灣三島式的畫法也接近式微，新的荷蘭亞洲圖即將出現。值得注意的是此圖日本、朝鮮半島的畫法迥異於當時歐洲地圖的畫法，似乎受到利瑪竇《坤輿萬國全圖》（第11章，圖1）的影響。此外，對於臺灣的標示也很特別，北島為福爾摩沙，中島無名，南島為大琉球，而將南島標示為「大琉球」也是利瑪竇《坤輿萬國全圖》獨有的標示方式。

16世紀下半葉法蘭德斯地圖出版商崛起之後，將葡萄牙人搞出來的「烏龍」透過地圖集商業發行，傳播到歐洲各地。以致在荷蘭占領臺灣之前，幾乎所有歐洲發行的地圖上，臺灣無一例外地變成三島式的模樣。奇怪的是，許多國人饒有趣味地將這個「烏龍」當作有趣的「異國情調」般看待，甚至和伊能嘉矩一樣，相信這些古怪的島嶼都是經過實地測量而繪製的。

三島式臺灣，北島標示Lequio Pequeno（小琉球）。

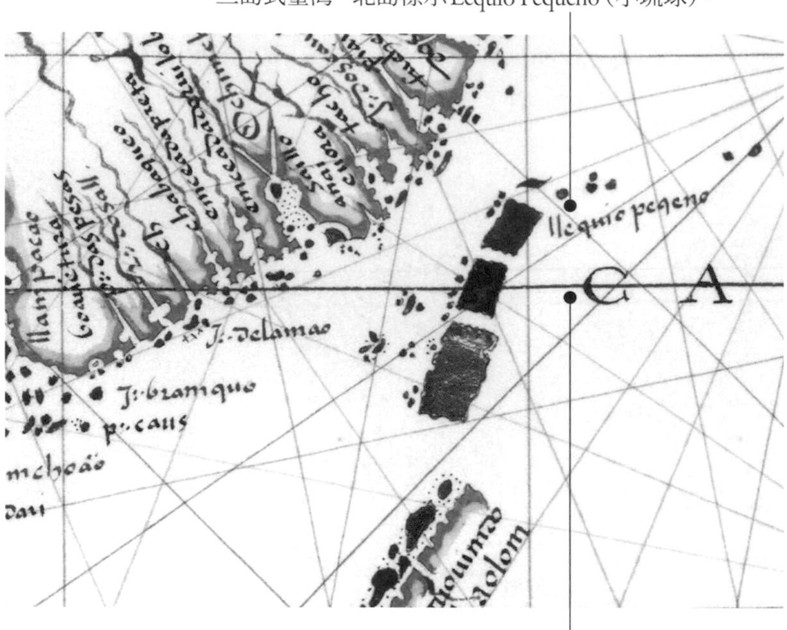

中島、南島無名，但中島有北回歸線貫穿，
這對臺灣地理位置上的認知是一大進步。

▶圖5｜杜拉多《地圖集．東亞海圖》
Southeast China, Japan, East Indies, 1570年

杜拉多是16世紀下半葉最重要的葡萄牙繪圖師。本圖繪於1570年，圖中三島式的臺灣，最早出現於1563年路易斯繪製的地圖集。兩者都在北島之處標示「小琉球」，中島、南島無名。不同之處是路易斯將北回歸線貫穿南島的中間，杜拉多則是貫穿中島。相對於羅伯．歐蒙1554年世界圖中的臺灣，三島式畫法是一大退步，但北回歸線貫穿島上則是一大進步。歐洲地圖中，臺灣三島式的畫法以此為始，一直到荷蘭人據臺才徹底改變。杜拉多類似的地圖還有1568、1571、1573等版本，內容大體相同。

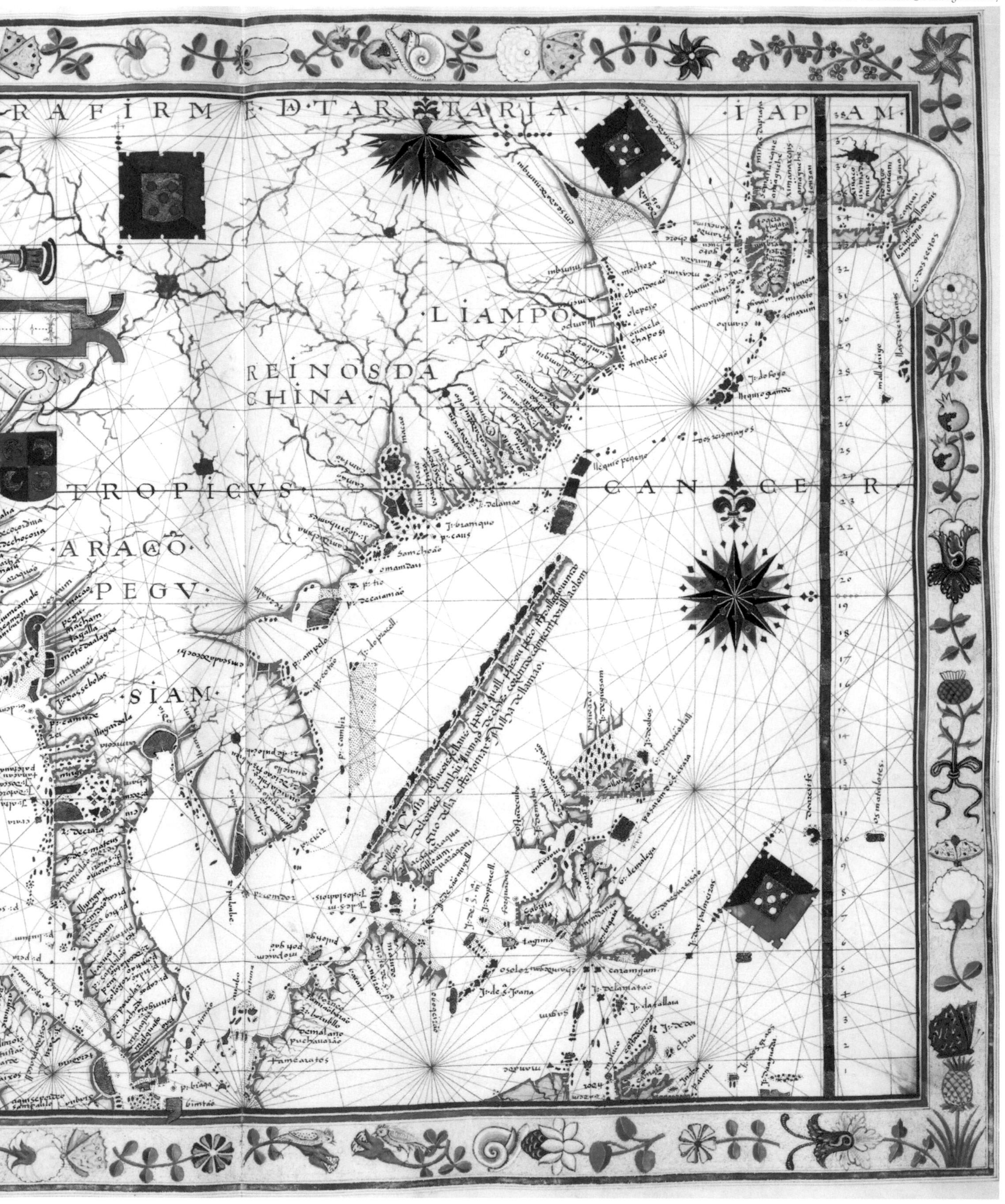
RAFIRME DA TARTARIA
IAPAM
LIAMPO
REINOS DA CHINA
TROPICVS CANCER
ARACO
PEGV
SIAM

▲圖6｜南蠻屏風，約1600年

16世紀抵達長崎的葡萄牙人與葡萄牙克拉克帆船。葡萄牙人會「發現」福爾摩沙島，是中日轉口貿易的「副產品」

◀圖7｜《澳門鳥瞰圖》*AMACAO*, 1598年，特奧多雷．德．布里（Theodore De Bry）繪製

澳門是葡萄牙從16世紀中期起在東亞地區建立最穩固的貿易據點，福爾摩沙的「發現」即起源於葡萄牙人建立澳門與長崎之間的貿易航線。直到1999年澳門才被中國收回，葡萄牙在此盤據整整400年。

CHAPTER

6

1561-1605年

大明朝兩幅海防輿圖
終於將臺灣從琉球國區分出來！

《乾坤一統海防全圖》是明代輿圖中對臺灣說明性最高的一幅，
不僅「小琉球國」島明顯而突出，
更確認了明代官方對臺灣的正式稱呼就是「小琉球」。
然而，此一由十幅分圖拼接而成、精工繪製的工筆青綠山水畫式大地圖，
卻只能拿來哄哄萬曆皇帝，其中的「小琉球國」就如「神話」、「傳說」，
沒有太大的參考價值。
明代真正對臺灣熟門熟路的，是萬曆30年撰寫《東番記》的陳第，
書中包含了福建水師、海上的走私商人、海盜所認知的臺灣，
除了描述原住民的風俗習慣，更標示地名魍港、大員、打狗嶼、小淡水等，
無不顯示出當時閩南人對臺灣的了解及經營，
已超過遠在天邊的皇帝的想像……

圖中的「小琉球國」明顯而突出，而且中央還畫了一條有兩條支流的大河，讓人聯想到臺灣中部的濁水溪。

彭加山（彭佳嶼）、雞籠山（基隆嶼）、瓶架山（花瓶嶼）、彭湖嶼（澎湖群島），這一系列島嶼是從福建航向琉球群島、日本時重要的指標。

◀圖1｜《乾坤一統海防全圖》是到目前為止，明代輿圖中將臺灣島標示得最清楚的一幅。第六幅中心處的「小琉球國」即臺灣，畫得十分明顯突出。

這幅圖中的「小琉球國」雖然輪廓不太對，但與周圍島嶼的相對位置，還算是現存明代輿圖中最佳的版本。圖中小琉球國的下方描繪了彭加山（彭佳嶼）、雞籠山（基隆嶼）、瓶架山（花瓶嶼）、彭湖嶼（澎湖群島），這一系列島嶼是從福建航向琉球群島、日本時重要的指標，所以明代的海防圖在標示「小琉球」時，都會標示這一系列的島嶼。甚至在當時海商、水師官兵的眼中，這幾座島嶼的重要性遠超過「小琉球」（臺灣）。

《乾坤一統海防全圖》第六幅

館藏地點｜北京中國第一歷史檔案館

繪製者｜徐必達

繪製年代｜萬曆33年（1605）

繪製方式｜彩繪絹本

地圖尺寸｜605×170公分

相關地圖｜1.《萬里海防圖》收錄於《籌海圖編》，明嘉靖40年（1561）
2.《輿地全圖》收錄於《籌海圖編》，明嘉靖40年（1561）
3.《輿地總圖》收錄於《武備志》，明天啟元年（1621）
4.《日本入犯圖》收錄於《武備志》，明天啟元年（1621）

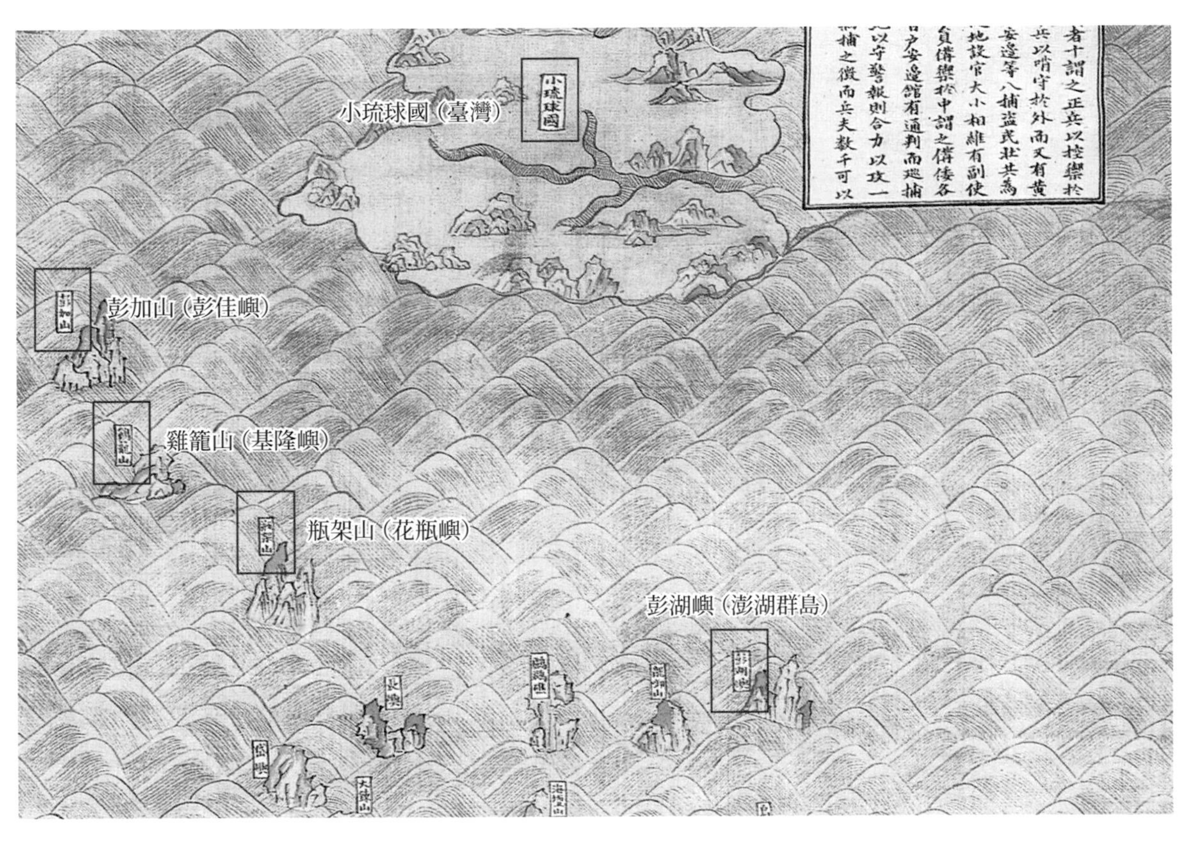

小琉球嶼位於高屏溪口的外海，是屏東縣治下的一個鄉級行政單位，可在16世紀中葉，「小琉球」還曾一度是整個臺灣島的總名。暫且不提高屏溪外海的那個島嶼是如何變成小琉球的，本文討論的重點是臺灣島如何變成了「小琉球」。

大明朝驚醒！原來臺灣是「野人島」？

一直到將臺灣命名為「小琉球」之後，大明朝廷似乎才將臺灣視為一個獨立的地理概念。在此之前，中國政府只知有澎湖，而將日本以南、呂宋島以北，西太平洋上第一島鏈的島嶼，一股腦兒地全都稱為「琉球」、「瑠求」、「流求」或「琉求」，並沒有嚴格地區分臺灣與琉球群島。

明初琉球中山國王進貢，接受明政府冊封之後，明政府將琉球視為屬國而不再只是一個地理概念。但當時的大明朝廷可能還未區分臺灣與琉球群島，只是將臺灣視為琉球國的一部分。

隨著倭寇崛起，明朝福建水師在圍剿倭寇時，才發現臺灣其實是一個沒有國家政權統治的「野人島」，而琉球

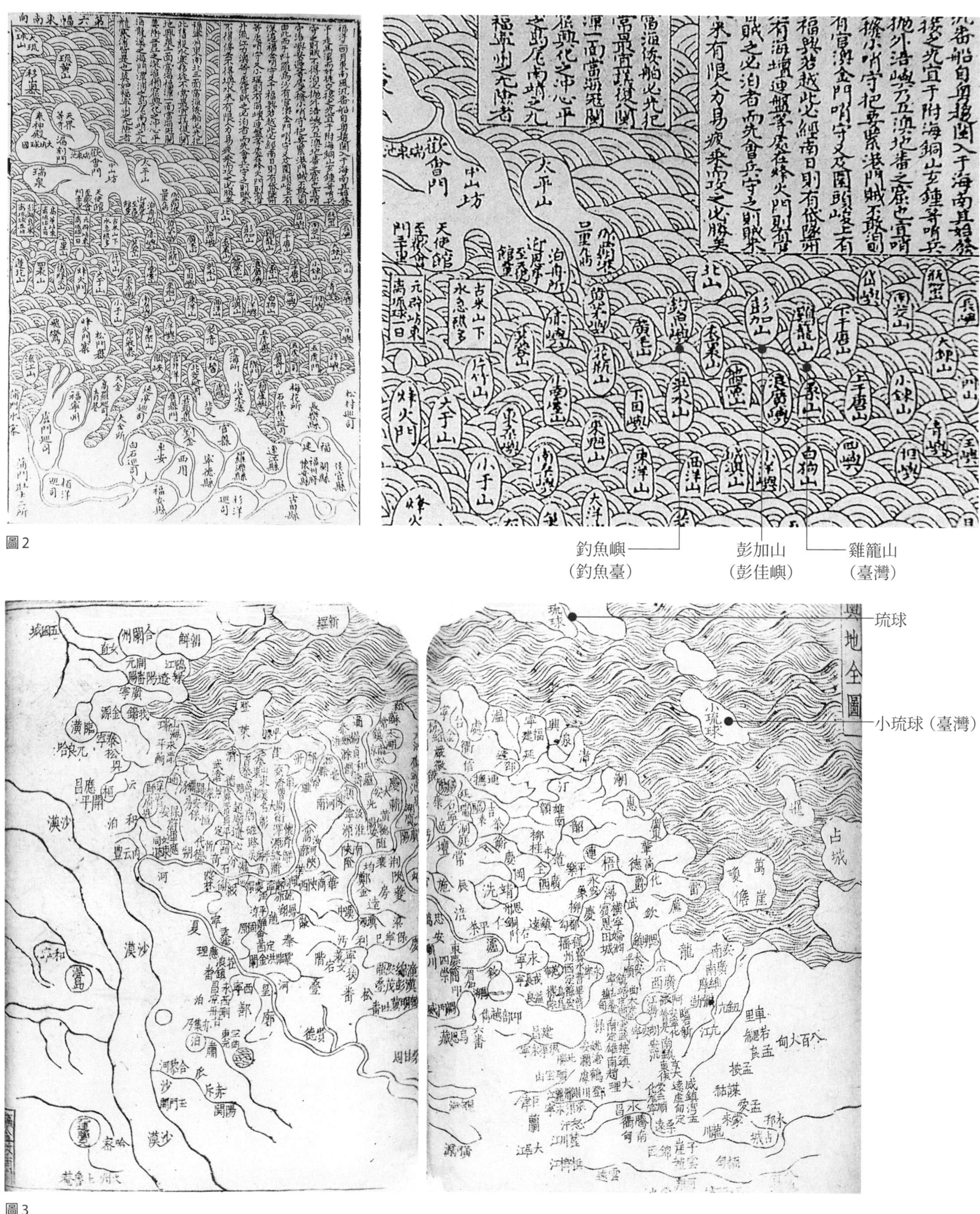

圖2

圖3

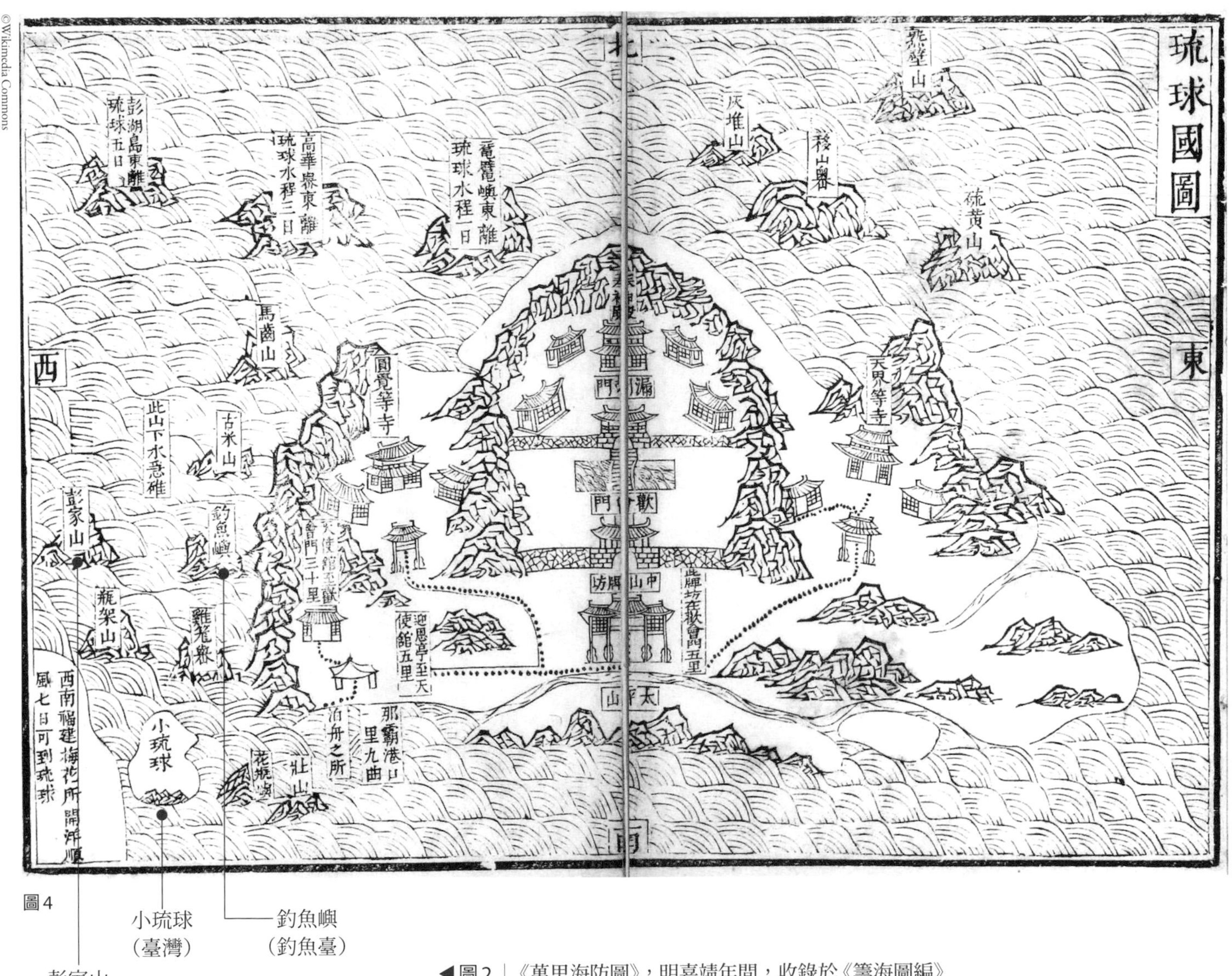

圖4

◀圖2｜《萬里海防圖》，明嘉靖年間，收錄於《籌海圖編》

《籌海圖編》全書附錄地圖114幅，其中沿海形勢圖12幅，詳細描繪了自廣西至遼東的沿海要塞形勢，或當巡哨之海域，或為設防之要地，一目了然，是迄今中國最早而又詳備的沿海地圖和海防圖。但書中的《萬里海防圖》完全沒有標示「小琉球國」的位置，只以「雞籠山」代之。

◀圖3｜《輿地全圖》，明嘉靖年間，收錄於《籌海圖編》

《輿地全圖》是迄今最早將臺灣從琉球國分離出來的中國文獻之一（另一為嘉靖年間的《東南海夷圖》，第7章，圖5）。此圖中的「小琉球」（臺灣）與「琉球」之間還有一個略小的海島。這個畫法和《武備志》中的《輿地總圖》十分類似，兩者或許摹繪自一個共同的母本。

▲圖4｜《琉球國圖》鄭若曾著，收錄於《鄭開陽雜著卷七．琉球圖說》

《琉球圖說》卷首的《琉球國圖》左下角先說明「西南福建梅花所開洋順風七日可到琉球」，再畫小琉球（即臺灣）、雞籠嶼、花瓶嶼……琉球島，與同卷文字「福建使往大琉球針路」路線相似：「梅花東外山開船，用單辰針、乙辰針，或用辰巽針，十更船，取小琉球。小琉球套北過船，見雞籠嶼及花瓶嶼，至彭家山……」

國的管轄權也從來沒有延伸到臺灣本島，因此不能再將臺灣和琉球國不清不楚地攪和一起了。當時最簡單的區分，是將琉球國稱為「大琉球」，臺灣稱為「小琉球」。明代嘉靖40年（1561）出版的《籌海圖編》（圖2、3）即說明了這個時代背景。

拍板定案！明代的小琉球就是臺灣

《籌海圖編》是明代籌劃沿海防務的專門著作。作者鄭若曾生於1503年，卒於1570年，字伯魯，號開陽，昆山人（今屬江蘇省）。倭寇為患東南沿海的時代，鄭若曾追隨閩浙總督胡宗憲追剿倭寇轉戰各處。根據作戰的經歷與對海上形勢的認知，鄭若曾完成了《籌海圖編》一書。

《籌海圖編》全書約26萬字，分13卷，地圖114幅，其中沿海形勢圖12幅，詳細描繪了自廣西至遼東的沿海要塞形勢，或當巡哨之海域，或為設防之要地，一目了然，是迄今中國最早且詳備的沿海地圖和海防圖；也是迄今最早將臺灣從琉球國分離出來的中國文獻。對臺灣而言，它像《聖經．創世紀》一樣重要。

和《籌海圖編》同樣重要的，就是目前收藏於北京中國第一歷史檔案館的《乾坤一統海防全圖》（圖1），可說是明代輿圖中將臺灣描繪得最清楚、說明性也最高的地圖。

《乾坤一統海防全圖》為彩繪絹本，由十幅分圖拼接而成，全長605公分，寬170公分，是明代留存下來少見的大型彩繪地圖之一。根據圖上的題跋，此圖於萬曆33年（1605）由吏部考功司郎中徐必達主持繪製。當時豐臣秀吉還未從朝鮮半島完全撤軍，為了防範日軍從海上發動攻擊，徐必達整理了歷史圖檔，重新繪製了此幅海防大地圖，作為防禦參考。

有些學者認為此圖是根據《籌海圖編》中的《萬里海防圖》（圖2）重繪而成，是準備交付印刷的摹本。這個說法似乎有些牽強，因為製版印刷根本不需要這麼大費周章、不惜工本，精工繪製這麼大一幅工筆青綠山水畫式的大地圖，而且每幅分圖還個別開了數個工筆撰寫的天窗式說明。

《萬里海防圖》對此圖而言，可能只是用來參考，談不上是摹本，因為兩者的內容有一定的差距。例如《乾坤一統海防全圖》第六幅中心處的「小琉球國」，畫得十分明顯突出，而《籌海圖編．福建七卷十九》的《萬里海防圖》就完全沒有標示「小琉球國」的位置。

此圖應該是為了提供皇帝御覽而特別繪製的，並非「準備付梓的摹本」。正因為提供皇帝御覽，才會如此大費周章、不惜工本、精工繪製偌大一幅青綠山水畫式的地圖，這也更凸顯此圖的價值。此圖是到目前為止，明代輿圖中將臺灣島標示得最清楚的一幅。第六幅中心處的「小琉球國」即臺灣，畫得十分明顯突出，雖然輪廓談不上正確，但是與周邊的彭加山（彭佳嶼）、雞籠山（基隆嶼）、瓶架山（花瓶嶼）、彭湖嶼（澎湖群島）對照，無論是比例，還是相關位置，都可算是現存明代輿圖中的最佳版本。

有意思的是，圖中「小琉球國」的中央還畫了一條有兩條支流的大河，不由得讓人聯想到臺灣中部的濁水溪。我們因此可以更加確認，自明初以來，文獻上多次提到的「小琉球」，的確就是明代官方對臺灣的正式稱呼。

中國史上最早的臺灣通

其實《乾坤一統海防全圖》繪製的「小琉球國」，並不特別令人驚豔。相較於萬曆30年（1602）陳第撰寫的《東番記》，《乾坤一統海防全圖》中的「小琉球國」對海防第一線的福建水師官兵，並沒有太大的參考價值，大概只能哄哄萬曆皇帝。

陳第和福建水師都司沈有容1602年率船隊來到大員（安平）一帶，掃蕩倭寇，目的應該是警戒豐臣秀吉入侵臺灣的可能性。返回福建後，陳第根據海上見聞撰寫了《東番記》一文。

16、17世紀之交，沈有容在臺海算是一號「知名人物」，許多海上事件他都曾親身參與。例如1604年，荷蘭東印度公司派韋麻郎（Waijbrant van Waerwijck）率特遣艦隊入侵澎湖時，沈有容也率領福建水師船艦赴澎湖與荷蘭人交涉，事後還樹立了著名的「沈有容諭退紅毛番韋麻郎等」碑。

《東番記》不但對臺灣原住民的風俗習慣有相當程度的描述，更值得注意的是，陳第雖然沒有提到「小琉球」之名，可文中出現了魍港（蚊港）、加老灣（1623年荷蘭地圖上註記為kalowan，位於臺江內海）、大員（臺南安平，即臺灣的早期音譯）、堯港（蟯港，今高雄茄萣興達港）、打狗嶼（高雄旗津）、小淡水（高屏溪）、雙溪口（屏東東港）、加哩林、沙巴里、大幫坑（大崩坑）等地名。有些是原住民的地名音譯，有些則是閩南化的地名，如蚊港、蟯

明政府後來發現臺灣無人統治，不能與琉球國混為一談，
於是便將琉球國稱為「大琉球」，臺灣稱為「小琉球」。

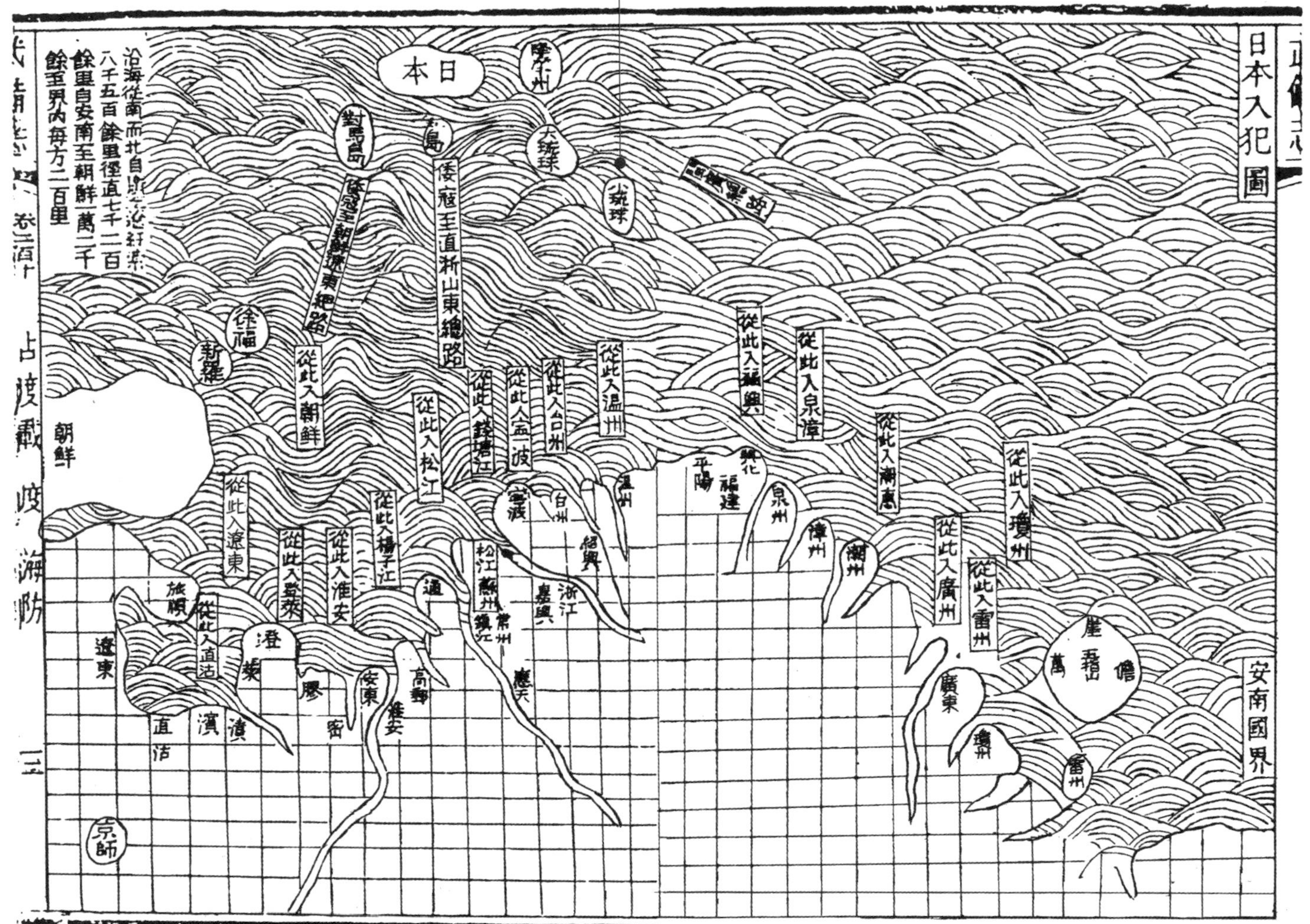

▲圖5｜《日本入犯圖》，明天啟元年（1621），收錄於《武備志》

此圖與《武備志》中的另一幅圖《輿地總圖》描繪的「小琉球」不太相同，兩者可能分別摹自不同的母本。

港、小淡水、雙溪口、大崩坑等，可見當時閩南人對臺灣熟悉的程度，已經達到以自身的認知經驗對島內特定的地點加以命名的程度。《東番記》中記錄的部分地名後來並沒有消失，繼續延用到荷蘭時代，有些甚至是到了日本時代才改掉。

《東番記》中的閩南化地名說明了當時閩南人來臺並非偶一為之，如果只是偶一為之，根本不需要地名。所以，相對於福建水師官兵對臺灣的認知，《乾坤一統海防全圖》描繪的「小琉球國」類似虛無飄渺的「神話」、「傳說」，沒有太大的參考價值。15世紀以來福建水師、海上的走私商人、海盜所認知的臺灣——《東番記》是至今我們所能掌握的最可信資料。

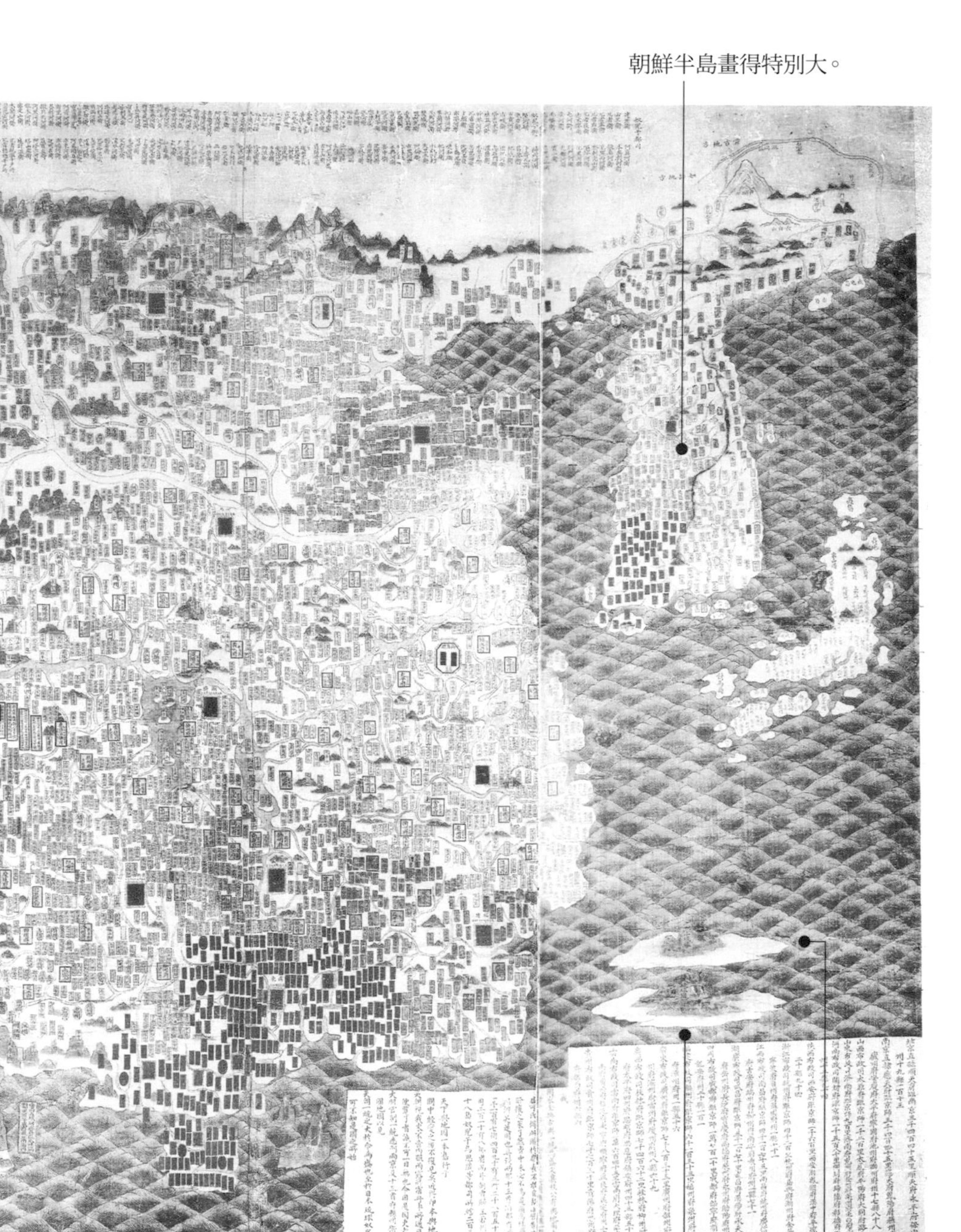

▲圖6｜《輿地圖摹繪增補本》，1626年

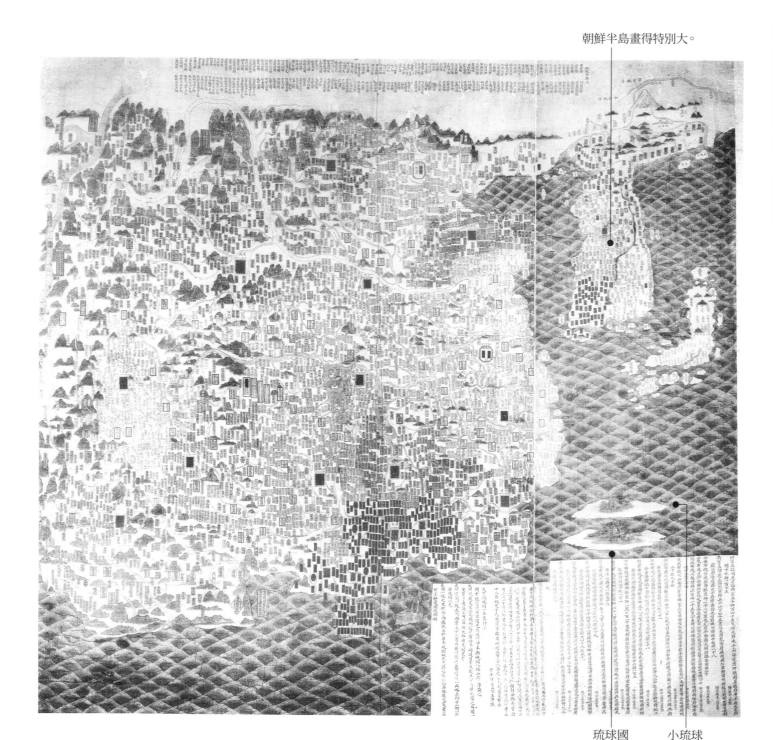

此圖為朝鮮李朝時代朝鮮籍學者摹繪自明代的輿圖，因為是朝鮮人畫的，所以朝鮮半島顯得特別大。此外，福建外海描繪了兩個一般大小的島嶼，北邊的標示為「小琉球」，南邊的為「琉球國」。這個標示和《乾坤一統海防全圖》有相當大的差異，不但一島變兩島，而且竟然還將「琉球國」畫在「小琉球」的南邊。

CHAPTER

7

1569-1590年

《寰宇概觀》地圖集出版暢銷，歐洲人最初認識的臺灣是兩個島……

17世紀之前歐洲人對東亞，尤其是臺灣的普遍認知，
主要歸功於法蘭德斯派地圖出版商的產品。
當時的尼德蘭（法蘭德斯所在地）並非海上強國，但其出版業發達，
於是他們「山寨」葡萄牙的解密海圖，大量發行。
相較於同一時期多為手繪本且注重保密的葡萄牙海圖，
法蘭德斯派的印刷品地圖在民間廣為流傳。
不過，將知識普及的同時，
也由於他們「山寨」的大多是過期的地理信息，
導致錯誤的知識不斷複製及散布……

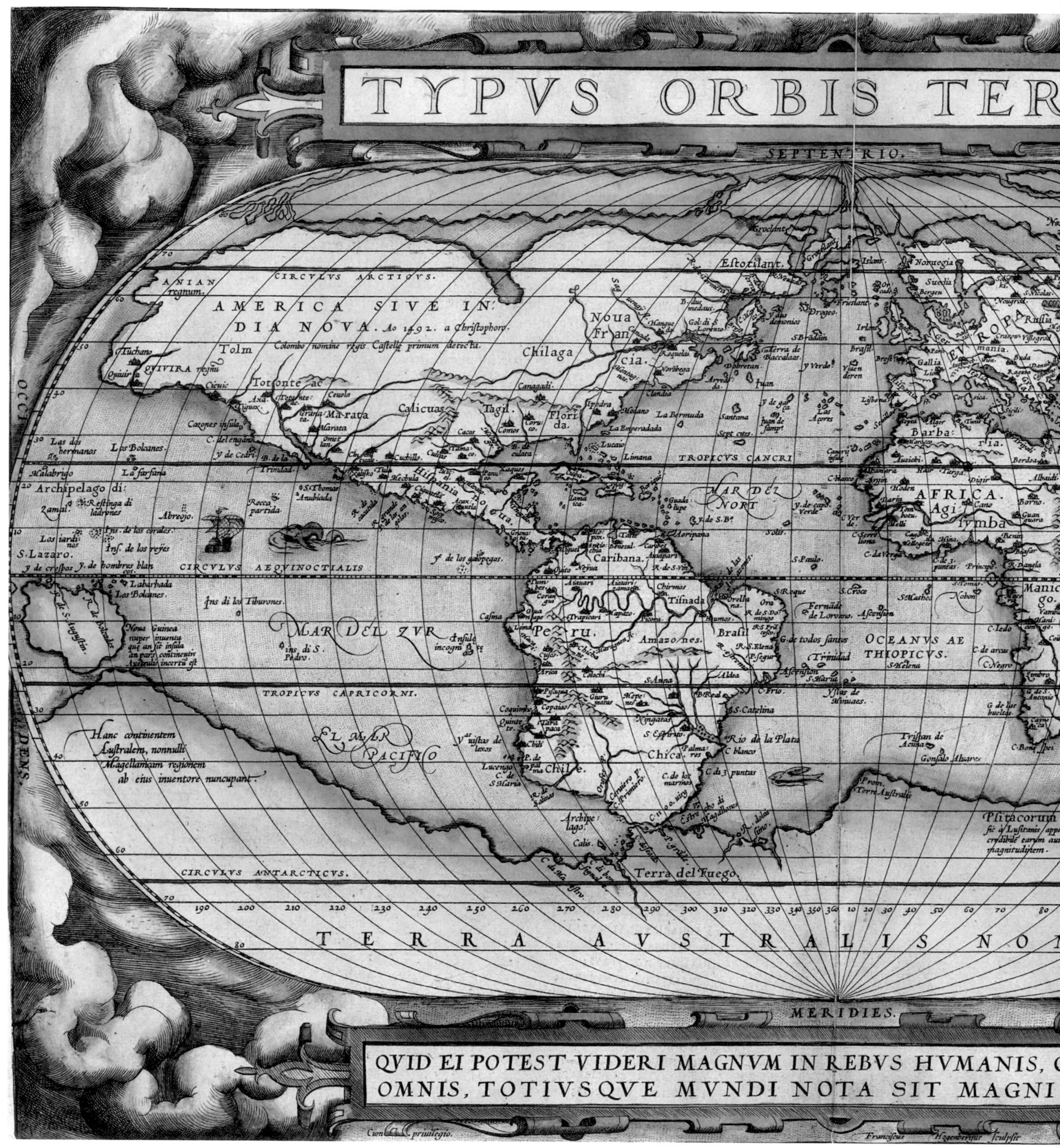
TYPVS ORBIS TER
SEPTENTRIO.
MERIDIES.
QVID EI POTEST VIDERI MAGNVM IN REBVS HVMANIS, C
OMNIS, TOTIVSQVE MVNDI NOTA SIT MAGNI
AMERICA SIVE IN DIA NOVA. Ao 1492. a Christophoro Colombo nomine regis Castellæ primum detecta.
CIRCVLVS ARCTICVS.
CIRCVLVS AEQVINOCTIALIS
TROPICVS CANCRI
TROPICVS CAPRICORNI.
CIRCVLVS ANTARCTICVS.
TERRA AVSTRALIS NON
ANIAN regnum.
Noua Fran cia.
Chilaga
Florida.
Estotilant.
Groclant
Islant
Noruegia
Suedia
EVROPA
Gallia
Barbaria.
AFRICA.
MAR DEL NORT
MAR DEL ZVR
EL MAR PACIFICO
OCEANVS AETHIOPICVS.
Peru.
Brasil
Amazones.
Chica
Chile.
Caribana.
Terra del Fuego.
Archipelago di Zamal.
S.Lazaro.
Hanc continentem Australem, nonnulli Magellanicam regionem ab eius inuentore nuncupant.
Noua Guinea nuper inuenta quæ an sit insula an pars continentis Australis incertu est
Rio de la Plata
La Bermuda
OCCI
DENS.
Cum privilegio.
Franciscus Hogenbergius sculpsit

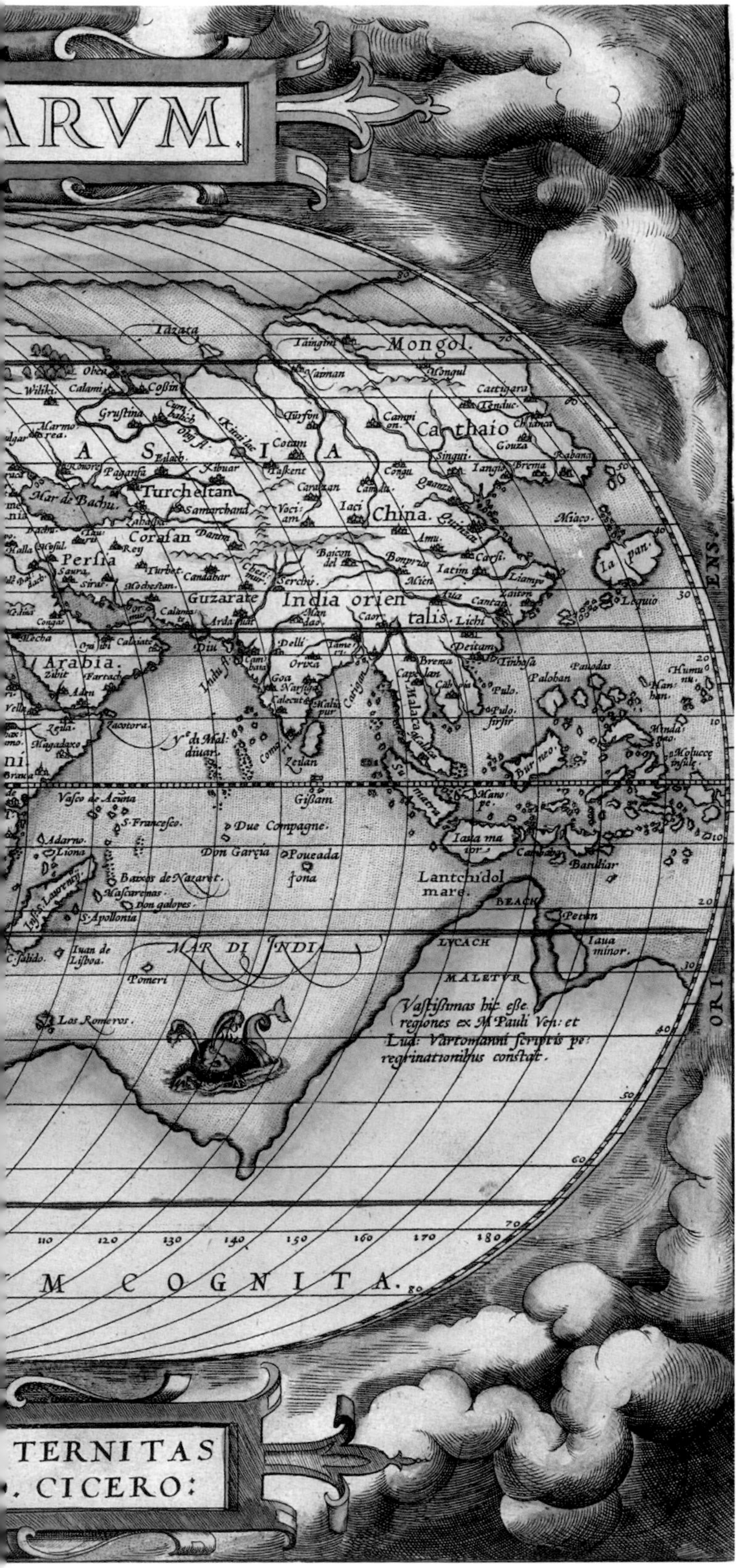

《世界圖》*Typus Orbis Terrarum*

出　　處｜《寰宇概觀》地圖集（*Theatrum Orbis Terrarum*）
繪 製 者｜歐提留斯（Abraham Ortelius）
繪製年代｜1570年
出 版 者｜吉爾斯（Gilles Coppens de Diest）
印製形式｜銅版彩色印刷
地圖尺寸｜48×36公分
相關地圖｜1.《世界圖》，1569年
2.《東印度與鄰近諸島圖》*Indiae Orientalis,* 1570年
3.《韃靼圖》*Tartariae sive Magni Chami Regni,* 1570年
4.《亞洲新圖》*Asiae Nova Descriptio,* 1570年

◀**圖1**｜此圖引自《寰宇概觀》地圖集，圖中只標示了琉球（Lequio）沒有小琉球或福爾摩沙，但是從日本列島到臺灣的西太平洋第一島鏈的畫法，和《東印度與鄰近諸島圖》（圖4）幾乎完全一致，所以可以斷定圖中琉球群島末端的兩個大島就是所謂的「小琉球」（Lequio pequino，即臺灣）。這個畫法極可能是受到葡萄牙1561年維利烏的《世界圖》（第5章，圖3）影響。1561年維利烏的《世界圖》不但將臺灣畫為兩個大島，還賦予兩個島名，北島叫福爾摩沙，南島叫小琉球。葡萄牙人為什麼會這麼畫，令人費解。

但是1561年維利烏的《世界圖》是手繪本，當時並沒有公開發行，而此圖則是印刷版，且在歐洲的商業發行獲得巨大的成功，所以此圖可以說是一般歐洲人認識臺灣的起點。

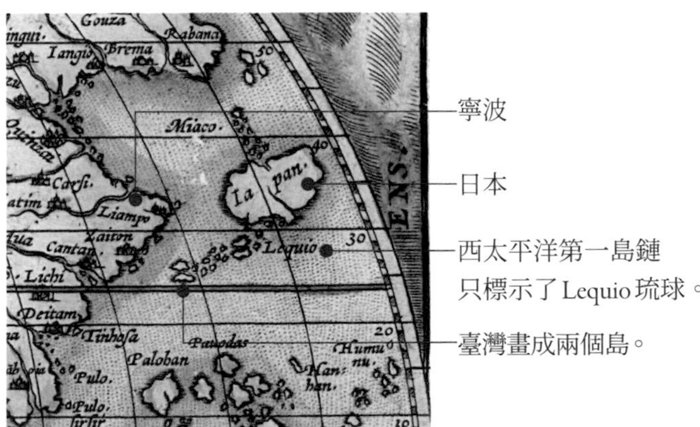

麥卡托（Gerardus Mercator）

布朗休斯（Petrus Plancius）

歐提留斯（Abraham Ortelius）

地圖商業出版崛起

近幾年荷蘭時代的臺灣史成為顯學，不少公私立機構主辦的相關展覽中，法蘭德斯派出版的東印度海圖或是中國地圖成了展覽會場上亮眼的展品，有些博物館也跟著收藏這方面的古地圖，以致臺灣有些文化人，甚至學者誤認為法蘭德斯派的地圖是當時歐洲最先進的亞洲地圖，這可就誤會大了。

法蘭德斯是一個地理區域的名稱，16世紀中葉的法蘭德斯是西班牙屬地低地國尼德蘭（Nederlanden）*的一部分，區內的居民講佛萊明語（Vlaams），宗教信仰以新教為主，兩者都不同於西班牙。法蘭德斯位於歐洲第一大河萊茵河的出海口，因為地理條件十分優越，所以帶動了商業、製造業的發展，製圖、印刷出版也是此地的強項之一。

1570年西班牙基於宗教及殖民商業利益的考量，對尼德蘭採取高壓政策，以限制當地的產業發展，尤其是對當地最重要的輸出毛紡織品課以重稅，因而引發當地居民反抗，法蘭德斯從此淪為戰場。法蘭德斯派的繪圖師為了逃避戰火，紛紛逃到阿姆斯特丹或倫敦，後來兩地都成為地圖出版的重鎮。

法蘭德斯派的繪圖師以1590年為界，分為前後期。前期以麥卡托（Gerardus Mercator）為代表，後期以布朗休斯（Petrus Plancius）繪製的世界地圖影響深遠，發揮了承先啟後的重要作用。

麥卡托開啟現代製圖學

麥卡托是現代製圖學的開山祖師之一，也是法蘭德斯派地圖繪圖師的領軍人物。他獨創的麥卡托投影法，至今仍是主流的地圖繪製方法之一，兩半球的世界地圖畫法也是他首創的。同期法蘭德斯派的另一位大將是歐提留斯（Abraham Ortelius）。1570年歐提留斯出版的《寰宇概觀》地圖集則是當時歐洲最暢銷的地圖集。

麥卡托雖然在製圖學上有諸多創見，但並不代表他繪製的地圖是當時最優秀的。因為當時的尼德蘭並非海上探險強國，缺乏第一手的地理資訊，所以法蘭德斯派繪製的地圖，尤其是東亞部分，和同一時期葡萄牙的地圖相比有不小的差距。因為他們得到的地理資訊應該都是葡萄牙解密的圖檔，並非最新的資訊。而他們出版的地圖之所以能成為熱銷的商品，可以說是拜葡萄牙人對地圖採取嚴格保密制度所賜。

曹永和院士在〈歐洲古地圖上之臺灣〉對麥卡托的評價是：「……惟他似未看到葡萄牙人所繪遠東地圖、只根據若干旅行記、報告等文字，故其大部分仍為歐洲古代、中古地理知識之混雜集成而已。」這個評價何其嚴酷！

麥卡托繪製的臺灣島和1550年《亞洲—大洋洲圖》（第5章，圖2）一樣在一串島鏈最後畫成兩大島，只是增加了Lequio minor（小琉球）的島名而已。中國海岸線方面，則特別突出所謂的寧波角（Cde Liampo），這應該也是受到早期葡萄牙海圖的影響；葡萄牙人早期曾經試圖在寧波外海的雙嶼建立貿易站。

追根究柢，麥卡托繪製的臺灣島的母本，只是得自於中國船員的航海經驗，沒有任何實測的地理信息，所以葡萄牙海圖也只扮演了一個轉述者的角色。

16世紀最暢銷的歐提留斯《寰宇概觀》地圖集

除了麥卡托，早期法蘭德斯派最著名的繪圖師暨地圖出版商要屬歐提留斯。歐提留斯於1570年出版的《寰宇概觀》地圖集有五幅地圖和臺灣有關。曹永和認為其中的《世界圖》(圖1)、《東印度與鄰近諸島圖》(圖4)是同一類型，與曹永和〈歐洲古地圖上之臺灣〉中引述的麥卡托1569年版《世界圖》(圖2)完全相同，只是地名增加，這說明了歐提留斯、麥卡托兩人的信息來源並不完全相同。

另外，《韃靼或大汗屬地》(圖6)與《亞洲新圖》(圖7)是第二種類型。曹永和認為這兩幅圖與葡萄牙繪圖師維利烏1561年的《世界圖》(第5章，圖3)十分類似，只是日本的部分畫得不盡相同。

曹永和將維利烏的《世界圖》中日本的輪廓，稱為「烏蠋蟲」狀，而《亞洲新圖》與《韃靼或大汗屬地》兩幅地圖中的日本變成長條形，因此認為兩者不同。「烏蠋蟲」狀的日本是葡萄牙地圖的標誌之一，但這很可能只是葡萄牙繪圖師採用的投影法偏向南方所造成的「特殊效果」，如果採用其他投影法，日本未必呈「烏蠋蟲」狀。

《亞洲新圖》與《韃靼或大汗屬地》皆採用以北極為中心的圓錐投影法，與葡萄牙地圖的投影方式不同，導致「烏蠋蟲」狀的日本，被「拉直」成長條形，這也是理所當然。所以這兩幅圖參考的葡萄牙地圖比前兩幅(圖1、圖4)參考的版本更新，「烏蠋蟲」形日本的畫法就是一個明證。

山寨版古地圖出現獨一無二的錯誤

《寰宇概觀》中除《世界圖》(圖1)外，另四幅和臺灣有關的地圖(圖4、6~8)，雖然被分為兩種類型，或是兩個參考來源，但奇怪的是，日本以下各島的輪廓即使各圖畫得完全不同，可是大琉球以下島名排列的次序竟然完全相同。由北而南，依次是Lequio maior(大琉球)、ÿ Fermosa(福爾摩沙島)、Reix magos(三王，即宮古島)、Lequio minor(小琉球)；當然有些海圖並沒有標示出全部島名。

葡萄牙人的海圖中I. Fermosa、Lequio pequeno也有同時出現的情形，例如前面提到的維利烏1561年的《世界圖》就是一個有名的例子，但絕沒有出現Reix magos位於I. Fermosa之南的情況。顯然歐提留斯1570年出版的《寰宇概觀》地圖集的臺灣部分，出現了獨一無二的錯誤，這應該是他自己造成的，與其他版本無關。所以後來《寰宇概觀》地圖集的增訂版，歐提留斯便做了修正，臺灣部分改採維利烏1561年版《世界圖》的畫法。

1590年之前的法蘭德斯派地圖有一個很重要的特徵，就是他們對自己繪製的地圖缺乏統一的判斷能力，而且在「山寨」葡萄牙地圖時也不夠嚴謹。他們的態度似乎是：地圖純屬「山寨」，孰是孰非，讀者自行判斷，繪者恕不負責。

＊今日荷蘭的正式名稱，古時曾涵蓋荷蘭、比利時、盧森堡等三國。

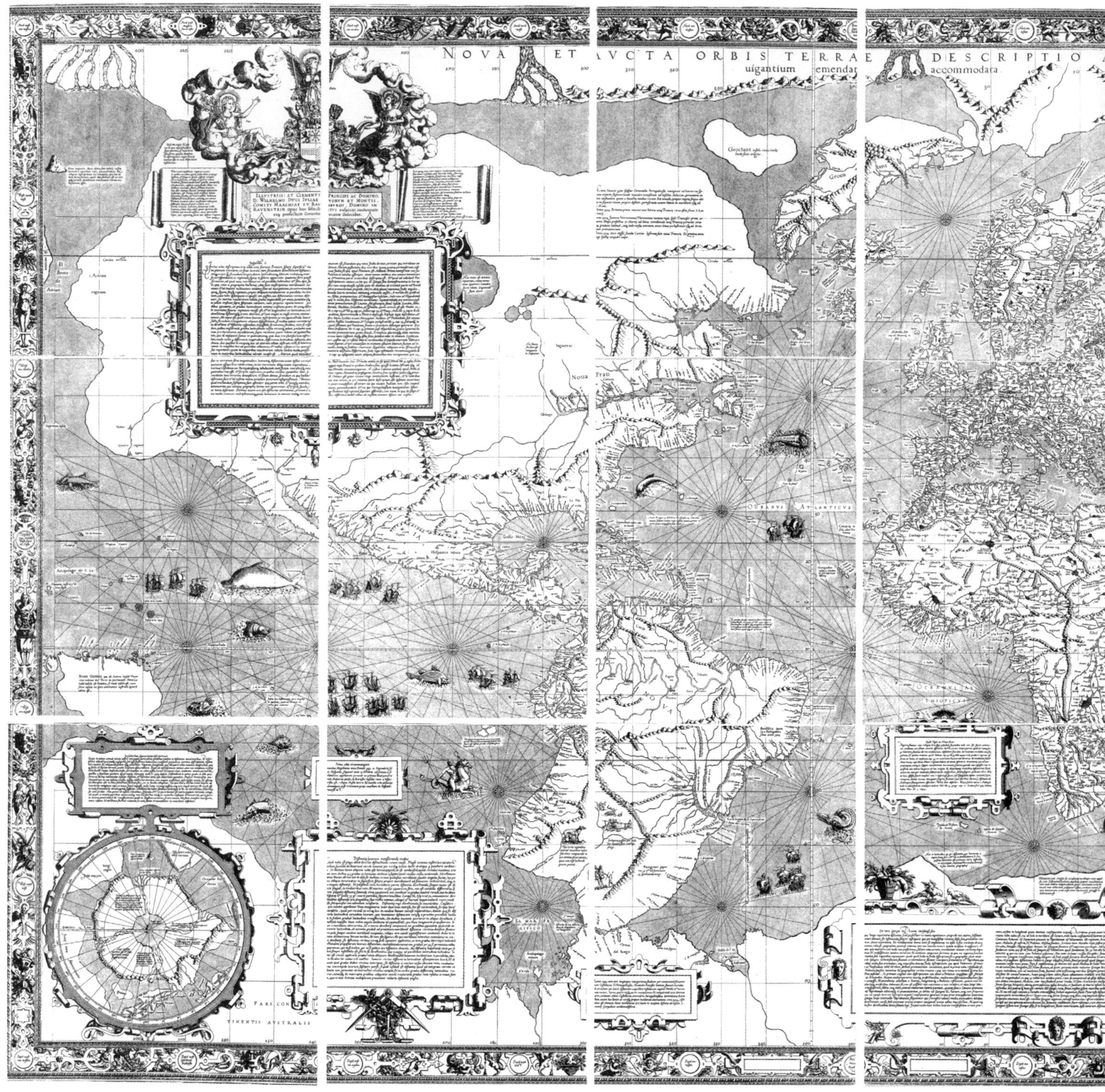
NOVA ET AVCTA ORBIS TERRAE DESCRIPTIO A
uigantium emendat
accommodata
Groclant
Noua Fran
Oceanus Atlanticus
Pars con
tinentis australis

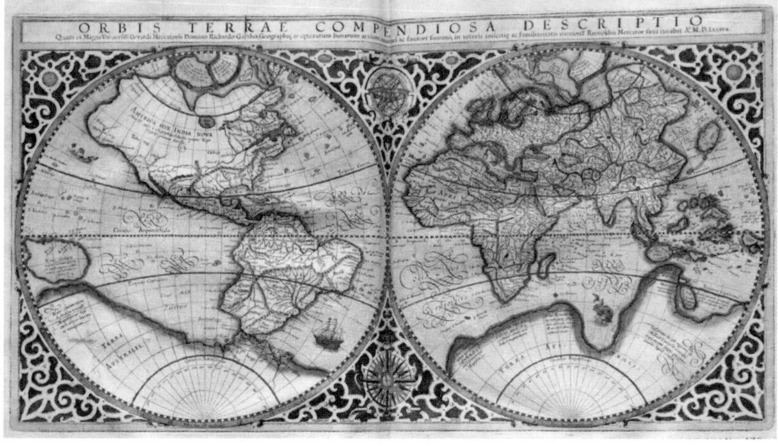

臺灣與琉球群島的畫法幾乎完全沿襲自父親麥卡托1569年的《世界圖》(圖2)，北回歸線仍在小琉球之南。

◀圖2｜《世界圖》*Nova et Aucta Orbis Terrae Descriptio ad Usum Navigantium Emendate Accommodata*, 1569年，麥卡托繪製

麥卡托圓柱投影地圖，相當適合水手海上航行使用，是航海地圖一大創舉，但可惜的是，東亞部分是參考舊的葡萄牙解密海圖，缺乏第一手的實測資料。曹永和在〈歐洲古地圖上之臺灣〉對麥卡托《世界圖》的評價不高，認為大部分地理資訊只是歐洲古代、中古地理知識的混雜集成而已。本圖中臺灣和琉球的畫法，明顯是抄襲自1550年無名氏所繪《亞洲—大洋洲圖》(第5章，圖2)。

▲圖3｜《世界圖》*Orbis Terrae Compendiosa Descriptio*, 1587年，魯摩德·麥卡托繪製

麥卡托獨創的麥卡托投影法，至今仍是主流的地圖繪製方法之一，兩半球的世界地圖畫法也是他首創的。此圖是其子魯摩德·麥卡托繪製，內容幾乎完全沿襲自他父親1569年的《世界圖》，臺灣與琉球群島的畫法也是一模一樣，北回歸線仍在小琉球之南，但此時葡萄牙的地圖已開始出現三島式的臺灣而且北回歸線貫穿島上。

INDIAE ORIENTALIS, INSVLARVMQVE ADIACIENTIVM TYPVS.

◀**圖4**｜**《東印度與鄰近諸島圖》*Indiae Orientalis*, 1570年，收錄於《寰宇概觀》地圖集**

此圖中的臺灣和《世界圖》（圖1）以及《亞洲─大洋洲圖》（第5章，圖2）一樣在一串島鏈最後畫成兩大島，只是增加了Lequio minor（小琉球）的島名而已。中國海岸線方面，則同樣特別凸顯寧波角。

歐提留斯的《寰宇概觀》中的臺灣部分，出現了獨一無二的錯誤。各島的名稱由北而南，依次是Lequio maior（大琉球）、ÿ Fermosa（福爾摩沙島）、Reix magos（三王，即宮古島）、Lequio minor（小琉球）。宮古島位於福爾摩沙島之南的情況過去從未出現過，這應該是他個人的疏失，因為他參考的1561年維利烏《世界圖》（第5章，圖3）中，Lequio pequeno（小琉球）北面的大島標示為I. Fermosa（福爾摩沙島）。所以後來《寰宇概觀》再版時，這個錯誤也更正過來了。

福爾摩沙為何出現在大琉球與小琉球之間？

1570年出版的《寰宇概觀》地圖集中，與臺灣相關的有五幅，除了《世界圖》(圖1)，分別是《東印度與鄰近諸島圖》(圖4)《韃靼或大汗屬地》(圖6)、《亞洲新圖》(圖7)、與《中國地圖》(圖8)。這四幅地圖對福爾摩沙島地理位置的描繪，在地圖史上出現一個奇特的例子。這幾張圖對福爾摩沙島的輪廓外形、大小不盡相同，但在琉球群島中的位置卻是一致的，即大琉球在北，小琉球在南，福爾摩沙島居中。這種畫法長期以來令學者困惑不解。如果單從歐洲繪製的地圖，是很難理解其中的原由。或許我們可以比對中國與歐洲的古地圖，嘗試解開其中的原因。

1550年代出版的羅洪先《廣輿圖》中的《東南海夷圖》是歷史上最早將琉球區分為大、小琉球的地圖之一。此圖因為是民間出版發行，不像同一時期的《籌海圖編》有海防軍事上的背景，所以很容易被歐洲航海界取得。羅洪先的《廣輿圖》出版後，歐洲關於東亞的地圖繪製水平立即上了一個臺階，從1554年羅伯．歐蒙的世界圖及其之後的歐洲地圖可以明顯發現其間的關聯。

1550年代之後的歐洲地圖不但「山寨」了中國地圖中關於中國海岸線的畫法，同時也「山寨」了大、小琉球的概念。1554年羅伯．歐蒙的世界圖中，臺灣單獨以福爾摩沙島標示，這應該是根據葡萄牙的航海「獨家發現」。可是沒多久，葡萄牙人就改變了畫法，1561年維利烏《世界圖》(第5章，圖3)中的福爾摩沙島便被標示在大、小琉球之間。顯然，葡萄牙人雖然還堅持福爾摩沙這個「獨家發現」，但也接受了大、小琉球的概念，1561年的維利烏《世界圖》就將兩者「結合」在一起而呈現了出來。

1570年《寰宇概觀》地圖集是由荷蘭人出版，但荷蘭當時尚未掌握東亞的地理信息，幾乎完全抄襲葡萄牙地圖，所以其中與臺灣相關的四幅地圖對福爾摩沙島的描繪，雖然輪廓外形、大小不盡相同，但福爾摩沙在琉球群島中的位置和1561年的維利烏《世界圖》卻是一致的。

到了1563年之後，葡萄牙人對福爾摩沙這個「獨家發現」也不再堅持了，路易斯、杜拉多等人世界圖(第5章，圖5)中的福爾摩沙不見了，而以小琉球單獨標示臺灣島，顯然是更進一步向中國地圖「靠攏」。所以長期「山寨」葡萄牙地圖的法蘭德斯出版商也跟著將福爾摩沙刪除，僅剩下大、小琉球。《寰宇概觀》地圖集的出版商歐提留斯1589年出版的《太平洋諸島圖》(圖9)中，臺灣還是雙島，但僅剩小琉球之名，福爾摩沙也被刪除了。

此圖是歷史上最早將琉球區分為大、小琉球的地圖之一。

◀圖5｜《廣輿圖．東南海夷圖》，明嘉靖年間(1550年代)，羅洪先繪製

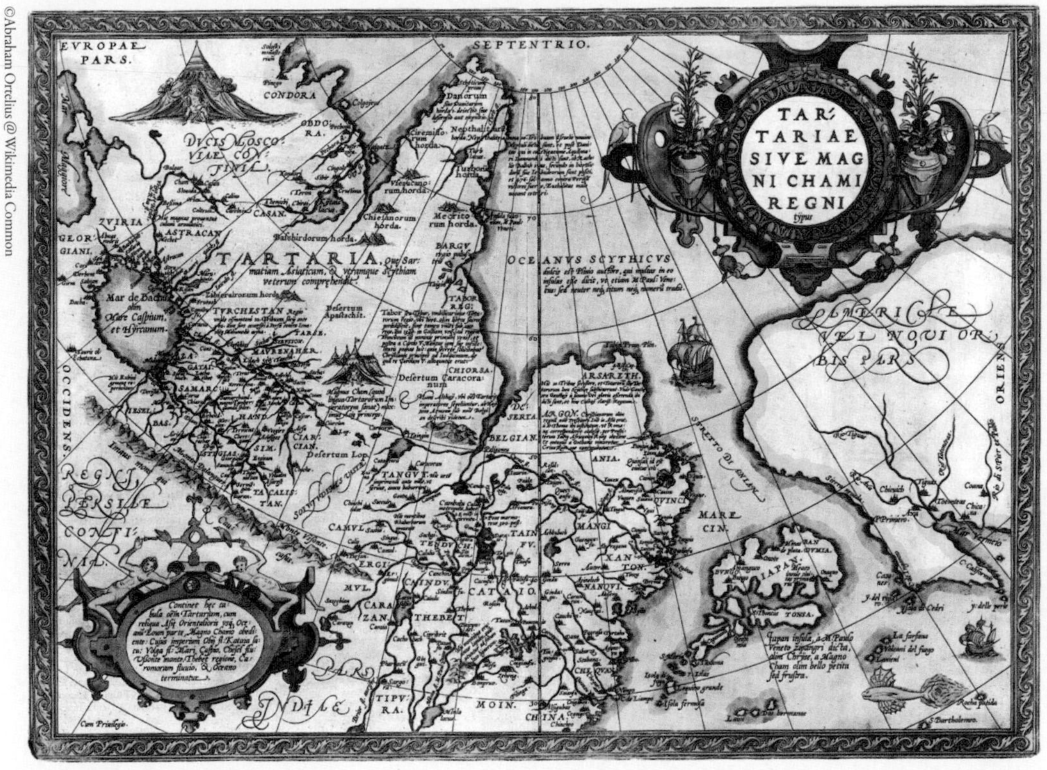

◀圖6 │《韃靼或大汗屬地》*Tartariae sive Magni Chami Regni*, 1570年

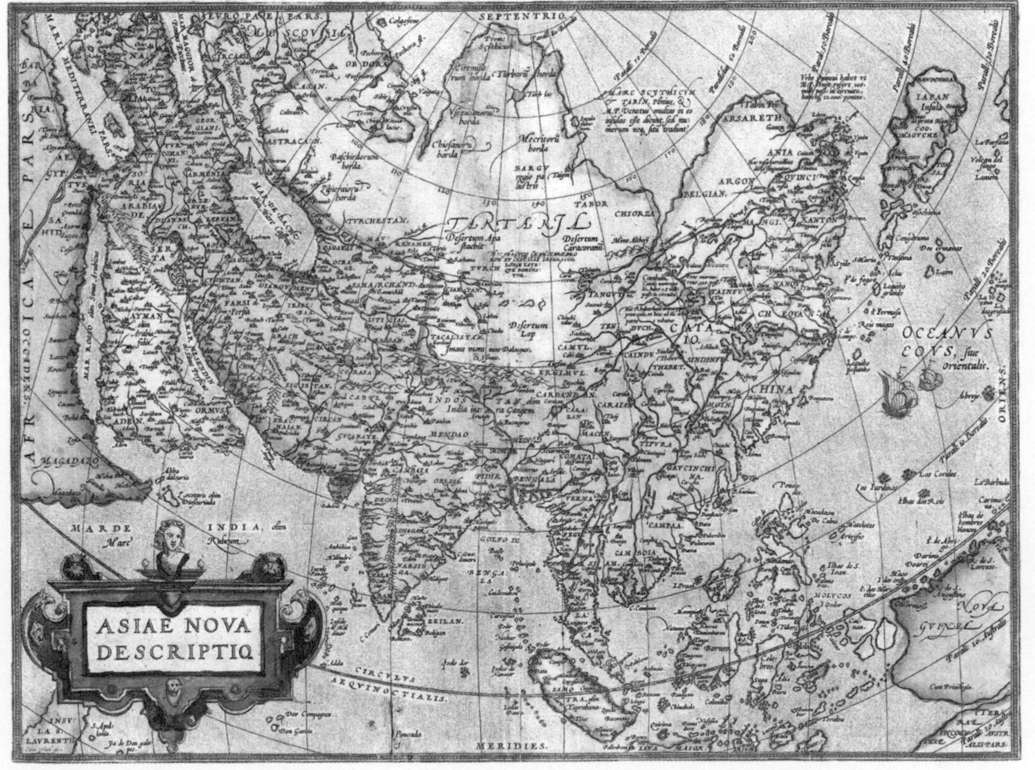

◀圖7 │《亞洲新圖》*Asiae Nova Descriptio*, 1572年德語版

歐提留斯於1570年首次出版的《寰宇概觀》地圖集有53幅地圖。直到1598年，他去世時，共出版了拉丁文、義大利文、德文、法文和荷蘭文等25個版本。

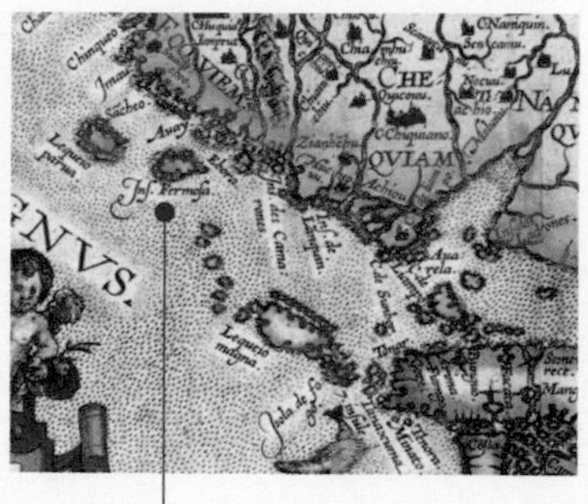

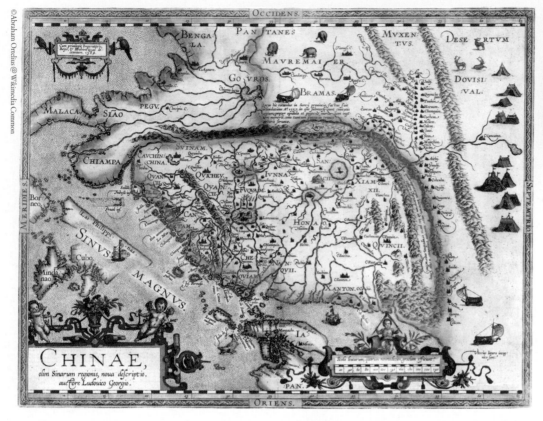

福爾摩沙島（Ins. Fermosa）
和小琉球（Lequeio parua）
中間已沒出現宮古島了。

◀圖8｜《中國區域新圖》*Chinae olim Sinarrum Regionis, Nova Descriptio*, 1584年

此地圖中的福爾摩沙島位置是比較正確的版本，但還是兩島的形式。這個錯誤後來也被更正過來了。

◀圖9｜《太平洋諸島圖》*Maris Pacifici*, 1589年

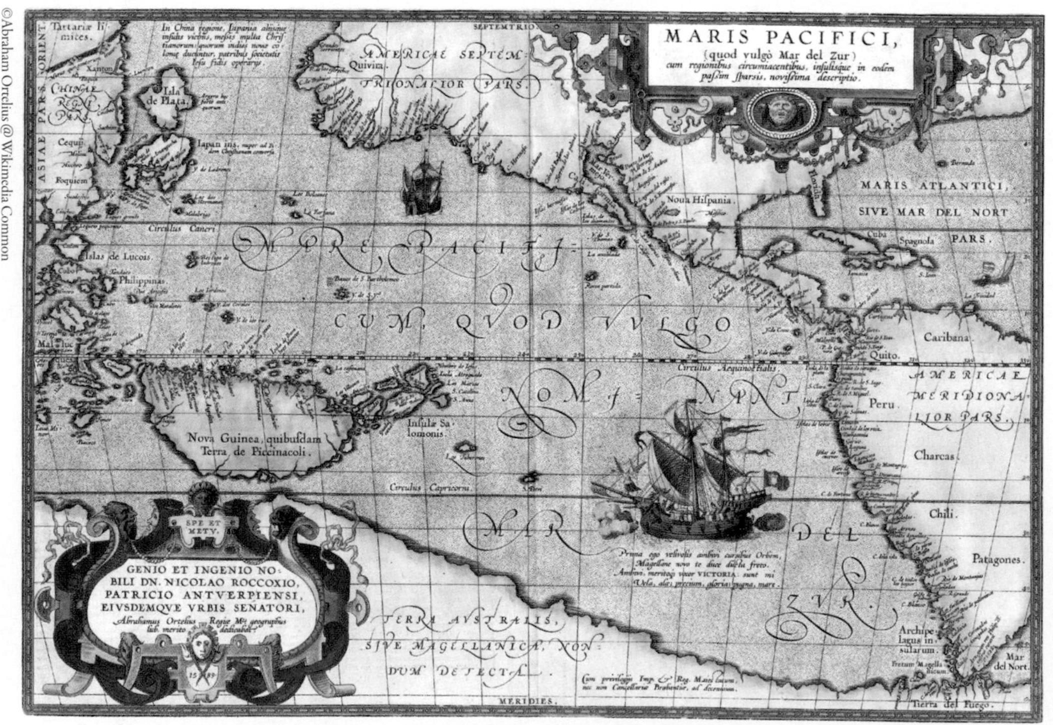

臺灣還是雙島，
但僅剩小琉球之名。

CHAPTER

8

1591-17世紀初

高砂たかさご與Fermosa的碰撞
江戶幕府朱印船航海圖上的臺灣

據說豐臣秀吉一統日本後曾派人來臺招安，
招諭的對象是「高山國」，
但16世紀末的臺灣不可能出現類似國家組織的政權，
所以自然沒有所謂的「高山國」，
豐臣秀吉的招諭到底送到哪兒去了？又給了誰？
而江戶幕府的朱印船航海圖上，大多將臺灣標示為「高砂國」，
這個名字又是從何而來？
伊能嘉矩認為高山國、高砂國的日文發音類似，其實是一樣的，
日本為什麼稱臺灣為「高山」或「高砂」，
真正的答案恐怕只有豐臣秀吉才知道了……

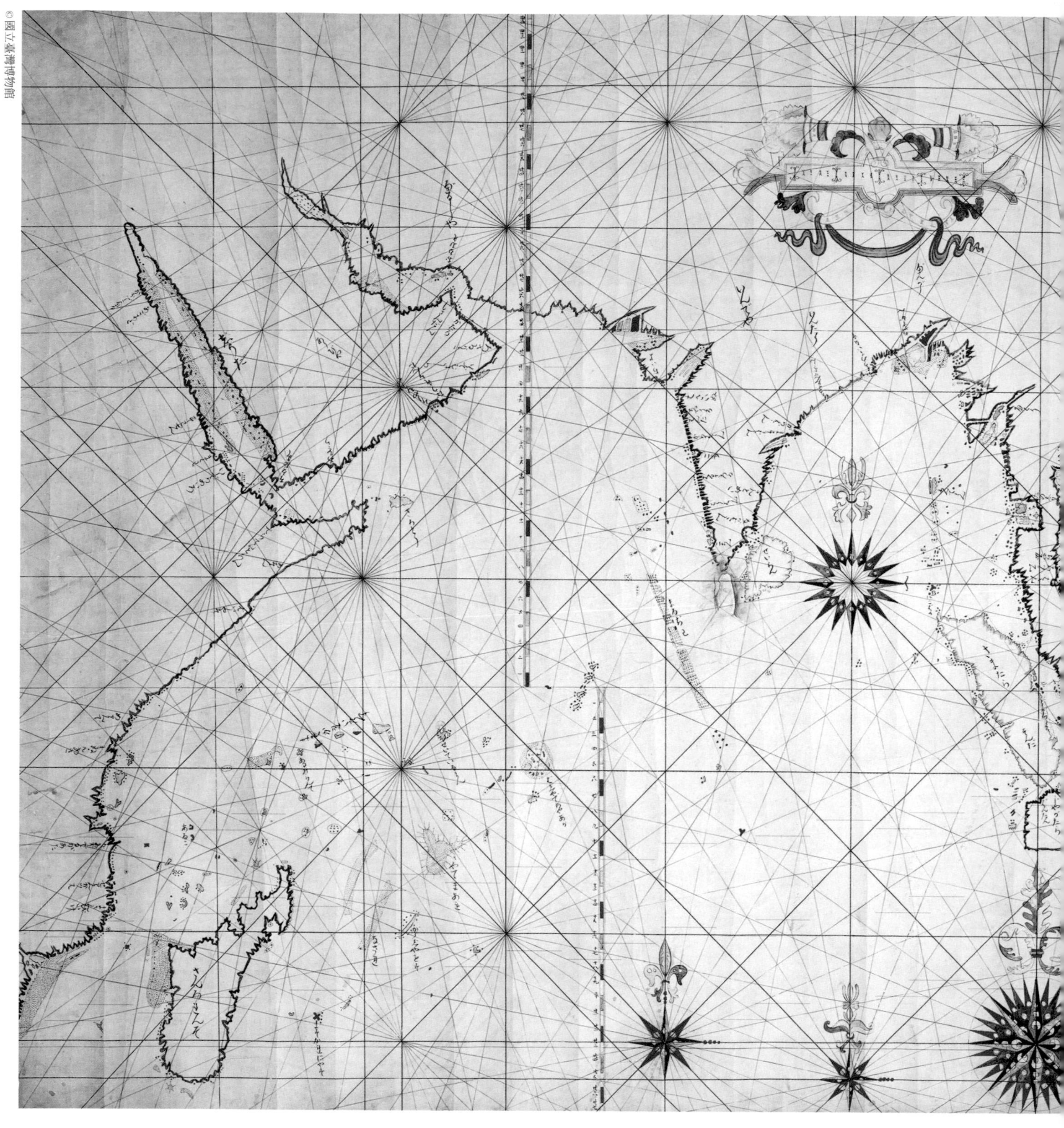

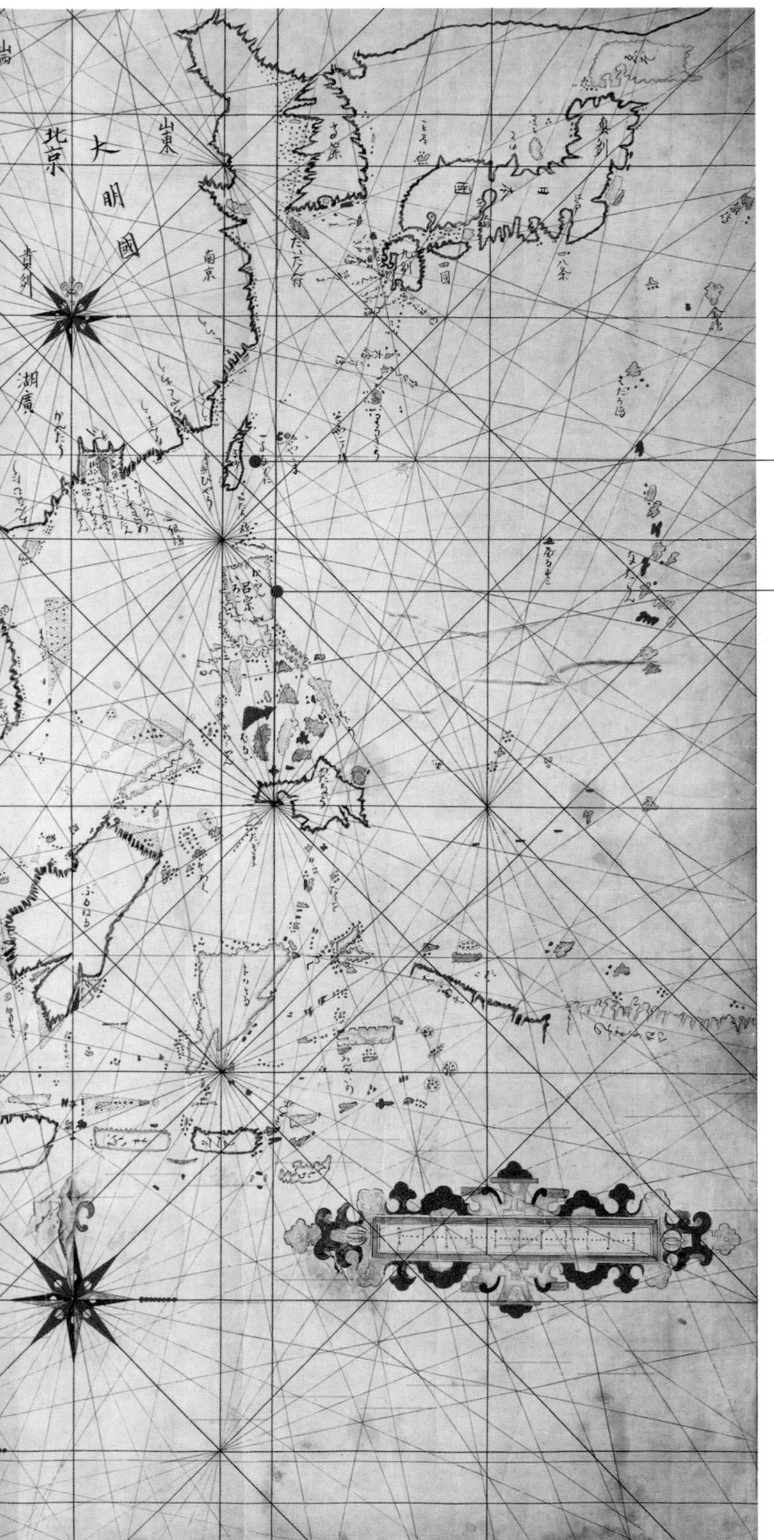

《東洋諸國航海圖》摹本

館藏地點｜東京國立博物館
繪製者｜日本江戶幕府
繪製年代｜17世紀初
繪製方式｜手繪羊皮古本
地圖尺寸｜104×71公分

臺灣島被標示為高砂，外形還被畫成三島型。

呂宋島日本人以漢字「呂宗」標示，可能是「呂宋」（Luconia）的另一種音譯，甚至只是「呂宋」的筆誤罷了。

◀圖1｜本圖為臺灣歷史博物館館藏的1937年摹本，類似的地圖在日本不止一幅，與本圖比較接近的版本還有繪於17世紀初的末吉孫家族藏本。臺灣歷史博物館稱此圖為《東洋諸國航海圖》，但日本則將這類型的地圖一律稱為「南洋卡爾他」，「卡爾他」是葡萄牙語海圖的意思。

海野一隆在其著作《地圖的文化》上說，這類海圖當時很難得到，可能是日本從事海外貿易的商人以日本近海的水文信息作為交換條件，從葡萄牙人那兒摹繪而來的。17世紀末吉孫家族的末吉孫左衛門曾在1640年之後從事東南亞貿易。如今日本保存的「南洋卡爾他」，除了其中一幅之外，其餘全都是從同一幅葡萄牙地圖衍生而來的。

末吉孫家族藏本和臺灣歷史博物館館藏的摹本除了在葡萄牙領地上繪有葡萄牙王旗之外，基本上完全相同。但兩者在臺灣的地名標示上卻迥異於葡萄牙地圖。17世紀之前的葡萄牙地圖，臺灣不是被標示為小琉球，就是小琉球與福爾摩沙並列，而日本的「南洋卡爾他」則將臺灣標示為片假名タカサゴ或平假名たかさご（Takasago），兩者用漢字書寫的話，就是「高砂」，顯然這是日本對臺灣獨有的稱呼。但タカサゴ或たかさご究竟是如何來的？目前還沒辦法說得清楚。

© 狩野光信@Wikimedia Commons

圖2

© Wikimedia Commons

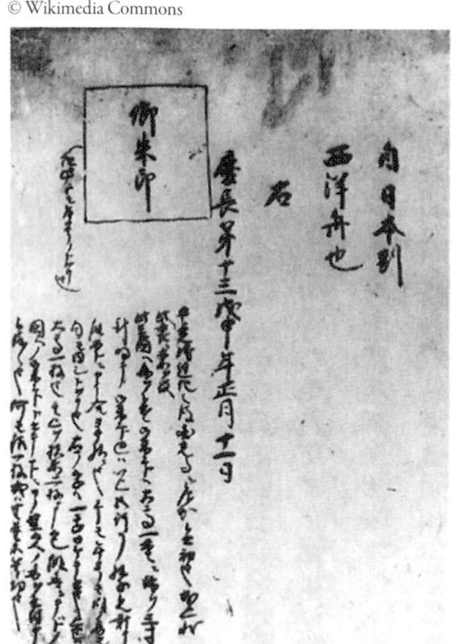

圖3

© Wikimedia Commons

圖4-1

1624年荷蘭人占領臺灣之前，臺灣的稱呼五花八門。葡萄牙最早稱臺灣為福爾摩沙，後來又跟著中國人一起叫小琉球。中國人本來叫臺灣為琉球，後來為了區別琉球國，改為小琉球。然而這也不是唯一的稱呼，大員、東番、北港都有人叫。名稱雖然不一，但都還可以說得出原由，唯獨日本人將臺灣稱為タカサゴ或たかさご(高砂)，最令人不解，連日本人自己也說不清。日本人為什麼將臺灣稱為たかさご？我們就先從豐臣秀吉談起。

豐臣秀吉的野心，從改地名開始？

1591年日本幕府「關白」豐臣秀吉，突然向東印度各地派遣使節，發出招諭，要求各國臣服於日本。臺灣與呂宋兩地由原田孫七郎負責傳達。

豐臣秀吉大肆招搖地向南洋各地「招安」看似不經，其實是為出兵朝鮮半島「聲東擊西」的策略，寄望此舉能牽制大明軍隊的動向。當時中國大陸東南沿海飽受倭寇之禍，明政府自然不敢掉以輕心，尤其是窩藏在臺灣西部海岸的海盜集團；當時臺灣已是閩粵海盜團伙與日本浪人勾結為患的淵藪。

令人不解的是，豐臣秀吉向臺灣招安的對象是「高山國」，而將呂宋島稱為「小琉球」。《臺灣文化志》的作者伊能嘉矩指出，當時日本確實將呂宋稱為「小琉球」。但同時期中國與葡萄牙所認知的「小琉球」，指的都是臺灣，而西班牙總督所在的島嶼，中、葡、西都稱為呂宋（Luconia）。為何日本別出心裁，「另有所指」？

伊能嘉矩沒有進一步說明，倒是舉了很多事例說明日本官方出具的海外貿易執照「朱印狀」上，一直把臺灣稱為「高砂」たかさご，當時臺灣當然沒有所謂的高山國。豐臣秀吉的招論（豊太閤の高山国勧降状）到底送到哪兒去？送給了誰？只能說是一筆糊塗帳了。

原來一切都是雞頭籠？

當時日本之所以將臺灣稱為たかさご，伊能嘉矩在《臺灣文化志》中提到，最早出現たかさご之名的是日本江戶時代寬永14年（1637年）日本古文書《異國渡海船路積》，文書中提到：「雞頭籠，此所先年亥年，始有御朱印船來到。」其中「雞頭籠」旁有たかさご四個假名的註記，他說這是日本以たかさご指稱臺灣唯一的說明，這個說法現在已經不能成立了。

伊能嘉矩又認為「雞頭籠」、たかさご是「雞籠」的日式寫法。最初たかさご僅限於雞籠一地，後來逐漸擴展為臺灣全島的總稱。而豐臣秀吉對臺灣招論文書上的「高山國」與「高砂」的日文發音類似「Takasago」（たかさご），其根源都是由「雞頭籠」發展而來的。伊能嘉矩這一系列的說法其實都大有問題，首先我們從「雞頭籠」談起。

日本古文書《異國渡海船路積》撰寫於江戶時代（1637），當時荷蘭已占領臺南安平，雞籠由西班牙占領。伊能嘉矩認為《異國渡海船路積》中提到的「雞頭籠」、たかさご即「雞籠」的說法，根據現在「出土」的文獻看來其

圖4-2

圖4-3

◀圖2｜豐臣秀吉

◀圖3｜朱印狀，1608年

▲圖4｜江戶幕府時期常見的朱印船種類

日本幕府時代為了限制海外貿易，實施「朱印狀」的特許制，獲得朱印狀的商家才能出海貿易，而持有「朱印狀」的海船便被稱為「朱印船」。

4-1：末吉船；4-2：角倉船；4-3：荒木船。

實很牽強。

因為早在1609年的〈有馬晴信臺灣視察船掟書拔寫〉以及17世紀一幅摹自葡萄牙海圖的《東洋諸國航海圖》（圖1）上就已將臺灣全島標示為たかさご，而當時的日籍學者都將たかさご註記為漢字「高砂」，並沒有提到所謂的「雞頭籠」。

而「高砂」たかさご也是日本傳統的地名，例如緊鄰神戶的兵庫縣，其東端就有一個叫高砂市的地方，高砂的發音為たかさご（Takasago），是訓讀並非音讀，文字書寫為「高砂」這兩個漢字。由此可見「高砂」是個傳統的日本名稱，並非外來語。

至於當時的日本為什麼將臺灣也稱為たかさご？而稱臺灣為たかさご和兵庫縣的高砂市有無關聯，目前尚無文獻可以說明。但日本人習慣以「高砂」作為たかさご的書寫形式是十分明確的，而「高砂」又是日本傳統地名，所以和「雞頭籠」或「雞籠」應該沒有關聯。

而且〈有馬晴信臺灣視察船掟書拔寫〉以及《東洋諸國航海圖》的年代都早於《異國渡海船路積》，實在不需要再拿「雞頭籠」或「雞籠」來作文章。至於「雞頭籠」是否源於「雞籠」，也是一個多餘的聯想。

伊能嘉矩還說「雞籠」的發音源於「凱達格蘭」，所以たかさご是由「凱達格蘭」轉音而來。這個邏輯，更是令人費解。

現在的學者普遍認為「雞籠」是因為當地雞籠嶼的山形類似雞籠而得名，和「凱達格蘭」沒有任何關聯，和たかさご更是八竿子打不著。所以這個說法先擱置一邊，重點是「高山國」、「高砂國」與「たかさご」的關係。

「高山國」、「高砂國」只是發音不同？

伊能嘉矩說「高山國」、「高砂國」發音類似，所以他認為豐臣秀吉招諭的對象「高山國」指的就是「高砂」たかさご，也就是臺灣。這個說法也有問題。

日本岐阜縣有個高山市，日語發音為Takayama是訓讀而非音讀，漢字書寫為「高山」。所以按這個慣例，「高山國」的日語發音應該是Takayamagogu和「高砂」的日語發音Takasago是兩碼事，所以很難讓人信服「高山國」就是「高砂」。但「高山國」如果「高」用訓讀，「山」、「國」用音讀，發音是Takasengogu和「高砂」Takasago是有些類似，但日本人會這麼念嗎？三個字的專有名詞第一字訓讀，後面兩個音讀，日本有這種念法嗎？更何況如今的

▶圖5｜《南瞻部洲萬國掌菓之圖》，1710年，浪華子繪製

本圖為日本人繪製的佛教世界觀地圖，類似的地圖中日韓三國都有，本圖即參照明朝人的類似主題繪製而成。

這類地圖通常以印度的須彌山為宇宙的中心，將世界區分為東勝神洲、西牛貨洲、南瞻部洲、北俱盧洲，而中國屬於南瞻部洲。圖中臺灣島上有三個地名：大冤、臺灣與東寧。本圖的繪製年代為康熙年間（1662～1722），臺灣為正式地名，東寧是明鄭時代（1628～1683）的官方稱呼，大冤則是臺灣的另一種音譯，幅員廣大的南瞻部洲，繪圖者獨獨將此島嶼的地名標示得如此周全，奇怪的是竟然沒有標示日本人最熟悉的高砂。

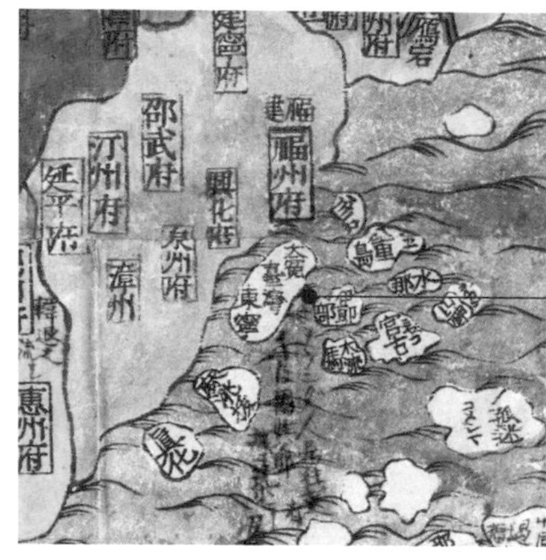

臺灣標示了三個名稱：大冤、臺灣、東寧。

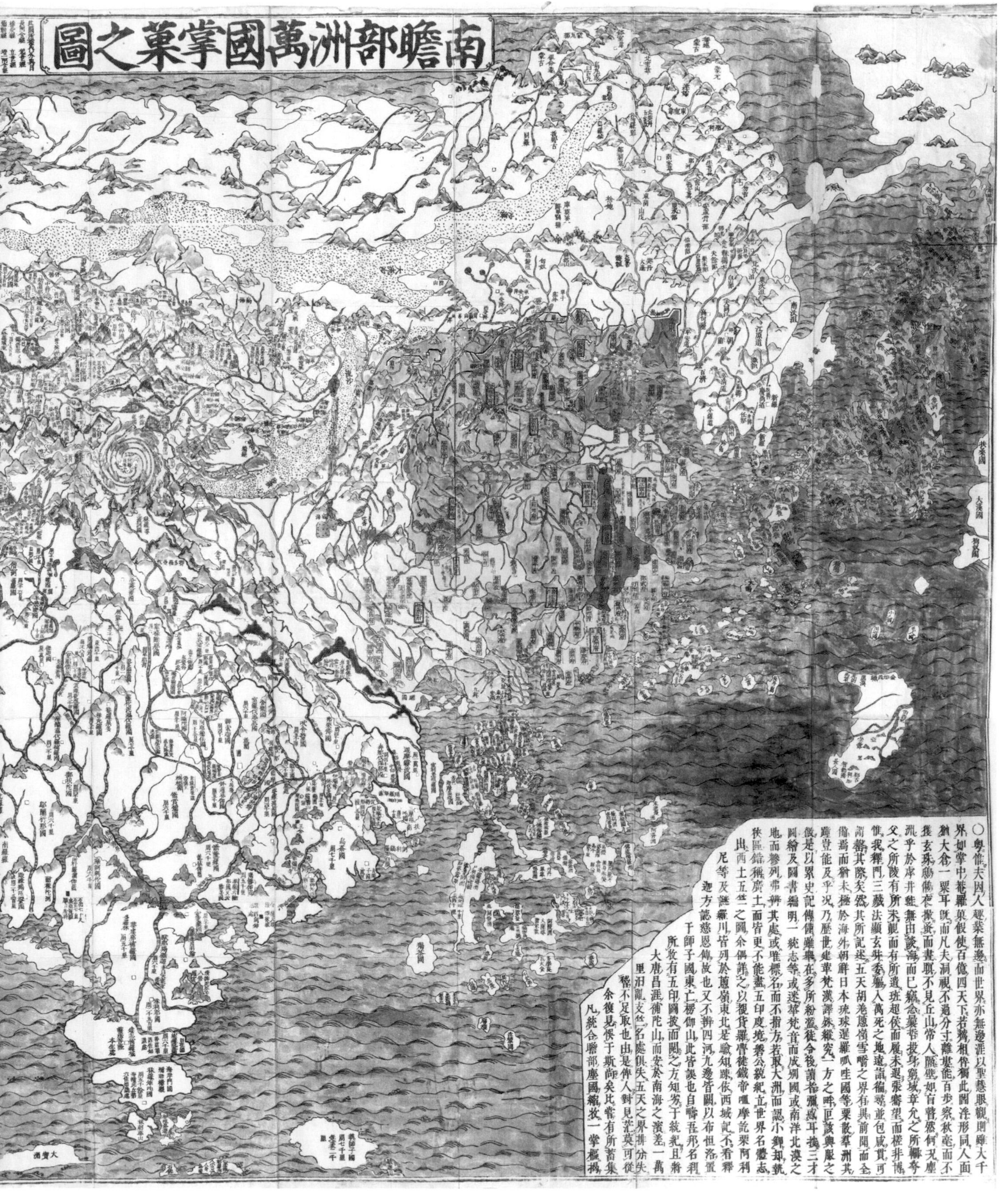
南瞻部洲萬國掌菓之圖

@Wikimedia Commons

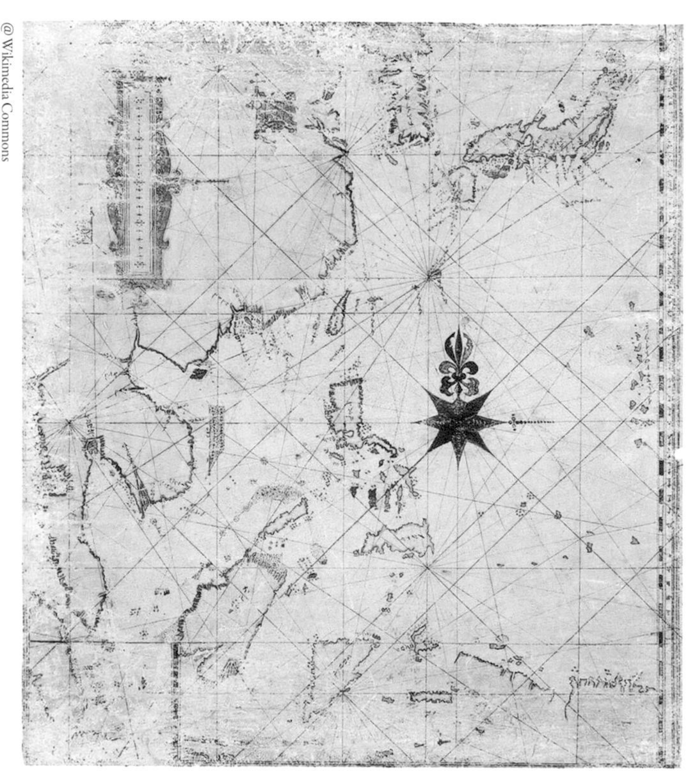

▲圖6｜《角屋七郎兵衛圖》角屋家貿易關係資料アジア航海図，17世紀

角屋七郎兵衛是江戶時代初期的貿易商，持有朱印狀，可於海上進行貿易。日本寬永8年（1631）他曾遠渡安南（現在的越南），卻因不久後的鎖國政策而受困當地。

「高山市」日本人就念作Takayama而非Takasen。

豐臣秀吉對臺灣招諭文書上的「高山國」除非是「高砂國」的筆誤，否則「高山國」就應該另有所指，不是臺灣。所以伊能嘉矩所謂「『高山國』、『高砂國』發音類似，所以『高山國』指的就是『高砂』たかさご」的說法根本很難成立。

前文提到摹自葡萄牙海圖的《東洋諸國航海圖》中的臺灣島便被標示為たかさご，有學者認為《東洋諸國航海圖》摹繪的年代大概是1600年之後。圖中的臺灣島還被畫成三島型，而且呂宋島也出現了，這正是1600年之後，葡萄牙人繪製的東印度海圖、中國地圖的特徵。另外，《東洋諸國航海圖》中的呂宋島，日本人以漢字「呂宗」標示，並非伊能嘉矩所說的「小琉球」。「呂宗」可能是呂宋（Luconia）的另一種音譯，甚至只是「呂宋」的筆誤罷了。

最後的高砂

荷蘭占領臺南安平後，日本商人因為中國貿易的問題，與荷蘭聯合東印度公司（VOC）的官員發生衝突，因而引發了「濱田彌兵衛事件」。之後，VOC為了保住在日本的貿易商站，將VOC的大員長官奴易茲（Nuytz）送到日本當人質。日本雖然表面上獲得了勝利，但實質上占領「高砂國」的夢想已隨之幻滅，「高砂」之名也逐漸淹沒在歷史的塵埃中。南明時代，甚至到了清中葉，日本繪製有關臺灣的地圖，很多是將臺灣標示為「東寧」，這大概是出於對鄭成功的好感。在日本人眼中，鄭成功算是半個日本人。

不過，高砂國的故事至此還沒完全結束。1920年代，裕仁還是太子時，曾經來臺巡視，聽見殖民地官員將山地同胞稱為「生番」，大不以為然。認為以「生番」稱呼同為「天皇子民」的原住民，十分不妥。於是又想起了「高砂」，便「賜名」臺灣原住民為「高砂族」。太平洋戰爭期間，臺灣原住民組成的「高砂義勇隊」在南洋是一支令人生畏的剽悍部隊。

光復後，國民政府將「高砂族」改名為「高山族」，至此「高砂」之名才算走入了歷史。

CHAPTER

9

1590-1631年

變化多端的臺灣島
16、17世紀歐洲地圖最離奇的錯誤

臺灣（琉球）從1542年第一次出現在西方地圖上，
一直到1624年荷蘭據臺，
這一百年來歷經了許多種不可思議的變化，
從列島變成單島，又變形為兩島、甚至三島，
位置也從北回歸線以北，漸漸移到北回歸線上，
名稱更是從琉球、福爾摩沙、小琉球到微小琉球，甚至多種並列，
彷彿像是繪圖師搞不清楚臺灣究竟長什麼樣子，
而乾脆把古往今來所有出現在地圖上的畫法都融合在一起，
這堪稱是16、17世紀歐洲製圖界最離奇的錯誤了。

《中國領土及海岸線精確海圖》
Exacta et Accurata Delineatio cum Orarum Maritimarum tum Etjam Locorum Terrestrium quae in Regionibus China

出　　處｜《東印度水路誌》*Itinerario, voyage ofte schipvaert near Oost ofte Portugaels Indien*
繪 製 者｜林蘇荷頓（J. H. v. Linschoten）
繪製年代｜1596年
繪製方式｜手繪
印製形式｜印刷
地圖尺寸｜53×39公分
相關地圖｜1. 布勞《亞洲新圖》*Asia Noviter Delineata*, 1617年
2. 小洪第烏斯《亞洲新圖》*A sia recens summa cura delineata*, 1631年

◀**圖1**｜1596年林蘇荷頓的《東印度水路誌》在歐洲出版時獲得巨大的成功，連帶的歐洲繪圖師也紛紛模仿附圖中臺灣三島式的畫法，甚至到了1630年代之後，臺灣三島式的畫法還在歐洲出版的亞洲地圖上時有所見。

但三島式的畫法並非林蘇荷頓所獨創，臺灣三島式的畫法最早出現在葡萄牙路易斯1563年繪製的地圖集上，但圖中北回歸線穿過南島，到了1568年杜拉多才將北回歸線改畫到中島上，然而這種畫法第一次出現在法蘭德斯派地圖上是布朗休斯1594年版的《世界圖》，所以曹永和認為本圖受到布朗休斯的影響有一定的道理。

但布朗休斯1594年版《世界圖》（圖4）的臺灣只在北島用荷蘭文標示小琉球（Lequeio minor），而本圖的臺灣卻以拉丁文在北島標示福爾摩沙，南島標示小琉球，兩者顯然有別。本圖出版後，臺灣的標示在歐洲地圖中並沒有固定下來，後來法蘭德斯派出版的地圖甚至出現Lequeio minor與Lequeo pequeno並列的怪異現象。

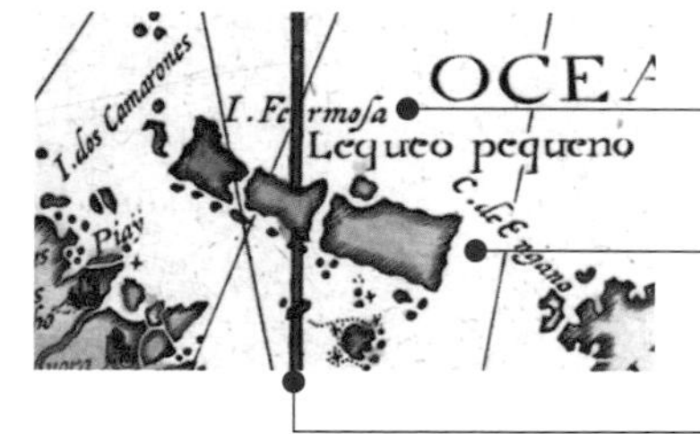

融合了拉素和維利烏的雙島島名標示。

融合了路易斯、杜拉多的三島式畫法。

融合了北回歸線穿過中島畫法。

▲圖2｜布朗休斯版《世界圖》*Orbis terrarum typus*, 1592年
臺灣採用拉素和維利烏的兩島式畫法，位置在北回歸線以上，島名標示了福爾摩沙與小琉球。

臺灣從兩島變成三島

1590年代之後，布朗休斯（Petrus Plancius）取代了麥卡托成為法蘭德斯派的領軍人物。其實無論是麥卡托還是布朗休斯，在地理信息取得的途徑上，並沒有太大的差別，他們都依靠葡萄牙人繪製的海圖。因為當時葡萄牙掌握的地理信息是世界上最先進的。

布朗休斯早先繪製的地圖主要是參考麥卡托繪製的版本，可是到了1590年代，連他都認為麥卡托繪製的《世界圖》脫離現實，於是在荷蘭政府的支持下，花費巨資購得當時葡萄牙最優秀的海圖繪圖師拉素（Bartolomeu Lasso）繪製的海圖，並以此完成他1592年和1594年版的《世界圖》，而此圖又影響了後來的法蘭德斯派繪圖師。

在臺灣島方面，布朗休斯對法蘭德斯派最大的影響就是將麥卡托、歐提留斯的雙島式畫法改採三島式的畫法。麥卡托、歐提留斯早先雙島式的畫法應該是仿自葡萄牙繪圖師維利烏（第5章，圖3）。維利烏將臺灣畫成由南北兩個大島組成，北島叫「I. fermosa」，南島叫「Lequeo pequeno」。維利烏首創的雙島式畫法，很可能是將1554年

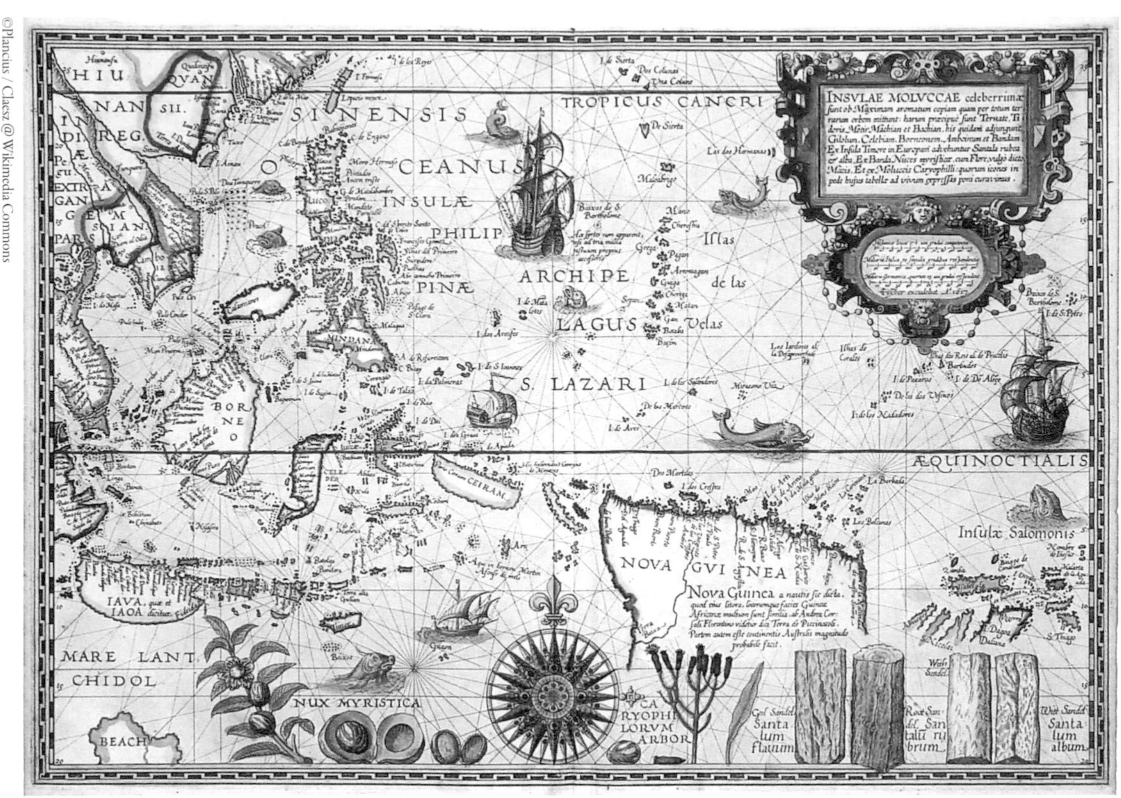

◀圖3｜《摩鹿加群島圖》
The Molucca Islands,
1592年，布朗休斯
臺灣為三島式，北回歸線穿過中島，且島名同時標示福爾摩沙和小琉球。圖中還可看出拉素對布朗休斯的最大影響，是菲律賓群島完整出現。

版《羅伯．歐蒙世界圖》中的「I. Fermosa」和從中國獲得的「小琉球」兩條地理信息混合而得出的結果。

其實拉素對布朗休斯的影響主要並不在於臺灣，而是菲律賓群島完整出現在法蘭德斯派的地圖上，其他部分包括臺灣在內，拉素反而需要參考其他葡萄牙繪圖師的地圖。因為拉素雖然是葡萄牙人，但他在西班牙皇家擔任繪圖師。當時東印度海圖並非西班牙人的強項，但菲律賓是西班牙的屬地，只有西班牙人才有機會測繪完整的菲律賓群島。而東印度地區除了菲律賓，其他地區都是葡萄牙的勢力範圍，沒有其他國家比葡萄牙掌握了更多東印度地區的地理信息。

西方地圖各派形式大融合

拉素1590年版的《東印度圖》最大的亮點就是菲律賓群島，這是有史以來菲律賓群島第一次完整出現在地圖上。而此圖中臺灣部分幾乎和1561年維利烏的地圖一模一樣，採兩島式，北島「I. fermosa」(福爾摩沙島)，南島「Lequeo pequeno」(小琉球)。可見拉素1590年版的《東印度圖》除了菲律賓群島，臺灣部分也是山寨維利烏1560年版的《東印度海圖》。

布朗休斯1592年版的《世界圖》，臺灣部分採用了拉素和維利烏的雙島式版本，可是到了1594年版的《世界圖》，臺灣部分就改採杜拉多《東亞海圖》(第5章，圖5)中三島式的畫法。此圖中的臺灣和杜拉多的版本一模一樣，北回歸線穿過三島中的中島，島名只標示「Lequeo pequeno」(小琉球)，沒有標示「I. fermosa」(福爾摩沙島)。另外中國海岸線部分，布朗休斯1594年版的《世界圖》也做了修正，更加接近現實狀況，可見布朗休斯在這方面應該還有其他新的地理信息來源。

曹永和在〈歐洲古地圖上之臺灣〉一文中沒有說明布朗休斯改變的原因，但他似乎也沒有看出布朗休斯三島式的畫法對未來法蘭德斯派的影響。曹永和提到林蘇荷頓著名的1596年版《東印度水路誌》的附圖時，曾說此圖可能得到布朗休斯的協助。曹永和認為其中的《中國領土及海岸線精確海圖》(圖1)(曹永和稱之為《東印度圖》)，東亞的部分比布朗休斯的《世界圖》更像是杜拉多的版本，這個說法似乎不無道理，因為其中臺灣島也是採三島式。但奇怪的是，該圖在臺灣島名的標示上和布朗休斯、杜拉多的版

ORBIS TERRARVM TYPVS DE INTEGRO MULTIS IN
EUROPA
Polus 90 Arcticus
Circulus Arcticus
AMERICA
MEXICANA
NOVA FRANCIA
Tropicus Cancri
Circulus Aequinoctialis
Aequinoctialis
OCEANVS
PERUVIA
Tropicus Capricorni
EL MAR PACIFICO
TERRA AVSTRALIS
MAGALLANICA
Circulus Antarcticus
Polus Antarcticus
MEXICANA
PERUANA
Ioannes a Duete cum iunior fecit.

◀圖4｜《世界圖》1594年，布朗休斯

1594年版的臺灣改採杜拉多的三島式版本，北回歸線穿過中島，島名只標示小琉球，沒有標示福爾摩沙。

本並不一樣。

《中國領土及海岸線精確海圖》中的臺灣，北島為「I. fermosa」（福爾摩沙島），中島為「Lequeo pequeno」（小琉球），南島無名。此圖臺灣島名的標示其實更像是拉素和維利烏的版本（也是布朗休斯1592年的版本〔圖2〕）。可見林蘇荷頓版的《中國領土及海岸線精確海圖》是將所有葡萄牙海圖中臺灣島的畫法、島名標示全混在一起了。既有路易斯、杜拉多的三島式、北回歸線穿過中島的畫法，也有拉素和維利烏的「I. fermosa」（福爾摩沙島），「Lequeo pequeno」（小琉球）雙島島名標示方式。

不知從哪來的「微小琉球」

或許林蘇荷頓的《東印度水路誌》在當時太受歡迎了，連帶的《中國領土及海岸線精確海圖》也受到追捧。後來法蘭德斯派繪製的地圖中臺灣島的部分，都和《中國領土及海岸線精確海圖》一樣，採用三島式的畫法。

之後，除了老一代的繪圖師如洪第烏斯臺灣島部分還保留早期歐提留斯1570年《世界圖》（第7章，圖1）的畫法外，法蘭德斯派其他著名的繪圖師，如布勞（W. J. Blaeu）、史畢德（J. Speed）甚至洪第烏斯的兒子小洪第烏斯（Henricus Hondius II）也都採用林蘇荷頓版《中國領土及海岸線精確海圖》三島式的畫法。

但是怪異的事情發生了，布勞和小洪第烏斯的《亞洲新圖》（圖5）不知道出於什麼考量，竟然將三島中的南島標示為「Lequio minor」（小琉球）。如此一來，臺灣島上便出現了兩個小琉球，一個是拉丁文版的「Lequeo pequeno」，另一個則是荷蘭文版的「Lequio minor」。臺灣有些學者將「Lequio minor」翻成「小小琉球」或「微小琉球」，這就更不知從何說起了。

總之，在荷蘭東印度公司還沒有進駐臺灣之前，法蘭德斯派的繪圖師們始終沒有將臺灣標示清楚，一直拿葡萄牙海圖的畫法進行各式各樣的排列組合，最後竟然出現自創的三島三名、兩個「小琉球」的怪事。雖然一切似乎都有跡可循，但如果說臺灣島圖的繪製，是16、17世紀歐洲製圖界最離奇的錯誤，似乎也不為過。

福爾摩沙（I. Fermosa）

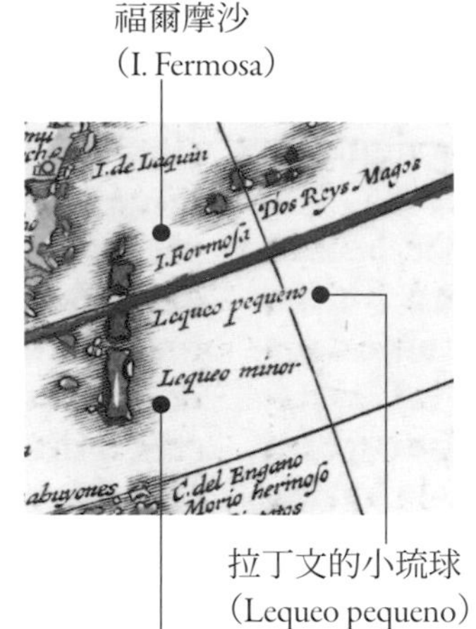

拉丁文的小琉球（Lequeo pequeno）

荷蘭文的小琉球（Lequeo minor）

▲圖5｜《亞洲新圖》*A sia recens fumma cura delineata*, 1630年，小洪第烏斯繪製
圖中竟然將三島中的南島標示為「Lequio minor」（小琉球）。如此一來，臺灣島上便出現了兩個小琉球（中島拉丁文，南島荷蘭文），令人費解。

西方地圖上臺灣島形變化史

年代	繪圖師／地圖	說明	臺灣島形
1550	《亞洲—大洋洲圖》 ▶第5章，圖2	作者不明，可能是歐蒙。 這是西方地圖上首次出現琉球， 但基本上是泛指一連串島嶼。	列島 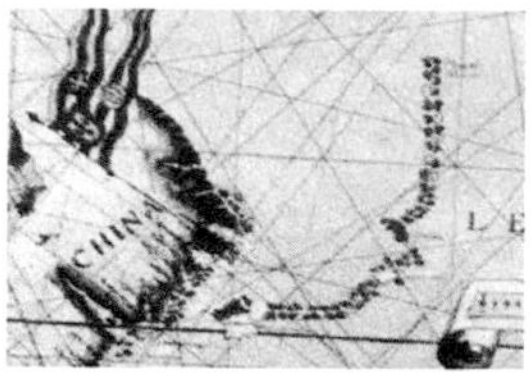
1554	《羅伯．歐蒙 世界圖》 ▶第5章，圖1	將一長串列島中的 其中一座島標示為福爾摩沙。	列島之一 
1561	維利烏《世界圖》 ▶第5章，圖3	採兩島畫法，結合歐蒙地圖和中國 關於「小琉球」的地理信息。自此之後， 西方繪圖師幾乎都採兩島或三島畫法， 像是路易斯、杜拉多、拉素。	兩島或三島 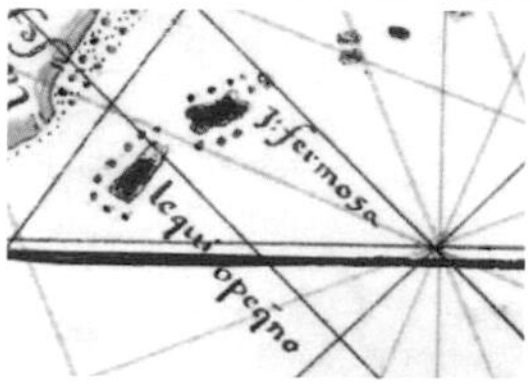
16世紀中葉開始	法蘭德斯派的地圖因為商業發行，而比葡萄牙海圖更廣泛地影響西方地圖的呈現。 分為前期和後期，前期以麥卡托為主，後期則是布朗休斯影響最大。		
1590年代以前	麥卡托《世界圖》 ▶第7章，圖2、 歐提留斯《世界圖》 ▶第7章，圖1	主要信息來自葡萄牙解密海圖， 所以臺灣還是兩島或是三島的畫法。	兩島或三島 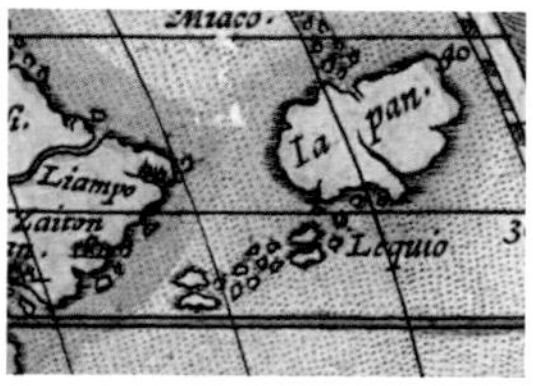
1592	布朗休斯《世界圖》 ▶圖2	這張圖可能參考了維利烏和 拉素版本的地圖，所以是兩島。	兩島 
1594	布朗休斯《世界圖》 ▶圖4	改成三島畫法，可能參考了 杜拉多的地圖，但原因不明。	三島 
1596	林蘇荷頓 《中國領土及 海岸線精確海圖》 ▶圖1	可能受布朗休斯影響而畫三島。且因為 《東印度水路誌》風靡一時，此後， 新一代繪圖師像是布勞、史畢德、 小洪第烏斯幾乎都畫三島臺灣。	三島 
17世紀中荷蘭據臺	直到此時，西方對於臺灣的認知才跟實況一致。 唯有一個例外，就是下一章要介紹的《呂宋、艾爾摩沙島及部分中國沿岸圖》。		

CHAPTER

10

1591-1624年

拜豐臣秀吉的野心之賜，17世紀之前最優秀的臺灣地圖

1624年荷蘭占領臺灣之前，
除了中國繪製的地圖外，只有西班牙的這張地圖將臺灣島畫為一個大島。
不僅緯度位置接近事實，圖上還標示了雞籠港和淡水港，
且琉球落在臺灣東北方海域，實為一大亮點。
然而，西班牙人繪製此地圖竟是基於戰略考量。
1591年豐臣秀吉派出使者來到呂宋，要求西班牙人向日本進貢。
西班牙總督警覺到豐臣秀吉可能以福爾摩沙為跳板，對呂宋島發動攻擊。
於是要求搶先一步占領福爾摩沙，作為防禦呂宋島的前哨。
而這張17世紀之前，最優秀的臺灣地圖於焉產生！

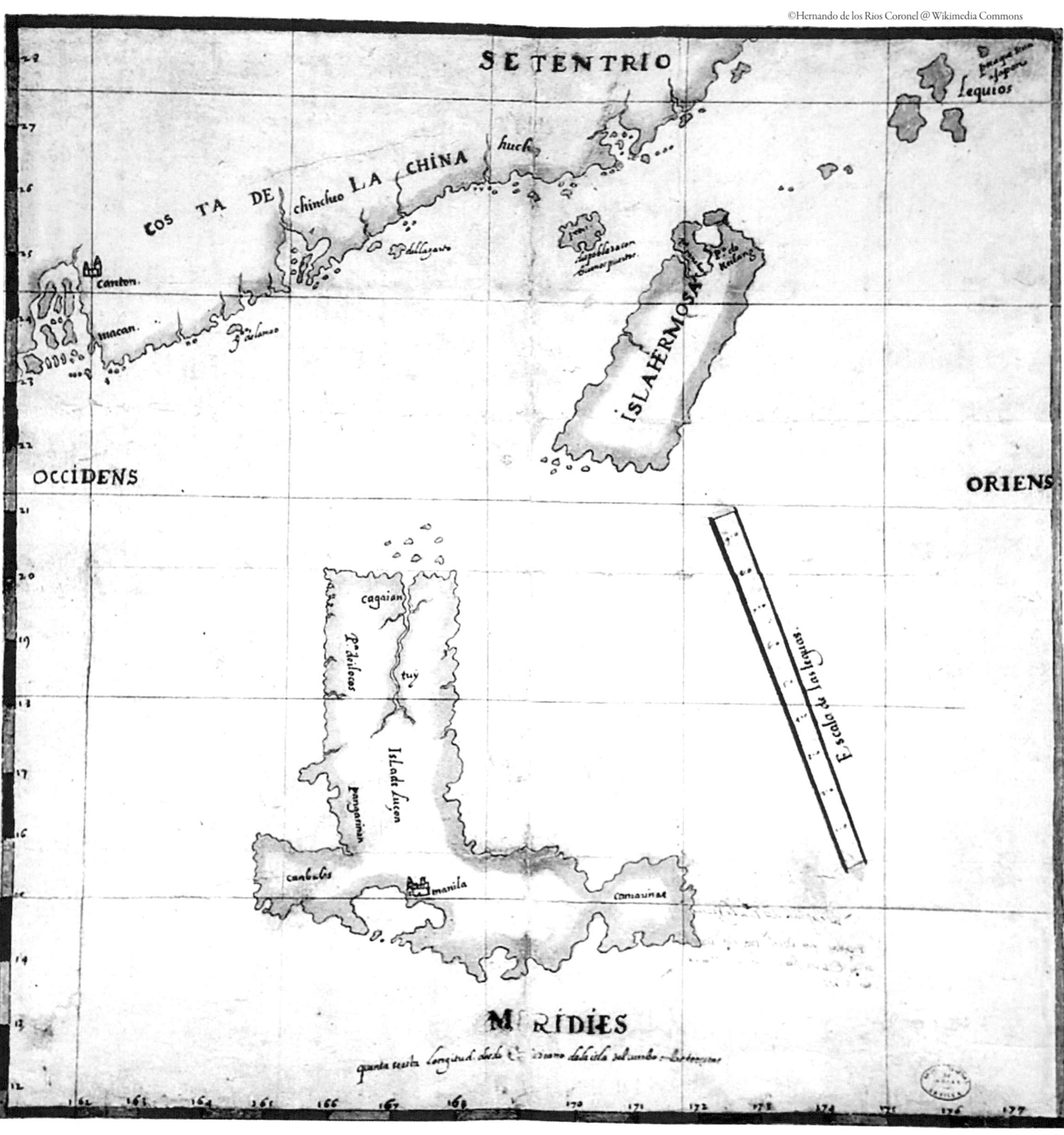
SETENTRIO
COSTA DE LA CHINA
chincheo
huch
Canton
macan
lequios
ISLA HERMOSA
OCCIDENS
ORIENS
cagaian
tuy
Isla de Lucon
pangasinan
canbulis
manila
Escala de las leguas
MERIDIES

《呂宋、艾爾摩沙島及部分中國沿岸圖》
Isla Luzon, Isla Hermosa and a part of costa de la China

館藏地點｜西班牙塞維亞的西印度群島綜合檔案館（Archivo General de Indias, Seville, Spain）
繪 製 者｜科羅內爾（Hernando de los Rios Coronel）
繪製年代｜1597年
繪製方式｜手繪古本
地圖尺寸｜42.6×41.6公分

◀**圖1**｜此圖於1597年由馬尼拉的西班牙人繪製，當時日本幕府關白豐臣秀吉派遣使者向馬尼拉的西班牙殖民當局要求進貢，西班牙認為這是日本發動戰爭的威脅，於是決定在臺灣北部建立據點，防止日本人入侵呂宋島．本圖的繪製便是為了占領臺灣北部預作準備。

此圖中的臺灣島被命名為福爾摩沙島，島的北部標示了雞籠港與淡水港，島的西部畫有澎湖，琉球群島在島的東北。整體而言，名稱與相關位置是無誤的。從粗糙的島形輪廓看來，西班牙人應該沒有進行過實地測繪，但做過基本的天文校訂，所以整座臺灣島的經緯度大致正確。雖然如此，相對於當時中國海防部門無視於臺灣本島，只重視臺灣北部諸島的標示；而葡萄牙地圖也還沒弄清福爾摩沙與小琉球的關係，此圖的成就可說是相當驚人。

後來豐臣秀吉死亡後，入侵呂宋的威脅消失，本圖又被束之高閣，等待下一回的軍事行動。

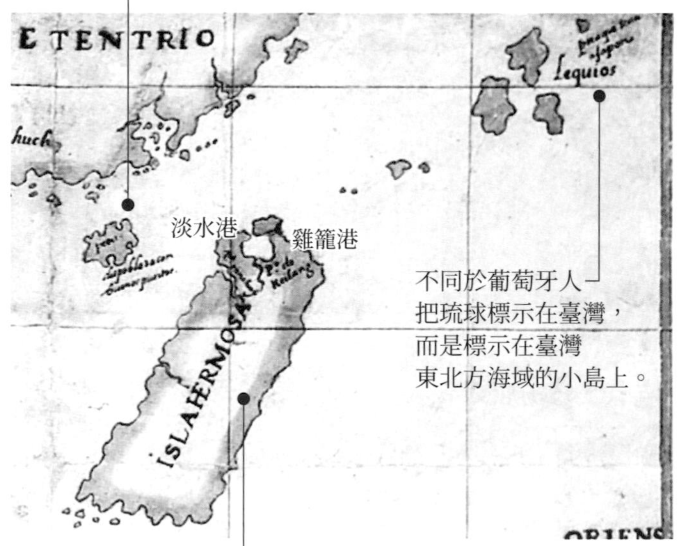
可惜的是澎湖的輪廓和位置都不對。
E TENTRIO
Lequios
淡水港
雞籠港
ISLA HERMOSA
不同於葡萄牙人把琉球標示在臺灣，而是標示在臺灣東北方海域的小島上。
臺灣雖然輪廓不太對，但至少是一座島，連緯度都相去不遠，而且標示了雞籠港和淡水港。

福爾摩沙之名據說是葡萄牙人取的，可是葡萄牙繪製的東亞海圖中，Fermosa（福爾摩沙）和Lequeio pequeno（小琉球）始終混淆不清。連帶的，山寨葡萄牙地圖的法蘭德斯派地圖在Fermosa和Lequeio pequeno的畫法和島名的標示上也跟著打迷糊仗。在荷蘭聯合東印度公司（VOC）於西元1624年正式占領臺灣之前，除了中國人繪製的地圖外，只有西班牙人曾將臺灣島畫為一座大島，而非兩島或三島。

臺灣島像是被咬了一口的「可口奶滋」

西班牙人最早繪製臺灣島的《呂宋、艾爾摩沙島及部分中國沿岸圖》中，將臺灣稱為Isla Hermosa，西班牙文音譯較接近艾爾摩沙島。Hermosa應該是從葡萄牙文Fermosa轉過來的。

此圖中的臺灣島像是被咬了一小口的「可口奶滋」，被咬的那一小口就是雞籠港。島上只標示了兩個地名，Po. De Keilang（雞籠港）、Po. Tanchuy（淡水港）。雞籠港畫得過於誇張，淡水港較合乎實情。圖中顯示淡水港位於一條河流的出海口附近。這兩個地名應該都是漢語地名的音譯，顯然圖上的地名訊息是從中國海員那兒聽來的。甚至呂宋島的西班牙人航行到臺灣，也是由閩南海員領航的。

根據臺灣島的外形判斷，西班牙人繪製此圖時應該沒有經過實測，可能只是根據海員口耳相傳的地理訊息繪製。此圖臺灣本島的四周除了澎湖、沙馬基（貓鼻頭）外的幾個礁石，東部海岸的龜山島、綠島、蘭嶼都沒標示，可見西班牙人根本沒有繞島一圈，航行過臺灣東部水域。如果西班牙人當時由東岸北上，龜山島、綠島、蘭嶼這幾個島嶼肉眼都可以輕易發現。此圖沒標示這幾個島，可見西班牙人根本不知道它們的存在，這也間接說明了他們沒有航行過臺灣東部水域。

17世紀之前，閩南籍的海員在南洋、臺灣、日本一帶航行已超過一千年以上的歷史，他們是這一帶水域最有經驗的航海者。西方海商初次進入這一帶的水域都需要依靠閩南海員領航，所以歐洲早期的東亞地圖某種程度上是反映了閩南海員的地理認知。

那麼包括此圖在內，為何在17世紀初之前，臺灣東海岸外幾乎是一片空白呢？早期閩南海員之間流傳一種說法，正好可以說明這個現象。閩南海員間傳說臺灣東部海域有「萬水朝東」，進入這片海域會被帶至無底深淵，因此視這片海域為禁地。這個說法直到17世紀末郁永河來臺時仍廣為流傳。

《裨海紀遊》云：「……而雞籠山下，實近弱水，秋毫不載，舟至即沉，或云：『萬水朝東』，水勢傾瀉，捲入地底，滔滔東逝，流而不返。二說未詳孰是，從無操舟往試，告於人者。海舟相告不敢出其下，故於水道亦不能通，西不知東，猶東不知西也……」

臺灣東部水域水深，海流較快，再加上沿岸多峭壁、礁岩，不然就是平直的沙岸，缺少適合碇泊的港灣與較大的腹地，吸引不了海商來此交易。

大概早期歐洲殖民者在東亞水域大量依靠閩南海員領航，而閩南海員視臺灣東部水域為禁地，因此連帶的歐洲人對臺灣東部水域的認知也是一片空白。不過此圖將臺灣島畫在介於北緯22～26度之間，差距不算太大，可見西班牙人還是對臺灣島做過粗略的天文測量。

至於澎湖島的標示則是此圖的一大敗筆。首先是位置與實際差距太大，圖中澎湖竟然位在淡水港與大陸沿岸之間。其次，澎湖不要說測繪，連經緯度都沒搞清楚。不過此圖中的Lequios（琉球）是一大亮點！不同於其他葡萄牙、荷蘭人繪製的海圖，將臺灣命為Lequeio pequeno（小琉球），而是將臺灣島東北方海域上的幾個小島標示為Lequios（琉球）。這是此圖除了將臺灣畫為一座大島之外，另一個先進之處。總括來說，此圖是17世紀之前，最優秀的臺灣地圖，而且沒有之一。

既然豐臣秀吉已死……

《呂宋、艾爾摩沙島及部分中國沿岸圖》（圖1）的繪製者是科羅內爾，繪製的主要目的是為占領臺灣的雞籠港預作準備。1591年豐臣秀吉向南洋各地（包括馬尼拉〔Manila〕在內）派出使者，要求各地向日本進貢。馬尼拉的西班牙總督對此十分不滿，同時警覺到豐臣秀吉可能以福爾摩沙為跳板，對馬尼拉發動攻擊。

馬尼拉的西班牙官員紛紛上書西班牙國王，要求搶先一步占領福爾摩沙，作為防禦呂宋島的前哨。這個時候福建水師為了提防倭寇，也加強了臺海一帶的巡邏；陳第就是在這個背景下撰寫了《東番記》，可見當時福建水師與呂宋的西班牙人一樣，為了防範豐臣秀吉的襲擊，都以臺灣作為防禦的前沿。

豐臣秀吉大舉出兵朝鮮之後，馬尼拉當局的壓力頓減，攻臺之議也漸漸銷聲匿跡。可是到了1596年因船難漂流到日本的一艘西班牙船隻，不但船貨被日本當局沒收，還引發日本處死西班牙神父及日本基督徒的事件。緊接著，日本又進一步中止了西班牙與葡萄牙在日本的貿易權。

此一事件使得西班牙與日本的關係再度陷入極度緊張，馬尼拉當局立即啟動了出兵占領臺灣的議題。1597年6月，新任的馬尼拉總督在軍事會議上決定派出福爾摩沙遠征軍，目標雞籠港。他說：「此事已刻不容緩，如果能占領臺灣，不但能促使中國商船到馬尼拉來貿易，也可以將該島當作傳教基地，並且防禦日本南向，確保航線安全。」《呂宋、艾爾摩沙島及部分中國沿岸圖》便在此時作為上報西班牙國王文書的附件傳回了西班牙。

1598年馬尼拉當局派出兩艘戰艦駛往福爾摩沙進行先遣偵查，因氣候惡劣，無功而返。後來馬尼拉當局得知豐臣秀吉已死，情勢趨緩，攻臺之役也隨之擱置。等下一回攻臺之役再起，已是30年後的事了。

▶**圖2**｜《馬尼拉鳥瞰圖》*De Stadt Manilha*, 1665年

本圖為VOC繪圖師芬伯翁繪製的《馬尼拉鳥瞰圖》。1595年西班牙人在馬尼拉建立殖民總部後沒多久，不但遭到豐臣秀吉的威脅，連VOC的戰艦也對馬尼拉開始進行封鎖。

VOC封鎖馬尼拉的目的是想干擾西班牙人與中國海商的生絲交易，因為西班牙人擁有大量美洲白銀的優勢，得以吸引中國海商前來交易，居於弱勢的VOC只得採取封鎖或搶劫運銀船的方式干擾馬尼拉的生絲交易。在退出臺灣之前，VOC大概對馬

Parian，數萬中國商人居住的地方，
中國人稱為「澗內」。

有城牆、稜堡拱衛的馬尼拉城。

兩艘VOC戰艦在馬尼拉灣執行封鎖任務。

甲米地要塞（Fort Cavite）

尼拉進行了10次以上的封鎖。

圖中的大型城堡即馬尼拉城，城牆邊有數個大型稜堡，右下角是甲米地要塞（Fort Cavite），圖下方幾艘VOC的戰艦正在馬尼拉灣執行封鎖任務。

西班牙人對殖民總部的建設不同於VOC。VOC在巴達維亞的總部只有一個類似熱蘭遮城的半稜堡，市街以矮牆運河環繞，西班牙殖民的馬尼拉城則是一座規模龐大的稜堡城市，市街都在城內，很像中國的城牆城市。

來此交易的中國商人原本也住在城內，後來因為發生衝突事件，被遷移到巴生河對岸的Parian，中國人稱之為澗內，即本圖河左岸那片稀稀落落的房舍。事實上當時澗內已居住了數萬中國人，是西班牙人的十幾二十倍，所以本圖的澗內畫得並不符合實情。

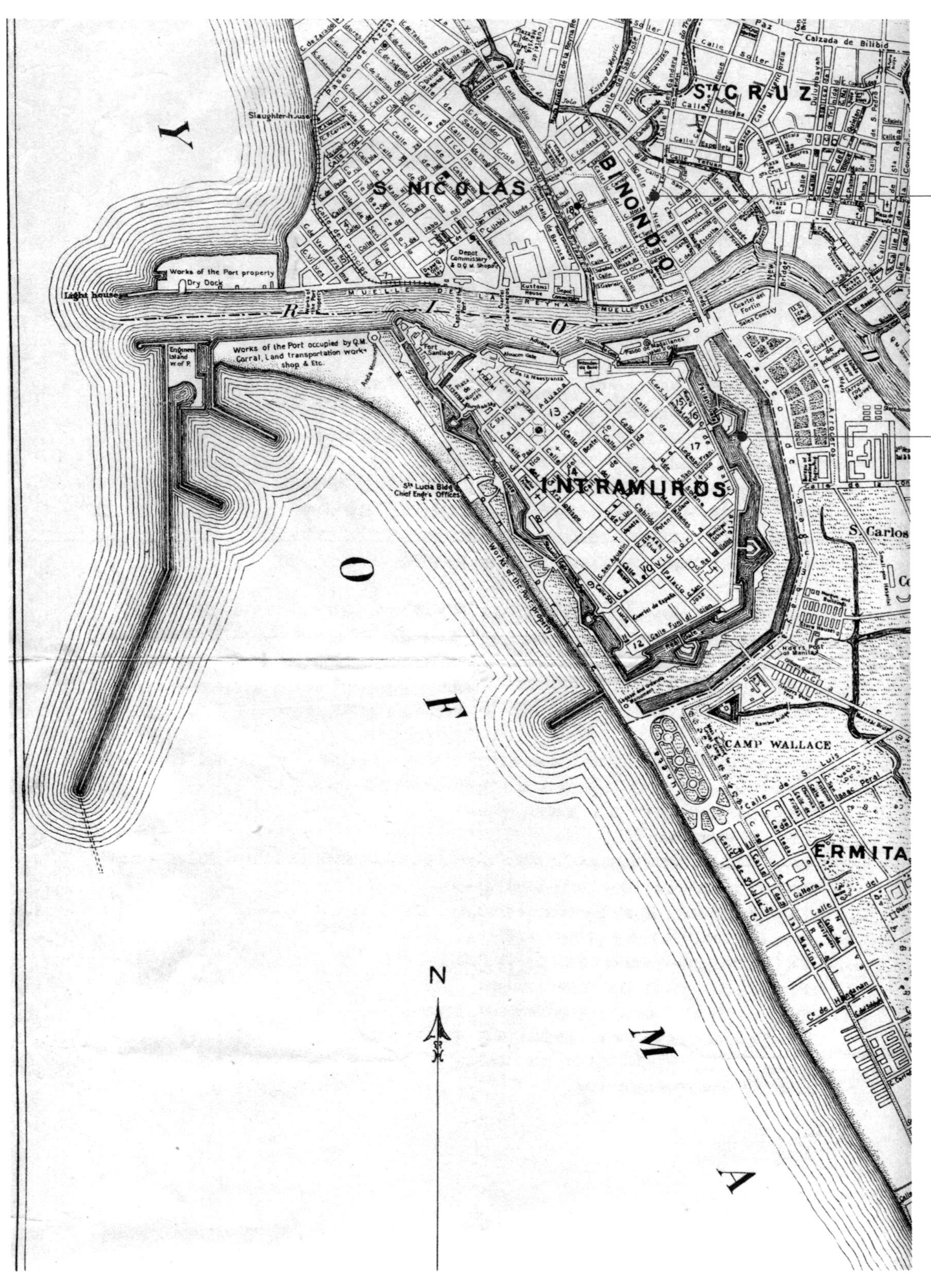

岷洛多（BINONDO）即「澗內」，是當時馬尼拉的唐人街。

INTRAMLIRDS即舊時的馬尼拉城，圖上還能看到四面城牆上的多個稜堡，仍十分完整。

▲圖3｜《馬尼拉及其鄰近區域圖》*Map of the Manila and Vicinity*, 1901年

本圖繪於1901年美國剛接手菲律賓的年代，圖中的Intramlirds即舊時的馬尼拉城，巴生河（Pasig）對岸的岷洛多（Binondo）即「澗內」，也是現在的唐人街。二次大戰之前這兒一直是菲律賓的金融中心，戰後才逐漸轉移到新區。

CHAPTER

11

1569-1785年

《坤輿萬國全圖》開啟東西方地理訊息交流，而臺灣卻變成兩個名稱？

利瑪竇的《坤輿萬國全圖》是地圖發展史上的大事，
他參考了不少當時中國方面的輿圖資料，
並結合了西方的地理訊息繪製而成；
後來歐洲地圖繪製者應該也參考了《坤輿萬國全圖》中、日、韓的部分。
這幅劃時代的世界大地圖，
使得東西方的地理信息獲得了一次空前的交流機會。
然而，弔詭的是，從臺灣的角度來看，
利瑪竇不僅沒有調和中西方對臺灣的認知，
反而製造出另一種奇特的說法⋯⋯

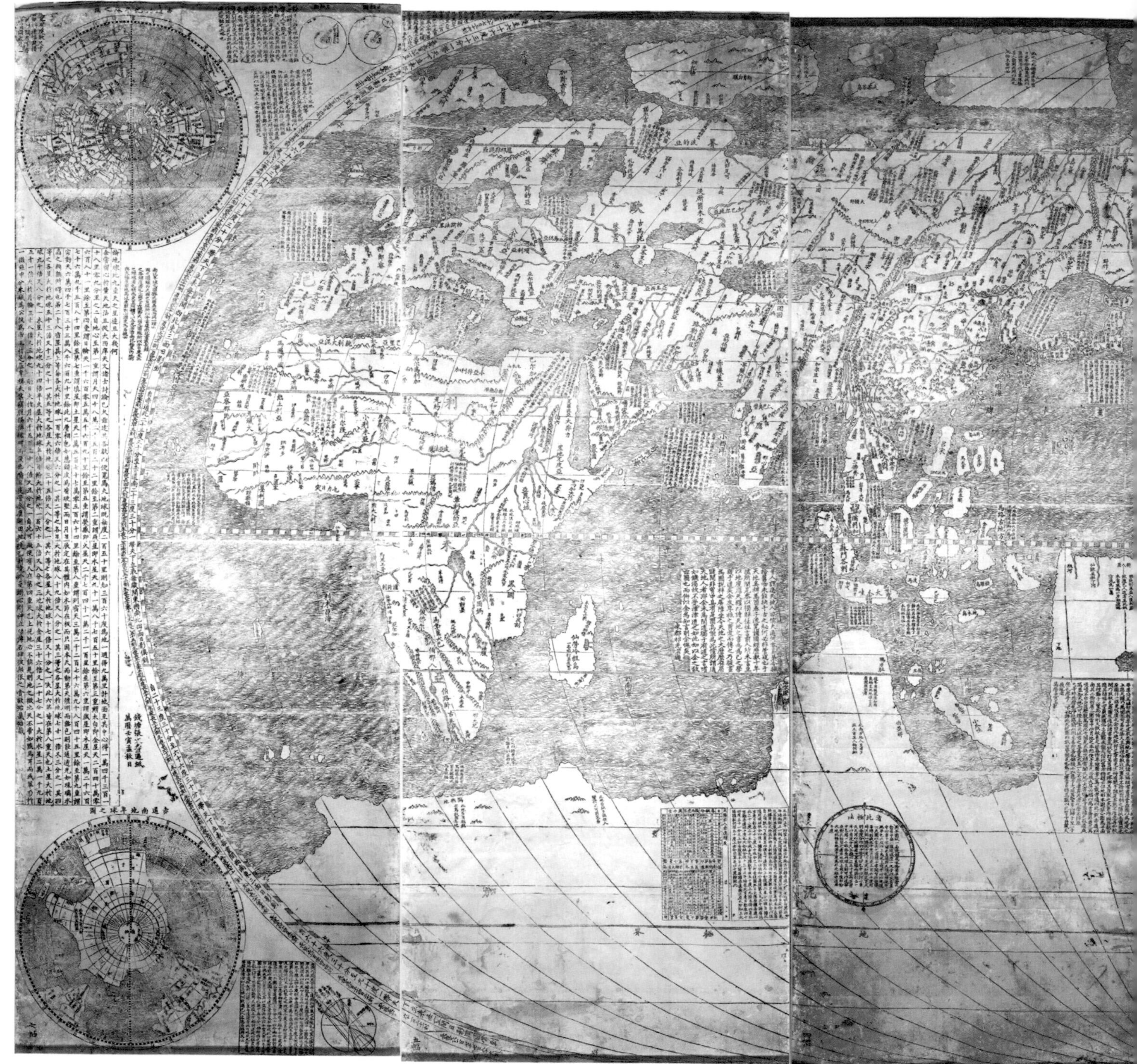

《坤輿萬國全圖》

館藏地點｜原刻本共6幅，分別藏於梵蒂岡圖書館、美國明尼蘇達大學圖書館、日本京都大學、日本宮城縣圖書館、日本內閣圖書館和法國巴黎私人收藏。中國僅有摹本，藏於南京博物院

繪製者｜利瑪竇（*Matteo Ricci*）

繪製年代｜明萬曆30年（1602年）

繪製方式｜手繪

印製形式｜木刻版單色印刷

地圖尺寸｜152×366公分

相關地圖｜1.《坤輿全圖》，清康熙13年（1674），南懷仁繪製
2.《坤輿萬國全圖摹本》，1708年，新井白石繪製
3.《地球萬國山海輿地全圖說》，1785年，長久保赤水繪製

▲圖1｜利瑪竇的《坤輿萬國全圖》是世界地圖發展史上的一件大事，也是中國與歐洲地理信息交流的一次大豐收。但是要具體說到本圖的東亞部分採用了哪個版本，其他部分又採用了哪個版本，就很難說得清楚了。

兩岸的學者都有人提到本圖參考了歐提留斯出版的地圖集《寰宇概觀》中的《世界

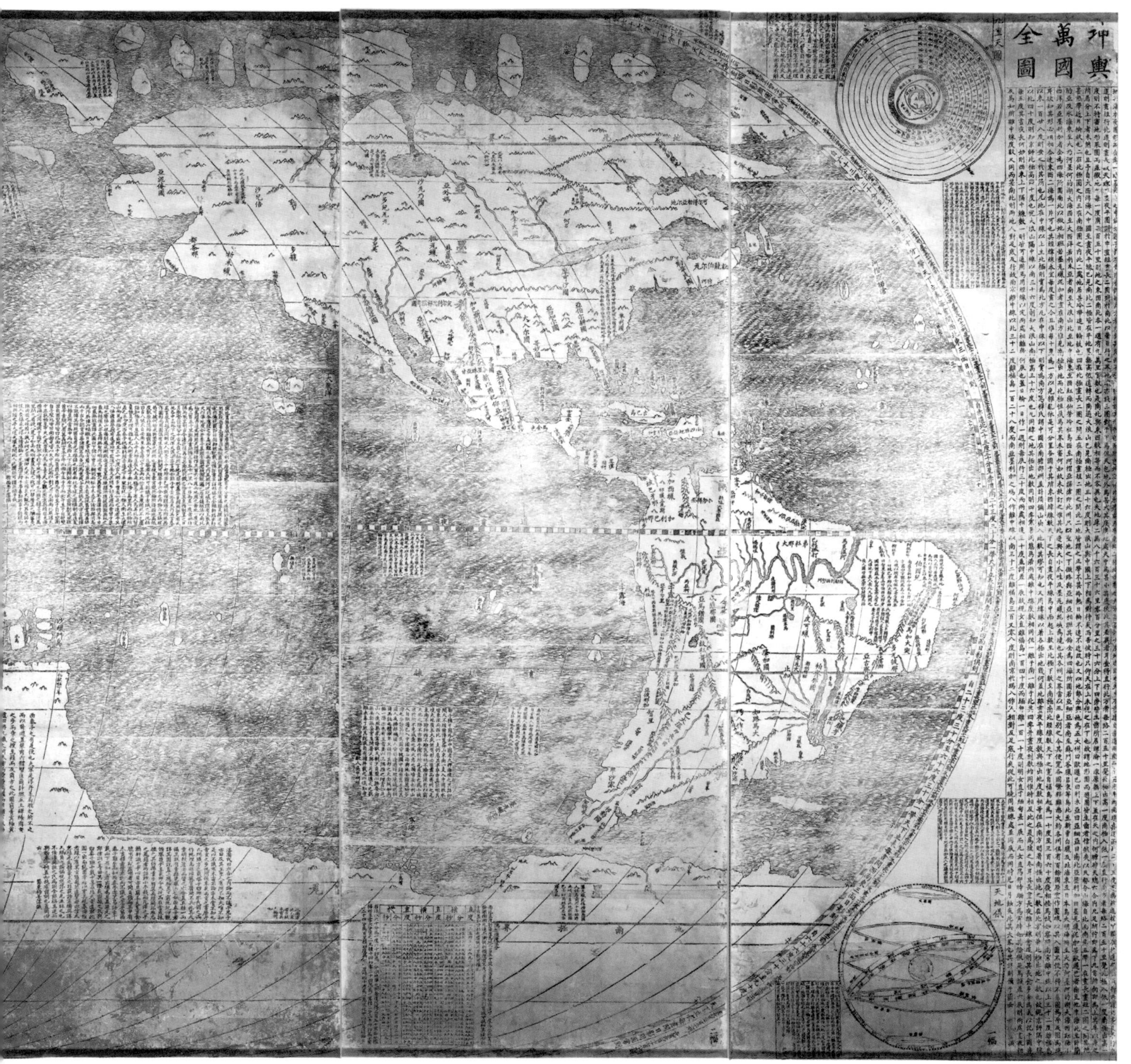

© 利瑪竇 @Wikimedia Commons

圖》（第 7 章，圖 1），此說法最大的問題是，本圖的呂宋群島已經相當完整，而歐提留斯《世界圖》中的呂宋島還沒出現，只有民答那峨。

對臺灣島而言，本圖的北回歸線穿過大琉球，很像是葡萄牙地圖中三島式的畫法，但名稱為什麼是大琉球，而不是小琉球？大琉球的西南為什麼又出現了第四個島？那是澎湖嗎？

對中國與歐洲地理信息交流而言，利瑪竇的《坤輿萬國全圖》是一次大豐收，但對臺灣而言，似乎將問題更加複雜化。

利瑪竇不可能不知道歐洲地圖中的 I. Fermosa。他之所以沒採用這個西式名稱，或許是為了迎合中國方面的習慣，甚至觀感。但奇怪的是，此圖臺灣島的輪廓不但不同於其他歐洲地圖，和當時中國輿圖上的「小琉球」畫法也不相同，他究竟參考了哪一個版本？

有學者認為利瑪竇參考了歐提留斯1570年的《世界圖》，但此圖中的呂宋群島已經相當完整，而歐提留斯《世界圖》中的呂宋島還沒出現。

臺灣畫法類似三島式畫法：北島為小琉球，南島為大琉球，且北回歸線穿過其中。

杜拉多的《東亞海圖》中北島旁邊標示Lequeo pequeno（小琉球），且北回歸線穿過中島。

北島旁邊標示小琉球，但北回歸線穿過南島。

杜拉多《東亞海圖》（第5章，圖5）中的臺灣由三個島組成，北回歸線穿過中島，這是16世紀下半葉葡萄牙海圖常見的畫法。利瑪竇很可能在印度果阿時期看過杜拉多的相關海圖，然而利瑪竇《坤輿萬國全圖》中的臺灣，雖同樣是三島式，但北回歸線卻是貫穿的是南也穿過中島，並非中島利瑪竇很可能在印度果阿時期看過杜拉多的相關海圖。

2012年一本關於《坤輿萬國全圖》的書提到：「《坤輿萬國全圖》雖然是利瑪竇獻給萬曆皇帝的，但其實是中國人自己繪製的。因為地理大發現始於鄭和，中國人比歐洲人更早到美洲，事實上《坤輿萬國全圖》是中國測繪的第一份世界地圖……」事實上，這個說法完全禁不起理性的判斷。《坤輿萬國全圖》不太可能全世界都經過測繪，繪製時究竟參考了哪些「母本」？東亞部分，利瑪竇參考的應該是中國方面的輿圖，問題是中、日、韓以外的區域，他究竟參考了哪個版本的「世界圖」？

東西方地理信息大融合，臺灣卻反而愈錯愈大

利瑪竇繪製的《坤輿萬國全圖》肯定參考了不少當時中國方面的輿圖資料，後來歐洲地圖繪製者應該也都參考了《坤輿萬國全圖》東亞地區中、日、韓三國的部分。我們可以說因為這幅劃時代的世界大地圖，使得東西方的地圖繪製和地理信息獲得了一次空前的交流機會，但不能信口雌黃地說《坤輿萬國全圖》完全是根據「中國的地理大發現」繪製的，這完全不符合歷史現實。《坤輿萬國全圖》中、日、韓以外的區域，利瑪竇究竟參考了哪個版本？並不是一個容易解答的問題。

而臺灣島的位置，《坤輿萬國全圖》由南而北，畫了兩個比較大的海島和一個較小的島嶼。北回歸線（即圖中的「晝長線」）穿過其中面積最大、標示為「大琉球」的南島，「大琉球」北方的大島標示為「小琉球」，中島無名，西南面還出現一個沒有標示地名大島。

按理，利瑪竇不可能不知道歐洲地圖中的I. Fermosa。他之所以沒採用I. Fermosa這個西式的名稱，或許是為了迎合中國方面的習慣，甚至觀感。但奇怪的是，此圖臺灣島的輪廓不但不同於其他歐洲地圖，和當時中國輿圖上的「小琉球」畫法也不相同，那麼他究竟參考了哪一個版本？

如果以北回歸線的位置判斷，《坤輿萬國全圖》上的「大琉球」顯然就是臺灣島。16世紀後半葉，葡萄牙人繪製的地圖，北回歸線大多穿過Lequeo pequeno（小琉球），和《坤輿萬國全圖》上的標示並不相同。

杜拉多＋布朗休斯＋明代輿圖＝利瑪竇的臺灣？

1577年利瑪竇從羅馬神學院畢業後，被派往東方傳

教。在等候船期時，他曾在葡萄牙里斯本和耶穌會士一起學習。隔年抵達葡萄牙東印度的總部印度果阿（Goa），1580年他寫給耶穌會歷史學家馬菲神父（Giovan Pietro Maffei）的信上提道：「有關印度、日本的地圖，謬誤比比皆是。」可見當時他已注意到東亞地圖的問題了。

1520年出生於果阿的杜拉多，是16世紀後半葉葡萄牙最著名的繪圖師之一，他曾在東印群島參加過戰爭，幾本著名的地圖集都是在果阿繪製完成的。利瑪竇來華之前，也曾於果阿停留了三年。在這段期間，利瑪竇是否看過杜拉多繪製的地圖？不無可能。只是杜拉多《地圖集．東亞海圖》（第5章，圖5）中的菲律賓群島和歐提留斯的地圖集《寰宇概觀》（第7章，圖1）一樣，只有民答那峨和宿霧，呂宋島還未見蹤影，而《坤輿萬國全圖》（圖1）上的呂宋島卻十分完整。

歷史上菲律賓群島第一次完整地出現在地圖上，是拉素1590年版的《東印度圖》，之後就是布朗休斯1592和1594年版的《世界圖》，但那時利瑪竇已經來到中國了，所以《坤輿萬國全圖》上的呂宋島應該是利瑪竇來中國之後，輾轉從西方人的管道得知這方面新的地理信息。所以《坤輿萬國全圖》參考了布朗休斯1592或1594年版的《世界圖》，可能性比歐提留斯的《寰宇概觀》要大得多了。

杜拉多《地圖集》中的《東亞海圖》上，臺灣被畫成三個緊密相連的方形島，和利瑪竇的畫法並不相同。但是17世紀之前，除了拉素的《東印度圖》、杜拉多的《地圖集》和1592年之後布朗休斯的《世界圖》（第9章，圖2、3），將北回歸線畫在臺灣島上外，法蘭德斯派的繪圖師幾乎全將北回歸線畫在Lequeo pequeno（小琉球，也就是臺灣島）南方的海域上，歐提留斯《寰宇概觀》的《世界圖》也是如此。由此更加證明，《坤輿萬國全圖》不可能以歐提留斯的地圖集《寰宇概觀》為參考母本。

名稱上，利瑪竇沒有採用葡萄牙人慣用的Lequeo pequeno（小琉球）或I. Fermosa（福爾摩沙島），而是採用明人慣用的「大琉球」與「小琉球」。但如果說利瑪竇一味遷就中國人的理解方式，也不完全說得通，因為《坤輿萬國全圖》中「大琉球」與「小琉球」標示的位置，和明代輿圖正好相反。

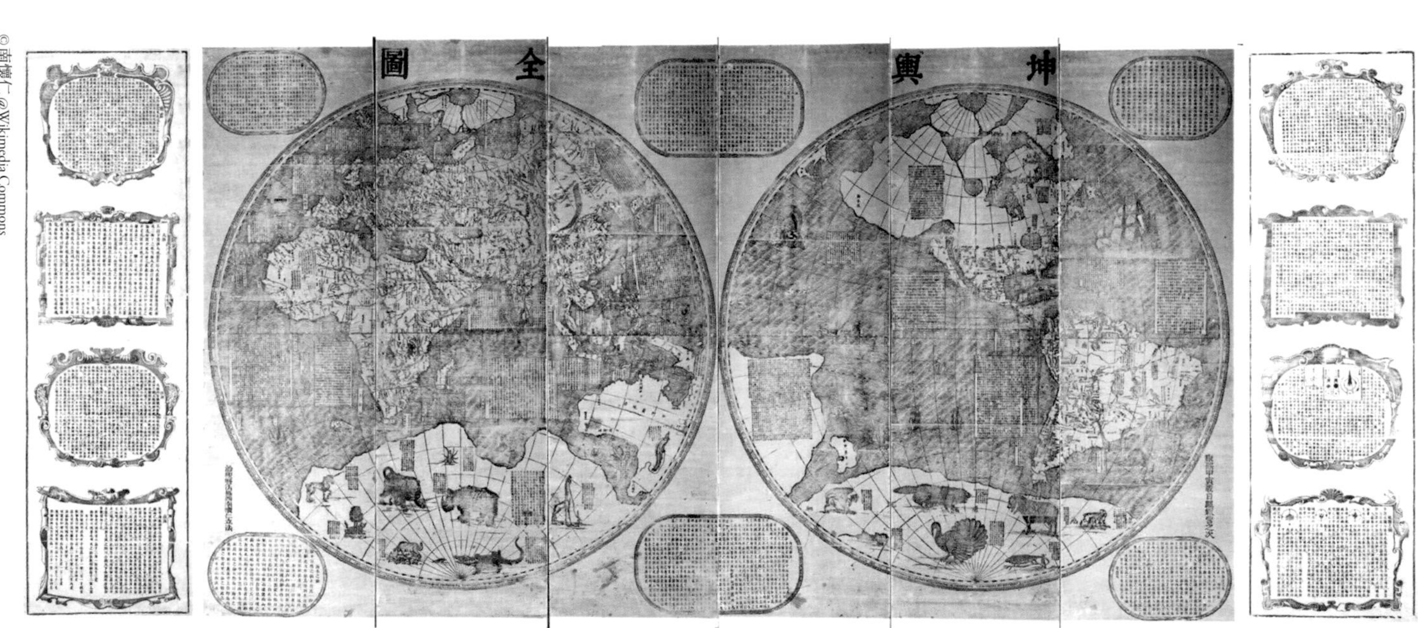

「臺灣」之名第一次出現在地圖上。

▲▶圖2｜《坤輿全圖》，清康熙13年（1674），南懷仁繪製
《坤輿全圖》是南懷仁在中國時期繪製的世界圖。南懷仁是利瑪竇的繼承者，擔任清政府的欽天監。此圖是繼利瑪竇的《坤輿萬國全圖》之後，再根據西方新的地理資訊重新繪製的，同時也是「臺灣」之名最早出現在地圖上的例子。值得注意的是，當時臺灣仍屬南明政權，正式名稱為「東寧」或「東都」，而清政府在還未將臺灣納入中國版圖的情況下，就已為臺灣島定下了新的名稱。

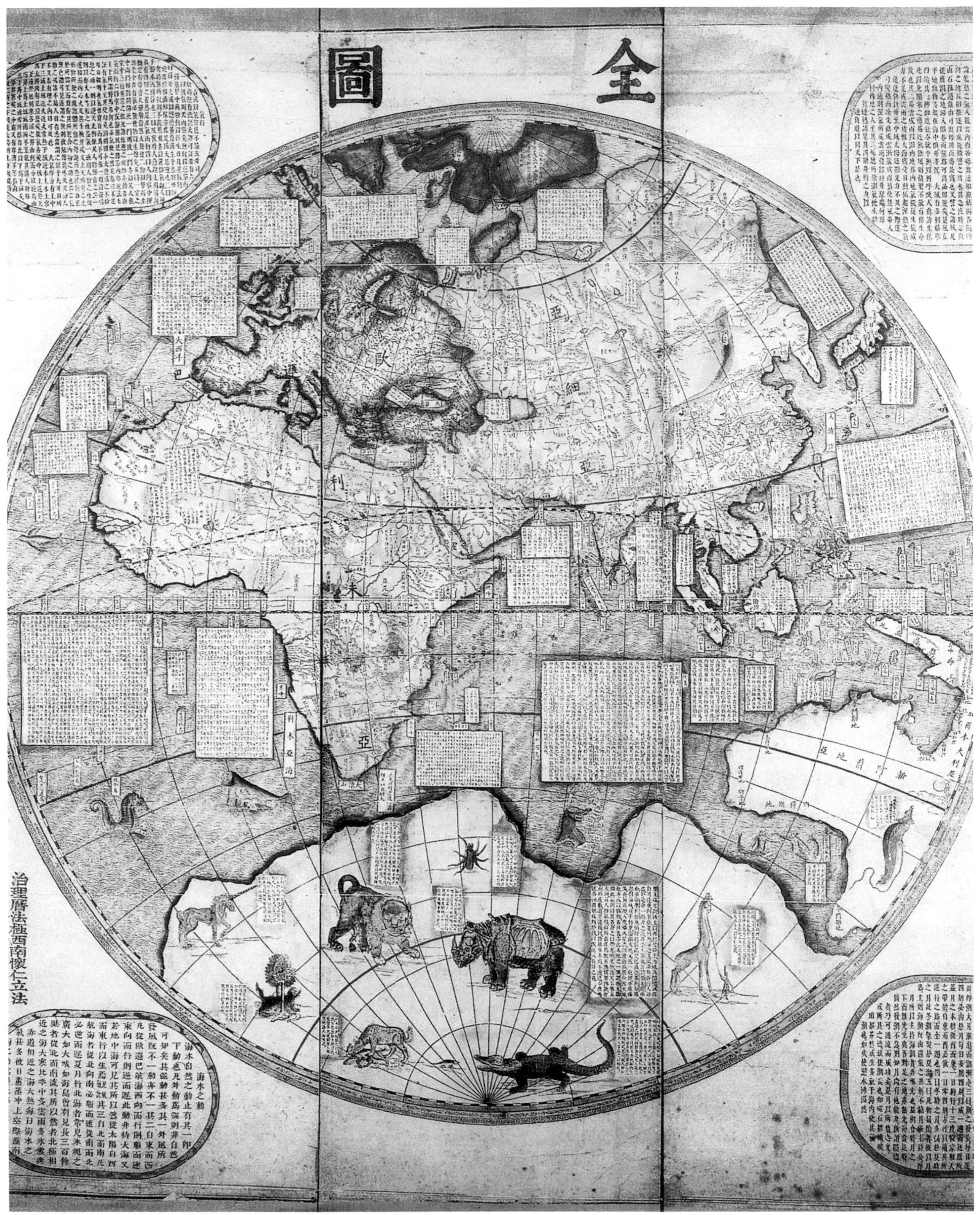
全圖
治理曆法極西南懷仁立法

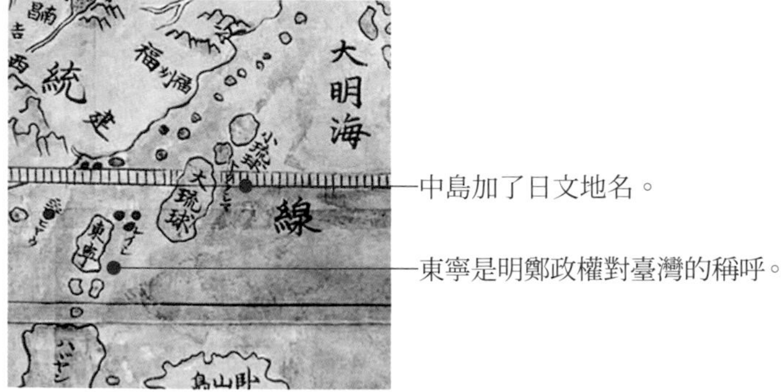

中島加了日文地名。

東寧是明鄭政權對臺灣的稱呼。

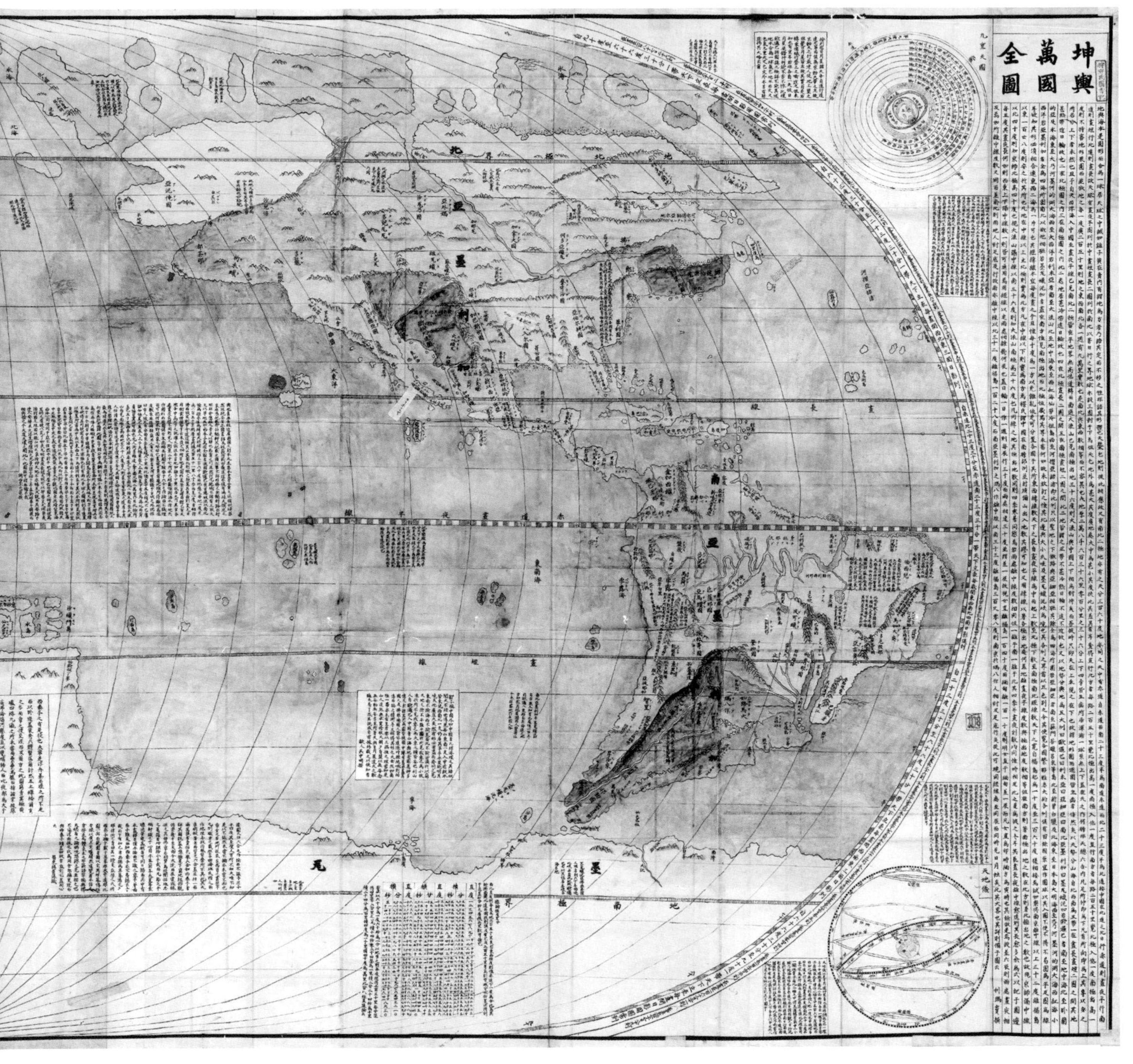

▲圖3｜《坤輿萬國全圖摹本》，1708年，新井白石繪製

新井白石「自作主張」將「大琉球」、「小琉球」南方的那個無名島填上「東寧」兩個字，東寧是明鄭政權對臺灣的稱呼。但東寧已被清政府納入版圖並改名為臺灣20多年了，新井白石為什麼還以「東寧」命名臺灣島呢？

利瑪竇參考了歐提留斯的《世界圖》嗎？

兩大分析角度	1. 菲律賓島的地理信息		2. 臺灣島的地理信息		比較說明
利瑪竇 《坤輿萬國全圖》 ▶圖1	利瑪竇《坤輿萬國全圖》中的呂宋島，已算是相當完整。		利瑪竇畫的臺灣是三島式，且北回歸線通過南島、標示為「大琉球」的島嶼。北方的島標示為「小琉球」。		
歐提留斯 《世界圖》 ▶第7章，圖1	歐提留斯的《世界圖》中，呂宋島還沒出現，只有民答那峨。		歐提留斯的臺灣接近兩島式，且北回歸線在臺灣南方海域。		☒呂宋島、臺灣島地理信息皆不相似。
杜拉多 1571年版 《東亞海圖》 ▶第5章，圖5	杜拉多繪製的地圖上只有民答那峨，呂宋島還未見蹤影。		雖然島形畫法不同，但杜拉多繪製的多幅東印度海圖，Lequeo pequeno（小琉球）一律標示在三島中的北島旁邊，只是北回歸線穿過中島。	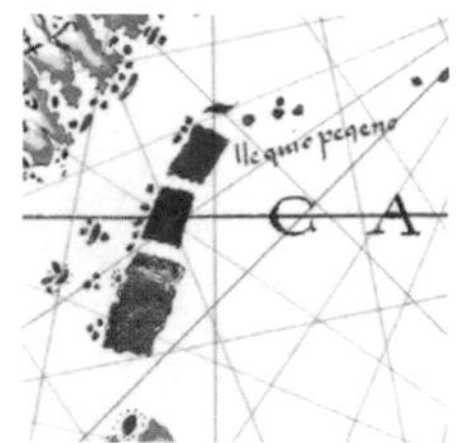	☒呂宋島地理信息不相似。 ☑臺灣島地理信息相似。
布朗休斯 1594年版 《世界圖》 ▶第9章，圖4	布朗休斯參考拉素繪製的菲律賓島也很詳細。		布朗休斯繪製的臺灣也是三島式，只是北回歸線穿過中島。		☑呂宋島地理信息相似。 ☑臺灣島地理信息相似。

16世紀中期之後，明人習慣將琉球中山國標示為「大琉球」，臺灣島標示為「小琉球」。《坤輿萬國全圖》在琉球群島的位置完全沒標示名稱，「大琉球」與「小琉球」全標示在臺灣島的位置上。對此，我們很難相信利瑪竇是為了討好中國官員才故意這麼做，因為當時的中國官員並不認為臺灣島是中國的固有領域。結果，利瑪竇即使縱覽中西方輿圖資料，依然無法調和中西方對臺灣的認知，反而製造出另一種奇特的說法。

更有意思的是，1708年日本人新井白石繪製的《坤輿萬國全圖摹本》，在臺灣部分也有自己的看法。新井白石可能認為「大琉球」與「小琉球」都算是琉球群島的一部分，便「自作主張」將「大琉球」、「小琉球」南方那個無名島填上「東寧」兩個字——東寧是明鄭政權對臺灣的稱呼。

新井白石這個「創舉」究竟出於何種考量？利瑪竇繪製《坤輿萬國全圖》的時代，東寧還不存在，新井白石私自加上「東寧」兩個字，無異於竄改。而新井白石繪製《坤輿萬國全圖摹本》時，東寧已被清政府納入版圖並改名為臺灣20多年了，新井白石不可能不知道，那麼他為什麼還以「東寧」命名臺灣島？難道他是支持「反清復明」的大明義士？還是鄭成功家族的同情者？這又是一個令人費解的「怪案」。

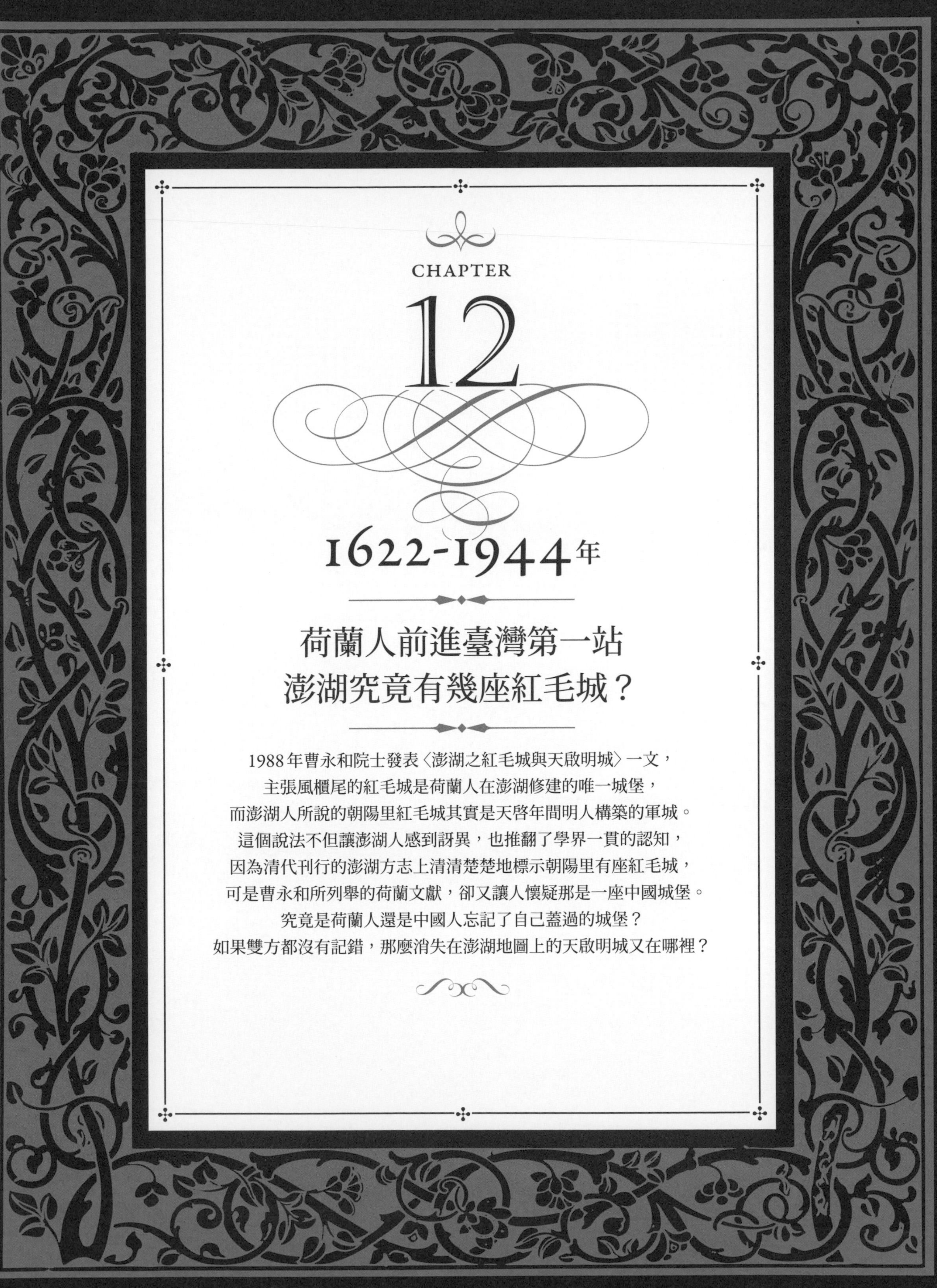

CHAPTER

12

1622-1944年

荷蘭人前進臺灣第一站 澎湖究竟有幾座紅毛城？

1988年曹永和院士發表〈澎湖之紅毛城與天啟明城〉一文，
主張風櫃尾的紅毛城是荷蘭人在澎湖修建的唯一城堡，
而澎湖人所說的朝陽里紅毛城其實是天啓年間明人構築的軍城。
這個說法不但讓澎湖人感到訝異，也推翻了學界一貫的認知，
因為清代刊行的澎湖方志上清清楚楚地標示朝陽里有座紅毛城，
可是曹永和所列舉的荷蘭文獻，卻又讓人懷疑那是一座中國城堡。
究竟是荷蘭人還是中國人忘記了自己蓋過的城堡？
如果雙方都沒有記錯，那麼消失在澎湖地圖上的天啟明城又在哪裡？

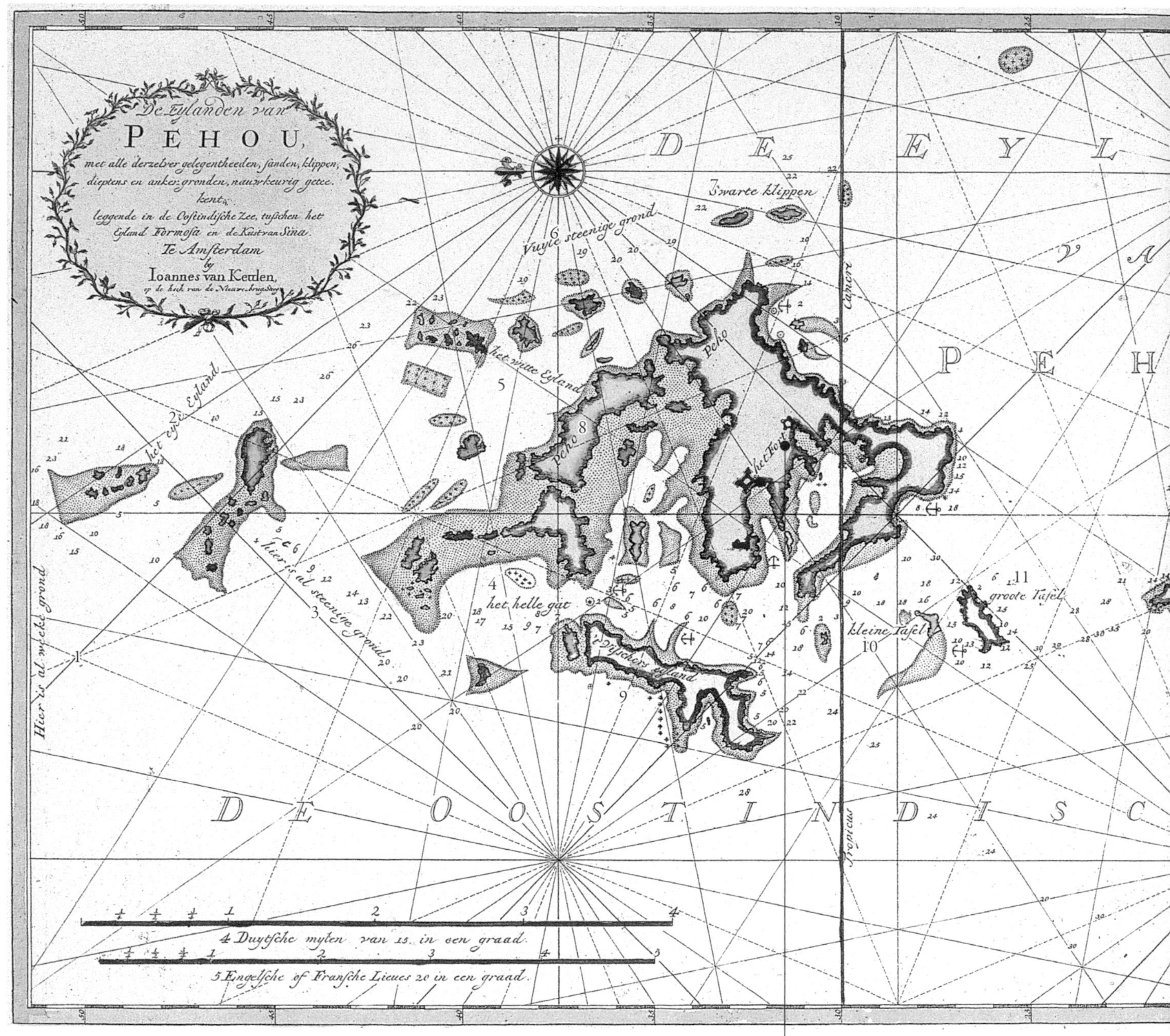

圖 1

比起博特的《澎湖島圖》（圖 2），克倫的《澎湖島海圖》上，兩座中國城堡的位置更加清楚，但卻沒有標示風櫃尾的紅毛城，可能當時風櫃尾的紅毛城已毀，荷蘭人才不把它視為城堡。

地圖原文／譯文／現今地名

1 Hier is al weeke grond／此處為軟地
2 het eyle Eyland／目島／吉貝嶼、目斗嶼
3 hier is al steenige grond／此處為礁岩
4 het helle gat／吼門
5 het witte Eyland／白島／鳥嶼
6 Vuyle steenige grond／多石地
7 Swarte Klippen／查埔嶼／查母嶼
8 Peho／馬公島
9 't Visschers eyland／漁翁島／西嶼
10 kleine Tafel／小桌／桶盤嶼
11 groote Tafel／大桌／虎井嶼
12 't Roover Eyland／海盜島／望安島、將軍澳
13 men zegt dat athier eenige blinde klippe leggen／據稱此處有若干暗礁
14 het zuyd ooster Eyland／東南島／東吉嶼
15 het verdriet Eyland／傷心島／西吉嶼
16 Steenklippen Eyland／礁石島／鐵砧、西嶼坪嶼、東嶼坪嶼、香爐
17 het zuyder Eyland／南島／七美嶼
18 het hooge Eyland／高島／貓嶼
19 het wester Eyland／西島／花嶼

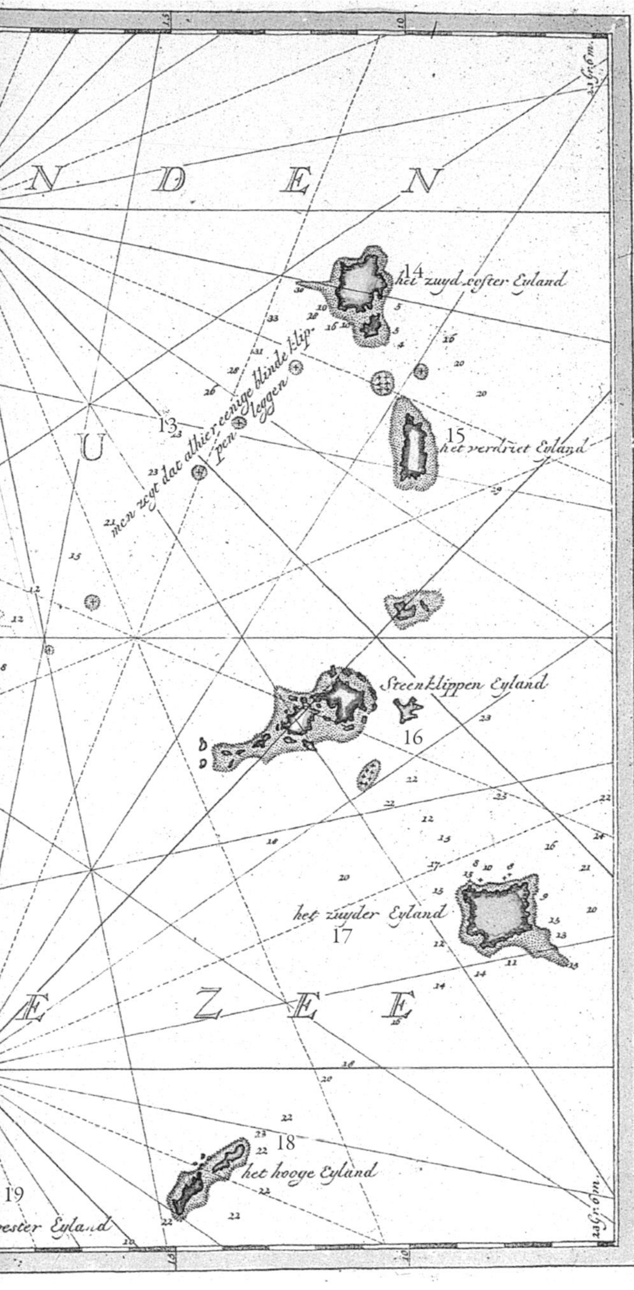

《澎湖島海圖》*De Eylanden van Pehou*

繪 製 者｜約翰．凡．克倫（*Joan van Keulen*）

繪製年代｜1753年

繪製方式｜印刷

地圖尺寸｜32.5×54.5公分

相關地圖｜1.《澎湖島海圖》，1636年，彼得．約翰松繪製

2.《澎湖島圖》，1670年，博特繪製

3.《澎湖島圖》收錄於《勞倫斯．凡．德漢地圖集》，1623年，約翰松．斐瑟繪製

4.《馬公圖》，1944年，美軍二戰空拍地圖

5.《臺灣輿圖》，嘉慶14～17年（1809～1812）

6.《臺灣縣志．輿圖》，康熙59年（1720），王禮繪製

7.《福建臺灣府志．地輿．澎湖圖》，乾隆6年（1741），劉良壁繪製

8.《澎湖志略．圖》，乾隆7年（1742），周于仁繪製

9.《福建臺灣府志．澎湖廳圖》，乾隆11年（1746），范咸繪製

10.《重修臺灣縣志．澎湖輿圖》，乾隆16年（1751），王必昌繪製

11.《澎湖廳志．澎湖全圖》，光緒20年（1894），林豪繪製

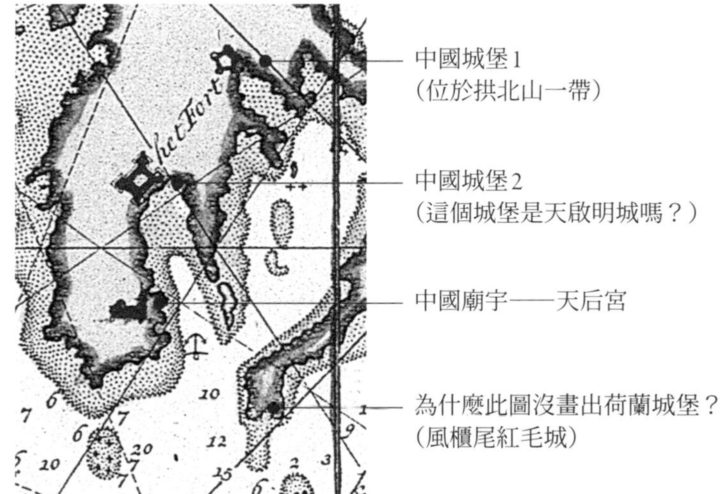

▶圖2｜《澎湖島圖》*Carte Hollandaise de L'ILE PEHO*, 1670年，收錄於《博特航海記》

這張圖的比例控制得不算好，但相對位置還算清楚。圖中標示了一座荷蘭城堡，以及兩座中國城堡和一座廟。

A：港灣入口
B：荷蘭艦隊停泊處
C：廟宇／教堂
D：荷蘭堡
E：中國城堡

©1885 Camille Imbault-Huart "L'ile Formose, Histoire et Description"

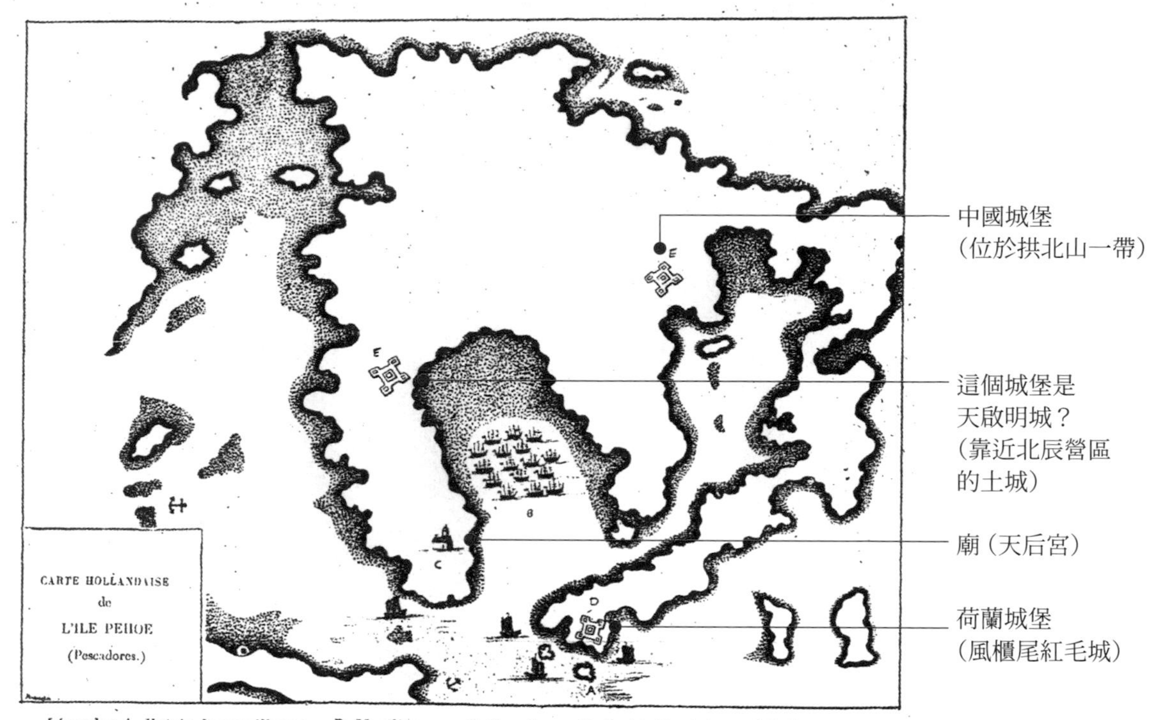

◀◀圖1｜本圖摹自1636年彼得．約翰松．凡．密得堡（Pieter Jansz van Middelburch）繪製的澎湖海圖，此圖是第四任大員長官普特曼斯主持繪製的，原圖已佚失，但芬伯翁1636年繪製的《福爾摩沙島與漁翁島海圖》中的澎湖也是從密得堡繪製的澎湖海圖轉繪的。

本圖只標示了三處人造建築，兩處中國城堡與一座中國廟宇。廟宇是天后宮，東面那座位於拱北山下的中國城堡，較無爭議，西面那座究竟是天啟明城還是紅毛城則出現了不同的看法。普特曼斯曾巡視西面那座中國城堡和風櫃尾的紅毛城，普特曼斯說兩者都已處於荒廢狀態。奇怪的是，本圖標示了中國城堡，卻沒標示風櫃尾紅毛城，芬伯翁1636年繪製的臺灣島圖中的澎湖也是如此。

澎湖究竟有幾座紅毛城？

1988年澎湖縣政府邀請中研院院士曹永和等知名學者辦了一場高規格的學術座談。會上曹永和發表了一篇名為〈澎湖之紅毛城與天啟明城〉的論文。根據曹永和的考據，馬公朝陽里紅木埕（即紅毛城）的古城遺址並非荷蘭人營建的城堡，而是明末天啓年間明人所築。1624年福建水師將荷蘭人逐出澎湖之後，福建巡撫南居益善後規劃，由澎湖游擊王夢熊主持修築，曹永和稱之為「天啟明城」。曹永和認為風櫃尾蛇頭山的紅毛城才是荷蘭人在澎湖唯一修建的城堡。

1976年澎湖地方政府一度想恢復馬公朝陽里紅木埕的古城遺址，曾著手調查，當時殘存的牆基還有80多公尺，兩年後僅剩30公尺，現在早已被民居覆蓋，完全看不出原貌。但長期以來此地一直被澎湖人稱為紅毛城，加上多部清代方志上的記載，學者傾向認為朝陽里紅毛城是荷蘭人修築的城堡。

另一座風櫃尾蛇頭山的紅毛城，是荷蘭人於1622年開始修建，1624年在福建巡撫南居益大軍的威逼之下，荷蘭人自行拆除，拆卸的建材用來構築臺南安平的熱蘭遮

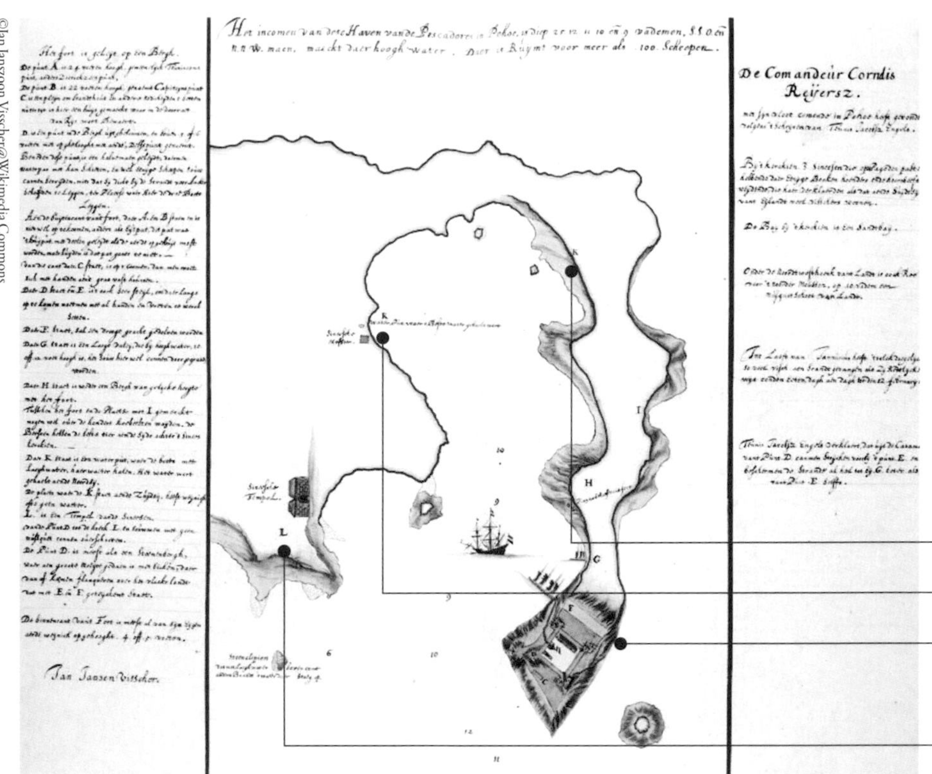

K，有水井的中國人村落，馬公雞母塢

K，有水井的中國人村落，馬公石泉

A、B、C、D、E
是風櫃尾紅毛城的主堡與四個稜堡。

L，中國人的廟，馬公天后宮

◀圖3｜《澎湖島圖》*Map of Dutch Fortress on Penghu*, 1623年，收錄於《勞倫斯．凡．德漢地圖集》

本圖為《勞倫斯．凡．德漢地圖集》中1623年約翰松．斐瑟（Jan Janszoon Visscher）所繪澎湖圖的摹本。圖中的文字記述著1622年雷爾生（Conelius Reyersz）特遣艦隊占領澳門的軍事行動失敗後，轉移到澎湖，在馬公島上的發現與營建。此圖顯示當時荷蘭人只在風櫃尾營建一座城堡，這使得馬公朝陽里紅毛城的由來變得更加撲朔迷離。

城。由於長期作為軍事要塞，破壞較少，至今風櫃尾蛇頭山的紅毛城還可約略看出大致的外貌，所以風櫃尾蛇頭山的紅毛城是荷蘭人修建，而且是臺灣最古老的城堡，這是毫無爭議的。問題在於朝陽里的紅毛城到底是荷蘭城堡？還是曹永和主張的「天啟明城」？

曹永和為何沒有引用克倫繪製的《澎湖島海圖》？

曹永和所提出的佐證，除了《明實錄》等明、清文獻之外，還有荷蘭的兩則記載。

一個佐證是博特（Balthasar Bort）於1670年出版的《博特航海記》（*Voyage de Bort*）的附圖《澎湖島圖》（圖2，*Carte Hollandaise de L'ILE PEHOE*）。

博特1664年曾擔任荷蘭聯合東印度公司（VOC）遠東特遣艦隊的司令官，任務是從明鄭手中奪回大員。此圖是博特艦隊在馬公港與明鄭水師作戰的紀錄。

博特的《澎湖島圖》比例控制得不算好，但相對位置還算清楚。圖中標示了一座荷蘭城堡，即風櫃尾蛇頭山的紅毛城，以及兩座中國城堡和一座廟。兩座中國城堡中，東面的那座位於拱北山一帶，和「天啟明城」無關。西面那座，曹永和認為就是「天啟明城」，他認為這座中國城堡就是澎湖居民習稱位於朝陽里的紅毛城。

圖中標示的中國城堡貼近海岸，而朝陽里紅毛城離海岸還有一段距離，兩者似乎不在同一個地點上。不過在一張不夠精確，而且比例尺不大的地圖上，很難做出明確的判讀。

再來看看曹永和列舉的另一項佐證，第四任VOC駐大員長官普特曼斯（Hans Putmans）於1629年巡視澎湖島後寫的日記。

1629年剛上任的普特曼斯也在馬公島上看到了兩座廢棄的中國城堡和一座廟，中國城堡一大一小，大堡在小堡的西面。另外，普特曼斯也探查了廢棄的風櫃尾蛇頭山上的紅毛城。總括來說，普特曼斯的紀錄和博特《澎湖島圖》上的標示是一致的。

1988年澎湖的學術座談會上，有學者質疑普特曼斯1629年去澎湖巡視，距離曹永和主張「天啟明城」修建於1625、1626年，也才不過三、四年，為什麼普特曼斯說他看到的中國城堡城牆坍塌、營舍倒塌、雜草叢生，好像已荒廢了50年？這點十分不合理。不過從普特曼斯的日記，可以確定他在文澳一帶，確實踏查過一座中國城堡，但確

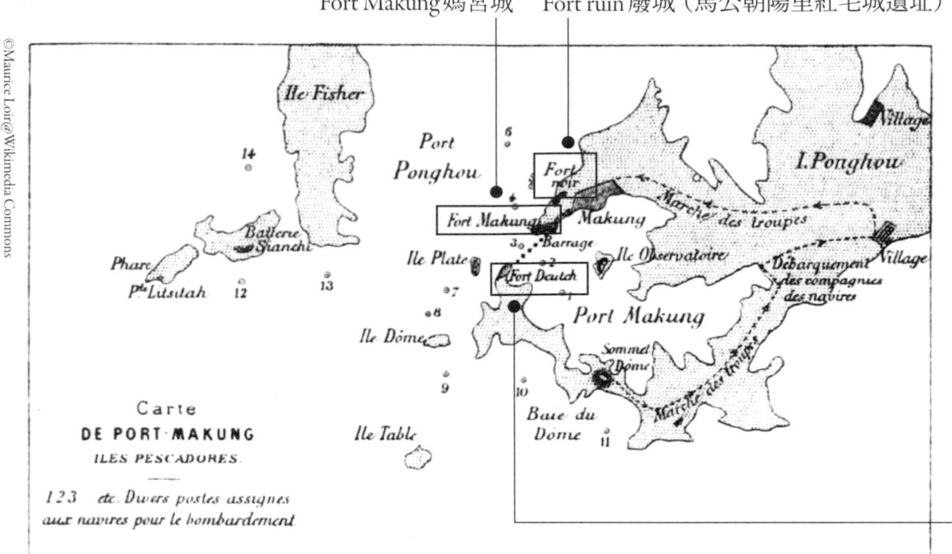

◀圖4｜《1885年法軍進攻澎湖群島紀錄》*Carte de port-Makung dans les îles Pescadores lors de l'attaque française de 1885*
由此圖可知，法國人也曾經看到馬公朝陽里的紅毛城遺址，以及風櫃尾的紅毛城。

▶圖5｜《馬公圖》*MAKO*, 1944年
美軍二戰空拍馬公地圖。在朝陽里紅毛城南方約300公尺的北辰市場，早年是個土城，就叫「北辰營區」，或許這裡才是天啟明城？

切的位置在哪兒？是不是曹永和主張的朝陽里紅木埕？

相較於博特的《澎湖島圖》，其實1753年克倫（Joan van Keulen）繪製的《澎湖島海圖》（圖1）更可以清楚說明這兩座中國城堡的位置，也更接近普特曼斯日記上的記載。*克倫的《澎湖島海圖》知名度很高，曹永和不可能不知道，但他卻沒有提到這張地圖，令人費解，也許他認為博特的《澎湖島圖》就足以說明了。還有另一個可能是，曹永和並不認同克倫《澎湖島海圖》上中國城堡所標示的位置。

克倫的《澎湖島海圖》為何遺漏了風櫃尾紅毛城？

收藏於奧地利國家圖書館的《勞倫斯．凡．德漢地圖集》（Laurens van der Hem-Atlas）也收錄了一幅《澎湖島海圖》（*De Eylanden van Pehou*），和克倫的《澎湖島海圖》幾乎一模一樣。《勞倫斯．凡．德漢地圖集》中的許多地圖都是參考VOC的圖檔摹繪的，可見克倫繪製的《澎湖島海圖》也應該是摹繪自VOC的圖檔。那麼VOC原始圖檔中的《澎湖島海圖》究竟是什麼時候繪製的？這關係到圖中兩座中國城堡的年代。

VOC的圖檔中目前找不到類似的《澎湖島海圖》，不過克倫的《澎湖島海圖》與VOC圖檔中，芬伯翁（Joan Vinckeboons）在1636年繪製的《福爾摩沙島與漁翁島海圖》（第14章，圖2，*Caerte van 't Eylandt Formosa ende Eylandt van de Piscadores*）中的澎湖群島幾乎如出一轍。而《勞倫斯．凡．德漢地圖集》中也有《福爾摩沙島與漁翁島海圖》的摹本，年代也是1636年。由此可見，VOC的《澎湖島海圖》原始圖檔應該繪於普特曼斯任內，即1629～1637年之間，很可能就是普特曼斯從澎湖回來之後繪製的；所以此圖可以充分說明普特曼斯在澎湖的經歷。

克倫的《澎湖島海圖》雖然可以說明「天啓明城」的位置，奇怪的是，卻沒有標示風櫃尾蛇頭山上的紅毛城。按理說「天啓明城」建於風櫃尾紅毛城之後，為什麼風櫃尾紅毛城會被遺漏？而且事實上，普特曼斯1629年去澎湖巡視時，還曾親臨風櫃尾紅毛城。普特曼斯曾說他視察的中國城堡與風櫃尾紅毛城都荒廢了，為什麼圖中只標示中國城堡，卻沒標示風櫃尾紅毛城？芬伯翁1636年繪製的《福爾摩沙島與漁翁島海圖》也是如此。

如果不是繪圖者的疏忽，唯一合理的解釋是，由於這幅地圖繪於1624年荷蘭人退出澎湖之後，風櫃尾紅毛城已在福建水師的威逼下，自行拆除了，荷蘭人或許認為風櫃尾紅毛城已經不是一座城堡，所以便不再標示。

認定「天啟明城」的關鍵在於規模大小

克倫的《澎湖島海圖》中，中國城堡標示的位置和博特的《澎湖島圖》有些差距。而克倫的《澎湖島海圖》比例控制得相當好，整個馬公內海、灣澳的輪廓一目了然，所

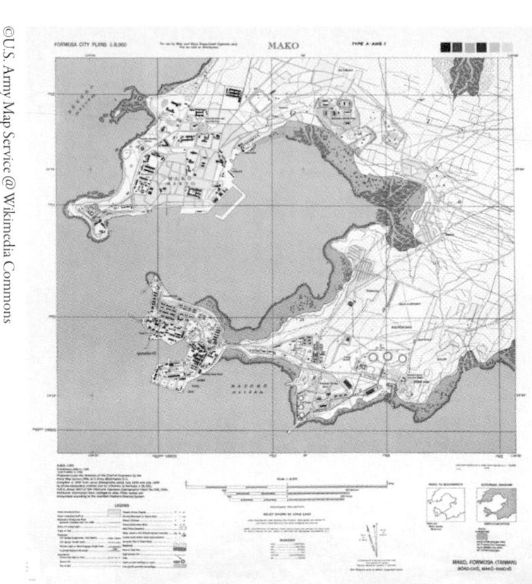

以理論上，關於中國城堡的位置，克倫的圖應該比博特的更精確。

克倫圖中較大的中國城堡貼近海灣，可能在文澳城隍廟一帶，稍有地圖判讀概念的人都不可能將這座城堡視為朝陽里紅毛城。如此一來，是不是就否定了曹永和所主張的，「天啟明城」位於朝陽里紅毛城的論點？除了地點，認定「天啟明城」真正的關鍵在於規模大小。

曹永和列舉的明代文獻中，提到「天啟明城」的規模為：

……遂於穩澳山開築城基，其疊砌通用湖中巨石，高可丈有七，厚可丈有八，廣可丈三百有奇。

這段文獻有兩個重點，一是城址位於「穩澳山」，二是城的周長超過300丈。「穩澳山」是文澳的另一種稱呼，所以地點沒問題。

明清時代一丈相當於3公尺多一點，300丈相當900多公尺。普特曼斯也寫道，中國城堡「周圍約340步，城壁有一人半的高度，一人長的厚度，沒有胸壁，也沒有稜角，位於平地……」。相較於明代文獻，普特曼斯的觀察似乎「略嫌」保守。或許前者是以底部的寬度計算，而普特曼斯可能是以頂部的寬度為準，但總括來說，兩者的一致性還是相當高的。普特曼斯提到風櫃尾蛇頭山的紅毛城約160步，以此可推算風櫃尾紅毛城的面積大約是「天啟明城」的四分之一。所以周長300丈、340步是判斷「天啟明城」規模與形制最重要的根據。

文澳城隍廟一帶雖然是明、清時代文澳的政府機構所在，但迄今並未發現有「高可丈有七，厚可丈有八，廣可丈三百有奇……」的城牆遺址，如果真有如此規模的遺址也絕不可能憑空消失，所以克倫《澎湖島海圖》中的中國城堡可能另有所指，文澳城隍廟一帶的可能性也相當低。

有學者曾提到朝陽里紅毛城南方約200、300公尺的北辰市場早年是個土城，就叫「北辰營區」，離海岸不算遠，勉強算是文澳（穩澳）的範圍內，而且面積、周長似乎也符合文獻中對於「天啟明城」的描述。但北辰營區於1980年代拆除，現在已無從判斷這個說法。

那麼曹永和主張的朝陽里紅毛城到底有多大？是否合乎文獻記載的300丈、340步？

根據乾隆36年（1771）澎湖通判胡建偉編纂《澎湖紀略．地理紀》的城池記載：

澎湖本無城也。……惟廳治（文澳城隍廟一帶）迤西二里許，有紅毛城廢址一處，周圍一百二十丈，舊傳為紅夷所築云。

其他清代的志書也有相同的記載。

顯然清代官員看到的朝陽里紅毛城只有120丈（約360多公尺），距離明代文獻中的「三百丈」還有相當大的差距，面積只有文獻中「天啟明城」的四分之一大小。朝陽里紅毛城如果真的只有120丈的規模，也不符合普特曼斯

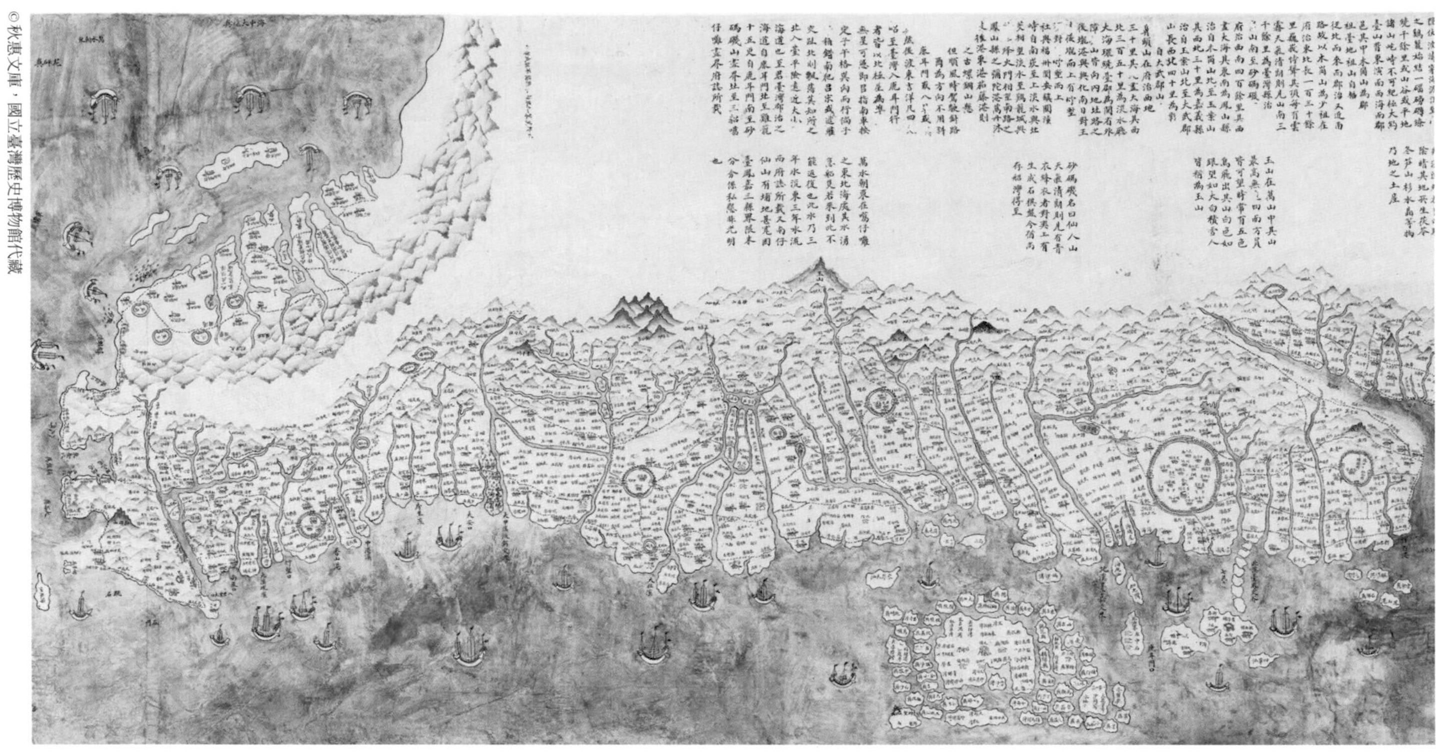

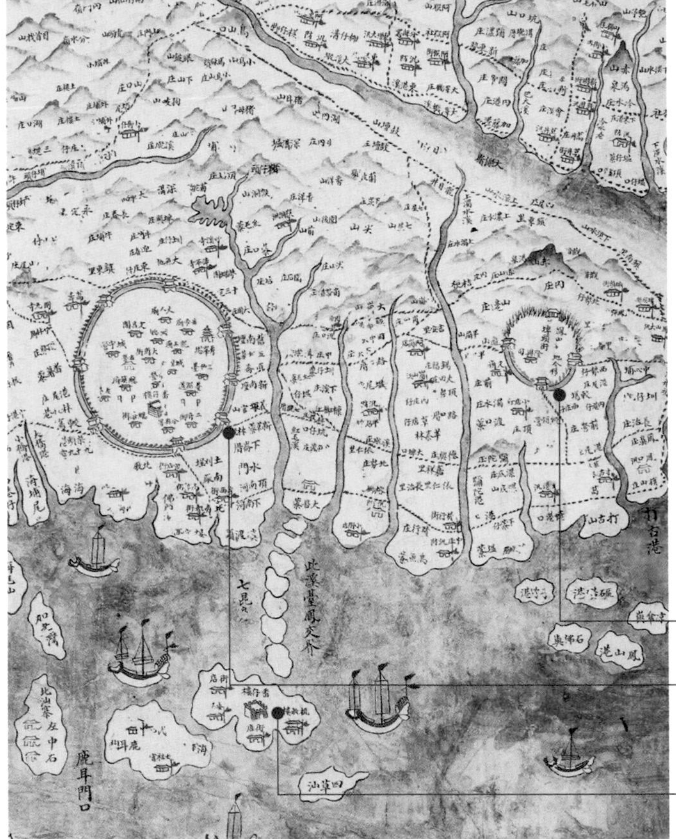

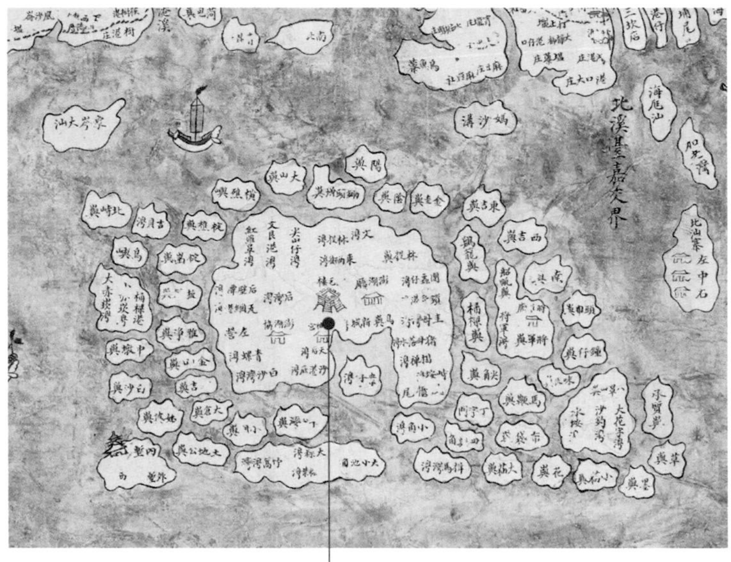

朝陽里紅毛城像一座西式城堡：方城、斜面石牆、稜堡構造。

鳳山新城以半城土牆、半城竹木柵為牆籬。

府城的東半城（上半部）外有木柵、
內有土牆為屏障，西半城（下半部）則相反。

安平古堡有稜堡構造。

◀圖6｜嘉慶年版手繪《臺灣輿圖》，約1809～1812年

本圖最大的亮點是對當時臺灣各地的城堡都描繪得十分詳細，連屏東萬巒的「蠻蠻大庄」與宜蘭四個民間土堡都畫了出來，而且每個城堡的的構築形式也都描繪得很清楚。例如府城的東半面木柵在外土牆在內，西半城反之，鳳山新城半城土牆，半城竹木圍。另外荷西時代營建的五座西式城堡也以方城、斜面石牆的形式表現，其中安平古堡、馬公朝陽里紅毛城還畫出稜堡構造，可說是「觀察入微」。其中只有馬公風櫃尾紅毛城沒有標示，可能當時已完全廢棄，無人聞問。馬公朝陽里紅毛城上方有「毛樓」兩字，毛字的右邊有破損的痕跡，所以全稱應該是「紅毛樓」。清代的方志一再宣稱馬公朝陽里的廢城是荷蘭人營建的城堡，但荷蘭方面卻完全沒有這方面的資料，而清代方志附圖中的朝陽里紅毛城又畫得很簡略，完全看不出形式。本圖明確地顯示朝陽里紅毛城是一座有稜堡的西式城堡，那麼所謂的「天啟明城」說法還能成立嗎？

「340步」的說法，所以普特曼斯看到的中國城堡也不可能是朝陽里紅毛城。

有意思的是，依據普特曼斯的說法，風櫃尾紅毛城面積只有中國城堡的四分之一，而根據中方文獻的紀錄推算，朝陽里紅毛城的面積也只有「天啟明城」的四分之一，所以120丈的朝陽里紅毛城，和普特曼斯描述風櫃尾蛇頭山上的紅毛城「約160步」大小應該也差不多。根據中、荷雙方的紀錄，可以認定朝陽里紅毛城的面積只有普特曼斯看到的「中國城堡」、「天啓明城」的四分之一。

朝陽里紅毛城的規模不但和風櫃尾蛇頭山上的紅毛城大小相似，連臺南安平的熱蘭遮城也差不多是這個大小，顯然120丈較接近荷蘭城堡的規模。

曹永和列舉的明代文獻還說：「……宜於城中搭蓋營房，令其屯聚為便。……」但想在120丈大小的風櫃尾紅毛城、熱蘭遮城內蓋營房，大概也就十來間，屯不了文獻上所說的「把總一員、哨官二員、兵三百餘員」。可見120丈大小的城堡，並不符合中國傳統軍城駐軍的需求，300丈、900多公尺的規模並非隨意定下的。

嘉慶年版手繪《臺灣輿圖》透露的玄機

秋江紀念博物館籌備處收藏的手繪《臺灣輿圖》(圖6)繪製於嘉慶14～17年間（1809～1812年），圖中在朝陽里紅毛城旁標示了「毛樓」二字，「毛」字前方明顯有破損，缺字是圖面破損造成的，全名應該是「紅毛樓」。最有意思的是，繪圖者將朝陽里的紅毛城畫成一個帶有四個稜角的小型西式城堡。這更可以確定朝陽里紅毛城不是普特曼斯看到的中國城堡，因為普特曼斯日記裡的中國城堡「沒有胸壁，也沒有稜角，位於平地……」。

嘉慶年版手繪《臺灣輿圖》所描繪的朝陽里紅毛城，外形和日本時代澎湖仕紳莊東的實地考察相當吻合，莊東也認為朝陽里紅毛城應該是一座有稜角的西式城堡。由嘉慶年版手繪《臺灣輿圖》可知，直到鴉片戰爭之前，朝陽里紅毛城的四個西式稜堡還可以辨識，所以清代的方志一再將這座城堡標示為「紅毛城」並非偶然。

朝陽里紅毛城既然是帶有四個稜堡的西式城堡，而且面積只有文獻「天啟明城」的四分之一大小，和普特曼斯的紀錄無論外形、規模都不吻合，所以曹永和主張朝陽里紅毛城就是「天啟明城」的可能性就很低了。

被荷蘭人遺忘的城堡？

從中、荷雙方的文獻記載，所謂的「天啟明城」應該確實存在過，但朝陽里紅毛城是「天啟明城」的可能性基本上是可以排除的，而1980年代被拆除的北辰營區則可列為「天啟明城」的可能地點之一，需要更深入地挖掘文獻才能加以證明。

至於朝陽里紅毛城是一座什麼性質的城堡呢？現有文獻已經完全無法說明。清代刊行有關澎湖的方志，除了光緒20年（1894年）林豪的《澎湖廳志．澎湖全圖》(圖7-6)將紅毛城誤植為「紅木埕」外，其他版本的附圖都清清楚楚地標示出紅毛城就在文澳的西北邊，而且清代的澎湖官員從來沒有懷疑過朝陽里紅毛城不是荷蘭人的遺構。反之，至今還沒有任何荷蘭文獻可以證明朝陽里紅毛城是荷蘭人所構築的城堡，荷蘭的文獻反而讓人懷疑那是一座中國城堡；難道它是一座被荷蘭人遺忘的城堡？

＊克倫1753年繪製的《澎湖島海圖》是複製荷蘭東印度公司於1636年繪製的地圖，而原圖很可能是普特曼斯1629年在澎湖視察時繪製的。

▼圖7｜18、19世紀的清代方志上，都畫出了紅毛城。

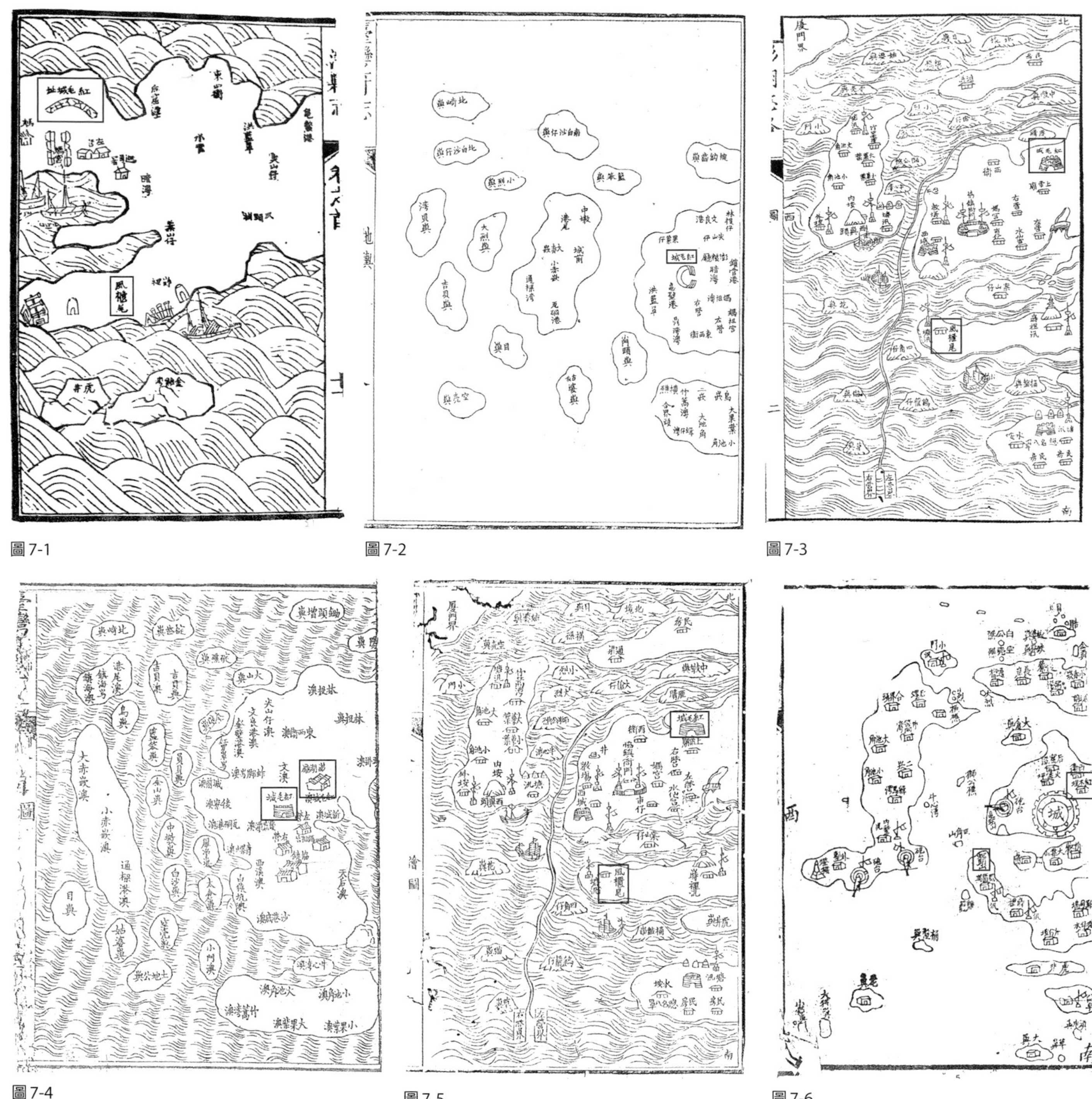

圖7-1

圖7-2

圖7-3

圖7-4

圖7-5

圖7-6

7-1《臺灣縣志．輿圖》，康熙59年（1720），王禮繪製
7-2《福建臺灣府志．地輿．澎湖圖》，乾隆6年（1741），劉良壁繪製
7-3《澎湖志略．圖》，乾隆7年（1742），周于仁繪製
7-4《福建臺灣府志．澎湖廳圖》，乾隆11年（1746），范咸繪製
7-5《重修臺灣縣志．澎湖輿圖》，乾隆16年（1751），王必昌繪製
7-6《澎湖廳志．澎湖全圖》，光緒20年（1894），林豪繪製

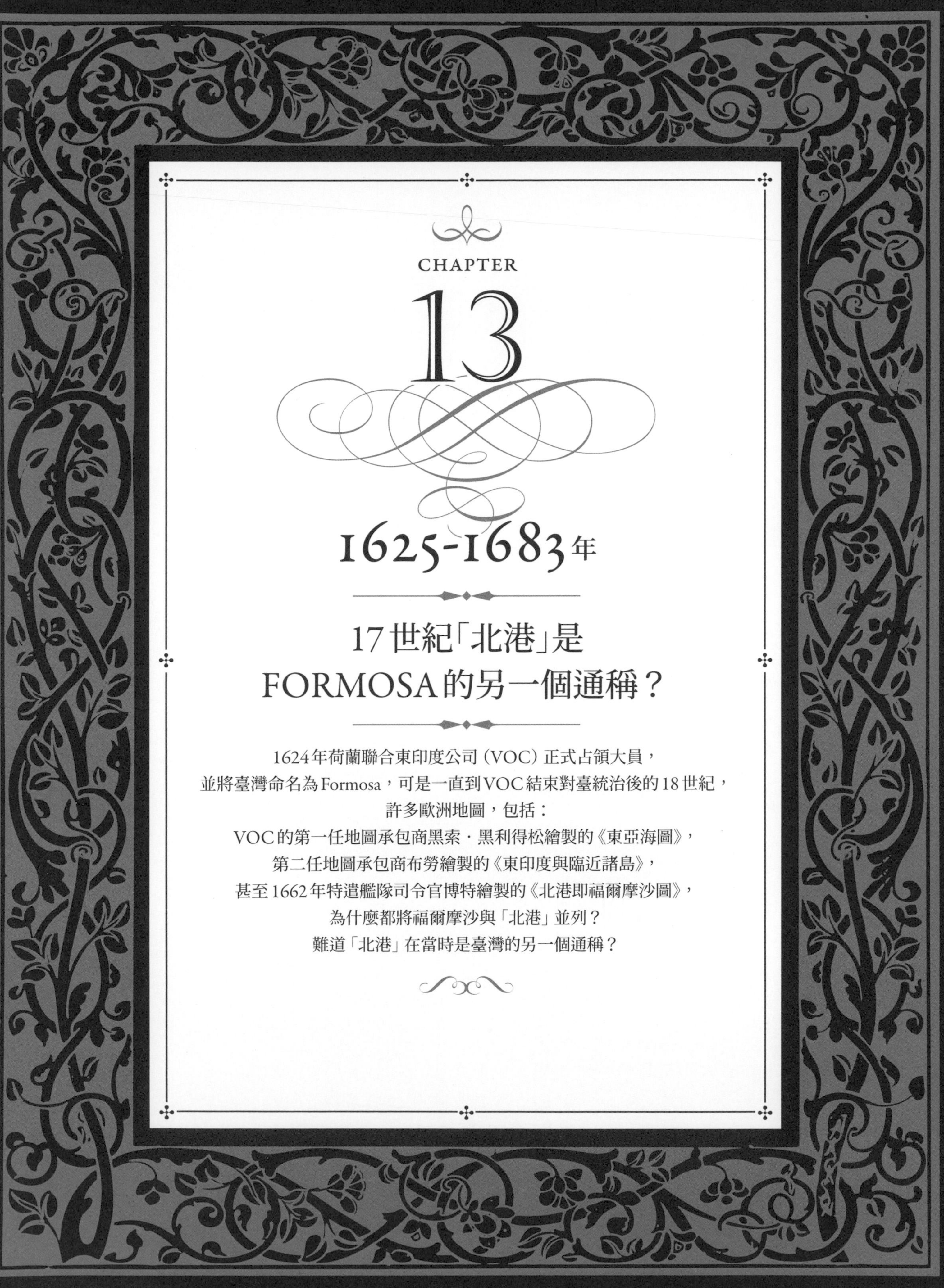

CHAPTER

13

1625-1683年

17世紀「北港」是 FORMOSA的另一個通稱？

1624年荷蘭聯合東印度公司（VOC）正式占領大員，
並將臺灣命名為Formosa，可是一直到VOC結束對臺統治後的18世紀，
許多歐洲地圖，包括：
VOC的第一任地圖承包商黑索·黑利得松繪製的《東亞海圖》，
第二任地圖承包商布勞繪製的《東印度與臨近諸島》，
甚至1662年特遣艦隊司令官博特繪製的《北港即福爾摩沙圖》，
為什麼都將福爾摩沙與「北港」並列？
難道「北港」在當時是臺灣的另一個通稱？

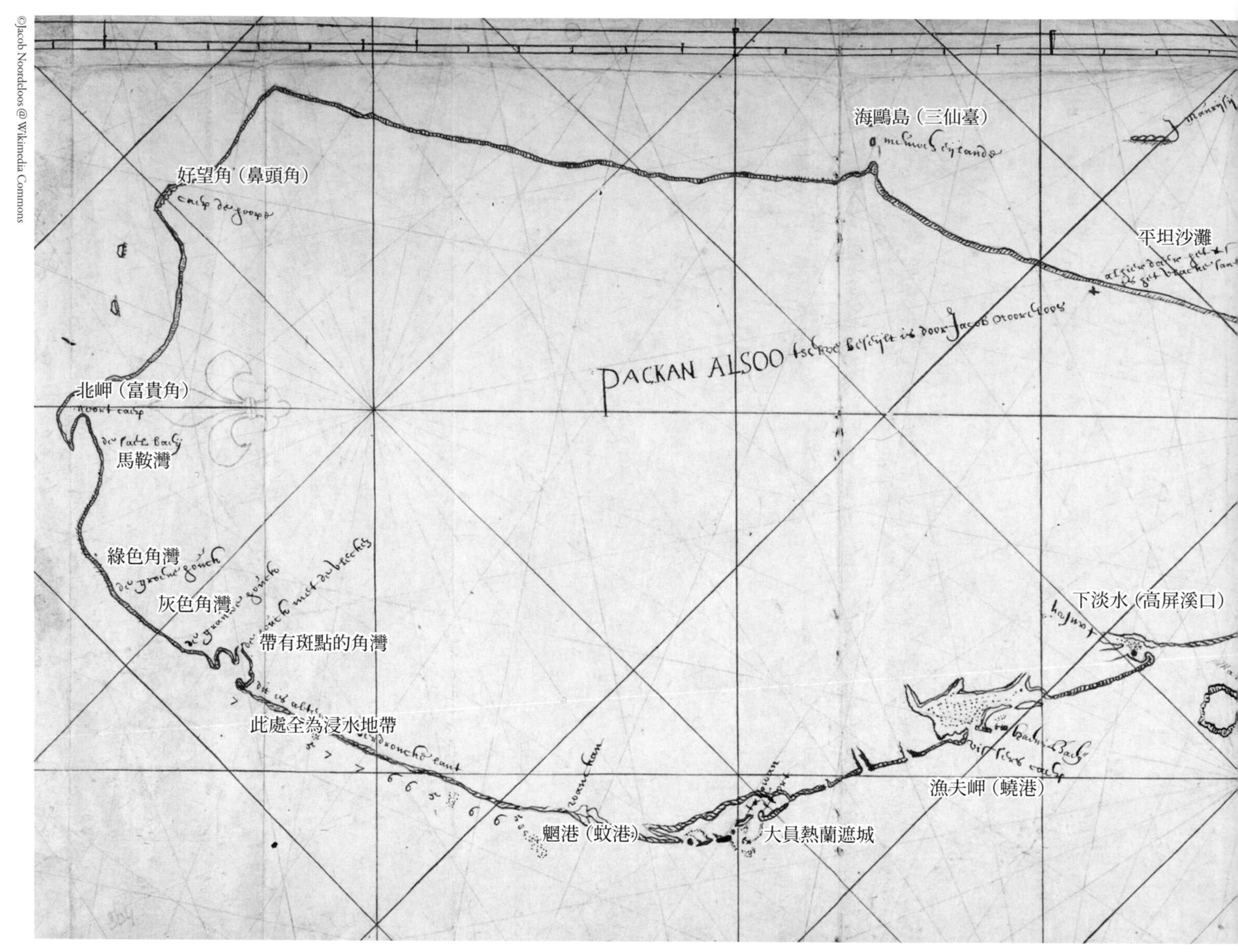

《北港圖》*PACKAN ALSOO*

館藏地點｜荷蘭海牙國家檔案館VEL 304

繪 製 者｜諾得洛斯（Jacob Ijsbrandtsz Noordeloos）

繪製年代｜1625年

繪製方式｜手繪

地圖尺寸｜53×73公分

相關地圖｜
1.《東亞海圖》，1621年，黑索．黑利得松繪製
2.《東印度與臨近諸島》*India quae Orientalis Dicitur, et Insulae Adiacentes*, 1635年，布勞繪製
3.《北港即福爾摩沙圖》*PAKAN O ILHA FORMOSA*, 1662年，博特繪製
4.《東印度》*Tabula Indiae Orientalis*, 1662年，費德列克繪製
5.《大明治下的中國地區》*China, Veteribus Sinarum Regio Nunc Incolis Tame Dicta*, 1636年，約翰內斯繪製
6.《中華帝國》*Royaume de la* Chine, 1683年，尼古拉斯繪製

▲**圖1**｜在歐洲地圖中，最早將臺灣畫為單一大島的，應該是第10章提到的1597年西班牙人科羅內爾繪製的《呂宋、艾爾摩沙島及部分中國沿岸圖》（第10章，圖1）。但科羅內爾繪製臺灣圖時應該沒有實測，第一幅真正經過實測的是此圖。這也是荷蘭聯合東印度公司（VOC）占領大員後第一次派人測繪的臺灣全島圖。

《北港圖》雖然經過一定程度的實地測量繪製，整體輪廓也「初現」了較符合實際狀況的雛型，但還是可以明顯看出粗糙、簡陋的測繪手法。繪製者諾得洛斯在VOC的職務級別並不高，大概是水手一級，他測繪此圖時確實環島航

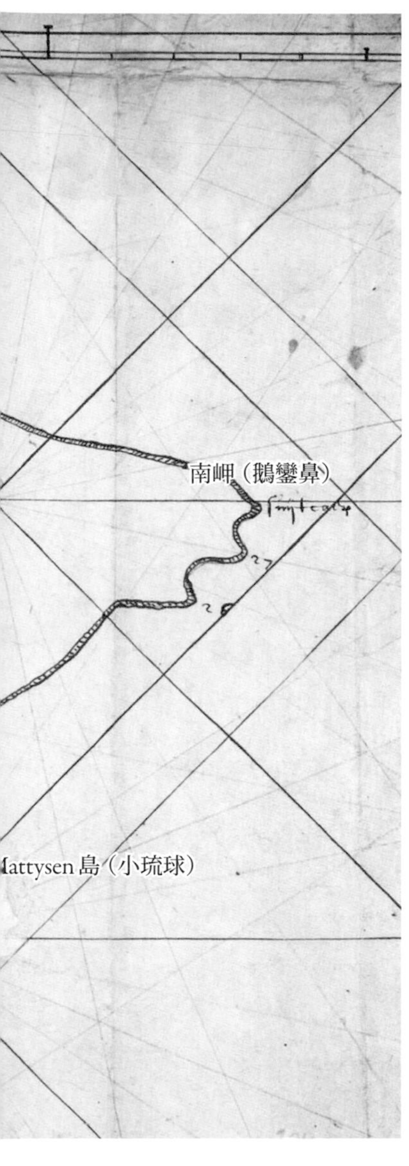

行過。有文獻記載諾得洛斯因酗酒耽誤了測繪工作，於是考慮到測繪者的能力與人力資源，也就可以理解此圖無法令人滿意的必然結果。

諾得洛斯的圖留給我們最大的疑點是為什麼他將此圖命名為《北港圖》？既然名之為北港，可見當時VOC還沒將臺灣正式命名為福爾摩沙。但即使福爾摩沙成為臺灣島正式的名稱後，荷蘭人卻仍固執地在有關臺灣的地圖上，在福爾摩沙旁邊加註了：「又稱北港」或與「北港」之名並列。這種做法持續了整個荷蘭占領大員的年代，荷蘭人為何如此堅持？至今還沒有明確的答案。

臺灣之名最早是什麼時候出現的呢？無錫人季麒光在其記錄官宦文牘的《蓉洲文稿》中寫道：「明萬曆間，海寇顏思齊踞有其地，始稱『臺灣』……」季麒光是第一任諸羅縣令，曾參與第一部《臺灣府志》的撰寫，所以他的說法應該是經過一定程度的考證，但目前還沒有任何文獻可以證明。和「臺灣」一名幾乎同時出現的還有「福爾摩沙」，那麼荷蘭人又是從什麼時候起以Formosa為臺灣島的正式名稱呢？

這和「臺灣」從什麼時候起成為中國人對臺灣島的稱呼一樣，都是不容易釐清的問題。1625年荷蘭人繪製的第一幅臺灣全島圖以《北港圖》（圖1，*PACKAN ALSOO*）為名，可見即使到了荷蘭人正式占領臺灣之後，Formosa也沒有立即成為臺灣全島的正式名稱。

終於知道臺灣是「一座」島

歐洲人繪製的地圖，第一次以Formosa稱呼臺灣島的，是葡萄牙人歐蒙1554年繪製的《世界圖》（第5章，圖1），圖上為葡萄牙文「Fremosa」。之後歐洲人繪製的地圖中，臺灣島不但被畫成三個島，連名稱都出現I. Formosa、Lequeo pequeno（小琉球）並存的現象。

荷蘭聯合東印度公司（VOC）的第二任地圖承包商布勞於1617年出版的《亞洲新圖》（可參考第9章，圖5）中不但I. Formosa、Lequeo pequeno同時出現，還莫名其妙多了一個Lequeo minor。Lequeo pequeno、Lequeo minor意思完全一樣（小琉球），只不過一個是拉丁文，一個是荷蘭文罷了。

VOC的第一任地圖承包商黑索．黑利得松（Hessel Gerritsz）於1621年繪製的《東亞海圖》，仍然按照葡萄牙人的傳統畫法，將臺灣畫成三島式，不過名稱只標示為Lequeo pequeno，沒有I. Formosa或Lequeo minor。

同年VOC巴達維亞總督柯恩（Jan Piertersz Coen）派雷爾生（Cornelius Reyersz）率領特遣艦隊執行在中國沿岸建立貿易站的任務。柯恩給雷爾生的訓令是：VOC設立中國商站的主要目標是澳門、廈門，萬不得已，澎湖也可以接受，但不排除臺灣。當時柯恩對雷爾生說：「小琉球（Lequeo pequeno）是個漂亮的地方，鹿很多，但從我們得到的情報，那兒還沒有可供大船停泊的港口。」由此可見，當時VOC對臺灣已經有一定程度的了解，而且以Lequeo pequeno稱呼臺灣島，還未接受Formosa這個南歐拉丁式名稱。

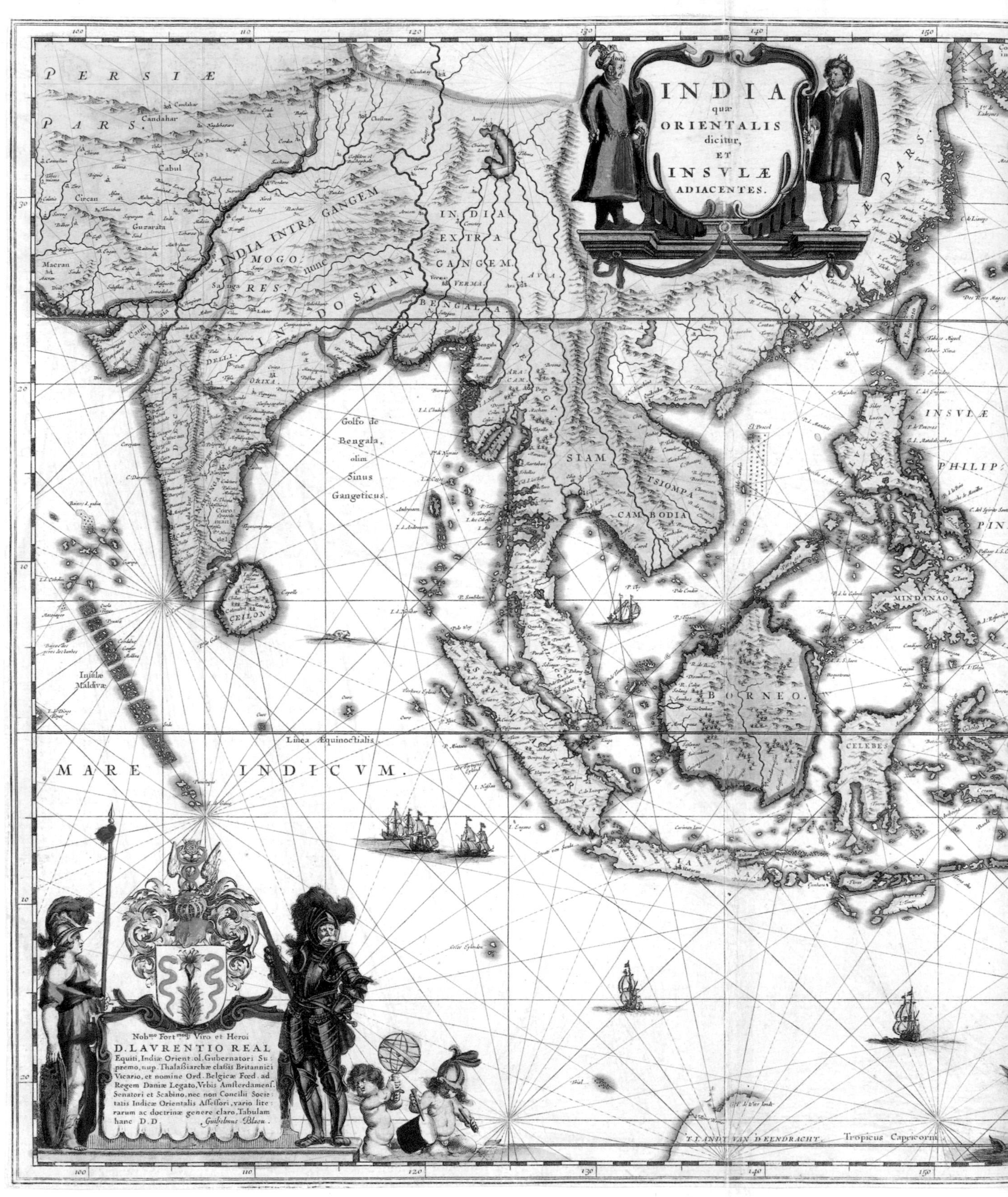
INDIA quæ ORIENTALIS dicitur, ET INSVLÆ ADIACENTES.
PERSIÆ PARS.
INDIA INTRA GANGEM
INDIA EXTRA GANGEM
INDOSTAN
BENGALA
SIAM
CAMBODIA
Golfo de Bengala, olim Sinus Gangeticus.
CEILON
Insulæ Maldivæ
MARE INDICVM.
Linea Æquinoctialis
BORNEO.
CELEBES
MINDANAO
INSVLÆ PHILIP PINA
Tropicus Capricorni
Nobmo Fortmo Viro et Heroi D. LAVRENTIO REAL Equiti, Indiæ Orient. ol. Gubernatori Supremo, nup. Thalaßiarchæ claßis Britannici Vicario, et nomine Ord. Belgicæ Fœd. ad Regem Daniæ Legato, Vrbis Amsterdamens. Senatori et Scabino, nec non Concilii Societatis Indicæ Orientalis Aßessori, vario literarum ac doctrinæ genere claro, Tabulam hanc D.D. Guilielmus Blaeu.

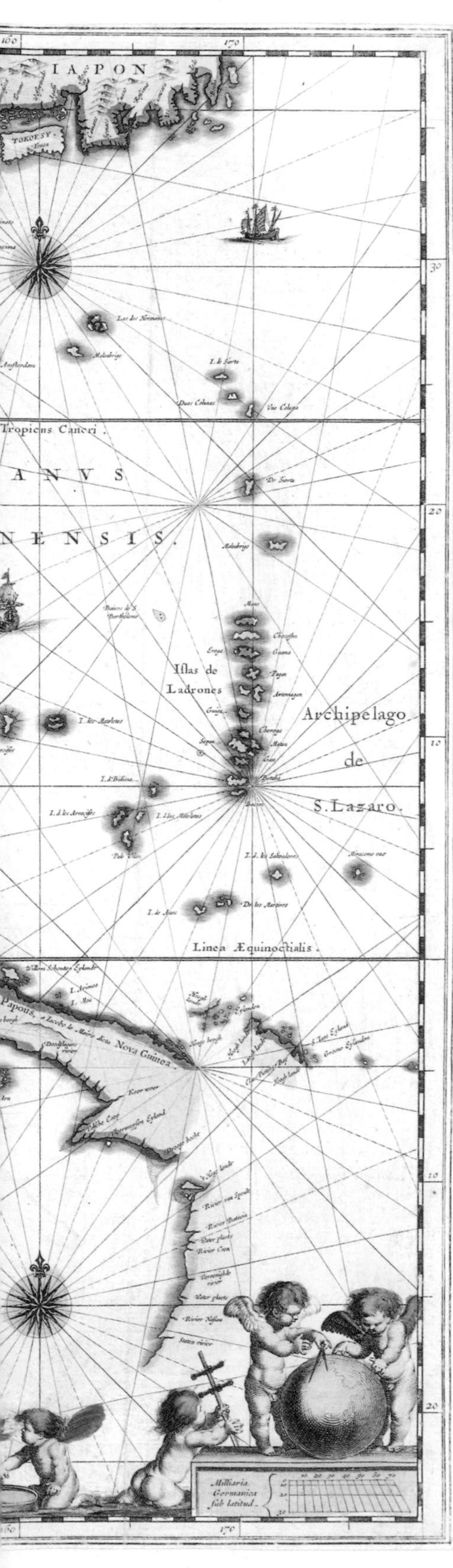

◀圖2 |《東印度與臨近諸島》*India quae Orientalis Dicitur, et Insulae Adiacentes*, 1635年，布勞繪製

1624年VOC占領大員之後，在東亞取得了立足點，逐漸展開對華的貿易。1630年代中期大員商站的對華貿易進入高峰期，成了VOC最賺錢的貿易點之一。此時VOC在東印度海域也發展成為最大的海上勢力與商業勢力，此圖正是描繪了VOC在東印度地區如日中天的光景。此圖的繪製者布勞既是VOC的地圖承包商也是當時歐洲最知名的地圖出版商之一，隨著VOC商業版圖的擴展，荷蘭取代了葡萄牙，成為當時世界最重要的地圖出版國家，掌握了地圖繪製的發言權。

此圖也是臺灣最早以單一大島的形式繪製的歐洲地圖之一。圖中臺灣的輪廓，和以前相較，已十分接近實際狀況，所以此圖中的臺灣很可能是以芬伯翁（Joan Vinckeboons）繪製的《福爾摩沙島與漁翁島海圖》（*Caerte van 't Eylandt Formosa ende Eylandt van de Piscadores*）為底本縮放而成的（第14章，圖2）。芬伯翁是布勞的雇員。

比較特別的是，此圖在當時臺灣的正式稱呼「福爾摩沙」旁邊特別標示了「又稱北港」，似乎說明當時「北港」也是臺灣的稱呼之一。

「福爾摩沙」旁邊還特別標示：「又稱北港」，似乎說明當時「北港」也是臺灣的稱呼之一。

結果雷爾生特遣艦隊奪取澳門的行動失敗，只好轉向澎湖，並在風櫃尾築城，後來又在福建巡撫南居益大軍威逼之下，被迫轉進臺灣。

在正式轉向臺灣之前，雷爾生曾派人探查過臺灣西南海岸，同時著手測繪沿岸的海圖，為建立貿易轉運站做準備。直到這個時候，荷蘭人才弄明白，臺灣根本就是一座大島，不是三座島，而Formosa和Lequeo pequeno竟然是一地兩名的雙包烏龍案。即使如此，荷蘭人這時也沒有將臺灣的正式名稱定下來。

因為荷蘭人坐的船叫北港？

荷蘭人繪製的第一幅臺灣全島地圖是1625年第二任大員長官宋克（Martinus Sonck）派人繪製的。繪圖者搭乘兩艘中國帆船環島航行，一艘叫新港號（Sinckan），另一艘叫北港號（Packan）。後來新港號遭遇強風失去聯絡，北港號獨自完成了環繞全島一圈，並測繪全島圖的任務。

1625年荷蘭人第一次繪製的臺灣全島圖還很粗糙，除了大員、蟯港兩處港灣描繪得較細緻之外，其餘的只標示了全島北、東、南的三個端點和較突出的海岬，其他的海岸線只能算是示意，沒有太大的參考價值，而且大員、蟯港兩處港灣很可能並非此次環島航行時繪製的。

此次進行環島測繪之所以雇用中國帆船，很可能是當時荷蘭人還缺乏臺灣海域的航行經驗，尤其是東部海岸線，而當時中國海員是這一帶海域經驗最豐富的航行者，所以雇用中國海員領航並無不妥。總括來說，此次環島航行可能只是對全島海岸線的初探，並非以繪製完整海圖為主要目的。

比較值得注意的是，這張荷蘭繪製的第一幅臺灣全島地圖，繪製者將其命名為《北港圖》（圖1），而非「福爾摩沙圖」（FORMOSA），或許是因為此圖並非VOC的「官定本」，「北港」很可能只是繪圖者依照荷蘭人習慣以搭乘的船隻命名地理新發現的做法，而非VOC正式頒布的全島總名。不過從這點也可以看出，當時荷蘭人還沒有將臺灣全島正式命名為Formosa，否則繪圖者不可能擅自主張將此圖稱為《北港圖》。

因為中國船員說這裡是北港？

那麼VOC究竟是什麼時候才將臺灣島正式命名為Formosa呢？似乎還沒有人特別研究過。繪圖者將此圖命名為《北港圖》也可能不僅僅是基於荷蘭人的命名習慣，因為「北港」曾經是中國海員對大員（安平）的稱呼，後來甚至擴大為對臺灣全島的稱呼，這在某些中國文獻裡可以找到相關說法，例如《重修鳳山縣志．建置沿革》：「萬曆末，荷蘭入北港據之，築城已居。……」文中的「北港」是大員（臺灣）的另一個稱呼。

北港號是一艘中國帆船，水手必然全是中國人。荷蘭的繪圖者之所以將臺灣島稱為「北港」，很可能是從中國船員那兒聽來的。

VOC正式將臺灣命名為Formosa之後，一直到結束對臺統治的18世紀初，許多歐洲人繪製的地圖，包括VOC第一任地圖承包商黑索．黑利得松於1631年繪製的《東亞海圖》、以及第二任地圖承包商布勞1635年繪製的《東印度與臨近諸島》（圖2，*India quae Orientalis Dicitur, et Insulae Adiacentes*）、1662年博特遠征臺灣時繪製的《北港即福爾摩沙圖》（*PAKAN O ILHA FORMOSA*），都在I. Formosa旁附註「又稱北港」或與「北港」之名並列。占領臺灣之前，VOC及其地圖承包商一直將臺灣稱為Lequeo pequeno（小琉球），奇怪的是，VOC占領臺灣之後，VOC的地圖承包商不但不澄清Lequeo pequeno即I. Formosa，反而一再將福爾摩沙與北港並列，這又是基於什麼理由呢？

有的學者認為這是受到1625年諾得洛斯的《北港圖》的影響，這個說法十分牽強。因為《北港圖》並非VOC的「官定版」臺灣地圖，而且流通不廣，很可能僅限於VOC內部，所以之後出版的正式地圖，應該完全沒有必要一再附註「福爾摩沙又稱北港」這個贅語。這麼做到底是出於什麼樣的考慮？難道「北港」在當時是臺灣的另一個通稱？至少中國海員之間是這麼稱呼的？這是值得臺灣學界進一步釐清的問題。

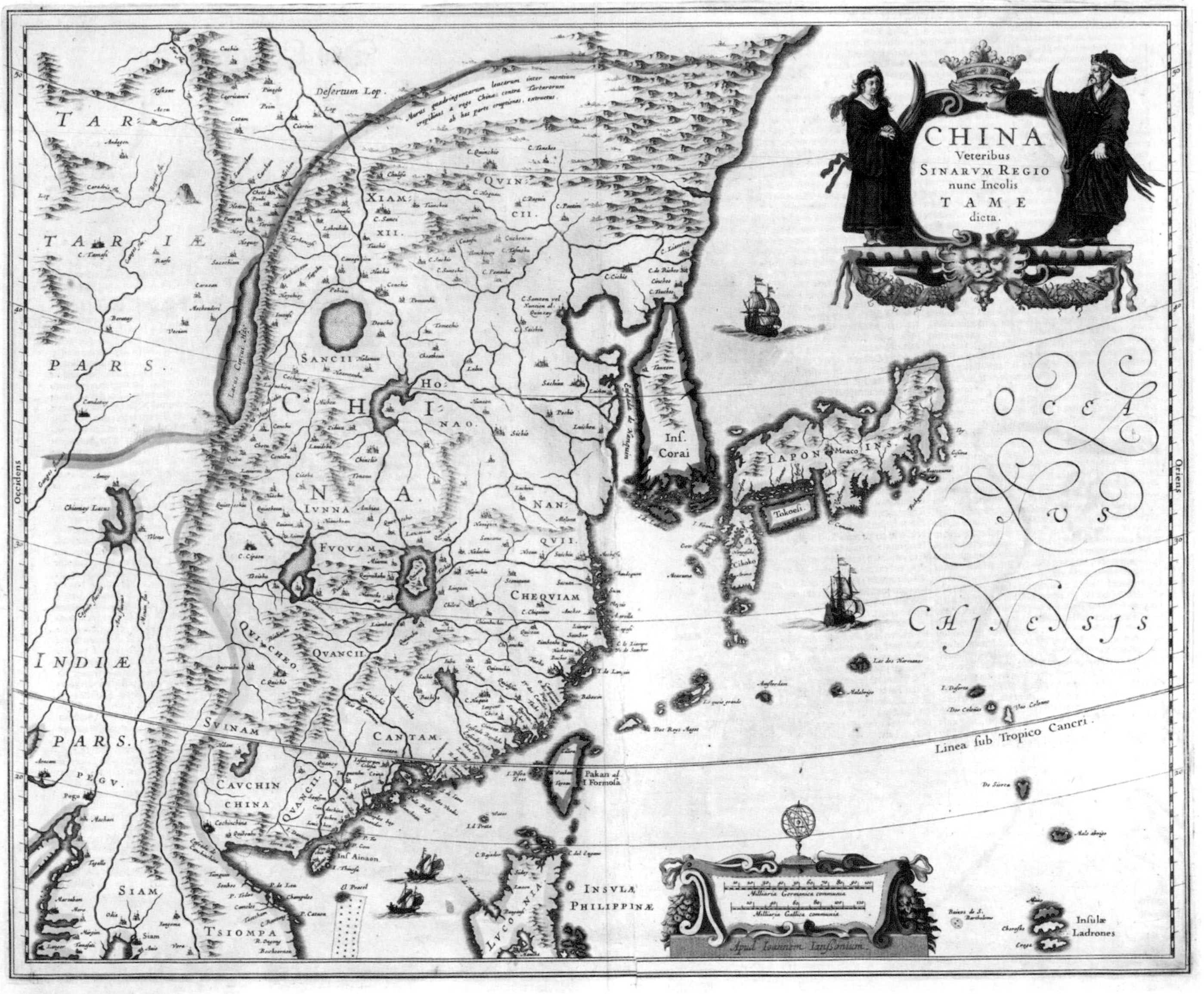

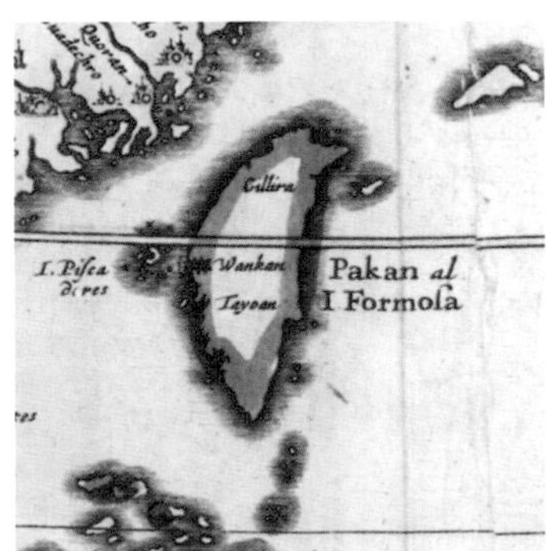

▲圖3 ｜《大明治下的中國地區》*China, Veteribus Sinarum Regio Nunc Incolis Tame Dicta*, 1636年，約翰內斯（Jan Janssonius）繪製

臺灣島上「福爾摩沙；又稱北港」或「福爾摩沙或北港」等標示方式不但一直存在整個荷蘭統治時代的荷蘭出版的地圖上，甚至到了18世紀還看得到類似的例子。影響所及，就連一些「山寨」版的歐洲地圖也「緊緊」地跟隨著這個「荷蘭傳統」（圖4、5）。

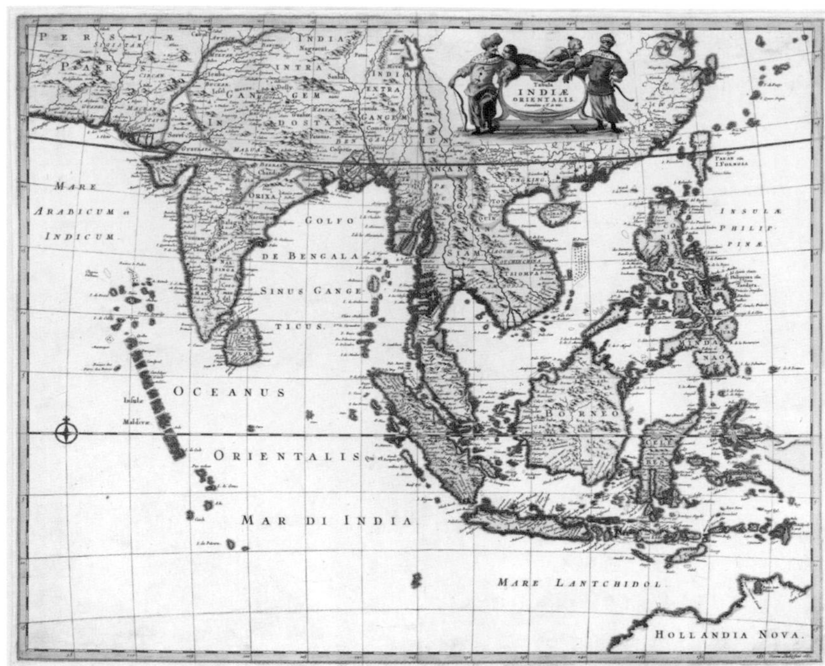

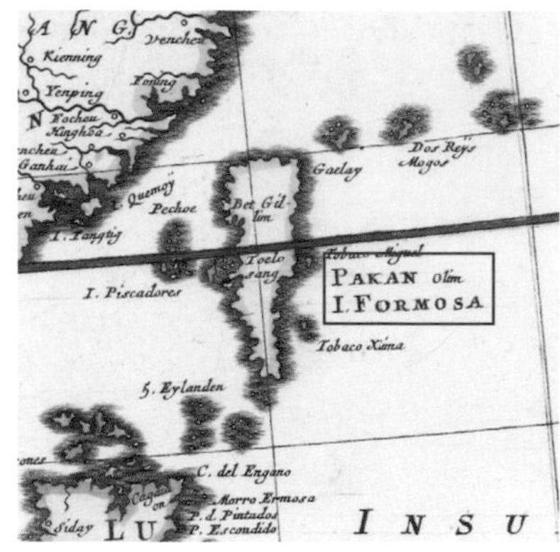

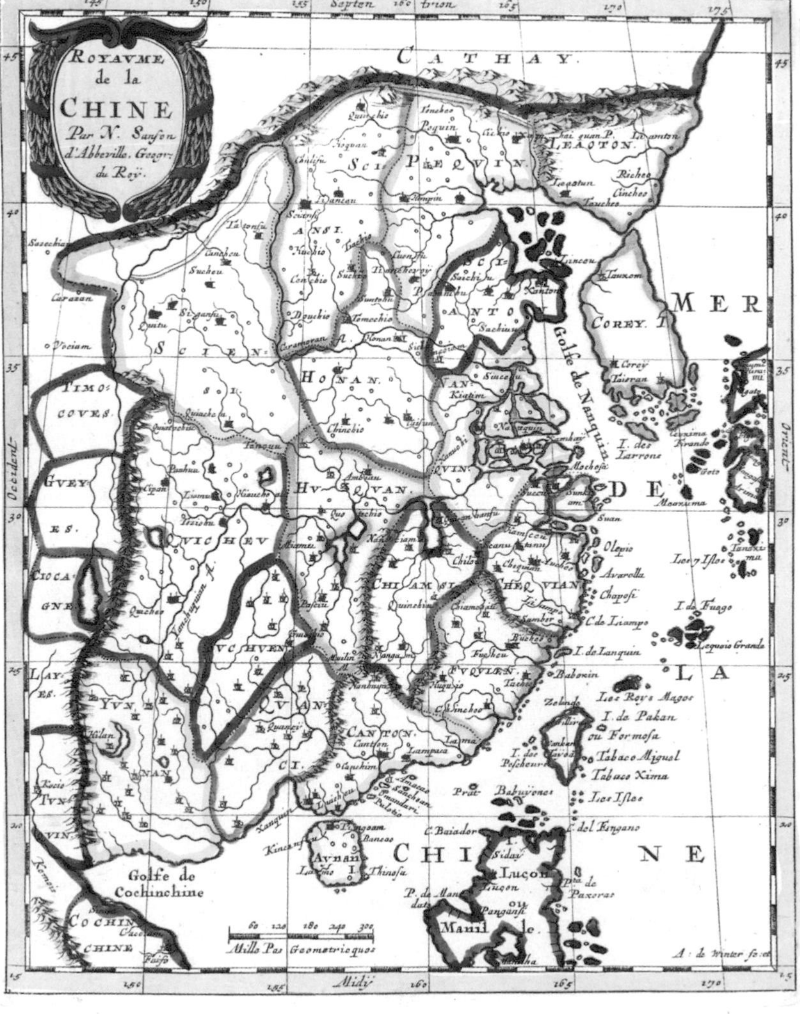

◀圖4｜《東印度》*Tabula Indiae Orientalis*, 1662年，費德列克（Frederick de Wit）繪製

◀圖5｜《中華帝國》*Royaume de la Chine*, 1683年，尼古拉斯（Nicolas Sanson）繪製

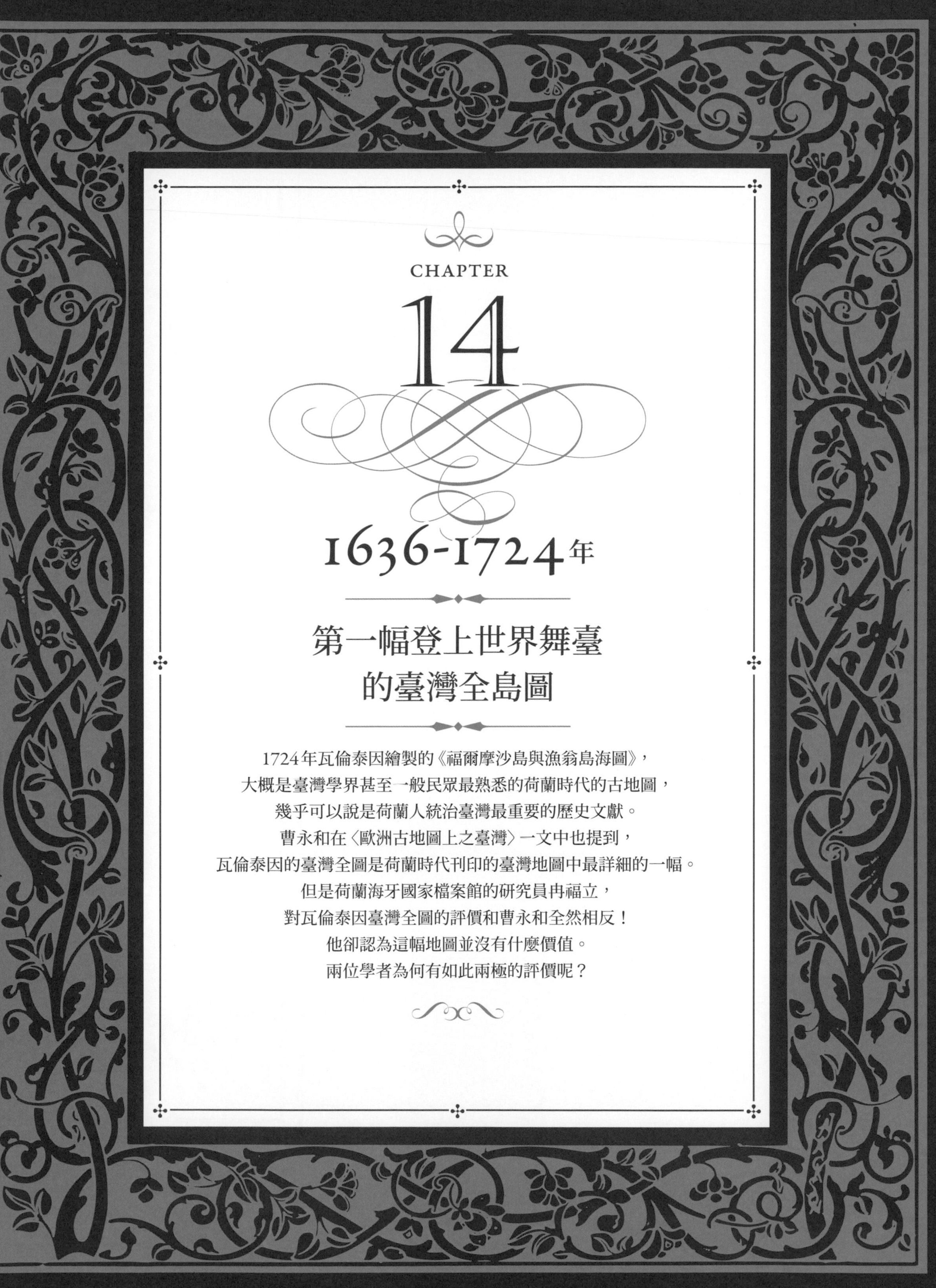

CHAPTER

14

1636-1724年

第一幅登上世界舞臺的臺灣全島圖

1724年瓦倫泰因繪製的《福爾摩沙島與漁翁島海圖》，
大概是臺灣學界甚至一般民眾最熟悉的荷蘭時代的古地圖，
幾乎可以說是荷蘭人統治臺灣最重要的歷史文獻。
曹永和在〈歐洲古地圖上之臺灣〉一文中也提到，
瓦倫泰因的臺灣全圖是荷蘭時代刊印的臺灣地圖中最詳細的一幅。
但是荷蘭海牙國家檔案館的研究員冉福立，
對瓦倫泰因臺灣全圖的評價和曹永和全然相反！
他卻認為這幅地圖並沒有什麼價值。
兩位學者為何有如此兩極的評價呢？

《福爾摩沙島與漁翁島海圖》地名原文／譯文／現今地名／1636年芬伯翁版地名（紅字）

＊ 譯文與地名主要參考曹永和版本，小部分更正

＊ 原圖東部地名標示有待商議，曹永和著墨不多，故僅放上地圖原文

1 Eylanden Dos Reys Magos／三王島／宮古島
2 't Eyl. Doati
3 't Eyl. Sapiat
4 Bay van Denual
5 't Eyl. Donual
6 Riv. Doer
7 Doero
8 Bay van St.Laurens／聖羅倫佐灣／三貂灣
9 De Hoek van Cayden
10 N. Tranguidan
11 't Eyl. Gaclay
12 de Hoek van St.Jacob／聖雅各岬／三貂角
13 de Noort Ooft Hoek／東北岬／鼻頭角
14 't Eyl. Kelang／雞籠嶼／和平島／'t Eylandt Qeilang
15 Dorp／村落／Lawoondtrs dorp
16 Dorp／村落／Sawoondtrs dorp
17 Klip Tellada
18 de Hoek Camatiao
19 Tamkey
20 Medoldarea
21 Sabragoga
22 Baey van Casidor
23 Gierim of Zand duynen／二林或沙丘／二林／Gierim ofte Zandt duynen
24 't Vissers Riff.／漁夫礁／'t visschers riff
25 Hier Vertoonenhaar Enige Boskens en Boomem een Clyne Mylint Landt／指Hier之地有若干哩的森林／Hier vertoonen haer eenige Boskens boomen een Styne mylint Landt
26 't Canaal voor Ponikas／北港水道／Canaal voor Ponikas
27 't Vissers Eylant／漁夫島／南鯤鯓／'t vissers Eylant
28 't Vissers Plaet／漁場／viessers Plaet
29 (此圖無標示)／平坦島／'t Fvleeck Eylandt
30 Mattamir Riv.／麻豆河／八掌溪／Mattamr Rivier
31 de Boeren Schure／穀倉／歐汪／de Boeren Schure
32 't Canaal van Wankan／魍港水道（蚊港）／'t Canaal van wankan
33 Verraders of Moordenaars R.／叛逆者之河／Varraders oftt Moordenaers Riviaier
34 Toasumpans Riv.／不明／Toahmpans Rievivecken
35 Goetde Reede voor Kleyne Ioncken／小艇泊處／Goetde Reede voor Kleyne Ioncken
36 t' Walvis Been／鯨骨／t'walvis been
37 t' Bosch van Soulang／蕭壠社／t' Bosch van Soulang
38 Rivier Soulang／蕭壠溪／曾文溪／t' Rivier Soulang
39 Zeeburg／海堡／四草大眾廟／Zeeburch
40 't Fort Zelandia／熱蘭遮城堡／安平古堡／'t fort Zelandia
41 Saccam／赤崁／臺南市／Saccam
42 Velden Suyck／甘蔗園／Velden Suyck
43 Soute Riv.／鹽水溪／德慶溪／Soute Rievier
44 Verse Rivier／清水溪／二仁溪／versche Rievier
45 Vissers Eyland／漁夫島／高雄茄萣／visschers Eyl.
46 't Canaal binnen Iockan／蟯港或堯港／興達港／'t caneal binnen Iockan
47 Reede voor Clyne Ionkjes／小戎克船停泊處／左營軍港／Reede voor Cltyne Ionkjes
48 Handelaars Eylandt／貿易商之島／高雄市苓雅區苓雅寮／Hanitelaers Eylandt
49 Tancoia／打狗／高雄／Tancoia
50 Apen Berg／猴山／旗後山／apen berch r
51 't Goude Leeuws Eyland by de Inwoonders Lamey Genaamt／金獅島；原住民稱為Lamey Genaamt／小琉球／'t Goude Leeuws Eyland by de Inwoonders Lamey Genaamt
52 Sumpsuy／可能為Tampsui之誤（淡水，即下淡水溪）／高屏溪／Tampsui
53 Rivier van Dottatoek of cattia／茄藤溪／東港溪／Rivier van Dottatoek of cattiu
54 't Dorp Pangsoya／放索社／林邊／'t dorp Pangsoya
55 Rivier Pangsoya／放索河／林邊溪／Rivieraken Pangsoya
56 't Zuyder Eyland／南島／貓鼻頭／'t Zuyder Eylant
57 't Eyl. Klyn Tabaco／小菸葉／蘭嶼
58 't Eyl. Groot Tabaco／大菸葉島
59 Eyl. Moaritus（Moaritus王子為荷蘭行政官）／綠島／Moaritus
60 Meeuwen Eyl.／海鷗島／三仙臺／Mieuwen Eylandt
61 Alanger
62 Natsibay
63 Laruhati
64 Penimbos
65 De Hoek van Penimbos
66 Stek Grondt／尖刺地／Steeck grondt
67 Vuyle Eyl.／目嶼／目斗嶼／vuyle Eylandt
68 Dit is at Vuyt en Steenagtige Grond 此處為礁岩／Dit is al Vuyl Stetnachige groont
69 Lange Eyl.／長島／吉貝嶼／Langt Eylandt
70 Witte Eyl.／白島／鳥嶼／Witle Eylandt
71 Penhou／澎湖／白沙島／Pehouip
72 Phehno／澎湖／湖西／Phehno
73 Fort／城堡／朝陽里紅毛城／China fort
74 Fort／城堡／石泉里小堡壘／China fort
75 Vissers Eyl.／漁夫島／西嶼／vissers Eylandt
76 de Vissers Bay／漁夫灣／內垵／de Visschers bay
77 de Swarte Klip／黑色礁岩／查坡嶼／de Swarte Clip
78 Klyne Taaffel／小桌／桶盤嶼／Clyne Taaffel
79 Groote Taaffel／大桌／虎井嶼／groote Taaffel
80 't Rovers Eyl.／海盜島／望安島、將軍嶼／'t Roovers Eyl.
81 't Zuyd Oofter Eyl.／東南島／東吉嶼／'t Zuydt Oofter Eylandt
82 't Verdritig Eyl.／傷心島／西吉嶼／'t verdrietich Eyl.
83 Steen Clippig Eyl.／礁石島／西嶼坪嶼／Steen Clippigk Eylandt
84 't Wester Eyl.／西島／花嶼／'t wester Eylandt
85 't Hooge Eyl.／高島／貓嶼／'t hooge Eylandt
86 't Zuyder Eyl.／南島／七美嶼／'t Suyder Eyland

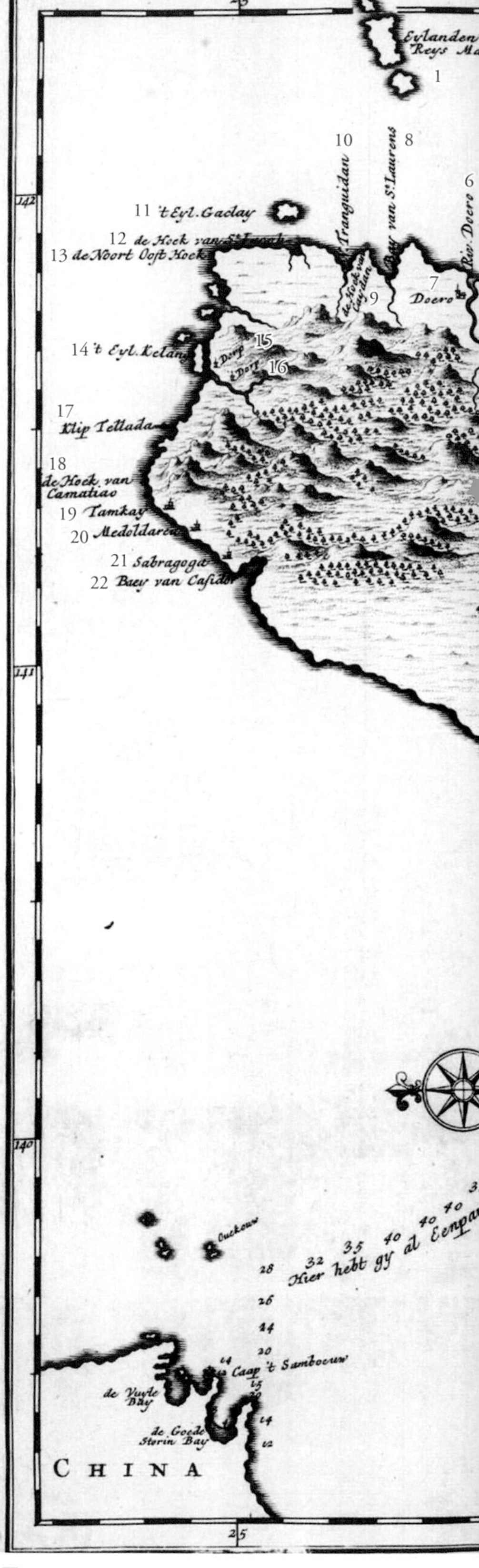

圖1

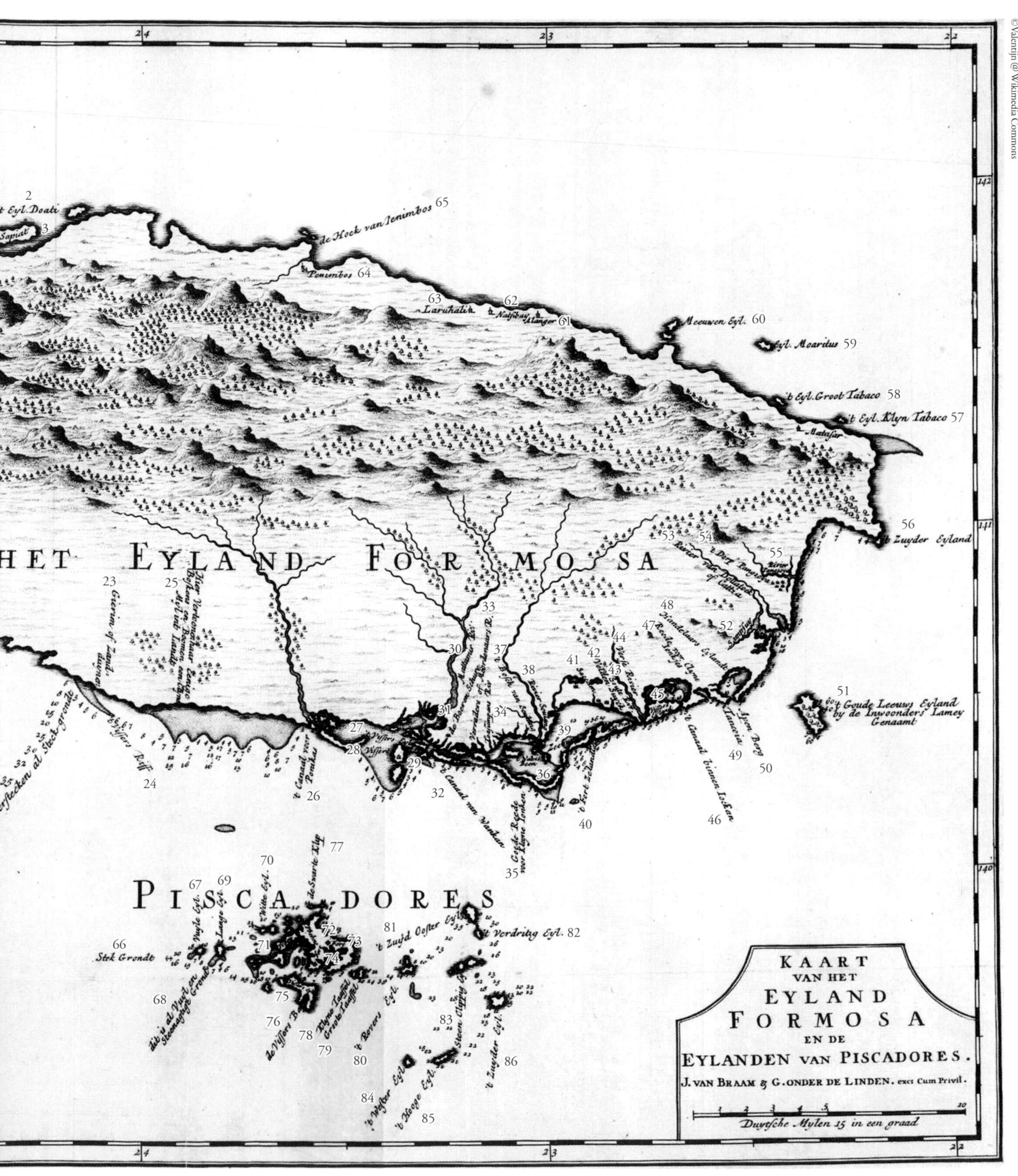
KAART VAN HET EYLAND FORMOSA EN DE EYLANDEN VAN PISCADORES.
J. VAN BRAAM & G. ONDER DE LINDEN. exct Cum Privil.
Duytsche Mylen 15 in een graad
HET EYLAND FORMOSA
PISCADORES
't Eyl. Doati
Sapiat
de Hoek van Ienimbos
Ienimbos
Laruhali
Meeuwen Eyl.
Eyl. Moaritus
't Eyl. Groot Tabaco
't Eyl. Klyn Tabaco
Matasar
't Zuyder Eyland
Goude Leeuws Eyland by de Inwoonders Lamey Genaamt
Steen Berg
't Canaal binnen Lakan
't Canaal voor Ponkan
Canaal van Wankan
Visschers Rif
't Verdrietig Eyl.
't Zuyd Oester Eyl.
Lange Eyl.
Vuyle Eyl.
Witte Eyl.
de Swarte Klip
Stek Grondt
't Wester Eyl.
't Hooge Eyl.
't Zuyder Eyl.
Steen Clippig Eyl.
2 3 23 24 25 26 27 28 29 30 31 32 33 34 35 36 37 38 39 40 41 42 43 44 45 46 47 48 49 50 51 52 53 54 55 56 57 58 59 60 61 62 63 64 65 66 67 68 69 70 71 72 73 74 75 76 77 78 79 80 81 82 83 84 85 86

《福爾摩沙島與漁翁島海圖》*Kaart van het Eyland Formosa en de Eylanden van Piscadores*

地圖出處｜《新舊東印度誌》(*Oud en Nieuw Oost-Indien*)
繪 製 者｜瓦倫泰因 (Francois Valentyn)
出 版 者｜約翰・布蘭姆 (J. van Braam)、林旦 (G.Onder de Linden)
繪製年代｜1724年
出 版 者｜吉爾斯 (Gilles Coppens de Diest)
印製形式｜銅版蝕刻
地圖尺寸｜56×44公分
相關地圖｜1.《福爾摩沙島與漁翁島海圖》*Caerte van't Eylandt Formosa en de Eylandt van de Piscadores*, 收錄於《勞倫斯・凡・德漢地圖集》, 1636年*
2.《福爾摩沙島與漁翁島海圖》*Caerte van't Eylandt Formosa en de Eylandt van de Piscadores*, 1636年，芬伯翁繪製
3.《福爾摩沙島》*L'Ile de Formosa*, 收錄於《由波斯到東印度見聞錄》, 1727年，彼得・凡・德爾繪製

◀◀圖1｜1724年瓦倫泰因繪製的《福爾摩沙島與漁翁島海圖》大概是臺灣學者、出版商，甚至一般民眾最喜歡引用的臺灣古地圖。曹永和在〈歐洲古地圖上之臺灣〉一文中表示，此圖是荷蘭時代刊印的臺灣地圖最詳細者。他將圖中的地名一一列舉，並翻譯成中文，可見其重視之程度。但荷蘭海牙國家檔案館的研究員冉福立卻認為這張地圖沒什麼用處，因為此圖的繪製者毫無挑選地加進其他地圖的資料。

＊此圖為1636年芬伯翁繪製的《福爾摩沙島與漁翁島海圖》(圖2)的摹本，因此圖名相同；本章也將介紹《勞倫斯・凡・德漢地圖集》收錄的另一張《福爾摩沙全島圖》(圖3)。

臺灣最早與世界掛鉤的全島圖

1724年瓦倫泰因(Francois Valentyn)繪製的《福爾摩沙島與漁翁島海圖》(圖1，以下簡稱「瓦倫泰因臺灣全圖」)大概是臺灣學者、出版商，甚至一般民眾最喜歡引用的臺灣古地圖。許多刊物和展覽都可看到這幅臺灣全圖，此圖原本收錄於18世紀初荷蘭牧師瓦倫泰因編寫的《新舊東印度誌》(*Oud en Nieuw Oost-Indien*)上。

曹永和在〈歐洲古地圖上之臺灣〉一文中提到，瓦倫泰因臺灣全圖是荷蘭時代刊印的臺灣地圖中最詳細的一幅。文中曹永和將此圖標示的地名一一列舉，並逐個翻譯成中文地名，由此可以看出他對此圖的重視。關於這幅地圖，曹永和給予的評價是：「從瓦倫泰因的這幅地圖，因地名分布於全島，故我們可知荷蘭人對臺灣有相當精密的踏查，惟仍現時嘉南平原及其沿岸較詳細，可表示其勢力即以這些地方為重心。」

或許是因為曹永和給予此圖如此高的評價，所以現在許多學者、出版商，甚至一般民眾都喜歡引用這幅地圖，再加上這是一幅歐洲人繪製的臺灣全島圖，和中國早期繪製山水畫式的臺灣輿圖相比，繪圖技術的含金量顯然高出不止一倍。近年臺灣「去中國化」的政治氛圍濃厚，這張歐洲人繪製的臺灣古地圖，似乎就是臺灣早早走入世界舞臺、「走向海洋」的最好明證。前教育部長杜正勝就特別推薦過瓦倫泰因臺灣全圖，還辦過展覽，認為此圖打破了北上南下的地圖慣例，很有創意。當然他推薦此圖的目的也在於推動「去中國化」，所以瓦倫泰因臺灣全圖在臺灣，可說是一幅政治意涵相當濃厚的地圖。

撇開政治意涵不談，荷蘭海牙國家檔案館的研究員冉福立(Kees Zandvliet)對瓦倫泰因臺灣全圖的評價和曹永和全然相反，他認為這幅地圖並沒什麼價值，「因為此圖的繪製者毫無挑選地加進其他地圖的資料」。冉福立的批評非常嚴厲，但是也很中肯。

冉福立的批評之所以如此嚴厲，是因為瓦倫泰因臺灣全圖從淡水、雞籠，一直到噶瑪蘭、花東一帶，標示的地名大部分都不知所云，而且還弄不清是從哪兒抄來的。曹永和在〈歐洲古地圖上之臺灣〉一文中列舉圖中的地名時，東海岸的地名除了三貂角、蘇澳、黃金河等少數幾個之外，幾乎完全沒有翻譯，顯然曹永和也不知道這些地名所指為何。這也就從側面證實了冉福立所謂繪製者「毫無挑選地加進其他地圖的資料」的嚴厲批評。

至於西海岸部分，二林(Gierim)以南，一直到西海岸最南端的地名問題倒是不大，因為此圖和1636年芬伯翁繪製的《福爾摩沙島與漁翁島海圖》(圖2，以下簡稱「芬伯翁臺灣全圖」)基本上完全相同。芬伯翁是荷蘭聯合東印度公司(VOC)第二任地圖部門承包商布勞的雇員，普特曼斯擔任第四任大員長官的時代，許多從臺灣傳回的地圖初稿都是由芬伯翁轉繪完成的。

曹永和在〈歐洲古地圖上之臺灣〉一文中沒提到芬伯

翁臺灣全圖，可見曹永和在撰寫該文時並不知道或者沒看過芬伯翁臺灣全圖。他當時如果看過芬伯翁臺灣全圖，很可能就不會給予瓦倫泰因臺灣全圖如此高的評價。

其實瓦倫泰因臺灣全圖摹寫自芬伯翁臺灣全圖，現在看來已是毫無疑義了。因為《新舊東印度誌》的內容講的就是VOC在東印度地區的發展過程，此書可能是VOC委託他撰寫的，所以瓦倫泰因從VOC的地圖檔案中摹寫芬伯翁臺灣全圖應該也是「順理成章」，極其自然的事。

冉福立又進一步分析，認為芬伯翁臺灣全圖是根據1636年彼得・約翰松（Pieter Jansz）測繪的多幅臺灣西南海岸及澎湖海圖轉繪的。令人遺憾的是，目前荷蘭海牙國家檔案館已經找不到約翰松繪製的原圖，不過收藏於奧地利國家圖書館的《勞倫斯・凡・德漢地圖集》（*Laurens van der Hem Atlas*）不但附錄了類似芬伯翁臺灣全圖的摹本，同時還收錄了三幅約翰松臺灣西南海岸及澎湖海圖的原圖摹本，分別是《澎湖群島》、《北港溪至七鯤鯓海岸線》（第18章，圖2）以及《北汕尾至貓鼻頭海岸線》（第18章，圖3）等三幅。

《勞倫斯・凡・德漢地圖集》的原收藏者勞倫斯・凡・德漢（Laurens van der Hem）是VOC的專任律師，據說他買通了芬伯翁的老闆布勞將VOC的圖檔摹繪了一套，因此原本VOC已經佚失的原圖，在《勞倫斯・凡・德漢地圖集》中反而可以找得到摹本。

所有政績都在一張半吊子的臺灣地圖上？

冉福立認為1636年約翰松測繪的臺灣西南海岸可能也僅僅只有這三幅，因為芬伯翁臺灣全圖中的西南海岸線、澎湖群島，和《勞倫斯・凡・德漢地圖集》收錄的三幅分圖摹本，基本上完全相同。除此之外，芬伯翁臺灣全圖中，其他地區的海岸線並沒有比1625年的《北港圖》（第13章，圖1）高明到哪裡去。除了西南海岸地區，芬伯翁臺灣全圖中的地名甚至比《北港圖》中標示的還少。所以如果當時約翰松還有其他臺灣海岸線的測繪原圖傳回VOC總部，芬伯翁臺灣全圖應該就不至於是這副「半吊子」的模樣。

可能就是因為這副「半吊子」的模樣，芬伯翁臺灣全圖雖然是VOC繼1625年版《北港圖》之後的第二幅「官定本」臺灣全圖，但是除了《新舊東印度誌》及《勞倫斯・凡・德漢地圖集》之外，其他版本的地圖或地圖集引用芬伯翁臺灣全圖的例子極為罕見。

VOC繪製的臺灣地圖中，被引用最多的應該是第三幅，也就是VOC終極版的臺灣全圖「官定本」，即弗里斯（Maarten Gerritsz de Vries）1644年測繪的《臺灣島圖》。這幅地圖的原稿也已經佚失了，但是復刻版本很多，下一章將提到的1728年克倫版《卑南圖》（第15章，圖1）也是其一，冉福立曾對此圖的衍生版本做過深入探討。雖然弗里斯的版本是VOC使用最普遍的臺灣全圖，圖中的信息也相當全面，但此圖在臺灣的知名度反而遠低於瓦倫泰因臺灣全圖。可能是弗里斯的臺灣全圖多與福建的海岸線刊刻在同一幅圖版上，因此有些人對其「政治立場」有所忌諱，不願推廣此圖。可見地圖也會被賦予地圖信息之外的政治意涵。

冉福立認為約翰松的臺灣西南海岸海圖，是奉大員長官普特曼斯之命而測繪的。普特曼斯任內最大的企圖是征服臺灣全島，而測繪海岸地圖應該是為征服全島做準備。

1626年占領雞籠、淡水地區的西班牙人讓普特曼斯倍感威脅。因為西班牙人占領雞籠之後，其戰艦可以雞籠為基地，輕易地攔截大員赴日貿易的商船。大員貿易站最大的獲利來源是對日貿易，因此一旦對日貿易受阻，將是一場無可挽救的災難。所以普特曼斯必須盡快設法將西班牙人逐出雞籠，預防可能發生的災難。

從芬伯翁臺灣全圖看得出來，當時普特曼斯向北推進的進展十分有限，普特曼斯能夠控制且測繪過的地區，最北大概不超過彰化的二林，甚至可能只到魍港（Wankan，嘉義布袋鎮好美里）而已。有些文獻指出，虎尾壟（Vorovorang，雲林臺西）一帶的原住民十分強悍，根本不服從荷蘭人的統治，阻斷了荷蘭人向北發展的去路。

事與願違，普特曼斯一直到1637年任滿返回荷蘭為止，不但未能完成較準確的臺灣全島海岸線測繪，也沒對雞籠的西班牙人發動攻擊。從某個角度而言，芬伯翁臺灣全圖算是普特曼斯治理大員貿易站的成績之一。

從哪冒出來的皇冠山？而且還會移動？

目前大部分的學者都同意《勞倫斯・凡・德漢地圖集》收錄的《福爾摩沙全島圖》（圖3，以下簡稱「德漢臺灣全圖」）應該也是摹繪自芬伯翁臺灣全圖。但奇怪的是，德漢臺灣全圖中央偏東的位置上標示了一座「常年積雪」的皇冠山

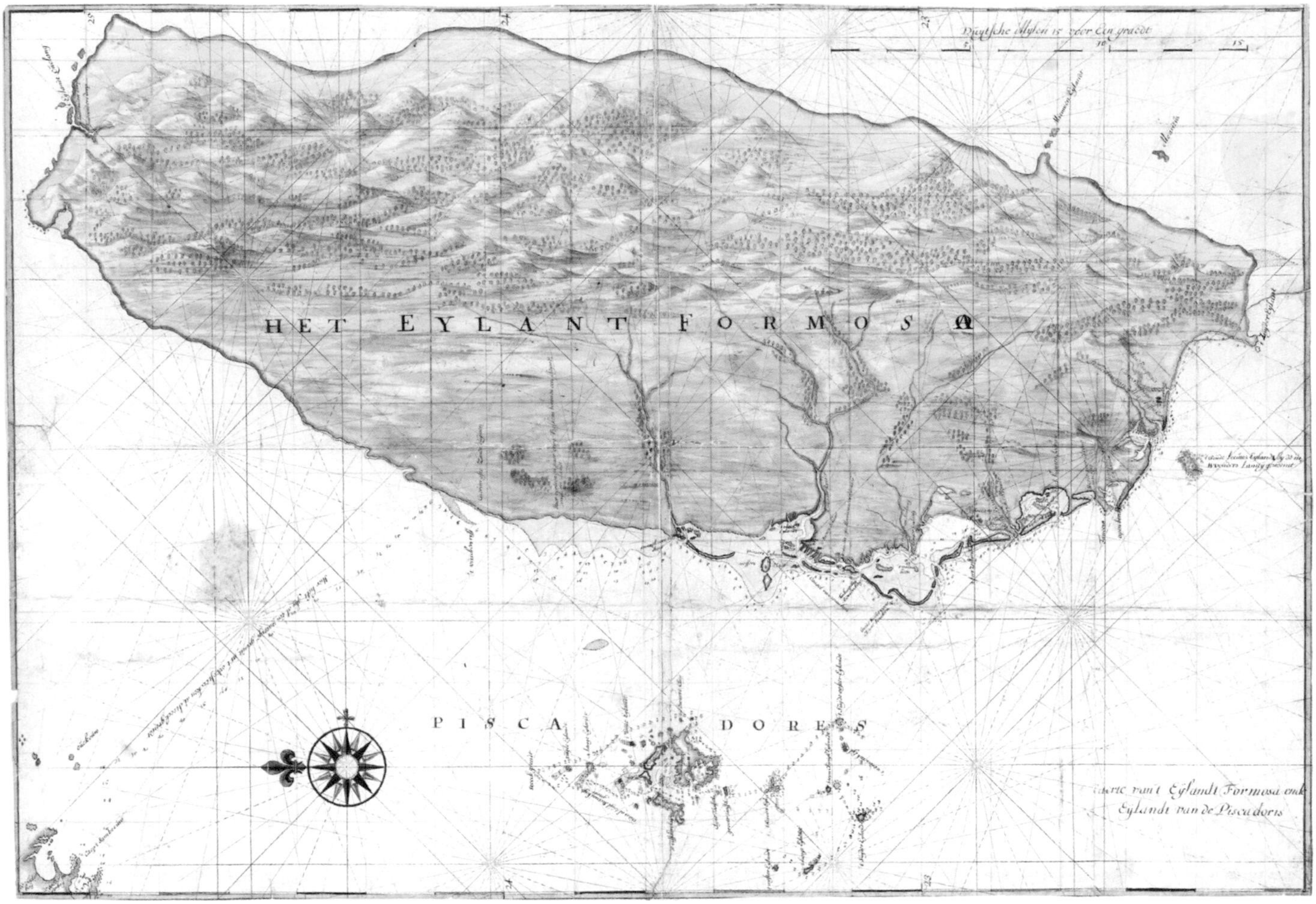

(Kroonen Bergh)，而芬伯翁臺灣全圖卻沒有這座山的標示。另外，摹自芬伯翁臺灣全圖的瓦倫泰因臺灣全圖，也沒有皇冠山的標示，那麼該如何解釋這個奇怪的現象呢？

VOC繪製的臺灣全島地圖中，除了冉福立稱為《卑南圖》的那幅之外，再沒有其他全島圖標示過皇冠山，而且《卑南圖》也非荷蘭海牙國家檔案館館藏，而是收錄在1728年克倫出版的商業發行本。

還需要注意的是，《卑南圖》中皇冠山的位置比較接近南北大武山，而1727年出版，由彼得．凡．德爾（Pieter van der Aa）繪製的《福爾摩沙島》（圖4）中的皇冠山，幾乎可以確定就是南北大武山。這和德漢臺灣全圖標示的皇冠山位置差距還滿大的，很難說是同一個地方。

冉福立認為德漢臺灣全圖上，註明常年積雪的皇冠山，可能是玉山或秀姑巒山，但他又該如何解釋兩圖（圖3、圖4）標示的皇冠山位置上的明顯差距？

如果皇冠山真是玉山，按理位置不該有如此大的差異。因為常年在臺灣西海岸航行的水手，對玉山和大武山都不會陌生。只要天氣晴朗，離海岸不是太遠，肉眼都可以清楚地看見這兩座大山。而且當時荷蘭人在船上用儀器測量玉山、大武山也不費事，為什麼VOC的地圖中看不到這兩座大山的標示？

西方國家第一次測繪玉山高度的是1840年代的英國海軍，當時他們便是從臺灣西部外海上測繪的。荷蘭時代，VOC「官定本」的地圖中不見皇冠山，反而出現在《勞倫斯．凡．德漢地圖集》這類以觀賞為目的，且不甚專業的地圖摹本上？冉福立對此沒有更多的解釋。

破解臺灣古地圖，素民學者功不可沒

1636年版的芬伯翁臺灣全圖中標示的地名，除了荷蘭文造成的障礙外，即便翻譯成中文，對一般民眾而言，也很難弄清楚這些古地名的具體位置；其實就算是學者，對這些地名也無法解釋得很清楚。

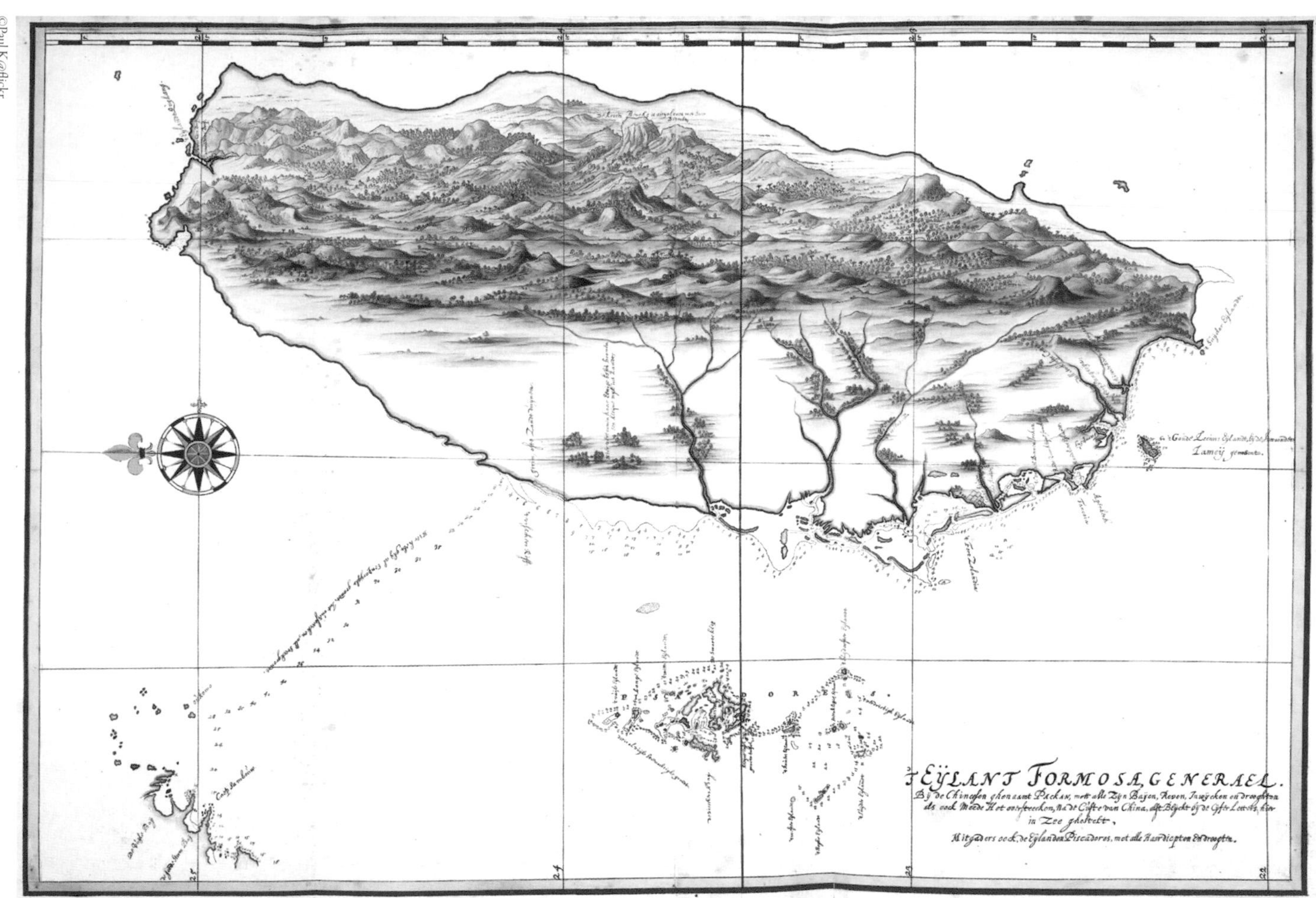

例如魍港水道('t Canaal van Wankan)、北港水道('t Canaal voor Ponikas)的具體位置，歷來的爭議就很大，主要的原因是3、400年前，臺灣西南海岸線的地貌和現在差異很大。經過多年的人為開墾，以及堆積作用旺盛的北港溪、八掌溪、急水溪、曾文溪，將原本是潟湖、內海的原始地貌徹底改變了。再加上荷蘭時代的地圖並不十分精確，所以很難和現在的地圖相互比對。

在此必須特別介紹一位已經故去並將畢生貢獻於臺南歷史地理與地方文獻的素民學者盧嘉興。早年，他憑一己之力，根據史料，再加上實地考察，完成了歷年臺江內海變遷的考據，獲得中研院院士方豪高度的讚許，也為自己贏得學術上的榮譽。

我們根據盧嘉興繪製的近十幅不同時代的臺南海岸變遷圖，比對不同時代的古地圖，可以查到這些古地名的所在。希望將來能有其他學者，做出類似盧嘉興的成績。

◀圖2｜《福爾摩沙島與漁翁島海圖》*Caerte van 't Eylandt Formosa en de Eylandt van de Piscadores*, 1636年，芬伯翁繪製

此圖是荷蘭聯合東印度公司(VOC)繪製的第二幅臺灣全圖，因為圖中的信息不夠全面，所以復刻的版本很少。其中臺灣最熟悉的瓦倫泰因的《福爾摩沙島與漁翁島海圖》就是摹自這幅手繪地圖。此圖除了西南海岸地區外，對其餘海岸線著墨甚少。東部海岸只標示了少數幾個地名，比瓦倫泰因的摹本還少了許多。

▲圖3｜《福爾摩沙全島圖》*'t Eylant Formosa Generael*, 1636年，收錄於《勞倫斯．凡．德漢地圖集》

本圖也是芬伯翁臺灣全圖的摹本。《勞倫斯．凡．德漢地圖集》總數達2000多張，分好幾十櫃，是供「外行」的有錢人觀賞、炫富之物，所以用色俗豔、字體花俏，並不符合一般地圖繪製的規範。但是因為VOC許多檔案地圖業已佚失，本地圖集的摹本反而成了唯一可以供學術參考的版本。例如本地圖集中的《澎湖群島》、《北港溪至七鯤鯓海岸線》以及《北汕尾至貓鼻頭海岸線》等三幅便是一例。

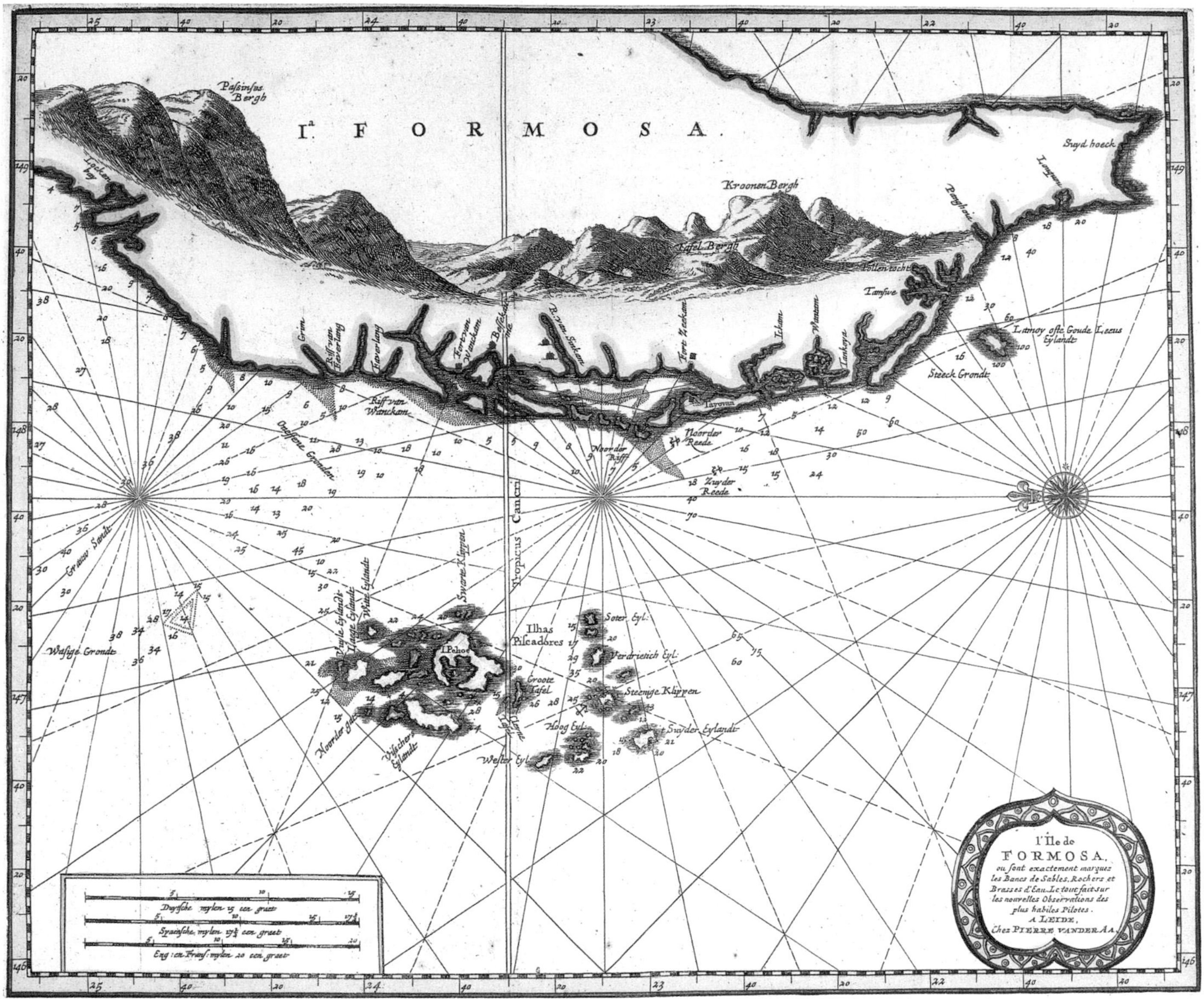

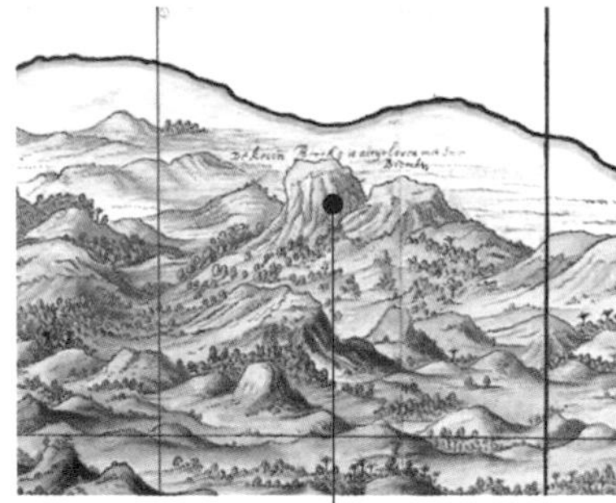

圖3局部

這座「常年積雪」的皇冠山
沒有出現在芬伯翁或
瓦倫泰因的臺灣全圖上，
是從哪裡冒出來的呢？

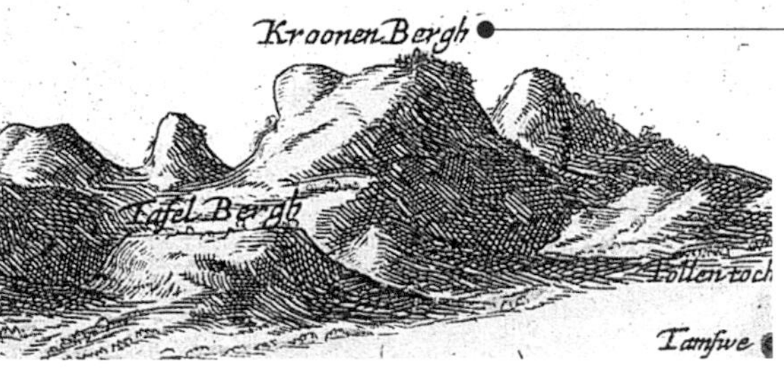

此圖中的皇冠山，
幾乎可以確定就是南北大武山。

▲圖4｜《福爾摩沙島》*L'Ile de Formosa*, 1727年，彼得·凡·德爾繪製，收錄於《由波斯到東印度見聞錄》(*Voyages Celebres & Remarquables, Faits de Perse aux Indes Orientales*)

這是除了《卑南圖》(第15章，圖1)外，另一幅也有畫出皇冠山的地圖，但跟《勞倫斯·凡·德漢地圖集》收錄的《福爾摩沙全島圖》(圖3)相較，兩座山的位置卻有段差距，很難說是同一座山。

CHAPTER

15

1640-1728年

荷蘭時期《卑南圖》是黃金尋寶圖？

臺灣東部出產黃金的傳說起源相當早，
西班牙人占領雞籠時曾一度大舉出兵噶瑪蘭，
目的就是為了奪取傳說中的「哆囉滿黃金」。
1640年之後，大員對日本的轉口貿易逐漸好轉，
此時荷蘭人的苦惱不再是缺乏銷往日本的中國商品，
而是如何籌措白銀支付中國商人的巨額貨款？
荷蘭人沒有墨西哥的大銀礦，也沒有葡萄牙人的印度鴉片，
只好千辛萬苦、翻山越嶺到臺灣東部，
尋找傳說中的「哆囉滿黃金」……

《中國沿海地區海圖：廣東、福建與福爾摩沙島》別稱《卑南圖》

Pas-kaart van de Chineesche Kust, langs de Provincien Quantung en Fokien, als ook het Eyland Formosa

地圖出處｜《領航指南》(*Zee-Fakkel*)
繪製者｜約翰・凡・克倫（*Joan van Keulen*）
繪製年代｜1728年
印製形式｜銅版蝕刻
地圖尺寸｜60×53.5公分
相關地圖｜1.《中國廣東、福建沿海圖》*Quantung, e Fokien, prouincie della China*, 1696年，科羅內里繪製
2.《皇輿全覽圖・福建省》法文版，1737年
3.《福爾摩沙島與部分中國沿岸圖》*L'Isle Formose et Partie des Coste de la Chine*, 1756年，貝林繪製

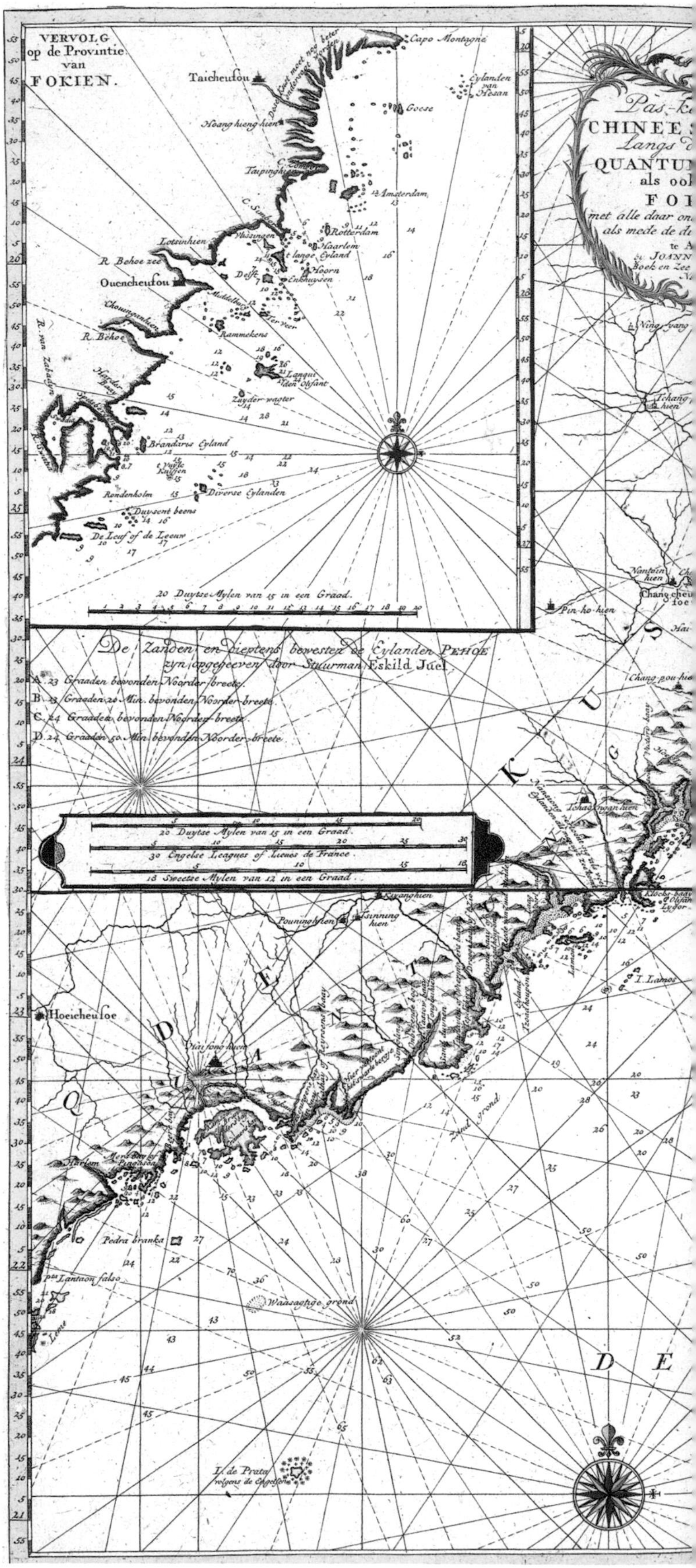

▶圖1｜本圖是根據1640年代VOC最優秀的船長與海圖測繪師黑得利松・德・弗里斯測繪的原圖所轉繪。海牙國家檔案研究員冉福立從赤崁堡壘的標示，推斷本圖應該繪製於1653～1661年之間，原圖已佚失，現在看得到的版本是1753年克倫出版的《領航指南》第6卷附圖。冉福立認為本圖是荷蘭統治臺灣後期最壯觀的代表性地圖，圖中標示的地理信息顯示荷蘭人已充分掌握了全島的狀況。圖中描繪了幾條內陸的路線，比較重要的一條是從赤崁經萬丹到林邊一帶。另一條橫越南部山區通往臺東知本，再從南王沿著花東縱谷抵達花蓮的Surus社。由此可見荷蘭人對臺灣地理信息的掌握已從海岸線逐漸深入到內陸，由西南部擴展到東部。冉福立認為本圖東部的地理信息相當豐富，和尋找「哆囉滿黃金」有關，因此他將此稱為卑南圖（當時卑南為東部的泛稱）。

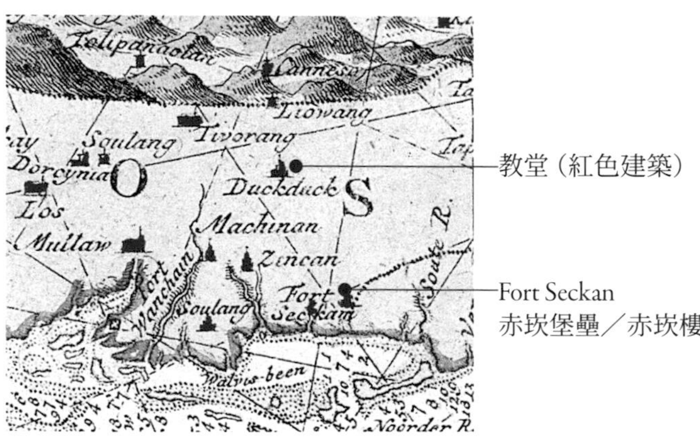

本圖可以看到赤崁附近的村落出現了一座座的教堂，顯示VOC除了在臺從事轉口貿易也派遣牧師深入平埔聚落從事教化工作。

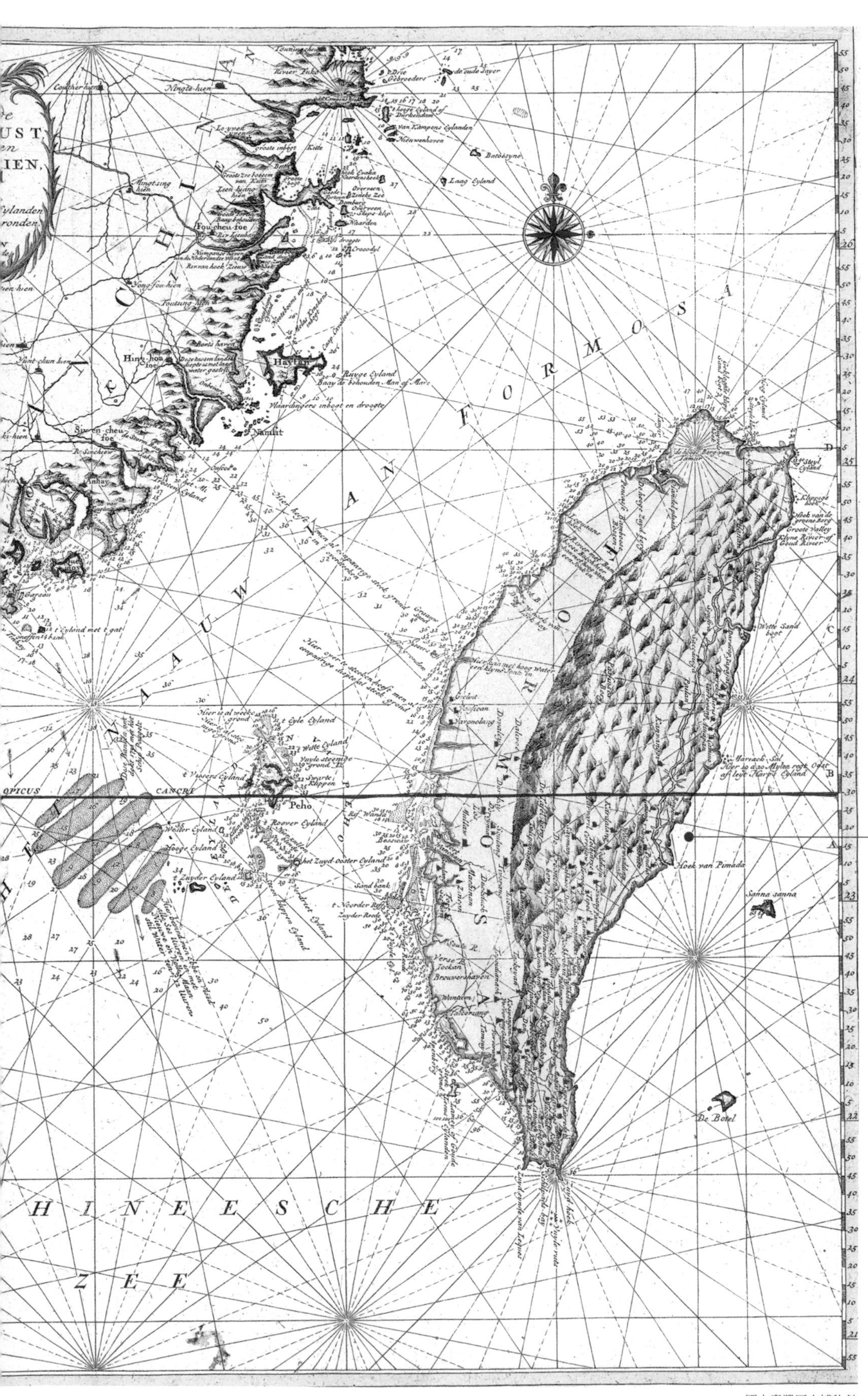

宜蘭、花蓮、臺東部分
標示的原住民部落（地名）
與教堂（紅色建築）的密度，
已經大大地超出西部地區。

本地圖地名原文／譯文／現今地名

＊ 譯者／王超賢（北京大學語言學教授）
＊ 譯文處保留的英文，是原住民地名音譯，如：Penca的竹林

1 Quelang／雞籠／基隆
2 Hoog Eyland／高島
3 Steyle klip／陡峭的礁岩
4 Gekloofde klipp sand bogt／漂亮的礁岩、沙灘【劈叉礁，泥沼地】
5 Duyvels hoek／魔鬼岬／野柳

淡水

6 de hooge Berg van Tamsir／淡水的高山／大屯山
7 Tamsir／淡水／淡水
8 Sandel plaat／沙地
9 De hooge zuyd berg／南邊的高山／觀音山
10 Pencasse Bamboese Bossen／Penca的竹林
11 Leg (q?) uauns hoek／琉球岬
12 Rivier met Bamboese Bosch hier kan met hoog wates een Jonk in／有竹林的河，高水位時中國帆船能進來／新竹新豐紅毛港
13 Lock B.／Lock灣／竹南中港
14 De Z. W. hoek van de Lock bay／Lock灣的西南岬

彰化

15 Giclint／二林／二林

雲林

16 Vassican／貓兒干／崙背
17 Vavonnolang／虎尾壠／虎尾
18 Dalivoe／斗六門／斗六
19 Dovaley／東螺／北斗
20 Rif Wansa／wansa礁
21 Fort Wanchain 魍港堡壘／布袋好美里太聖宮

臺南

22 Soulang／蕭壠／臺南佳里一帶
23 Tevorang／大武壠
24 Soulang／蕭壠
25 Zincan／新港社
26 Fort Seckan／赤崁堡壘／赤崁樓
27 Sand bank／沙岸
28 Noorder Riff／北礁
29 Zuyder Reede／南蘆葦地
30 Noorder Reede／北蘆葦地
31 Vuyle Eyl.／多島
32 Soute R.／鹽水溪／德慶溪

高雄

33 Verse R.／清水溪，今二仁溪
34 Iockan／堯港（蟯港）／興達港
35 Brouwer haven／布婁港
36 Wantaon／萬丹／左營軍港
37 R. Taccoriang／打狗河／愛河
38 Appenberg／猴山／旗後山

屏東

39 Tamsuy／淡水／高屏溪
40 Pangsaun／放索／高雄林邊
41 Steek grond／尖刺地
42 Lamey of Goude Leeus Eylanden／金獅島／小琉球嶼

宜花東

43 Steyl Eyland／陡峭的島／龜山島
44 Klippige hock／多礁石的海岬
45 Hock van de groeneberg／綠色山脊的海岬
46 Groote Valley／大谷
47 Klyne Rivier of Goud Rivier／小河，又稱黃金河／花蓮溪
48 Sibilan／花蓮市一帶
49 Witte Sand bogt／白沙灣／秀姑巒溪口
50 Mariack Sal／Maria的馬鞍／三仙臺
51 Sanna Sanna／綠島
52 De Botel／蘭嶼
53 Hoek van Pimada／卑南岬
54 Pindbi／卑南覓
55 De Tafel berg／桌山
56 De Kroonen berg／皇冠山／玉山
57 Lupoe／知本
58 Zuyd hoek／南岬／鵝鑾鼻
59 Vuyle ruts／危險的礁岩
60 Schilpads bay／龜灣／恆春南灣
61 Zuyd eunde van Leques／琉球的南端／貓鼻頭

澎湖

62 Hier is al weeke grond／此處為軟地
63 Eyle Eyland／目嶼／吉貝嶼、目斗嶼
64 Hier is al steenige grond／此處為礁岩
65 t Witte Eyland／白島／鳥嶼
66 Vuyle steenige grond／多石地
67 Swarte Klippen／礁岩／查埔嶼、查母嶼
68 Peho／澎湖／馬公島
69 t Vissers Eyland／漁翁島／西嶼
70 Roover Eyland／海盜島／望安島、將軍嶼
71 Hier zullen blinde klippe zyn／此處為暗礁
72 Het Zuyd-OosterEuland／東南島／東吉嶼
73 Verdriet Eyland／傷心島／西吉嶼
74 Steen Klippen Eyland／鐵砧、西嶼坪嶼、東嶼坪嶼
75 t Zuyder Eyland／南島／七美嶼
76 t Hooge Eyland／高島／貓嶼
77 t Wester Eyland／西島／花嶼

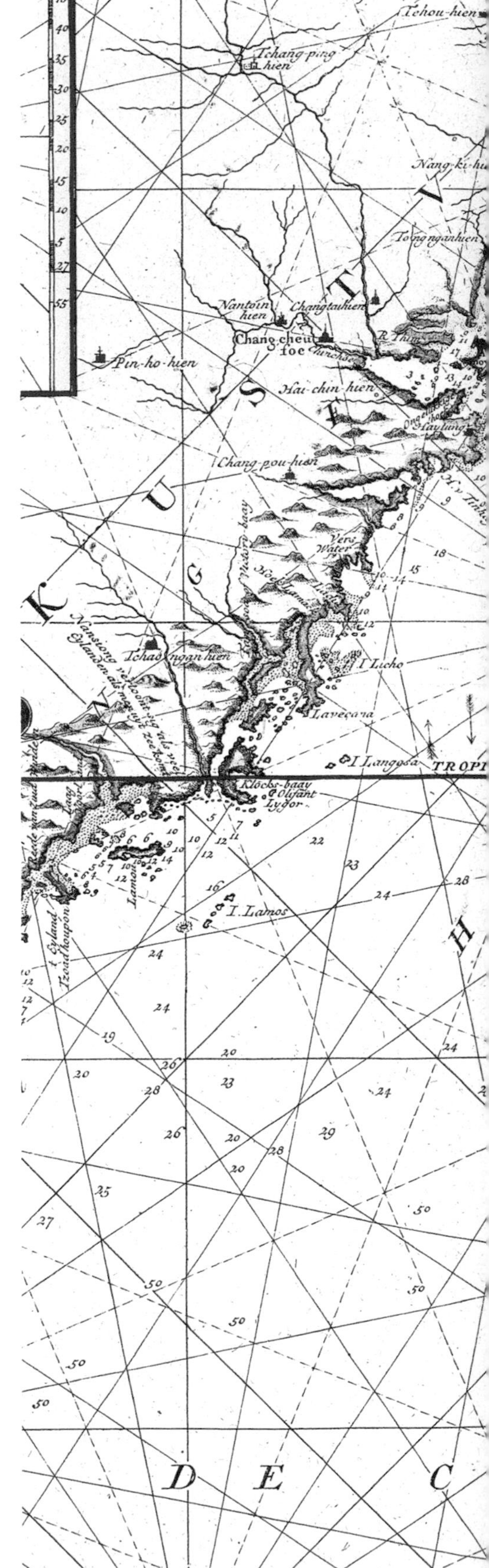

圖1（局部）

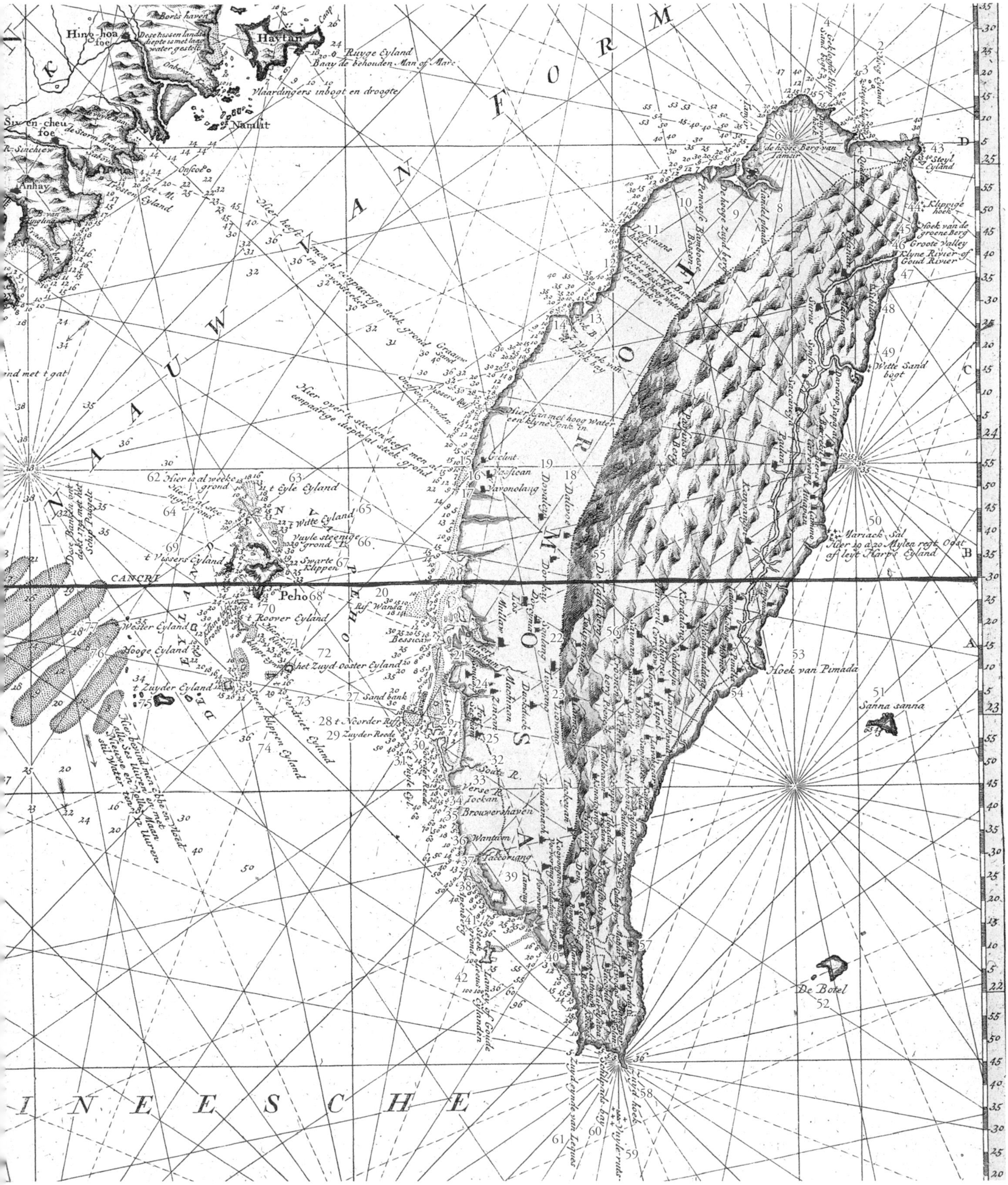
F O R M O S A
N A U W V A N F O R M O S A
I N E E S C H E
CANCRI
Hing-hoa foe
Haytan
Ruyge Eyland
Baay de behouden Man of Marc
Vlaardingers inboogt en droogte
Six-en-cheu foe
Namlit
Anhay
Hier is al weeke grond
t Eyle Eyland
Witte Eyland
Vuyle steenige grond
Swarte Klippen
t Vissers Eyland
Peho
t Roover Eyland
Wester Eyland
Hooge Eyland
het Zuyd-Ooster Eyland
t Zuyder Eyland
Sand bank
t Noorder Riff
Zuyder Reede
Steen klippen Eyland
Verdriet Eyland
Brouwershaven
Wantaan
Taccorjang
Hoek van Pimada
Sanna sanna
De Botel
Mariack Sal
Witte Sand bogt
Klippige hoek
Hoek van de groene Berg
Groote Valley
Klyne Rivier of Goud Rivier
Steyl Eyland
de hooge Berg van Tamsuy
Zuyd hoek
Zuyd eynde van Lequeo

PROVINCE DE FO-KIEN
TCHE-KIANG
KIANG-SI
QUANG-TONG
TAI-OUAN ou ISLE FORMOSE
Isles de Pong-hou
Lis ou Stades Chinois
50 100 150 200 250
Lieues Françoises
5 10 15 20 25

1640年代中期之後，荷蘭聯合東印度公司(VOC)繪製的臺灣海圖，出現了一種有別於1636年芬伯翁臺灣島圖的類型。荷蘭海牙國家檔案館研究員冉福立認為這個地圖類型，是根據1640年代初期，VOC官員弗里斯繪製的《臺灣島圖》轉繪的。弗里斯的《臺灣島圖》此後成為VOC繪製與臺灣相關地圖的「官定本」，其中包括東亞海圖、東京灣海圖、東印度海圖在內的臺灣島部分，都以此圖作為摹繪參考的範本。

中西合璧的臺灣地圖

弗里斯版的《臺灣島圖》可說是VOC臺灣地圖的終極官定版本。在1730年代《皇輿全覽圖》法文版(圖2)出現之前，弗里斯版《臺灣島圖》也是歐洲地圖繪圖師繪製臺灣島時主要的參考版本，其影響力一直持續到19世紀中葉之後才逐漸退去。

到了康熙年間，西洋教士繪製的《皇輿全覽圖》中臺灣西部海岸部分，已經比弗里斯版的《臺灣島圖》更加精確。當時清政府還未將臺灣東部地區納入版圖，所以西洋傳教士並未到臺灣東部海岸進行測繪，以致《皇輿全覽圖》臺灣東部海岸線仍是一片空白，而弗里斯版的《臺灣島圖》卻是一幅完整的臺灣全島地圖，所以《皇輿全覽圖》雖然較為精確，卻終究無法完全取代它。一直到1840年代英國海軍重新測繪臺灣東部海岸線之前，弗里斯版的臺灣東部海岸線仍是繪製臺灣島圖的最佳參考選擇。

《皇輿全覽圖》法文版出現之後，有些歐洲的地圖繪圖師在繪製臺灣相關的地圖時，採取了一種折衷方案，即西部海岸線採用1714年測繪的《皇輿全覽圖》，而東部海岸線則採用弗里斯的地圖。水文地理學家、海軍海圖工程師貝林(Jacques Nicolas Bellin)繪製的《福爾摩沙島與部分中國沿岸圖》(圖4，*L'Isle Formose et Partie des Coste de la Chine*)就是一個知名的例子。

冉福立所說的弗里斯版臺灣地圖，目前荷蘭海牙國家檔案館已經找不到原稿，比較接近弗里斯原始版本的臺灣地圖是收藏於倫敦圖書館，赫森(Paulus van Husum)繪製的《福爾摩沙島與部分中國沿岸圖》。赫森是VOC地圖承包商布勞的雇員，所以他繪製此圖的參考藍本應該是來自VOC內部的圖檔。赫森繪製的臺灣地圖在所有以弗里斯版為藍本的臺灣地圖中，地理訊息最陽春，可見此圖最接近弗里斯的原始版本。

卑南圖＝藏寶圖？X點在哪裡？

1728年克倫出版的《中國沿海地區海圖：廣東、福建與福爾摩沙島》(圖1，以下簡稱《卑南圖》，卑南為當時對臺灣東部的泛稱)的地理訊息，在所有以弗里斯版為藍本的臺灣地圖中最為豐富。冉福立認為此圖標示了赤崁堡壘，而赤崁堡壘營建於1653年，所以此圖應該繪製於1653年之後。

除了成為兩百餘年歐洲地圖中的臺灣島範本之外，以弗里斯版為藍本的荷蘭時代臺灣地圖還可以看出什麼重要意涵呢？

根據冉福立的說法，弗里斯繪製臺灣地圖起於1639年，完成於1642年左右。當時，大員的荷蘭守軍經過兩次遠征，終於將西班牙人逐出雞籠(基隆)與淡水，此後VOC獨霸臺灣全島。在那之前，從1636年芬伯翁版臺灣島圖可以看出，VOC的勢力僅局限於以大員為中心的西南海岸一帶，因為除了西南海岸線，其他地方只能算是簡圖，沒有經過較精確的測繪。而弗里斯繪製的《臺灣島圖》，全島的海岸線基本上都經過一定程度的「普測」，所

◀圖2｜《皇輿全覽圖．福建省》法文版，1737年，西洋傳教士繪製

《皇輿全覽圖》是地圖測繪史上的大事。對中國而言，《皇輿全覽圖》是以西方新式技術測繪全國的首例；以全球而言，也是全國普測的首例之一，當時法國國王路易14也在推動全國地圖的普測。透過傳教士的傳達，東西方兩個主要國家的君主取得了聯繫，傳教士又將《皇輿全覽圖》攜至法國，以法文重新刻版發行。法文版的《皇輿全覽圖》對歐洲地圖的影響相當大，一直到19世紀中葉後，歐洲的地圖出版界才逐漸以新的測繪取代原本以《皇輿全覽圖》為參考的中國和部分亞洲。

至於中國，《皇輿全覽圖》一直到光緒之前，都是全國一統志所採用的範本。光緒朝開始推動新一波的全國普測，但是由於測繪人才儲備不足，成績不佳，以致臺灣部分完成時，已割讓日本。而光緒17年(1891)由夏獻綸主持重繪的《臺灣地輿總圖》雖然補足了《皇輿全覽圖》所缺的東部地區，但仍很難被視為現代化的新式地圖。

科羅內里在臺灣島上用義大利文註明：「美麗島或福爾摩沙島、琉球、大琉球」，為臺灣在歐洲「正名」。

▲圖3｜《中國廣東、福建沿海圖》*Quantung, e Fokien, prouincie della China*, 1690年，科羅內里繪製

本圖出自1696年方濟各會修士科羅內里（Vincenzo Coronelli）主編的地圖集，圖中臺灣部分明顯是摹自弗里斯版的《臺灣島圖》。整體而言，這應該是以觀賞為目的的非專業地圖，不但海面上畫了各式各樣的船舶作為趣味裝飾，海岸線的繪製也十分粗略，水文資訊寥寥無幾，地名拼寫更是錯誤百出，根本沒什麼參考價值。

不過繪製者在臺灣島上用義大利文註明：「美麗島或福爾摩沙島、琉球、大琉球」（Bella Isola, e Ioslo Formosa, Laqueio, e Ta Lieukieu），倒是為臺灣在歐洲讀者之間發揮了少有的「正名」作用，或許正是此圖最大的價值。

從1540、50年代起，一直到VOC占領臺灣為止，歐洲繪製和臺灣相關的地圖一直在Formosa、Laqueio之間打迷糊仗，本圖的標示正好來一次總澄清。

以整個臺灣島海岸線的細緻程度已經不是1636年芬伯翁版臺灣島圖可以比擬的了。

可以說，從弗里斯繪製的《臺灣島圖》開始，VOC在臺灣進入了擴張期。圖中地名的標示，可以看出VOC在臺灣的勢力不僅僅是取代西班牙人進入北部地區而已。從1728年克倫的《卑南圖》還可以清楚看出，宜蘭、花蓮、臺東部分標示的原住民部落與教堂的密度，已經大大地超出西部地區。這也是冉福立將克倫版的臺灣圖取了別名《卑南圖》的原因。冉福立認為VOC自1640年後，之所以大力經營東部地區，最主要的目的是尋找傳說中的「哆囉滿黃金」。

東部出產黃金的傳說起源相當早，西班牙人占領雞籠時曾大舉出兵噶瑪蘭，就是為了奪取傳說中的「哆囉滿黃金」。但直到被VOC逐出雞籠為止，西班牙人始終沒有找到「哆囉滿黃金」。然而，西班牙人從雞籠南下尋找黃金，不算費事，荷蘭人為什麼要從西部海岸大費周章地翻山越嶺到東部找黃金呢？

都是白銀帝國惹的禍？

荷蘭人1637年得知「哆囉滿黃金」的傳聞後，大員官員曾兩度派出大隊人馬翻山越嶺到臺東卑南覓（Pindbi）尋找黃金，但「哆囉滿黃金」始終成謎。1645年之後，荷蘭

R. Goude 黃金河

L'interieur de cette Isle n'est pas connue.
島的內部為未知領域。

貝林將「雞籠」標示為
「福爾摩沙」，不知所本為何。

Toute cette coste est très peu connue.
所有這些海岸一無所知。

◀圖4｜《福爾摩沙島與部分中國沿岸圖》
L'Isle Formose et Partie des Costes de la Chine，
1756年，貝林繪製，收錄於《航海通史》

本圖收錄於約翰．格林（John Green）所著《航海通史》的法文譯本（*L'Histoire Generale des Voyages*），應該是繪製於康熙《皇輿全覽圖》法文版出現之後，因為臺灣的東海岸雖採用弗里斯版的《臺灣島圖》，但西海岸是摹寫自康熙《皇輿全覽圖》法文版。作者應該是嚴謹的學者，他在東海岸及中央山脈部分都特別註明「島的內部為未知領域」。

本圖與其之前、之後的歐洲地圖不一樣的地方還有對臺灣全島名稱的題名法。之前歐洲出版有關臺灣的地圖，慣用Formosa作為全島名稱，本圖則改題為「臺灣或福爾摩沙」（TAI-OUAN ou ISLE FORMOSE），這正是《皇輿全覽圖》法文版的全島名稱。這種題名法在後來也不多見，大概和繪圖者貝林採用《皇輿全覽圖》法文版的背景有關。

至於西海岸城鎮的地名，本圖部分參照《皇輿全覽圖》法文版的標示，部分採用荷蘭時代的地名，算是一個折衷的版本。比較奇怪的是，貝林竟然將「雞籠港」標示為「福爾摩沙港」，不知所本為何。

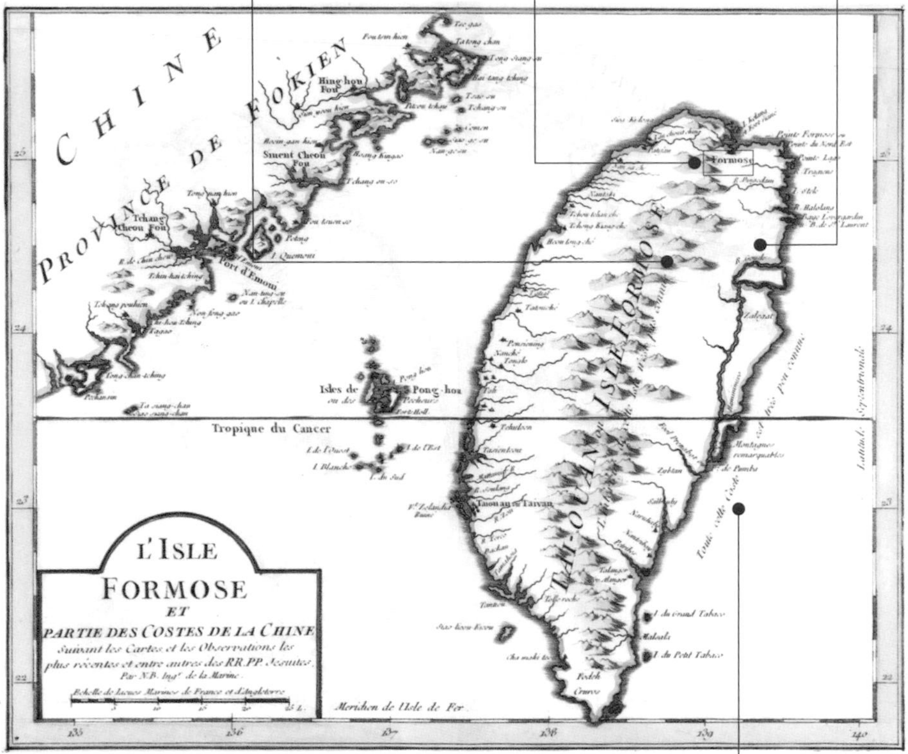

這條北上路線可能與1665年
VOC使節赴北京與大清朝廷商討
共同對付明鄭政權的行程有關。

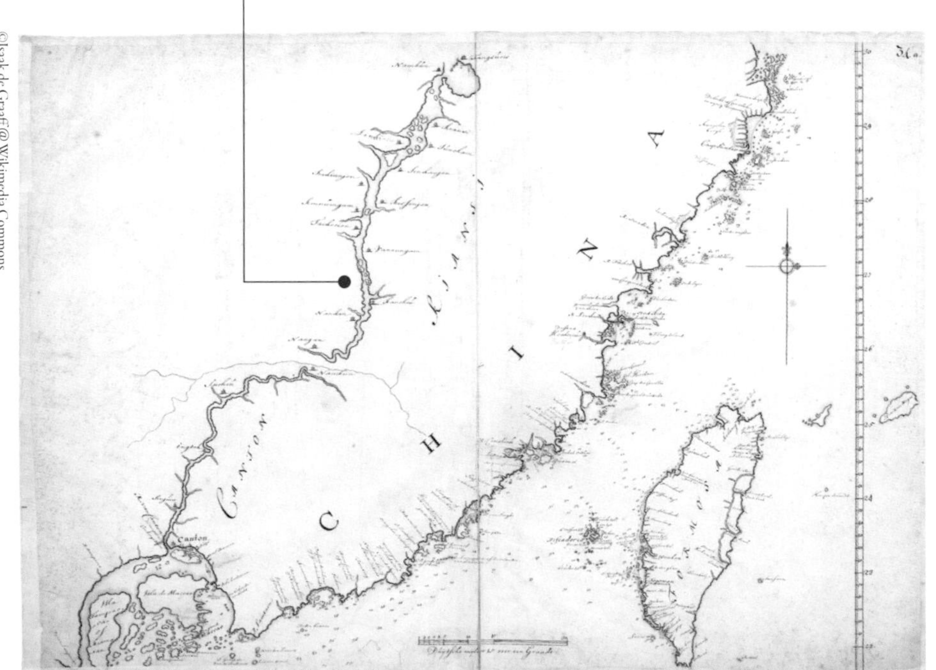

◀圖5｜《中國部分沿海與福爾摩沙島圖》
Kaart van China en Formosa, 1690～1743年

此圖為VOC館藏圖檔。曹永和院士的〈歐洲古地圖上之臺灣〉一文中有附錄此圖，但並未多做說明。其中的臺灣部分摹自弗里斯版應該是無庸置疑的，但水文資料比克倫版臺灣島圖（圖1）少了很多，而且沒標示測繪點，所以應該不是原始圖檔，可能只是摹本。圖中福建海岸線和克倫版差距也很大，這部分應該是摹自另一個圖檔。此圖最特別之處，是潮州府以北有一條大概是沿著韓江、贛江的北上路線，很可能和1665年VOC使節赴北京與大清朝廷商討共同對付明鄭政權的行程有關。

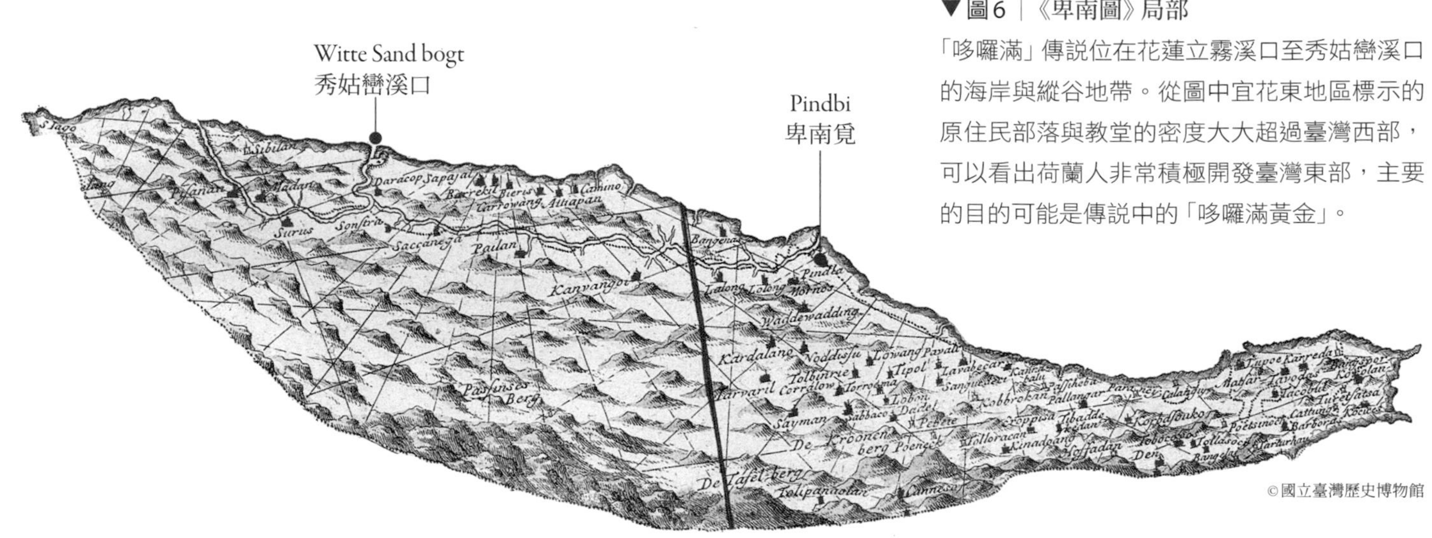

▼圖6｜《卑南圖》局部
「哆囉滿」傳說位在花蓮立霧溪口至秀姑巒溪口的海岸與縱谷地帶。從圖中宜花東地區標示的原住民部落與教堂的密度大大超過臺灣西部，可以看出荷蘭人非常積極開發臺灣東部，主要的目的可能是傳說中的「哆囉滿黃金」。

人將尋找「哆囉滿黃金」的目標轉移到噶瑪蘭，但依然毫無所獲。

當時東部海岸連個適合的港口都沒有，所以荷蘭人只能由陸路進入東部地區。3、400年前在西部平原地區旅行都不是件容易的事，更何況由陸路翻山越嶺進入東部，困難程度難以想像。而且如此大規模地尋找「哆囉滿黃金」，經費應該也相當驚人。

沒有人不愛黃金，但問題是，值得耗費這麼多的人力與物力嗎？甚至有人認為荷蘭人之所以堅決要將西班牙人逐出雞籠，主要目的也是為了尋找「哆囉滿黃金」。荷蘭人為什麼如此不計代價地尋找黃金？這可能要從貿易上的需求尋找答案。

1640年後，中國帆船運到大員的貨物逐漸增加，對日本的轉口貿易逐步好轉，大員貿易站開始轉虧為盈。此時荷蘭人苦惱的已經不再是缺乏銷往日本的中國商品，而是如何籌措支付中國商人的巨額貨款。由於荷蘭人缺乏中國商人需要的商品，所以只能以「真金白銀」支付中國這個「吞金巨獸」。中國商人之所以要求以白銀支付貨款，主要的原因是當時中國政府規定必須以白銀支付賦稅。

不但荷蘭人缺乏白銀，之前的葡萄牙人也曾面臨這個問題，之後的英國人更是深受這個問題困擾。葡萄牙人發現日本有豐富的白銀，又急需中國的商品，所以致力於中日間的轉口貿易。西班牙人則是在墨西哥發現了大銀礦，所以只要將白銀從美洲運到馬尼拉，中國商人便會源源不絕地自動將生絲送上門。

後來英國人用鴉片「解決」了這個貿易逆差的問題。據說這個方案是葡萄牙人最早想到的，因為葡萄牙的東印度總部在印度果阿，取得鴉片並不困難。英國占領印度之後便將鴉片貿易「發揚光大」，因而引發了中英鴉片戰爭。

荷蘭人沒有墨西哥的大銀礦，也沒有印度的鴉片，只好千辛萬苦跑到臺灣東部尋找傳說中的「哆囉滿黃金」。所以與其將克倫的臺灣島圖稱為《卑南圖》，還不如稱為《臺灣黃金尋寶圖》來得更為貼切。

雖然荷蘭最終也沒在東部地區找到「哆囉滿黃金」，但冉福立將克倫版的臺灣島圖命名為《卑南圖》卻是很有創意的題法。可惜的是，圖中東部地區所標示密密麻麻的地名、社群，至今能辨識出來的仍極為有限。

清政府直到牡丹社事件發生之後，才正式將花東地區納入版圖，之前清政府對花東地區的認識也僅限於卑南、崇爻幾個近乎傳說的社群，其餘的就是「殆乎畜類」之類的偏頗認知了。《卑南圖》最重要的價值之一是對花東地區詳細標示，如果能破解圖中密密麻麻的地名、社群，相信對花東地區早期歷史的認識會有很大的幫助。

CHAPTER

16

1626-1778年

臺灣島第一城——熱蘭遮城 VOC所屬城堡最奇特的案例

國姓爺征臺，歷來文獻樂道媽祖顯靈助其大軍順利穿過鹿耳門，
又將熱蘭遮城尚未攻克便倉促實施屯田制歸因於缺糧，
但真正的原因應該是攻城失利。
鄭家軍從未面對過類似熱蘭遮城的防禦工事，
對其形制、防禦設施完全無知，以致攻城失利，
迫不得已才轉而實施屯田，改採持久戰。
為什麼不足十畝大的熱蘭遮城，竟難倒了身經百戰的鄭家軍？
不足5、600名老弱殘兵得以苟延殘喘八個月之久，
要不是被自家人出賣，城內的守軍大概還可以再堅守幾個月。
答案其實就在熱蘭遮城本身……

《鄭荷交戰圖》t' Eylandt Formosa

繪製者｜岱波博士（Dr. Olivier Dapper）
繪製年代｜1662年以後
繪制方式｜雕版印刷
地圖尺寸｜48×36公分
相關地圖｜1.《福爾摩沙島上荷蘭人港口圖》*Descripcion Del Pverto Del Os Olandeses En Ysla Hermosa*, 1626年，佩德羅·德·維拉繪製
2.《熱蘭遮城與大員》*Fort de Zeelande ou de Taiovang*, 1629年
3.《大員鳥瞰圖》*TAIOAN*, 1644年，芬伯翁繪製
4.《大員鳥瞰圖摹本》，1644年
5.《大員鄭荷交戰圖》*Die Festung Selandia auff Teowan*, 1669年，麥耶爾繪製

雙方在大員市街與熱蘭遮城之間的空地交戰，這部分比較合乎實情，但也不是最終決戰。

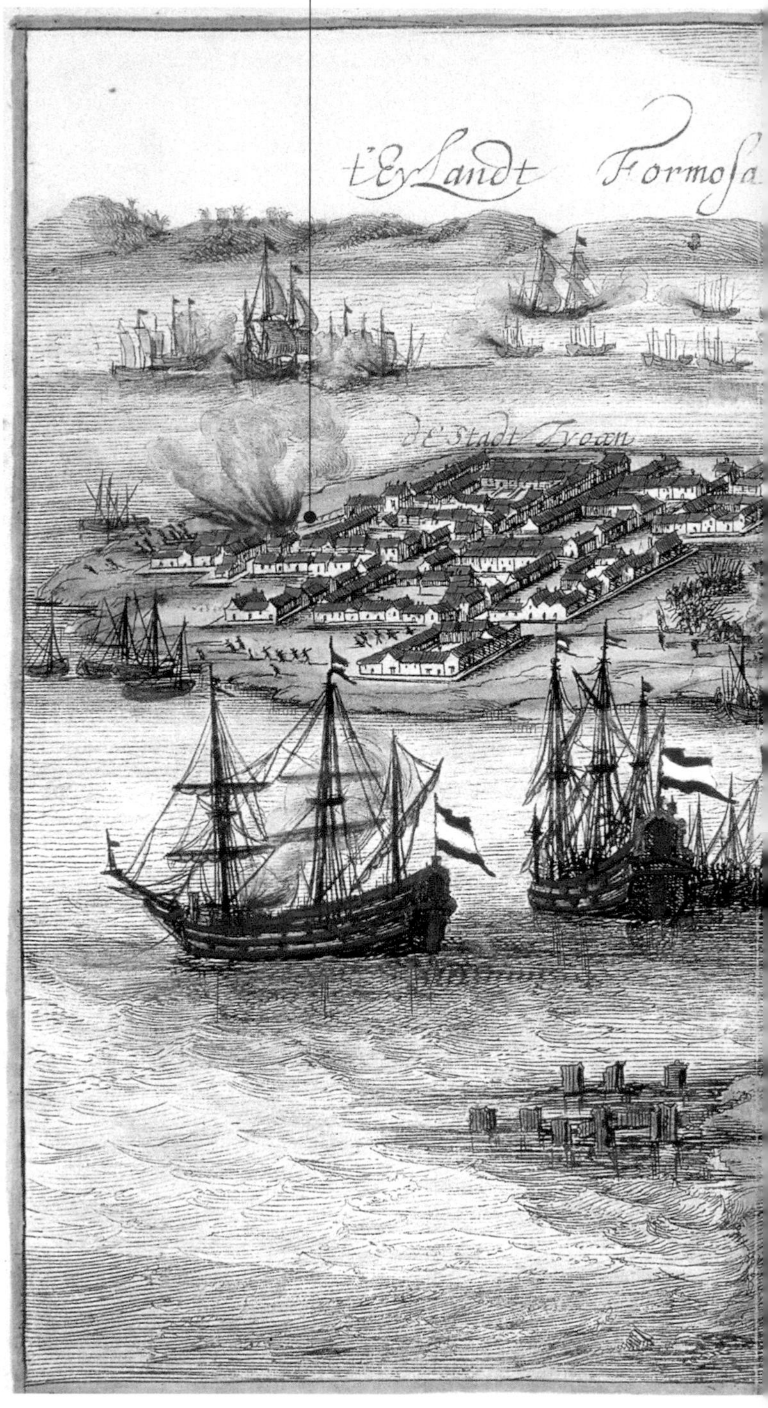

▶圖1｜這張圖是臺灣民眾十分熟悉的荷蘭時代大員與熱蘭遮城的景觀圖，幾乎可以說是臺灣在荷蘭時代的代表畫面。繪者應該是摹寫自1644年芬伯翁手繪《大員鳥瞰圖》或其他摹自芬伯翁的摹本。本圖主題是鄭、荷大員之戰，而芬伯翁原圖描繪的是1644年前後、和平年代的大員。因為繪者對大員地區與史實缺乏認識，以致出現幾個不合理之處。

第一個，也是圖中最顯眼的地方，就是三艘荷蘭帆船和兩艘中國帆船竟然同時碇泊在大港（臺江內海）的主航道上，好像大員市街上鄭荷兩軍激烈的交戰與他們無關似的。芬伯翁原圖上也同樣畫了這五艘中荷帆船，但1644年前後，雙方貿易正處於熱絡狀態，當然不可能出現交戰的情景。

其次，圖下方一支荷蘭聯合東印度公司（VOC）的傭兵隊伍登上北汕尾的南端，似乎正在觀望大員的戰場。根據揆一（Frederic Coyet）的記載，VOC的傭兵隊在鄭家軍穿過鹿耳門時，確實登上了北汕尾，企圖在鹿耳門截擊鄭家軍，但還沒走到鹿耳門就被鄭家軍全數殲滅了，僅剩隊長等極少數人逃回。這場戰役發生在大員之戰的前幾天，所以圖中在北汕尾觀望大員之戰的VOC傭兵隊更像是一支亡靈軍陣。

圖中描繪的戰爭場面比較合乎實情之處是鄭荷兩軍的大員之戰，雙方在大員市街與熱蘭遮城之間的空地上對峙，但那並不是最後的決戰。鄭荷最後的決戰是鬼仔山烏特勒支堡爭奪戰。

1644年以前，為了掩護熱蘭遮城的側翼，荷方在鬼仔山上建構了烏特勒支堡。此堡十分重要，最後也是鄭家軍奪下烏特勒支堡才結束了戰爭。但繪者不但沒有描繪最後戰局——烏特勒支堡爭奪戰，甚至還將原圖中的烏特勒支堡當作一般的民房。

另外，1660年最後一任大員長官揆一，在熱蘭遮城下堡的東北角新構築了一座稜堡，在反封鎖戰時發揮了極大的作用，但因為芬伯翁的原圖繪製時還未建，所以沒畫，而此圖也沒畫。

最後一項，也是最不合理的地方，是繪者在熱蘭遮城南方那一連串鯤鯓的頂端畫了另一個出海口，芬伯翁的原圖可不是這麼畫的。另外，根據赫波特版的《大員鄭荷交戰圖》（圖9）透露的信息，下堡內的建築和芬伯翁1635年版的《熱蘭遮城鳥瞰圖》（圖6）差不多，所以此圖中，下堡內幾乎形成街道的建築群，很可能並不符合現實。

不合理5｜揆一建構、反封鎖戰時效用極大的東北角稜堡也沒畫出來。

不合理3｜此戰役中的決勝關鍵——烏特勒支堡，被畫成了無關緊要的民宅。

不合理4｜一連串鯤鯓頂端畫了另一個出海口。

不合理1｜VOC傭兵隊在此戰數天前就已被鄭家軍殲滅，在這張圖上彷彿是一支亡靈軍陣。

不合理2｜市街上打得如火如荼，大港內卻同時停泊荷蘭帆船和中國帆船，好像事不關己一樣。

熱蘭遮城（Fort Zeelandia）是臺灣本島最古老的城堡，也是臺灣進入近現代歷史的起點，納入國家政權統治的象徵。這座如此重要的歷史建築，現在除了安平古堡園區內、西側那道殘牆和北面的拱形牆基、古井外，再無其他荷蘭時代的遺物。瞭望臺下的紅磚臺基是日本人營建海關宿舍時墊高的，並非熱蘭遮城原有的基座；那座不倫不類的瞭望臺，是1975年增建的；臺基上西班牙風格的文物館是日本時代安平海關長官的公館，和荷蘭人沒有任何關聯。如今的安平古堡已經完全看不出熱蘭遮城全盛時期的樣貌。

熱蘭遮城全盛時期的景觀，在臺灣最熟悉的是一幅1662年之後繪製，名為《鄭荷交戰圖》的鳥瞰圖（圖1）。圖中熱蘭遮城巍峨壯麗，聳立於一鯤鯓的沙丘之上。在臺灣，這幅《鄭荷交戰圖》已經和荷蘭殖民臺灣的歷史緊密地連結在一起，成為荷蘭時代的象徵。但是圖中的熱蘭遮城和實際的樣貌還是有一定的差距，很難以此認知真實的熱蘭遮城。

如果要認真地探討熱蘭遮城的真實構造，會發現熱蘭遮城在荷蘭聯合東印度公司（VOC）於東、西印度地區所構築的城堡要塞當中，是一個極為特別的案例。這座奇特的城堡究竟有何奇特之處？

首先，熱蘭遮城外沒有城壕，外圍也沒有柵欄或矮牆作為第一道防線。更奇怪的是，臺基高達兩層。如此高聳的臺基，除了外觀顯得「雄壯威武」之外，以防禦角度而言，並沒有任何的好處。高聳的臺基嚴重影響了火砲的射角，靠城牆近一點的地方，很容易成為防禦上的死角，這完全違反了歐式稜堡設計的原理。

其次，一般VOC在城堡旁建立的新市街，要不是離城堡不會太遠，可以受到城堡火砲的掩護，要不就是在市街外構築另一道城牆，甚至城牆外還有水壕（護城河）。可大員市街卻規劃在熱蘭遮城火砲射程之外，而且也沒有城牆的保護。雖然大員三面環水，看似安全，其實很容易受到襲擊。所以幾任大員長官都要求上級撥下經費，在大員市街的外圍構築一道矮牆，但巴達維亞總部硬是不肯。如此一來，大員市街便成了一座不設防的城市。

更令人不解的是，VOC在大員的機構後來全都聚集在熱蘭遮城下，用另一道城牆圍起來，形成了「附城」（network）的奇特景觀。這種情況連巴達維亞總部都不曾出現，這個花費顯然比在大員市街外構築矮牆要多得多，所以為了節省經費而不建圍牆也說不通。VOC在大員的機構為什麼不設在大員市街內，非要依附在熱蘭遮城之下呢？

最後，熱蘭遮城下堡的牆體竟然出現了半圓形的構築，這也違反了稜堡最基本的設計原則！難道大員歷任的荷蘭官員真的像最後一任大員長官揆一（Frederic Coyet）所痛斥的那樣，都是一些沒有真才實學，靠關係混進公司的酒囊飯袋？

揆一在其著作《被遺誤的臺灣》（*'t Verwarerloosde Formosa*）一開頭，就將熱蘭遮城的設計狠狠地批評了一番，指出許多設計上的缺陷。可是揆一眼中問題多多的熱蘭遮城，竟然讓他在鄭家軍的包圍下，堅守了八個月之久，差一點讓國姓爺慘遭滑鐵盧。若不是荷蘭降兵洩漏了熱蘭遮城的「死穴」，這場漫長的包圍戰還真不知道要拖到什麼時候。由此可見，即使熱蘭遮城被揆一描述得如此不堪，對中國軍隊而言，還算是一座防禦能力不差的城堡。

關於國姓爺的征臺之戰，一般文獻多樂道神靈顯聖，助其大軍順利穿過鹿耳門，在禾寮港登陸後受到中國農民的迎接與協助。鮮少提到圍城作戰時所面臨的困境，僅提及鄭家軍來臺之後因為缺糧，在熱蘭遮城還未攻克的情況下，便倉促實施了屯田之制，將部分軍隊分散到周邊地區開墾。

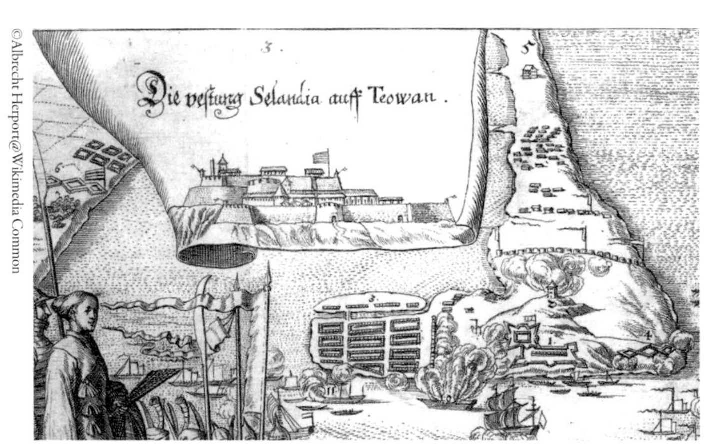

▲圖2｜《大員鄭荷交戰圖》*Die Festung Selandia auff Teowan*, 1669年（圖9局部）

此圖顯示鄭家軍除在大員市街和熱蘭遮城與VOC傭兵正面交鋒外，同時也在二鯤鯓集結，向鬼仔山上的烏特勒支碉堡進逼。

顯然，這是圍城作戰無果的無奈之舉，絕不可能因缺糧而暫緩圍城作戰。因為熱蘭遮城仍控制著主航道，VOC的援軍隨時可以安全地登上城堡，如果援軍一到，國姓爺的麻煩會更大。而援軍之所以未到，相當大的原因是VOC內部派系鬥爭延誤了戰機，並非國姓爺控制了海岸、航道，使得VOC援軍無法上岸。

更何況圍城之初，荷蘭人來不及焚毀大員市街，倉皇撤入熱蘭遮城，單單遺落在大員市街的穀物就多達數千袋，應該足夠鄭家軍支撐一段時間。

圍城作戰懸而未決最主要的原因，應該是鄭家軍對熱蘭遮城這類西式城堡的形制、構造完全沒有概念，以致攻城失利，而非單純缺糧所致。從5月26日攻城戰役就可以看出，當時鄭家軍傾盡全力攻打熱蘭遮城，結果損失慘重，迫不得已，才改為消極的長期圍困策略。

為什麼一座不足十畝大的熱蘭遮城，竟然難倒了身經百戰的鄭家軍？讓5、600名荷蘭老弱殘兵面對兵力20倍以上、如狼似虎的鄭家軍，得以苟延殘喘了八個月之久？要不是被自家人出賣，荷蘭守軍大概還可以再堅守個幾個月。答案其實就在熱蘭遮城本身。

在高唱海洋文化的今天，史學界將熱蘭遮城塑造為「先進、開放」的海洋文化象徵，但對其形制的由來，以及這類型城堡為什麼會成為VOC在東、西印度地區殖民地的「標準配備」，卻鮮少探討。本章將根據荷蘭時代的古地圖，探討熱蘭遮城的形成與發展，以及最後崩壞的過程。

熱蘭遮城的稜堡形制是西方殖民的印記

最早的熱蘭遮城是由澎湖風櫃尾紅毛城拆卸下來的城磚構築的，所以形制、大小和澎湖風櫃尾紅毛城差不多。澎湖風櫃尾紅毛城雖然城磚被拆卸一空，但大致外觀與形制仍完整地保留下來，可以作為原始熱蘭遮城的參考。

荷蘭統治大員初期，優先測繪海岸線的水文資料，陸地測繪較少，所以很難從VOC繪製的地圖了解大員當時的樣貌。所幸1626年西班牙人佩德羅．德．維拉(Pedro de Vera)繪製的《福爾摩沙島上荷蘭人港口圖》(圖3，*Descripcion Del Pverto Del Os Olandeses En Ysla Hermosa*)補足了這方面的缺憾。這幅地圖被引用的次數相當多，維拉以童稚般的手法，生動而詳實地描繪出當時大員一帶的城堡、商館、原住民聚落、中國人社區、日本商人住宅，甚至還有獵鹿的情景。

這是熱蘭遮城第一次出現在地圖上。熱蘭遮城建在一鯤鯓的沙丘上，看不出下方是否有臺基。但可以確定的是，荷蘭人從一開始就將熱蘭遮城構築成一座擁有四個稜堡的要塞，和後期的形制沒有差別。

圖上註明「荷蘭城堡位在高地上」(fuerca del Olandes puesta en un alto)，大概是因為西班牙人不知道此城名為熱蘭遮城。當時城堡上的火砲可能還不足以控制大港(臺江內海)出海口的主航道，所以荷蘭人在熱蘭遮城下方、臨航道的一側，布署了六門火砲。

維拉顯然缺乏有關稜堡的基本知識，竟然將四個稜堡畫成正方形，「卡」在城堡的四個角落。類似的錯誤，在後來的荷蘭地圖中屢見不鮮。

軍事史學者將熱蘭遮城定義為「小型半稜堡型要塞」，簡單地說，這個類型的稜堡規模較小、整體構造較單一。複雜一點的稜堡要塞，不但稜堡數目在五個以上，稜堡之外還有凹面堡(tenaille)、凹面堡壕(tenaille ditch)、半月堡(ravelin)、半月堡壕(ravelin ditch)、隱蔽道(covert way)、斜堤(glacis)等等，一整套防禦設施。不過即使荷蘭人願意花大錢構築這一整套防禦設施，大員那片面積有限的沙丘大概也容納不了，事實上也沒有這個必要。

這種四個稜堡的要塞幾乎是東、西印度地區，荷蘭殖民地的標準配備，與其說是防禦設施，更像是VOC的招牌。後來西班牙、葡萄牙人也學荷蘭人在殖民地上構築類似的城堡，所以這種城堡在東、西印度地區成了西方殖民的印記。

荷蘭人為什麼將大員市街與熱蘭遮城分隔開來？

根據1626年《福爾摩沙島上荷蘭人港口圖》所示，VOC在大員的商館最初設在北汕尾沙洲上。1625年曾一度由北汕尾遷到普羅岷西亞(今赤崁樓一帶)，後來因普羅岷西亞爆發瘟疫，又遷回北汕尾。從1629年版的《熱蘭遮城與大員》(圖4，*Fort de Zeelande ou de Taiovang*)可以看出，幾經轉折，荷蘭人又把商館從北汕尾遷到了大員，顯然北汕尾並不適合當作商品交易市集。

其實大員也不算是理想的地點，但權衡再三，也只能

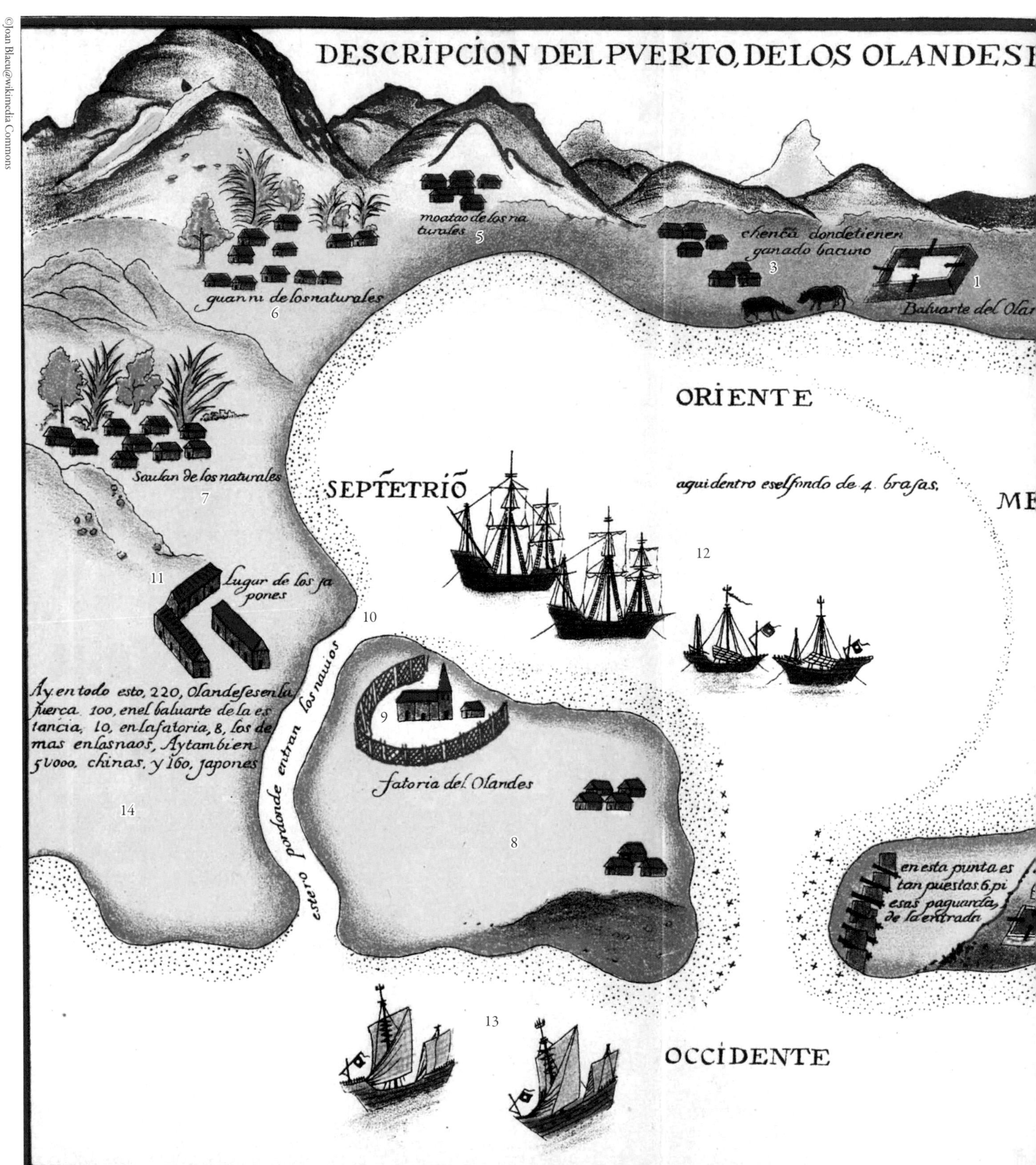

DESCRIPCION DEL PVERTO, DE LOS OLANDESE
moatao de los naturales
5
chenca dondetienen ganado bacuno
3
1
Baluarte del Olan
guanni de losnaturales
6
ORIENTE
Saulan de los naturales
7
SEPTETRIO
aqui dentro esel fondo de 4. brasas.
12
11
Lugar de los japones
10
Ay en todo esto, 220, Olandeses en la fuerça. 100, enel baluarte de la estancia, 10, en la fatoria, 8, los demas en las naos, Ay tambien 5000, chinas, y 160, japones
estero pordonde entran los navios
9
fatoria del Olandes
14
8
en esta punta estan puestas 6. piesas paguarda, de la entrada
13
OCCIDENTE

熱蘭遮城第一次出現在地圖上。

◀圖3｜《福爾摩沙島上荷蘭人港口圖》
Descripcion Del Pverto Del Os Olandeses En Ysla Hermosa, 1626年
此圖是西班牙人佩德羅．德．維拉繪製。應該是根據西班牙人對大員港刺探的情報所描繪的，內容詳實，生動有趣。

港口的右側是熱蘭遮城（即安平古堡），城堡的四個角落是四座砲臺，城堡的下方設置了六門大砲控制港口。

圖上方有四門火砲的堡壘應該是赤崁樓的前身，標示為「荷蘭人的堡壘」（1）。堡壘的南邊有六間小屋，註明為「赤崁，中國漁夫和海盜的聚落」（2）。這個聚落應該在臺南市民權路大井頭附近，此處是臺南最早的漢人聚落。赤崁堡壘的北面有七間房、兩頭牛，註明「新港，此處畜養牛隻」（3）。赤崁的西南畫有兩個荷蘭人在獵鹿，註明為「公司獵場」（4），此處可能是1652年圖上（圖10）標示的「海牙人的森林」，即開山路與民權路之間的德慶溪谷地。

一般認為西拉雅新港社位於新市，但荷蘭時代臺南市鬧區都是新港社的領域，大社所在即東嶽廟一帶。有人認為新港只是赤崁的另一個音譯。

新港社之北為麻豆社（5）、guan ru社（6），麻豆社的大社在麻豆街上，至於guan ru社的位置相當於善化的目加溜灣社，但單就名稱難以考證所指為何。guan ru社的西面是蕭壟社（7），大社在佳里市中心。

大員北面的島嶼是北汕尾（8），島上被籬笆包圍的尖頂房舍是VOC的商館（9），商館北面的水道標示為「船隻入港的航道」（10），即鹿耳門，隔著鹿耳門水道的3幢房舍是日本人的住處（11）。VOC在大員的商館最初設在北汕尾沙洲上，1625年由北汕尾遷到普羅岷西亞（今赤崁樓一帶），後來因普羅岷西亞爆發瘟疫，又遷回北汕尾。幾經轉折，荷蘭人又把商館從北汕尾遷到了大員，顯然北汕尾並不適合當作商品交易市集。

港內停泊了2艘荷蘭帆船和2艘中國帆船（12），另外還有2艘中國帆船正向大員駛來（13）。根據圖中文字說明（14），大員當時有220名荷蘭人，5000名中國人及160名日本人。看來大員除了中國人，日本人也常來此地交易。

選大員了。此後一直到VOC結束在臺統治，大員始終是VOC的政治經濟中樞。雖然普羅岷西亞後來聚居的中國農民愈來愈多，但那時還是種植甘蔗的「農業區」，在荷蘭時代始終沒有取代大員的地位。

到了1628年，瑞和耐（Zeygen van Rechteren）航海日記附錄的《熱蘭遮城與大員》（*Fort de Zeelande ou de Taiovang*），是最早出現大員市街與熱蘭遮城關係位置的圖像。不過地圖中稜堡上的鐘形屋頂應該是繪者憑空想像的，1626年的地圖上也沒有這兩個鐘形構造。

根據瑞和耐的記載，大員VOC舊商館建於1628年。地圖中（圖4）可以看出當時的VOC商館位於安平老街與熱蘭遮城之間的空地。商館旁豎立了絞刑架，顯然荷蘭人已在大員實行了司法審判。此圖還透露了另一個重要信息，就是荷蘭人在熱蘭遮城旁建立了一個新市街：大員（Taiovang）。

1628年荷蘭人將商館遷到大員之後，中國商人紛紛來此交易，因此荷蘭人規劃了大員市街作為中國商人的商業與生活區。荷蘭人對大員市街道路的規劃、家屋的規格都定下了標準。現在臺南安平的老街區，如中興街、效忠街、延平街一帶，仍能看出荷蘭人規劃的大員市街範圍。地圖左側那一撮密集的房舍，就是荷蘭人規劃的大員街區。

荷蘭人將商館與市集遷到大員之後，很明顯地將新市鎮與熱蘭遮城區分開來，這個做法有點讓人費解，巴達維亞的城堡雖然也和市街區分開，但刑場絞刑架設在市街之外，不像大員的絞刑架，就大剌剌設在城堡與大員市街之間，震懾意味十分濃烈。

另外，巴達維亞除了有稜堡拱衛門戶之外，整個市鎮的外圍還有護城河、矮牆環繞，防衛設施十分完整，而大員卻付之闕如。好像大員市街並不屬於VOC管轄，而是個「境外」的自由貿易區。

荷蘭人規劃的大員市街雖然三面環海，形成天然屏障，但離城堡太遠，根本無法得到熱蘭遮城火砲的掩護，處於不設防的狀態。當時的大員長官奴易茲究竟是出於什麼樣的考量，做出這樣的規劃？顯然這不是慣常的思維模式。稜堡不就是為了保護城市嗎？將大員市街規劃在熱蘭遮城稜堡火砲射程之外，難道荷蘭人認為需要保護的僅止於熱蘭遮城自身？這個邏輯有點奇怪。荷蘭人大概沒有料想到，這個規劃最終讓他們付出了慘痛的代價。

1650年代末期，國姓爺即將攻臺的風聲一波接著一波傳來，揆一不斷要求巴達維亞總部盡快撥下經費，在大員市街的外圍構築一道矮牆和熱蘭遮城連成一氣，藉以強化熱蘭遮城的防禦縱深。但巴達維亞總部卻嫌花費太大，予以否決。

結果，因為火砲搆不著，又沒矮牆防護，以致鄭家軍剛拿下普羅岷西亞，便搭乘小船划過大港（臺江內海），輕鬆無礙地登上大員，迅速占領了不設防的大員市街，對熱蘭遮城展開包圍。大員市街失守對荷蘭人是個致命的打擊，比普羅岷西亞陷落要嚴重得多。

鄭家軍登陸大員時，荷蘭人根本來不及將大員市街的物資撤到熱蘭遮城內，甚至情急之下縱火焚毀大員，都被鄭家軍輕而易舉地撲滅了。據揆一估算，荷蘭人在大員損失的，僅僅糧食一項就高達好幾千袋，這下子大大緩解了鄭家軍的缺糧危機。大員陷落不但使荷蘭人失去與國姓爺談判的籌碼，還大大削弱了熱蘭遮城堅守自持的能力。所以一旦大員市街失守，熱蘭遮城陷落也只是早晚的事。

奇怪的是，當時荷蘭人雖然不考慮大員市街的防禦問題，卻沒忽略加強熱蘭遮城自身的防衛。相對於1626年的西班牙人地圖（圖3），此時熱蘭遮城的外圍多了一圈柵欄，等於是多了一重防護。

熱蘭遮城建在大員沙洲之上，很難說是明智之舉，但是基於控制出海口的考量，又是不得不然的選擇。大員最後一任行政長官揆一為此大吐苦水，他說城堡設在普羅岷西亞的任何一個地方都比大員來得好。

揆一的說法未必正確，可歷史證明，熱蘭遮城在緊要關頭，連控制出海口這個最初的選址考量，也沒有發揮作用。鄭家軍避開大港主航道，成功穿過鹿耳門，進入大港，然後順利地由禾寮港登陸普羅岷西亞。

荷蘭人大概沒想到，因為未將大員市街納入防衛圈內，導致經營多年、看似堅固、滴水不漏的熱蘭遮城，最後淪為荷蘭守軍的「囚籠」。

大員市街為何成為熱蘭遮城防禦的對象？

「濱田彌兵衛事件」發生後，巴達維亞總部派普特曼斯取代奴易茲，擔任大員的第四任行政長官。普特曼斯在VOC殖民大員歷史上，是一位值得大書一筆的幹練官員。

普特曼斯看出中日之間的轉口貿易是VOC在東亞最

大的利益所在，為了消除「濱田彌兵衛事件」的負面影響，他派人赴日安撫德川幕府與薩摩藩，總算穩住了VOC在日本平戶的商館。

另一方面，普特曼斯與鄭芝龍放下過去的恩恩怨怨，攜手合作，共同打擊臺灣海峽上的海盜勢力。雙管齊下的結果，大員的轉口貿易果然蒸蒸日上，1632年之後，大員商館開始轉虧為盈。

此時普特曼斯領悟到，VOC的船隻只能透過鄭芝龍特許的商船轉運中國商品到大員，而不能到福建港口直接貿易，箇中原因可能還不僅僅是中國官方的政策，福建海

▲圖4 |《熱蘭遮城與大員》
Fort de Zeelande ou de Taiovang, 1629年
本圖收錄於《荷蘭聯合東印度公司的起源與發展》第四冊《瑞和耐東印度遊記》(*Begin Ende Voortgangh Van De Oost-Indische Compagnie*)，是荷蘭人最早關於大員景觀的畫作，海牙國家檔案館研究員冉福立認為，為了表現VOC在福爾摩沙的成就，繪者特意在臺江內海畫了許多貿易船隻。冉福立還認為圖中有些部分是想像之作，例如圖中熱蘭遮城(圖右上角)的兩座鐘型建築便是作者想像出來的，根據資料，熱蘭遮城並沒有這兩座建築。

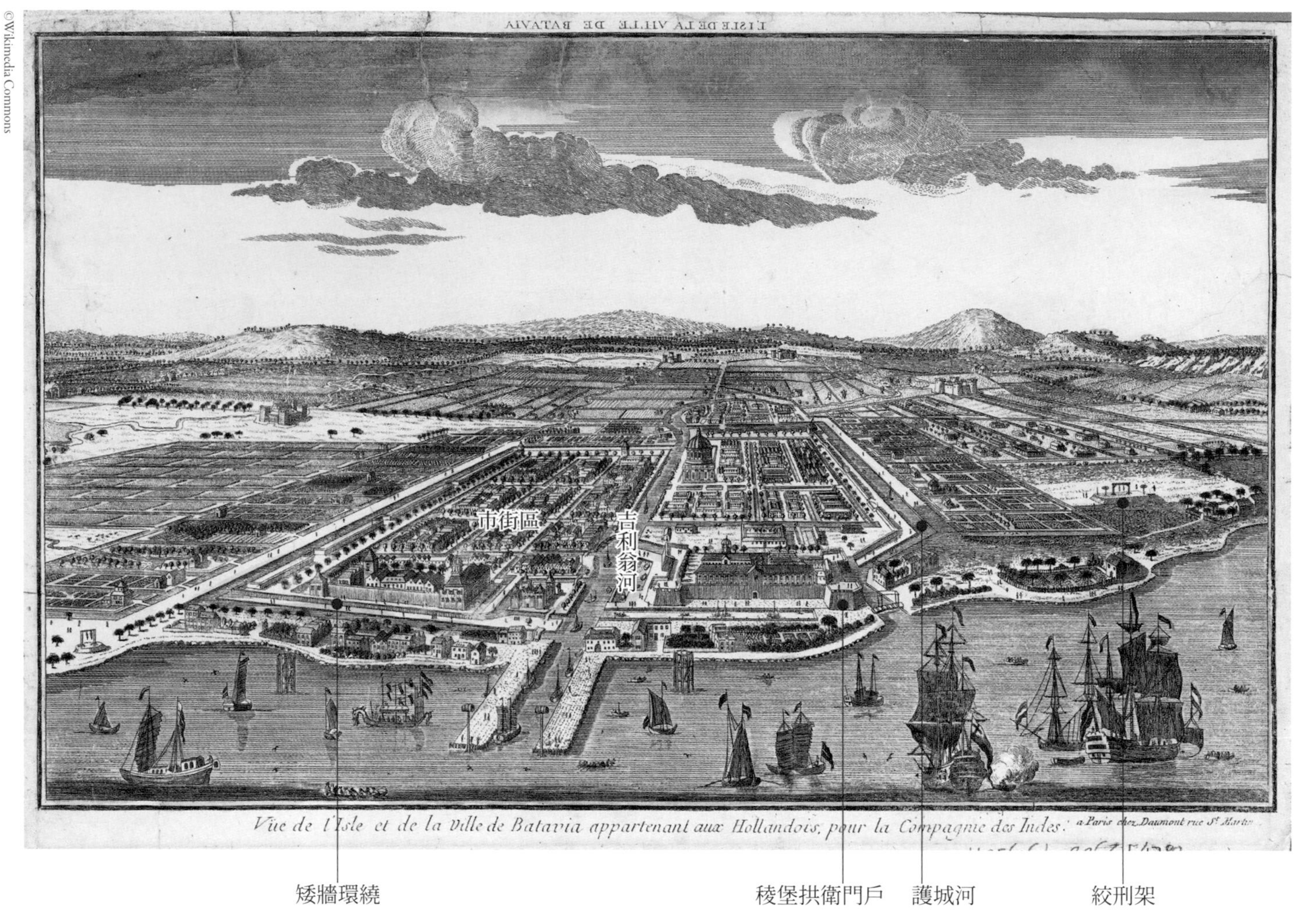

▲圖5｜《荷蘭東印度公司屬地巴達維亞的城堡》
Vue de l'isle et de la ville de Batavia appartenant aux Hollandois, pour la Compagnie des Indes, 約1780年

巴達維亞是VOC設在東印度地區的總部，始建於1619年，是一個典型的殖民城市，結合了歐洲式的城市規劃、當地的聚落傳統以及自然條件。

巴達維亞由VOC營建管理，城市空間有相當大的比例是倉庫和碼頭。方形的市街位於巴達維亞稜堡的後方，有護城河和城牆環繞，稜堡上的火砲，不只防外敵，城內有人造反時，也可向市區開火。

城內吉利翁河（Ciliwung），或稱大河（Kali Besar），將城鎮分成兩半，沿岸種植著優雅的樹木，河上有許多橋梁可聯絡市街。市街內筆直的街道兩側有樹蔭供人休憩，市街道路用磚石鋪成，路面平坦而便於行走。巴達維亞的磚造屋舍排成長列，和荷蘭城鎮建築一樣，房屋的牆面大都刷成白色以反射炎熱的陽光。大員應該也類似於此。

VOC官員居住在氣勢宏偉、能俯瞰港外的城堡裡；市街裡則居住了各族裔的商人和數量龐大的奴隸，中國人占了多數，因此巴達維亞不只是個荷蘭的殖民地，也是個中國城。中國人稱此地為「咬溜吧」。城內中國人根據習俗，由自己選出的頭人自治，而這些頭人又受到VOC當局的管理。大員的中國商人應該也是依此模式管理。

管理方式似乎相當合理，但1740年10月還是發生了大規模的屠殺華人事件。這個事件令人想起1651年發生於普羅岷西亞的「郭懷一事件」。兩者性質差不多，都因為種植甘蔗的華人無法忍受VOC的重稅起而抗暴，最後的結果也類似。荷蘭人屠殺了大約6000名居住於巴達維亞城內的中國人，這對巴達維亞的華人以及整個城市的經濟造成了毀滅性的打擊。最終導致巴達維亞市區日益蕭條，從而結束了VOC在巴達維亞的統治。

▲圖6｜芬伯翁《熱蘭遮城鳥瞰圖》*Zeelandia*, 1635年
這張圖上，熱蘭遮城的四個稜堡很明顯呈銳角狀，這是我們頭一回清楚認識到熱蘭遮城稜堡的外形。之前的地圖不是「亂畫一通」，就是「語焉不詳」，很難認清熱蘭遮城稜堡的真實造型。

商集團應該也在暗中施力。歷經了30年海上的風風雨雨，VOC終於徹底放棄與中國直接貿易的想法，無奈接受了轉口貿易的現實。

普特曼斯主政時代繪製的地圖，比較知名的是1635年芬伯翁繪製的《大員設計圖》和《熱蘭遮城鳥瞰圖》(圖6)。從這兩幅地圖可以清楚看出，隨著大員商務的發展，普特曼斯不但重新規劃了大員市街，還營建了新的商館，並加強熱蘭遮城的防禦設施。新的商館、倉庫就挨著熱蘭遮城建在城堡與主航道之間，這麼做可能是為了方便裝卸貨物。

但如此一來雖然方便裝卸貨物，新修建的商館卻幾乎將熱蘭遮城面對大港出海口的射角完全遮蔽了。所以1634年海盜劉香團伙襲擊大員時，荷蘭人迫不得已，只能在新商館的屋頂上安放了幾門小砲應付。

1635年的《熱蘭遮城鳥瞰圖》還顯示，熱蘭遮城西北角的安納梅登稜堡（1, Arnermuyden）比其他三座低了很多，而且沒有安放砲位。奇怪的是，西南角的密德堡（2, Middelburch）稜堡也沒有安放砲位，反而面向大員市街的菲力辛根堡（3, Vlissingen）與甘伯菲爾堡（4, Camperveer）都安放了大砲，難道荷蘭人認為防備大員市街的中國生意人，比封鎖大港的出海口還重要？

為什麼會出現如此怪異的防禦布局？比較合理的解釋應該是普特曼斯已經著手計畫在新商館的外圍構築城牆與防禦工事。1637年，普特曼斯任滿返回VOC總公司述職時，曾向董事會展示了他的大員防禦與新市鎮設計方案。董事會隨即下令巴達維亞總部必須根據普特曼斯的設計方案執行。

普特曼斯向董事會展示的大員防禦新方案究竟是什麼模樣，如今已不復見，很可能和1644年芬伯翁手繪《大員鳥瞰圖》(圖7即其摹本)呈現的景觀差不多。芬伯翁手繪《大員鳥瞰圖》呈現的是1644年前後大員的面貌，此圖可能是根據普特曼斯的方案完成的。芬伯翁《大員鳥瞰圖》中，商館外圍不但有城牆，靠出海口的那面還配備了兩座新的稜堡。如果芬伯翁《大員鳥瞰圖》所呈現的大員新面

1. 't Chinees Quartier.
2. 't Gerecht.
3. De Passer ofte marckt.
4. 't Equipagie ende Smits Huys.
5. 't Fort Zeelandia.
6. 't Gouverneurs Huys.
TAIOAN.

◀圖7｜《大員鳥瞰圖摹本》
TAIOAN, 1644年

本圖為1644年芬伯翁所繪《大員鳥瞰圖》的摹本，和原圖幾乎完全一樣，後來所有關於荷蘭時代大員的鳥瞰圖都是以1644年芬伯翁所繪《大員鳥瞰圖》或其摹本，為摹繪的母本。

本圖是荷蘭時代關於大員與熱蘭遮城的代表作，繪於大員商貿的全盛時代，大員市街上的房舍鱗次櫛比，主航道上停泊荷蘭商船，中國商船泊靠在大員市街南面的專用碼頭。熱蘭遮城與其附城也已建設完成。鬼仔山上的一座小型堡壘為烏特勒支堡，是鄭尚大員之戰的決勝所在。

1 't Chinees Quartier／中國人居住街區
2 't Gerecht／絞刑架
3 De Passer ofte marckt／市場
4 't Equipagie ende smits huijs／鐵匠作坊
5 't Fort Zeelandia／熱蘭遮城堡
6 't Gouverneurs huijs／總督住所
7 't Hoorenwerck／角堡（即下堡）
8 Reduijt Utrecht／烏特勒支碉堡
9 De Paerde Stal／避病所（國立臺灣博物館譯為馬房）
10 't Hooge Landt Ilha Formosa／福爾摩沙本島
11 De Sandt Plaet Paxinboij／北汕尾沙洲
12 De Chineesche Ree／中國帆船碇泊處

貌，真的是根據普特曼斯的設計，就能解釋1635年《熱蘭遮城鳥瞰圖》上呈現的怪異現象。

雖然這是一次變化幅度不小的新建方案，但整體想法和奴易茲的方案是一致的，即繼續強化熱蘭遮城的防禦能力，甚至更進一步將商館改建在城下。如此一來，熱蘭遮城與大員市街的「對立」就更加明顯了。至此，荷蘭人關於熱蘭遮城的防禦思維已逐漸成形，即大員市街不在其防禦的範圍內，甚至是防禦的對象之一。

這個說法乍聽之下，似乎十分荒謬。為什麼VOC要將自己建立的商業市街視為防禦對象呢？從VOC角度思考，就不會覺得奇怪了。當時，VOC對大員的轉口貿易其實非常被動，主導權幾乎完全操在鄭芝龍手上。

鄭芝龍最早以擔任李旦（海盜巨賈）與VOC的聯絡人身分出現在大員，李旦死後，他自立門戶當起海盜，打劫VOC的商船，沒想到後來居然成了明政府的海防將領，主管臺海一帶的防務。所有想來大員交易的中國商人，都得持有鄭芝龍的許可證才能放行。在這個情況下，VOC又如何能放心與中國商人交易？更何況鄭芝龍與日本人的淵源頗深，正逐步繞過VOC與日本人直接貿易，所以以中國商人為主要居民的大員市街，成為熱蘭遮城的防禦對象並不奇怪！

稜堡如何發揮防禦功能？

從1635年芬伯翁繪製的《大員設計圖》與《熱蘭遮城鳥瞰圖》（圖6），我們頭一回清楚認識到熱蘭遮城四個稜堡的外形。之前的地圖不是「亂畫一通」，就是「語焉不詳」，很難認清熱蘭遮城稜堡的真實造型。

1635年的鳥瞰圖上，熱蘭遮城的四個稜堡很明顯呈銳角狀。不過，荷蘭時代繪製的地圖、鳥瞰圖，除了1635年的少數幾張，其他絕大多數都將稜堡畫成方形。稜堡要塞最主要的特徵是在主城堡之外，突出若干個菱形的防禦面，這是西方世界自15世紀中葉、軍事工程革命以來，最顯著的特徵，外形不容混淆。

1635年的《熱蘭遮城鳥瞰圖》還顯示出另一項明顯的改變，即熱蘭遮城主堡之下出現了一座土方構築的臺基。臺基的西側，臨大員市街的那面，刻意挖出了一道城壕（ditch）。城壕之外是一片緩坡，也就是所謂斜堤、衝擊坡（glacis）。衝擊坡和稜堡的設計幾乎同時出現，目的是在稜堡的正面形成一片逐漸上升的緩坡，使得敵軍的加農砲因為射角太高而無法轟擊城牆。

當時榴彈砲、臼砲、開花砲彈都還沒出現，一般火砲就只有直接瞄準射擊的加農砲，射程也十分有限。所以用城壕挖出的廢土在稜堡前方堆成衝擊坡，便巧妙避開了攻擊方的火砲轟擊。

奇怪的是，熱蘭遮城下的城壕、衝擊坡和稜堡上的砲位一樣，都只出現在靠大員市街的那面，其他方向一概從缺。難道這也是刻意安排？或者只是先期工程，其他方向也會陸續設置城壕、衝擊坡？不過，從後期的地圖看來，其他方向並沒有城壕、衝擊坡的規劃。

如果是刻意安排，那就更加證明熱蘭遮城的功能除了用來封鎖出海口，還包括監視大員市街的中國商人。巴達維亞總部不願支付構築大員市街外圍矮牆的經費，應該不是像揆一所說，只是為了省小錢。而是從1628年大員市街初步規劃開始，荷蘭人大概就已經明確訂下了這個防禦策略。

熱蘭遮城為何如此怪異？

之前提到熱蘭遮城是VOC構築的城堡中，相當獨特的案例，以下就三個方面加以探討。

1. 新建下堡是為了增加防禦縱深？

和之前的鳥瞰圖比較，1644年《大員鳥瞰圖摹本》（圖7）裡的熱蘭遮城最大的改變是城堡下方的商館建築群環繞了一圈城牆。新城牆的西面，還增建了兩座稜堡。根據圖上的說明文字，新構築的城牆稱為角堡（hoorenwerck），這應該是繪者不了解角堡的定義而產生的誤解。有的學者稱之為附城或外城，似乎較貼近實情。因為揆一稱之為下堡（the lower castle），所以下文也隨他稱下堡。

1644年的《大員鳥瞰圖摹本》中，熱蘭遮城下堡的前端有一對稜堡，的確有點像是一般定義的角堡。但根據現有的鳥瞰圖、平面地圖，下堡的西側為兩座完整的稜堡，與一般角堡前端的半稜堡並不相符。所謂角堡，一般是指主堡延伸出去的防禦設施。但熱蘭遮城下堡根本不是主堡延伸出去的防禦設施，所以不是一般定義的角堡。構築下堡的目的應該是將大員所有VOC的機構都納入城牆的保護，而非增加主堡的防禦縱深。

《大員鳥瞰圖》的版本源流

在臺灣，岱波博士繪製的《鄭荷交戰圖》（圖1）應該是人們最熟悉的荷蘭時代影像，但這個版本是個拙劣的摹本，錯誤不少。安平古堡陳列室展示的熱蘭遮城模型（圖8），也是根據這幅圖製作的，只不過陳列室展示的模型比圖1還要誇張，比例嚴重失實。類似這幅圖的版本不下五、六個，目前所知至少包含三個手繪本和兩個以上的刻本，其中以此刻本印量較大、流傳也最廣。

三個手繪本包括：

(1) 收藏於維也納奧地利國家圖書館的《布勞．凡．德漢地圖集》中的《大員鳥瞰圖》。

(2) 收藏於荷蘭密德堡哲烏斯博物館（Zeeuws Museum）的《大員鳥瞰圖》，繪者不詳。

(3) 收藏於佛羅倫斯勞倫齊阿納圖書館（Biblioteca Laurenziana' Castella 7）、芬伯翁繪製的《大員鳥瞰圖》。

兩個刻本，一個是1670年《在臺灣島的熱蘭遮城鳥瞰圖》流傳較少，版面內容和手繪版幾乎完全一樣，另一個就是岱波的版本（圖1）。這個刻本的背景和手繪版本幾乎完全相同，只是添上了1661年鄭荷大員之戰的情景，所以這個刻本比手繪版本晚了將近20年，應該是1662年之後出版的。不過1660年時熱蘭遮城下堡的東北角增建一個稜堡，而刻本上並沒有這座稜堡，與實情不符。

三個手繪本的版面、內容完全相同，應該都是源於芬伯翁的版本。芬伯翁是第二任VOC地圖承包商布勞的雇員，他畫過許多關於大員的地圖和鳥瞰圖。因為承包VOC的地圖業務，他自然是第一手資料來源。《布勞．凡．德漢地圖集》就是從布勞那兒取得VOC原始圖檔加以臨摹的。有些學者認為芬伯翁的手繪《大員鳥瞰圖》描繪的是大員1637年到1643年的情景。

荷蘭海牙國家檔案館編號VELH 619-118的《熱蘭遮城鳥瞰圖》，繪圖者也是芬伯翁，但芬伯翁又是根據什麼繪製《大員鳥瞰圖》的呢？芬伯翁沒有來過臺灣，不可能現地寫生。芬伯翁畫過1635年版的《熱蘭遮城鳥瞰圖》（圖6）和《大員設計圖》，對這個題材應該不算陌生，但那些圖都是將近十年前的事，不可能再拿來參考。

根據荷蘭方面的記載，芬伯翁的繪本應該是根據某一幅設計圖，或模型繪製的。有學者推測，這幅原始的設計圖、模型，可能就是普特曼斯於1637年向VOC董事會報告時帶去的。也有學者認為可能是根據德侯（Nicasius de Hooghe）設計圖繪製的，因為德侯1643年時曾奉命來臺調查過大員市街，作為設計新方案的依據，只是原始的設計圖或模型已無從得知。

另外，赫波特版的《大員鄭荷交戰圖》（圖9）中，下堡內的建築和芬伯翁1635年版的《熱蘭遮城鳥瞰圖》（圖6）差不多，所以《鄭荷交戰圖》（圖1）下堡內幾乎形成街道的建築群，很可能並不符合現實。

▲圖8｜安平古堡陳列室展示的熱蘭遮城模型是根據岱波博士《鄭荷交戰圖》所製作的。

構築下堡的目的不僅僅是將VOC的機構全部納入城牆的保護，顯然荷蘭人還企圖將熱蘭遮城打造成為VOC在大員的政治、經濟、軍事共同體，而這個共同體特意將以中國商人為主要居民的大員市街排除在外，自成一套完整而封閉的防禦體系。這種做法在其他荷蘭人，甚至葡萄牙、西班牙的殖民地都非常罕見。

大員VOC的商業交易對象幾乎全是中國商人，放任僅有的商業區暴露在沙洲之上，完全不設防，除了將其視為必須嚴加防範與嚴密監視的對象外，還有什麼理由可以解釋這個現象？1652年「郭懷一事件」發生之後，荷蘭在普羅岷西亞市街的北面構築了一座新的堡壘，目的就是加強監視中國農民。

2. 新建半月堡是為了強化防禦功能？

除了下堡，1644年《大員鳥瞰圖摹本》(圖7) 還出現另一項被稱為半月堡的新增設施。熱蘭遮城的第二層臺基的四個坡面，以及下堡北牆，都增設了所謂的半月堡；有的古地圖上，第二層臺基東面的半月堡從缺。安平古堡園區展示的套圖中，臺基東面沒有半月堡，文物館內的復原模型卻又出現了這個半月堡。先暫且擱下這個矛盾現象，來談談什麼是半月堡。

軍事防禦設施中的半月堡，指的是一種位於兩座稜堡之間、城壕之內，呈三角錐狀的小型堡壘。熱蘭遮城這幾個所謂的半月堡，從外形、位置與功能等幾個方面評估，都不符合半月堡的定義。之所以稱為半月堡，大概只是因為外形而得出的臆測，並沒有學理上的依據。

一般說來，16世紀之後建造的稜堡型要塞已經不可能再出現半圓形的堡壘，因為半圓形的堡壘會形成防禦上的死角，而死角是稜堡防禦所極力要排除的。目前世界各地留存下來的稜堡型要塞，除非是中世紀城堡的遺存，否則幾乎沒有類似的例子。但即使是中世紀的遺存，半圓形堡壘也是位在稜堡之後，絕不可能出現在稜堡之前。熱蘭遮城為什麼又再次「不按牌理出牌」，獨樹一格呢？

VOC在東、西印度地區構築過許多類似熱蘭遮城的要塞，都沒見過類似的例子，為什麼荷蘭人在大員要花大錢，建構這種看似不利於防禦的半圓形堡壘？而且還一建就建了四、五座，難道只是為了讓熱蘭遮城看起來更加雄偉壯觀？或者真如揆一所言，VOC總公司的董事任人唯親，他的前任都是些酒囊飯袋，常常盲目營造一些不必要的工程，造成巨大的浪費？

根據現存的荷蘭時代平面圖評估，這幾個半圓形構築並不會形成防禦上的死角，但也看不出有任何強化防禦的作用，所以這個構築應該和防禦工事無關。名詞定義姑且不論，先探討半圓形構造的內部設施，據此再推斷其功能與營建的目的。

現今熱蘭遮城第二層臺基北面殘存的半圓形基座內部，還保有一口圓形水井，水井之外還有其他什麼設施就不得而知了。根據文獻記載，其他的半圓形構築內也有水井，且半圓形構造外牆的弧度正好與水井吻合，可見半圓形外牆是配合水井構築的；其實單單水井就足以說明半圓形基座的設計用意了。

1630年代大員的地圖與鳥瞰圖中，並沒有半圓形構築及水井，可見當時熱蘭遮城另有水源。應該是荷蘭人在構建二層臺基與下堡的同時，開挖了數口水井，再以半圓形構築遮蔽，使之成為城堡的一部分，目的應該是避免發生圍城作戰時，水源被切斷。

由此可見，所謂的半月堡、下堡是依循一個完整的防禦設計方案而營建的，目的是防範中國人發起圍城作戰。

3. 新建烏特勒支碉堡發揮聯防作用？

1644年的鳥瞰圖 (圖7) 還顯示一鯤鯓鬼仔山上增加了一座名為烏特勒支碉堡 (Rondunit Utrecht) 的小型堡壘，目的是與熱蘭遮城互為犄角，發揮聯防作用。揆一在《被遺誤的臺灣》中，曾抨擊下堡與烏特勒支碉堡的設計不當。他說熱蘭遮城的選址本身就有重大瑕疵，因為鬼仔山對熱蘭遮城的威脅極大，為了補救這個防禦漏洞，他的前任竟然花大錢蓋了一個毫無用處的烏特勒支碉堡。他認為與其蓋碉堡協防熱蘭遮城，還不如將鬼仔山剷平，會更加有效。

揆一抨擊烏特勒支碉堡設計失當，完全可以理解。

荷鄭之戰爆發，揆一原本堅守熱蘭遮城數月之久，鄭家軍幾乎束手無策。直到荷蘭降兵向鄭家軍獻策，鄭家軍攻下烏特勒支碉堡，下堡便完全暴露在鄭家軍大砲的射程之內，揆一只得被迫投降。

事實證明，烏特勒支碉堡根本是個「敗家之舉」，不但無法協防熱蘭遮城，反而授人以柄，關鍵時刻竟然讓敵方對熱蘭遮城發出致命的一擊。

▲圖9 ｜《大員鄭荷交戰圖》
Die Festung Selandia auff Teowan, 1669年
邁耶爾（Conrad Meyer）繪製的《大員鄭荷交戰圖》收錄於阿爾布烈．赫波特（Albrecht Herport）的《爪哇、福爾摩沙、印度與錫蘭遊記》（*Reise nach Java, Formosa, VorderIndien und Ceylon 1657-1668*）。此幅赫波特版的《大員鄭荷交戰圖》所透露的信息非常寶貴，不但將當時大員、普羅岷西亞、北汕尾的地貌、市集、城堡描繪得相當清楚，還記錄了鄭荷之戰的場景。當然他所記錄的戰爭場景，並非單獨某一場戰鬥，而是1661年4月底～1662年1月底，發生在大員、北汕尾、大港（臺江內海）、鬼仔山烏特勒支堡等所有戰鬥的綜合景象。

很多人將《大員鳥瞰圖摹本》(圖7) 視為荷蘭殖民臺灣輝煌時代的象徵，但真實的情景很可能是熱蘭遮城上的荷蘭人始終帶者懷疑與不安的目光，注視著在大員市街活動、為他們帶來商機的中國商人與中國帆船。只要經費許可，他們便盡可能地加強熱蘭遮城的防禦設施、強化城堡內的自保能力，以應對可能發生的圍城之戰。

《大員鳥瞰圖》呈現的不僅僅是熱蘭遮城的高壯雄偉、大員市街商業繁榮的輝煌景象，同時也隱含了缺乏互信的對立，以及對不確定的未來感到不安的疑慮。

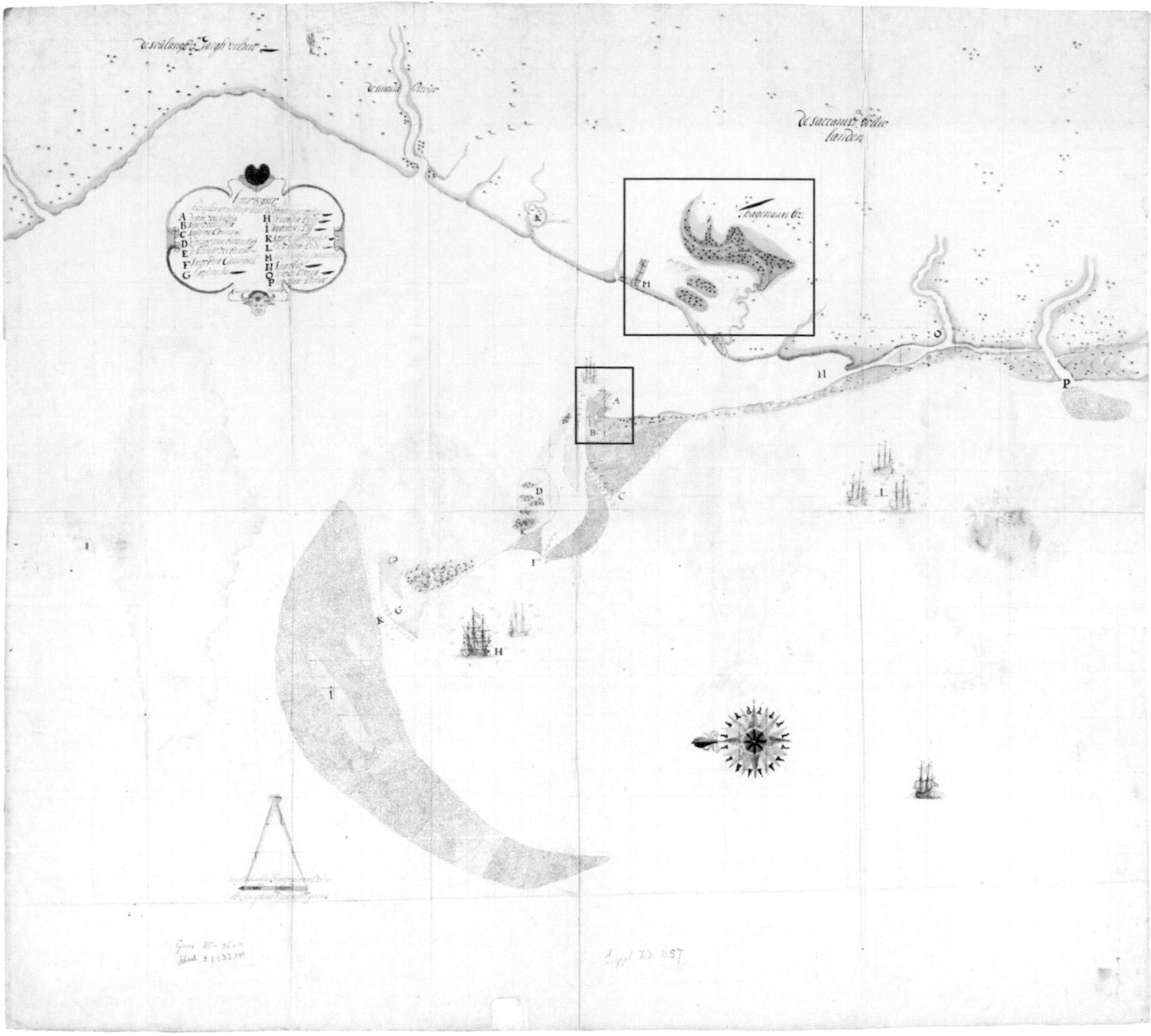

圖10

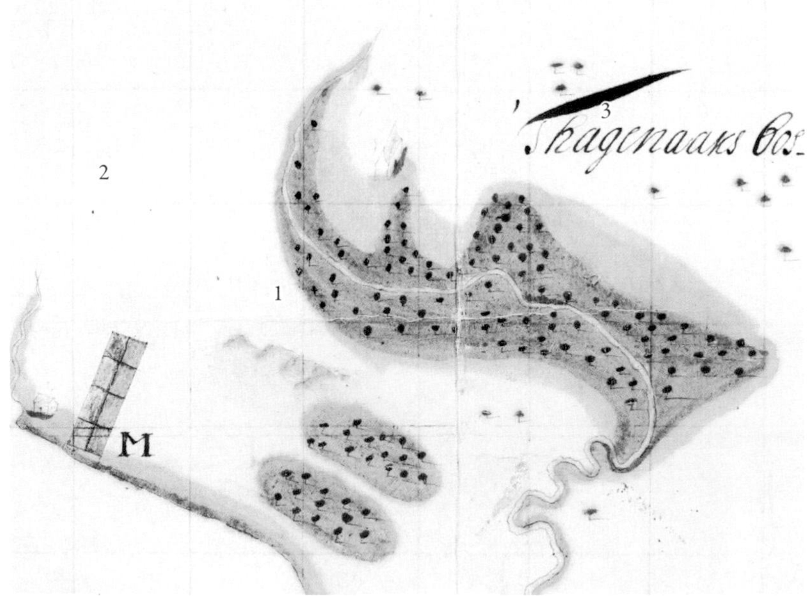

赤崁地區

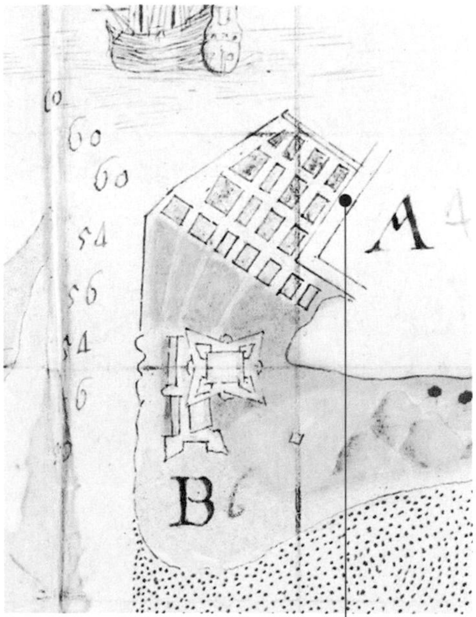

大員市街的南面構築了一道L形碼頭。

圖11

◀圖10 |《大員及其附近地區海圖》*Kaart van Zeelandia en omgeving, Formosa*, 約1652年，布落克荷伊繪製

布落克荷伊（Cornelis Jansz Plockhoy）為1647年之後大員市街的設計師，並主導整個大員地區的建設。1640年代大明政權走向崩潰，閩南移民湧入台灣，大員地區人口暴增，VOC因此改造大員街區，擴大為東西向與南北向各三條街道，同時計劃在普羅岷西亞增建新市街。為了方便大員與普羅岷西亞的交通，布落克荷伊又在大員市街的南面開鑿了一條L型的泊岸。

（局部圖編號對照說明）

1 赤崁一帶已經開墾，名為「赤崁耕地」，是中國農民開闢的蔗園和水田。
2 普羅岷西亞堡壘（赤崁樓）尚未興建，但已形成一道房舍（大致是現今的臺南市民權路大井頭附近）。
3 臺南市開山路與民權路之間的德慶溪兩岸仍是原始林，名為「海牙人的森林」。

▲圖11 |《赤崁地區農地與道路地圖》*Landerijen te Saccam*, 1644年，東肯斯繪製

1640年代之後，蔗糖在大員出口的商品比重愈來愈重要，荷蘭人開始在赤崁一帶開闢蔗田，以增加蔗糖的生產。此圖為東肯斯（Symon Jacobsz Domckens）描繪新港河（今鹽水溪）與鹽水溪（今三爺宮溪）之間的蔗田分布及道路的路線。根據記載，1644年赤崁地區耕地的面積大約25平方公里，到了1657年增加到了68平方公里。這是VOC殖民地當中規模最大的農場，因為增加農業的經營，而大量輸入閩南農民，為臺灣的漢人社會奠下了基礎。

熱蘭遮城的最後一塊拼圖

VOC巴達維亞總部1660年4月2日給揆一的信件中提到，揆一未經巴達維亞同意，擅自作主在下堡的東北角修築了一座稜堡。因為已經接近荷蘭殖民臺灣的末期，VOC的地圖檔案裡沒有關於這座稜堡的信息。1662年之後，荷蘭繪製的大員地圖、鳥瞰圖也都根據1644年芬伯翁版的《大員鳥瞰圖》改繪，所以也看不到這座稜堡的身影。

所幸一位曾參與鄭荷之戰的日耳曼傭兵赫波特（Albrecht Herport），於1669年出版了一本《爪哇、福爾摩沙、印度與錫蘭遊記》（*Reise nach Java, Formosa, VorderIndien und Ceylon*, 1657-1668），書中附錄的《大員鄭荷交戰圖》（圖9）將這個稜堡畫了出來，繪者是邁耶爾（Conrad Meyer）。

赫波特版的《大員鄭荷交戰圖》所透露的信息非常寶貴，不但將當時大員、普羅岷西亞、北汕尾的地貌、市集、城堡描繪得相當清楚，還記錄了鄭荷之戰的場景。當然，他所記錄的戰爭場景，並非單獨某一場戰鬥，而是1661年4月底～1662年1月底，發生在大員、北汕尾、大港（臺江內海）所有戰鬥的綜合景象。也可以說，這幅鳥瞰圖記錄了荷蘭殖民臺灣時代，大員、普羅岷西亞、北汕尾的最後景象。

難能可貴的是，此圖的左上角還另外開了一個小視窗，以平視的角度，由北而南，呈現了最完整的熱蘭遮城景觀。雖然畫得不算細緻，但是比例相當準確，可說是最值得參考的版本。

之後，鄭氏三代雖然以此為駐蹕之所，卻沒有留下任何地圖資料，所以無法了解明鄭時期熱蘭遮城是否經過改造。入清之後，乾嘉時代的方志中都可以看到熱蘭遮城的圖像，但繪圖者似乎只掌握了主堡的大致模樣，下堡的結構根本無法判讀。據說清代官方對熱蘭遮城有所增修，但真實的樣貌究竟為何，單憑方志中的圖像也很難說得清楚。

1840年鴉片戰爭爆發，臺灣兵備道道臺姚瑩，重修了熱蘭遮城的砲臺與城牆，並改名為軍裝局。1868年英商因樟腦出口問題與臺灣兵備道衙門發生爭執，英軍兩艘軍艦駛入安平港砲擊熱蘭遮城，甚至還闖進城中引爆了火藥庫，導致軍裝局受損嚴重。

後來從英國人約翰．湯瑪斯（John Thomas）拍攝的照片，可以看出熱蘭遮城的北門雖然已經封閉，但門楣上還保留荷蘭人1632年竣工時的碑刻（圖13）。不過四座稜堡已經坍塌，其中主堡東北角的菲力辛根稜堡幾乎整個滑落到臺基之下（圖12）。

下堡似乎荒廢已久，原來東北角稜堡（也就是1660年揆一增建的那座稜堡）的位置竟然出現了民居。照片的右側還可以看見下堡北牆的一角；而原來大港的主航道上插滿了蚵架，此時應該已經無法行船。

當時英國人曾對熱蘭遮城的遺跡進行測繪，顯示熱蘭遮城的四個稜堡都不見了，但下堡西側的兩個稜堡竟然奇蹟般地留存下來；英國人推斷下堡北牆的東半部應該經過改建。這張測繪圖應該和湯姆生拍攝的照片是同一時期。

但是這個殘存的狀態也沒有持續很久。1874年沈葆楨奉命來臺處理「牡丹社事件」的善後事宜。為了強化海防，沈葆楨在安平的二鯤鯓構建了億載金城砲臺（圖18）。因為缺乏建材，便從廢棄的熱蘭遮城拆卸城磚。後來連一般百姓也競相拆卸熱蘭遮城的城磚蓋民居，所以到了日本時代，熱蘭遮城大概就只剩下今天我們看到的那一小部分了。

奇怪的是，拿熱蘭遮城城磚營建的億載金城，竟然也是四個稜堡的要塞。照理說19世紀下半葉，新型開花砲彈出現後，稜堡型要塞在西方國家已經被捨棄，而配備了最新型阿姆斯壯大砲的億載金城，為什麼還要採用稜堡型要塞這種過時的設計呢？難道負責規劃的法國工程師有懷古之情，對稜堡型要塞情有獨鍾？

早期的開花砲彈不耐高壓，只能由榴彈砲或臼砲發射，所以威力十分有限。等到加農砲可以發射開花砲彈後，稜堡便無法抵擋加農砲直接瞄準的射擊，於是風行2、300年之久的稜堡要塞也就淡出了歷史舞臺。規劃億載金城的法國工程師不會不知道這點，為什麼還要繼續採用這種過時的設計方案？難道他也了解熱蘭遮城的歷史，所以有意模仿熱蘭遮城的造型？

億載金城的命運比熱蘭遮城幸運得多，除了阿姆斯壯大砲被日本人當廢鐵賣了之外，整個要塞還算完整。目前園區內展示出部分最古老的構築，不知是否還能辨識出哪些是來自熱蘭遮城的城磚呢？億載金城不但延續了熱蘭遮城的稜堡構形與城磚，或許也延續了它古老的靈魂。

©必麒麟《老臺灣》

©John Thomson@Wikimedia Commons

▲◀圖12、13｜英國攝影師約翰．湯姆生(John Thomson) 拍攝的熱蘭遮城照片，約1870～1871年

經過1868年「樟腦事件」中英軍的破壞，熱蘭遮城主堡的四座稜堡已完全坍塌。中央崩落下來的稜堡牆體是主堡東北角的菲力辛根稜堡，右側大樹處的殘跡應該是1660年揆一修建的下堡東北角稜堡，而且已出現了民居，下方是大港的主航道，當時插滿了蚵架，應該已經完全喪失了航道的功能。

圖13中的北門雖然已經封閉，但門楣上還保留荷蘭人1632年竣工時的碑刻。

歐洲城市從哥德式城堡到稜堡防禦的轉變

稜堡要塞最早出現在15世紀中葉的義大利，當時加農砲的威力已經可以擊穿中世紀城堡的城牆。為了防禦新型的加農重砲轟擊，稜堡應運而生。據說達文西、米開朗基羅都參與過稜堡的設計。而稜堡之所以被荷蘭人廣泛運用在殖民地，和荷蘭獨立戰爭時的軍事傳統有一定的關聯。

1570年代，西班牙為了自身的商業利益，對屬地低地國（Netherland）的羊毛織品課徵重稅，因此引發了低地國各省的獨立戰爭。當時低地國的城鎮為了防禦入侵的西班牙軍隊，紛紛聘請義大利人幫忙修築稜堡。這些稜堡要塞果然讓西班牙軍隊吃足了苦頭。因為久戰不決，導致西班牙政府破產；欠餉又引發雇傭軍譁變，最後只得撤出低地國，任其獨立。

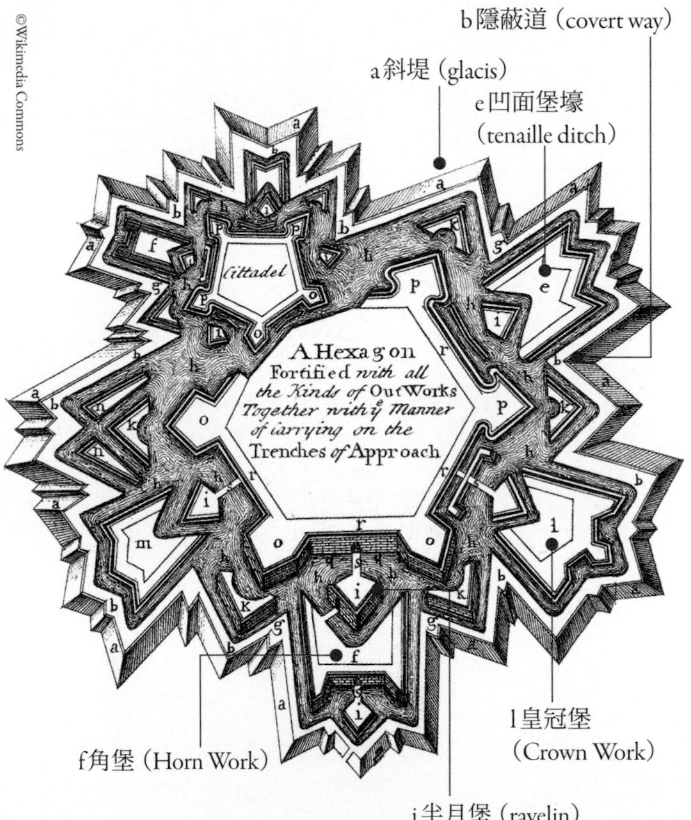

▲圖14｜荷蘭星堡（star bastion）設計圖（局部）

1.角堡（f）及皇冠堡（l）的目的都是為了增加防禦縱深。

2.半月堡是位於兩座稜堡之間、城壕之內，呈三角錐狀的小型堡壘（i），由此可以看出熱蘭遮城的半月堡，並不符合定義。

獨立後的荷蘭聯省共合國為了發展海外市場，籌組荷蘭聯合東印度公司，在東、西印度地區與西班牙、葡萄牙爭奪殖民商業利益，稜堡型要塞也跟著推廣到了殖民地。

歐洲有些大型城市，例如巴黎、日內瓦、帕爾馬諾瓦（Palmanova），外圍的稜堡多達十餘個，整個城市好像是青天白日旗中的白日，這種類型的稜堡又稱為星堡（star bastion）。一般稜堡要塞，稜堡大多是五個，美國國防部的五角大樓便是根據這個軍事傳統設計的。

相對於中世紀高聳的哥德式城堡，稜堡的城牆低矮多了，從遠處眺望，甚至看不到稜堡的城牆。中世紀的攻城武器主要是弓箭，所以城牆須盡可能高聳，最好是建在山丘上。但重型加農砲出現之後，巨石堆壘的中世紀城堡不僅擋不住加農砲的轟擊，且因巨石堆疊而成的城牆過於剛硬，無法吸收火砲射擊時產生的後座力而無法設置砲位，落得攻防兩失的窘境。

新型稜堡的城牆不求高，但求厚。城牆內填充厚實的土方，藉以吸收砲彈轟擊時產生的巨大震波。稜堡城牆以城磚敷面，並非為了強化牆體，而是避免土方流失。

更重要的是，稜堡要塞捨棄了中世紀的圓形箭樓，改採銳角形的防禦面，藉以消除防禦死角。為了達到此一目的，兩座稜堡的方位必須經過精確計算，才能達到相互掩

▲圖15｜菲律賓三寶顏的皮拉爾堡（Fort Pilar）

皮拉爾堡現今仍完整保存荷蘭稜堡型要塞的樣式。

護，消除防禦死角的目的。

此時，西方世界不但火砲因技術革命而威力倍增，防禦工事也出現翻天覆地的改革，而中國只曉得「紅夷砲」的威力，對稜堡的奧妙卻毫無所察。這就是為什麼一個規模不足10畝大、構造單一的小型半稜堡型要塞，竟然使得兵力超過荷蘭守軍20倍的鄭家軍，花了7、8個月的時間還攻不下。

後來西班牙在基隆和平島構築的聖救主堡（San Salvador）形制和熱蘭遮城差不多，應該就是和荷蘭人學的。基隆的聖救主堡在日本時代被改為造船廠的船塢而不復存在，倒是風櫃尾的紅毛城還可以看出大致的外形。

如今這種稜堡要塞，除了曼哈頓南端的武器庫，東南亞和西印度群島也保留了不少，如澳門的聖保羅砲臺（Fortaleza do Monte）和菲律賓三寶顏的皮拉爾堡（Fort Pilar）。

南美洲蓋亞那旗島（Vlaggeneiland）上有一座18世紀初期VOC構築的要塞，大小、形制和熱蘭遮城主堡幾乎完全一樣，有意思的是，這座稜堡要塞也叫Fort Zeelandia（熱蘭遮城）。不過這座要塞只有稜堡，沒有附城，和大員的熱蘭遮城並非完全一樣。幸運的是，旗島上的熱蘭遮城幾乎完整無缺地保留了下來。

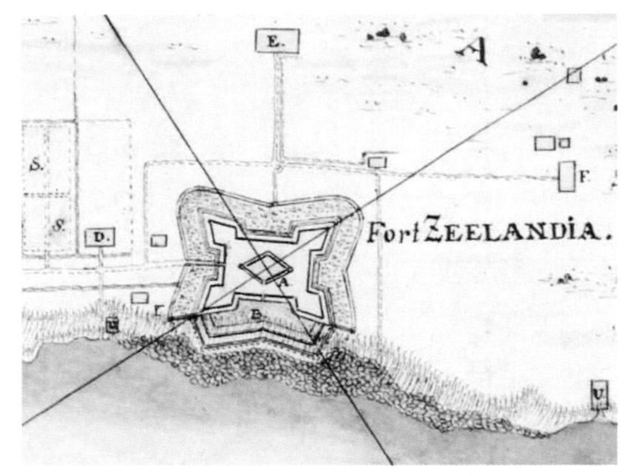

◀▼圖16｜南美洲蓋亞那旗島（Vlaggeneiland）上的熱蘭遮城（Fort Zeelandia）

此城堡大小、形制和臺灣的熱蘭遮城主堡幾乎完全一樣，而且完整無缺地保留了下來。

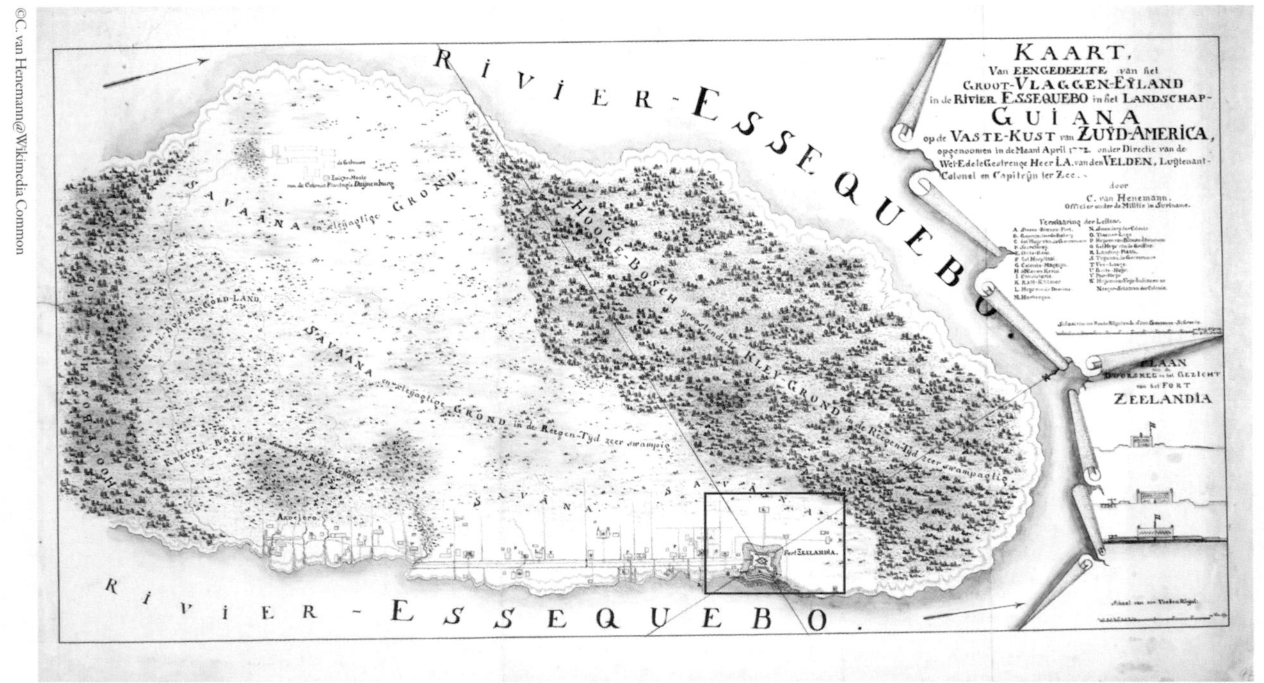

熱蘭遮城城堡構造演變

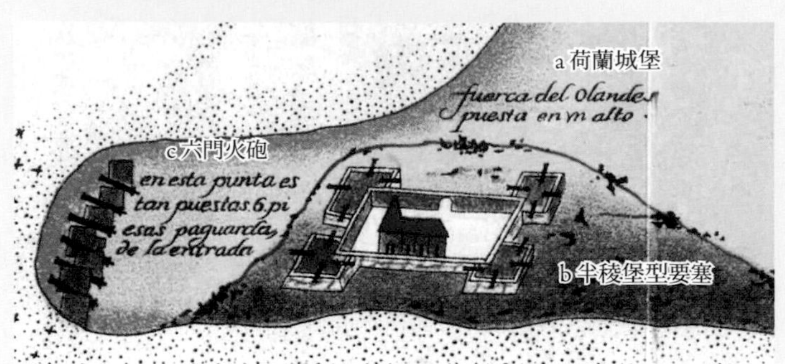

1｜1626年《福爾摩沙島上荷蘭人港口圖》局部（圖3局部）

這是熱蘭遮城第一次出現在地圖上。外觀還十分簡陋，甚至使用木竹之類的易朽材料搭建。地圖上沒有註明名稱，可能是因為西班牙人不知道此城的名字。

a 荷蘭城堡：荷蘭城堡（熱蘭遮城）位在高地上。

b 半稜堡型要塞：熱蘭遮城是一座擁有四個稜堡的半稜堡型要塞。

c 六門火砲：為了強化對主航道的控制，熱蘭遮城堡下又增加了六門火砲。

2｜1629年《大員的熱蘭遮城》（圖4局部）

a 大員市街：第一次出現在圖像上的大員市街。

b 舊商館：設於大員與熱蘭遮城之間的舊商館。

c 絞刑架：舊商館的後面是絞刑架。

d 冶煉作坊：絞刑架後面冒煙的小屋是冶煉作坊。

e 碼頭：舊商館前有一座簡易碼頭可泊小艇。

f 柵欄：熱蘭遮城外圍繞了一圈柵欄，作為第一道防禦設施。

g 鐘形建築：這應該是繪者憑空想像的，荷蘭稜堡不曾出現這類建築。

h 崗哨：熱蘭遮城前有一座崗哨。

i 小砲臺：砲臺旁是修船的作坊，作坊旁類似木梯之物應該是船臺。

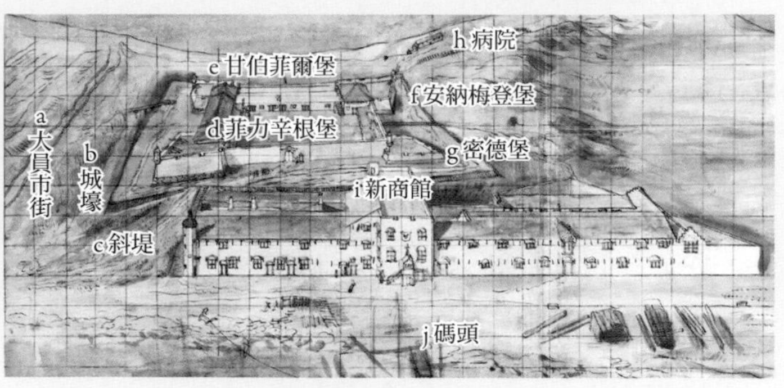

3｜1635年《熱蘭遮城鳥瞰圖》（圖6局部）

a 大員市街：熱蘭遮城左側是中國人居住的大員市街。

b 城壕：主堡靠大員一側的臺基下方，挖了一道壕溝。

c 斜堤（衝擊坡）：壕溝挖出的土方堆置到靠大員市街的一側，形成衝擊坡，能使敵軍的加農砲因為射角太高而無法轟擊城牆。

d 菲力辛根堡：靠大員這側的稜堡加高臺基，並設有砲臺。

e 甘伯菲爾堡：靠大員這側的稜堡加高臺基，並設有砲臺。

f 安納梅登堡：無砲臺。

g 密德堡：無砲臺。

h 病院：主堡西南方的一排房舍為病院。

i 新商館：

- 由熱蘭遮城與大員之間的廣場，移到熱蘭遮城下方，幾乎將熱蘭遮城面對大港出海口的射角完全遮蔽了。
- 館中包含辦公室、倉庫、員工宿舍。

j 碼頭：新商館前增設碼頭。

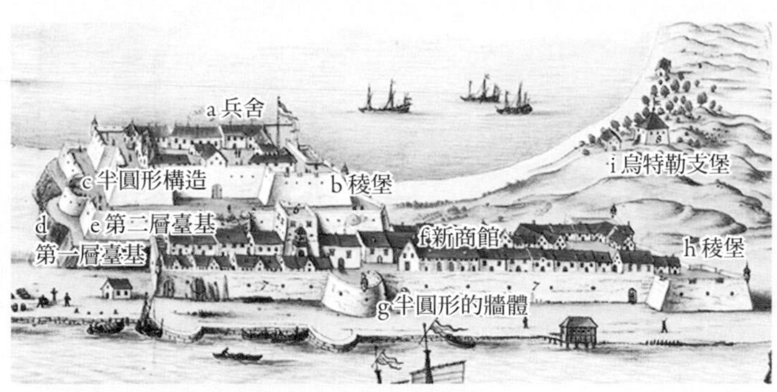

4 | 1644年《大員鳥瞰圖》(圖7局部)

從圖中可以看出，新商館不僅築了外城牆，靠出海口的那面還配備了兩座新的稜堡。後方鬼仔山上則是烏特勒支碉堡。

a 兵舍：熱蘭遮城主堡上面的兵舍構建完成。

b 稜堡：四個稜堡堆疊至同一高度，主堡下方形成兩層臺基。這兩層臺基能使敵人的加農砲因為射角太高而無法轟擊城牆。

c 半圓形構造：第二層臺基的東、北、西三邊出現半圓形構造，內部有圓口水井。

d 第一層臺基：表面沒有覆蓋紅磚。

e 第二層臺基：表面先覆蓋紅磚再抹上石灰。

f 新商館：主堡下的商館建築大量增加，並以城牆保護形成下堡。城牆不高，但厚，且填充厚實土方，藉以吸收砲彈轟擊時產生的巨大震波。

g 半圓形構造：下堡北牆也有一個半圓形構造，內部可能也是圓口水井。

h 稜堡：由於下堡內的建築物遮蔽了主堡火砲的射角，為了有效控制航道，另外在下堡西面構築了兩座稜堡，另設置砲位。這兩座稜堡改採銳角形的防禦面，且兩座的方位都經過精確計算，能消除防禦死角。

i 烏特勒支堡：如果敵方攻下鬼仔山，在山頂發射火砲，會嚴重威脅下城的安全，因此在鬼仔山上另設八角形的烏特勒支堡與主堡形成聯防。

▲圖17 | 熱蘭遮城遺址

此處應為第二層臺基北面，殘存的半圓形基座內部還保有一口圓形古井。

▲圖18 | 億載金城

億載金城又稱二鯤鯓砲臺，目前園方特別展示出兵房與小砲彈藥庫的原始結構。據說此砲臺的建材部分取自熱蘭遮城的遺構。

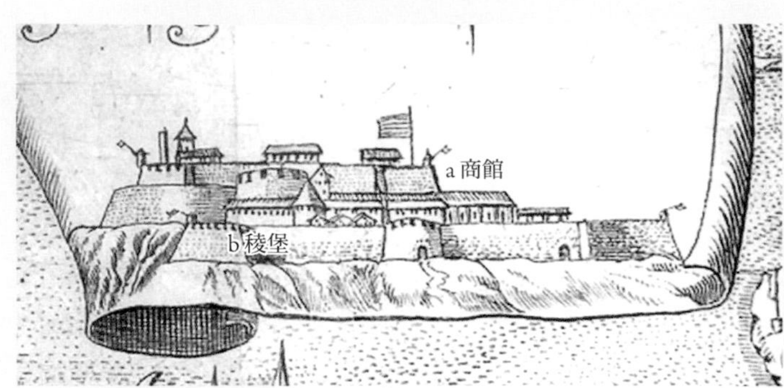

5｜1669年《大員鄭荷交戰圖》局部（圖9局部）

此圖畫得雖然不算細緻，但是比例相當準確，以平視的角度，由北而南，呈現了最完整的熱蘭遮城景觀，可說是目前熱蘭遮城最完整的版本。而且可以看出1660年最後一任大員長官揆一在下堡東北角增建的稜堡。

a 商館：下堡內商館的建築較少，不像1644年《大員鳥瞰圖摹本》（圖7）有如小型街區。

b 稜堡：下堡東北角增加一座稜堡。

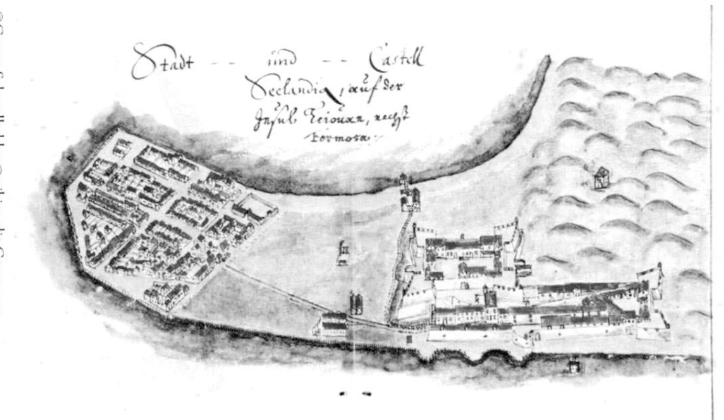

▲圖19｜《福爾摩沙附近大員島上的熱蘭遮城與市鎮》，1652年
此圖由VOC測量員司馬爾卡頓（Caspar Schmalkalden）繪製。1652年，布落克荷伊已經完成大員的規劃與建設。巴達維雅總部認為布落克荷伊耗費太多經費，對此相當不滿，之後便嚴格控制大員的建設經費。因此本圖呈現的應該是大員在荷蘭時代最終的景觀，之後發生郭懷一事件，大員的經濟嚴重受損，國姓爺攻臺的風聲一波接著一波傳來，大員開始進入備戰狀態。

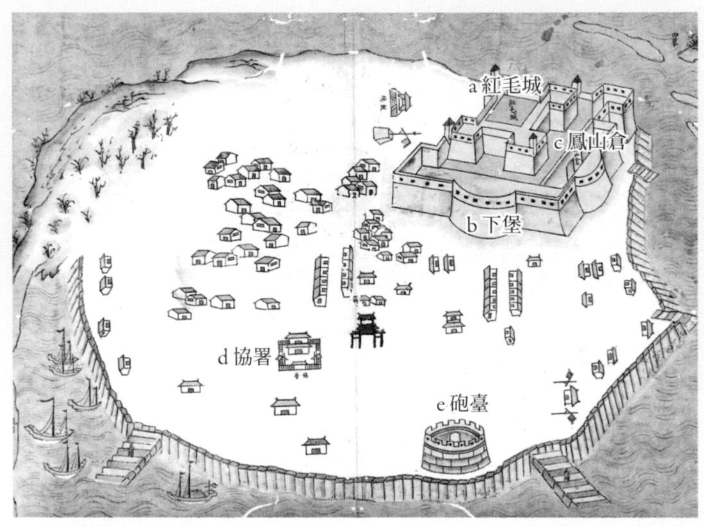

6｜1778年《修築安平石岸圖》
收錄於蔣元樞編修的《重修臺郡建築圖》（乾隆43年）

1697年《裨海紀遊》的作者郁永河來臺採硫，初見熱蘭遮城，認為這不過是一座用來架設火砲、防守海口的砲臺罷了，和傳統的中國城不可相提並論，便一筆帶過了，完全談不上「驚豔」；郁永河大概不知道國姓爺花了整整八個月才拿下這座不足十畝大的城堡吧。

國姓爺攻下熱蘭遮城後，並沒有實踐當初拆除熱蘭遮城的諾言，反而將此城改名為安平城，延續了福建石井老家安平城的餘脈。自此鄭家在臺三代一直以熱蘭遮城為行宮、政治中樞，直到降清之後才遷出。

清代領臺之初，熱蘭遮城還大致完好，方志描述過熱蘭遮城的內部構造，稱其鬼斧神工，但對其形制、功能卻不甚了解。

a 紅毛城：此處註明為「紅毛城」，結構大致完整，但主堡上已無房舍的跡象。

b 下堡：似乎經過改建，實際情況已難以判斷。

c 鳳山倉：與主堡之間的通道標示為「鳳山倉」。安平鎮當時屬鳳山縣管轄，鳳山縣衙以此為儲存田賦稻穀的倉庫。

d 協署：安平鎮當時是臺灣水師協署的總部所在，這座有圍牆的衙署即為水師協署。

e 砲臺：協署前的圓形堡壘為砲臺。

CHAPTER

17

1626-1784年

成也白銀，敗也白銀！

1624年VOC在大員設立貿易站，對馬尼拉的西班牙人是一大挑戰，
因此西班牙人不再猶豫，直接占領雞籠。
西班牙在雞籠成立貿易站之後，將中國運來的生絲、瓷器轉運到馬尼拉，
再以西班牙大帆船橫越太平洋，轉運到墨西哥；
而美洲的白銀經馬尼拉轉到中國大陸。
雞籠從此成為西班牙殖民帝國在太平洋商貿航路上的一個環節。
1630年代中期，美洲白銀銳減，馬尼拉市場蕭條，雞籠的中國商人為之卻步，
西班牙人也因財政困難逐步撤出雞籠島。
所以，1642年的雞籠與其說是被荷蘭人攻下來的，
還不如說是西班牙人自己放棄的。
而這一切都是美洲白銀惹的禍……

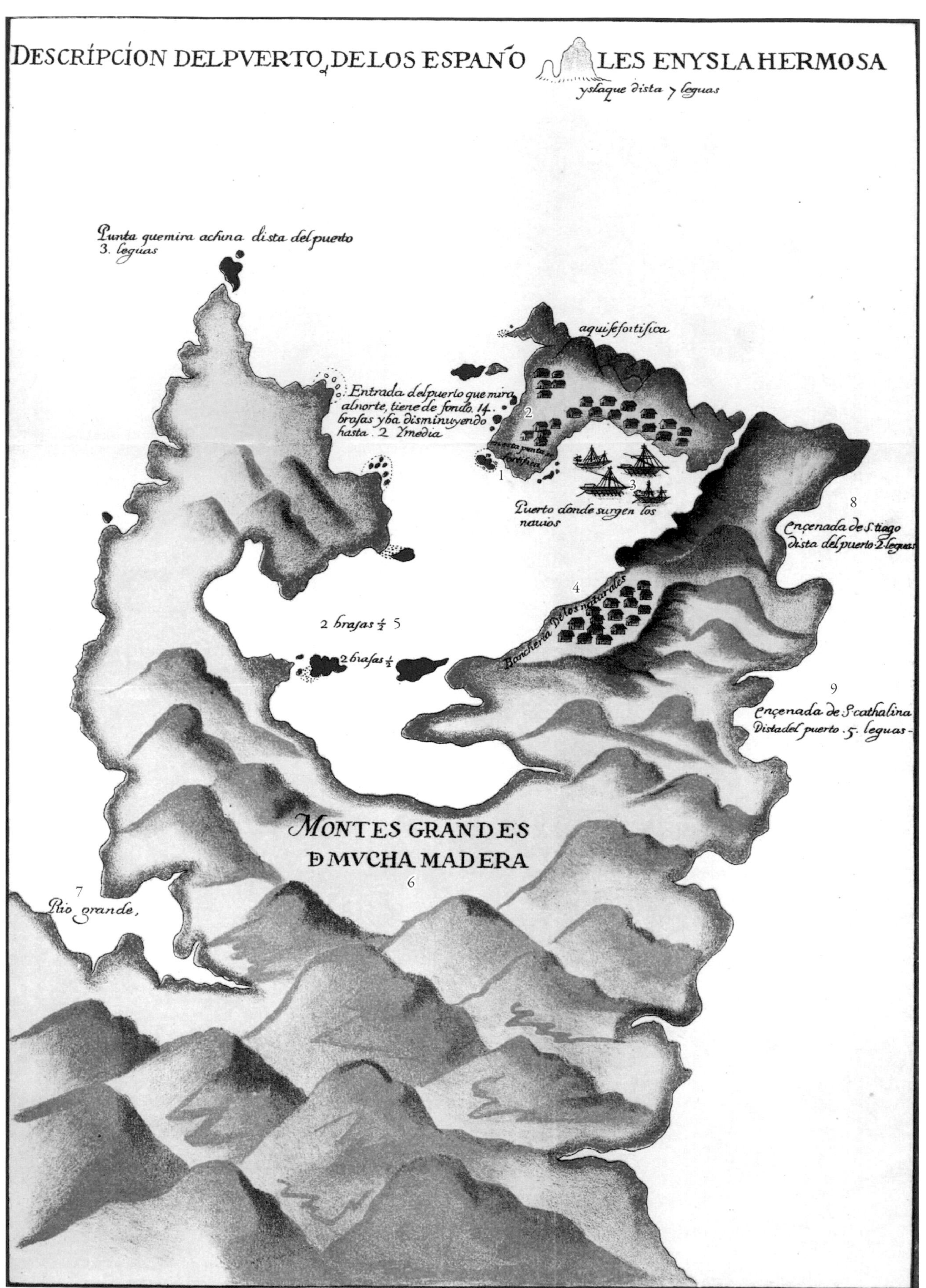
DESCRÍPCION DELPVERTO DE LOS ESPAÑO LES EN YSLA HERMOSA
yslaque dista 7 leguas
Punta quemira achina dista del puerto 3. leguas
aqui se fortifica
Entrada del puerto que mira al norte, tiene de fondo 14. brasas y ba disminuyendo hasta . 2 Ymedia
2
1
3
Puerto donde surgen los nauios
8
Ençenada de S. tiago dista del puerto 2. leguas
4
Rancheria De los naturales
2 brasas ½ 5
2 brasas ½
9
Ençenada de S. cathalina Dista del puerto . 5. leguas
MONTES GRANDES
D MVCHA MADERA
6
7
Rio grande

《福爾摩沙島上的西班牙港口》*Descripcion Del Puerto, De Los Españoles En Isla Hermosa*

館藏地點｜西班牙東印度古文書館（AGI）
繪製者｜佩德羅·德·維拉（Pedro de Vera）
繪製年代｜1626年
繪製方式｜手繪
地圖尺寸｜原圖尺寸未知
相關地圖｜1.《福爾摩沙島北部海岸與雞籠圖》*Kaart van de noordkust van het eiland Formosa en Kelangh*, 約1664～1667年，科內利斯繪製
2.《熱蘭遮城》*Kaart van fort Zeelandia*, 1667年，艾薩克·德·赫拉夫繪製
3.《大臺北地圖》*Karrtje van Tamsuy en omleggende dorpen, zoo mede het eilanje Kelang*, 1654年，西門·給爾得辜繪製

◀圖1｜1626年馬尼拉的西班牙人出兵占領雞籠，命名為聖千里達（Santisima Trinidad，又譯至聖三位一體），5月16日在和平島舉行占領祝聖儀式後，便決定在島上建聖薩爾瓦多堡（San Salavador，又譯聖救主），城址在和平島西南面的礁岩上（1）。

此圖現藏於西班牙東印度古文書館（AGI），可能是西班牙人占領雞籠時所繪。圖中在和平島東面註記：「在此處建堡壘」（2）。

和平島的南面停泊了4艘西班牙槳帆船和中國帆船（3）。根據文獻記載此次占領行動馬尼拉方面出動了100名西班牙人和200名黑人、呂宋土著，分別搭乘2艘西班牙槳帆船和10餘艘中國帆船。中國帆船應該是受雇於馬尼拉當局從事補運工作。

帆船的下方註記：「土人部落」（4）。註記下方畫有一處原住民部落，位置相當於大沙灣（基隆市真砂、正砂里。但1654年《大臺北地圖》（圖6）註記為No.53 quimourije／金包里社）。

金包里部落西面的雞籠港灣內，有兩個紅色小島，一旁註記：「水深2尋半」（5）。這兩個小島為鱟公與鱟母，1910年日本人擴建基隆港時將其挖除了。

港灣的底部，是現今基隆市區，註記：「大山；木材蘊藏豐富」（6）。

圖面的西南角有一處港灣，註記為「大河」（7），應該是指淡水河出海口；東面註記了兩處港灣，上為三貂角（8），大約是福隆、卯澳一帶，距離雞籠2哩格（西班牙距離單位）。下方為聖卡達利納（9），可能是指蘇澳，距離雞籠5哩格。西班牙人曾考慮在這兩處設立城堡、商站，但因為條件不夠理想，只得放棄。

西班牙與荷蘭的貿易之戰

1590年代以來，馬尼拉的西班牙人一直醞釀著在福爾摩沙島建立根據地的想法，早先建立根據地的目的主要是為了防範日本入侵呂宋。1591年豐臣秀吉一統日本後，為了轉移國內的政治壓力，採取向外擴張的策略。於是向東南亞各地，包括呂宋在內，派使者發出招諭入貢的要求。為此西班牙人提出占領福爾摩沙的對策，作為呂宋防禦的前沿。根據此一計畫，西班牙人還繪製了一幅歐洲最早的臺灣島圖（第10章，圖1《呂宋、艾爾摩沙島及部分中國沿岸圖》）。1598年西班牙艦隊大舉北上福爾摩沙，結果遭遇暴風，只得返航。

豐臣秀吉死後，日本入侵呂宋島的壓力頓減，西班牙人在福爾摩沙建立根據地的計畫也隨之擱置。直到1624年荷蘭人在大員建立商站和堡壘之後，馬尼拉的西班牙人才又坐不住了，於是在福爾摩沙島建立根據地的計畫再次搬上了會議桌，這一次西班牙人不再遲疑，1626年正式占領了雞籠和淡水。

相對於豐臣秀吉，荷蘭聯合東印度公司（VOC）的威脅要大得多。17世紀初，VOC主要的目標是奪取葡萄牙人在東印度群島的香料貿易權。1619年，VOC在巴達維亞建立東印度總部，意味著VOC在東印度群島已經取代葡萄牙，成功地控制了香料的貿易權。此後VOC將目標轉向中國貿易，並加強對馬尼拉的封鎖。因為馬尼拉的美洲白銀吸引了中國商人主動運送生絲、瓷器前來交易，如果無法有效遏止，在對中國貿易方面荷蘭人將無法立足。

1624年VOC在大員設立貿易站，展開了對華貿易的第一步。對中國商人而言，航行到大員確實比到馬尼拉的航程更短、更安全，因此更具吸引力。相反的，對馬尼拉的西班牙人而言，大員貿易站開張是一大威脅，西班牙人必須反擊。

同年，荷蘭人在大員開始構築熱蘭遮城，並掠劫了一艘載有價值3萬披索（菲律賓貨幣）船貨的西班牙船；那一年荷蘭在大員獲得中國商人交運的生絲是馬尼拉的20倍。西班牙人沒花太多時間討論，計畫是現成的，也就是延續1590年代的方案，占領雞籠、淡水。只要花得起錢，在馬尼拉很容易雇到中國帆船、水手為西班牙人領航、運送作戰物資。

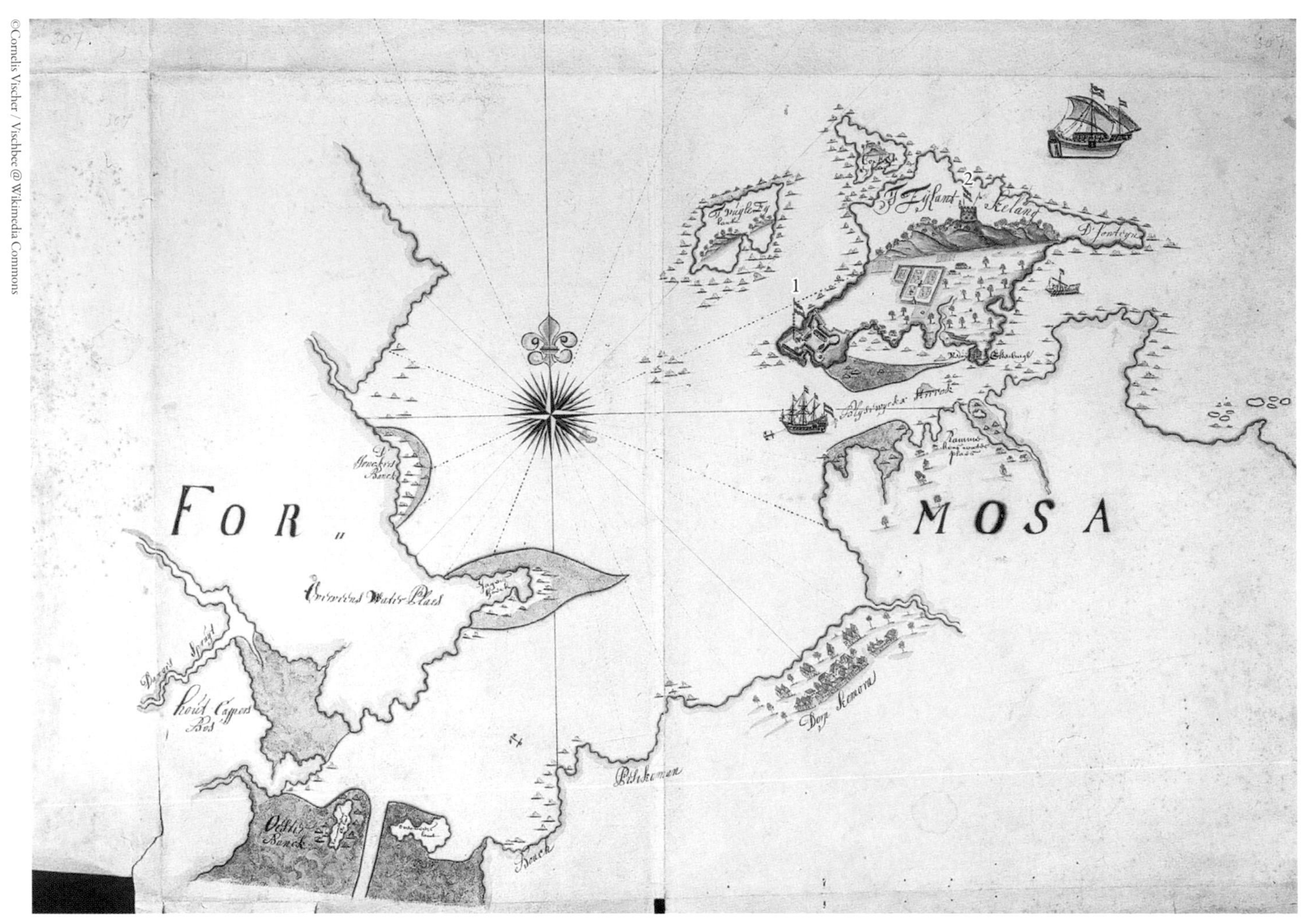

1626年馬尼拉的西班牙人出兵占領雞籠，除了貿易與軍事上的動機外，還有宗教上的考量。1月馬尼拉的樞機主教、總督、法院、軍方，為了軍事占領行動召開會議，決定特遣艦隊從馬尼拉附近的甲米地出發，在呂宋島的北面過冬等待西南季風。

5月10日特遣艦隊抵達福爾摩沙北部海面，先後在三貂角、宜蘭一帶尋找適合的港口，並分別命名為聖雅各（Santiago，即三貂角）、聖卡達利納（Santa Catalina，即蘭陽灣）、聖勞倫佐（Santa Lorenzo，即南澳）、馬拉布里戈島（Malabrigo，即龜山島）。最後選定雞籠，並命名為聖千里達（Santisima Trinidad，又譯至聖三位一體），5月16日在和平島舉行占領祝聖儀式後，決定在島上建聖薩爾瓦多堡（San Salavador，又譯聖救主）。

從1626年佩德羅．德．維拉繪製的《福爾摩沙島上的西班牙港口》（圖1，*Descripcion Del Puerto, De Los Españoles En Isla Hermosa*）可以看出，西班牙人抵達雞籠、完成占領祝聖儀式後，就已經規劃好了主要塞聖薩爾瓦多堡及看守堡（la mira）的位置。

不過，西班牙人在雞籠的城堡建設似乎不是那麼順利。1629年VOC的船隻盾不黑號（Domburch）抵達雞籠執行偵察任務，發現聖薩爾瓦多堡只完成聖安東大稜堡（San Antonio el Grande），其上部署了12門加農砲。另外在和平島的高地及八尺門，各建了一座小堡壘，基本上完全控制了雞籠港澳的入海口。

盾不黑號上的約翰．卡爾布蘭特松．布拉克（Jan Gerbrantsz Black）繪製了一幅《雞籠－淡水圖》，圖上除了上述的防禦設施之外，還標示了和平島上、建於1627年的諸聖堂（Todos los Santos）的位置。顯然西班牙人除了通商也十分重視傳教工作，後來西班牙人陸續在雞籠的原住民村落建立了聖路易教堂（San Luis Beltran）、聖胡安教堂（San Juan

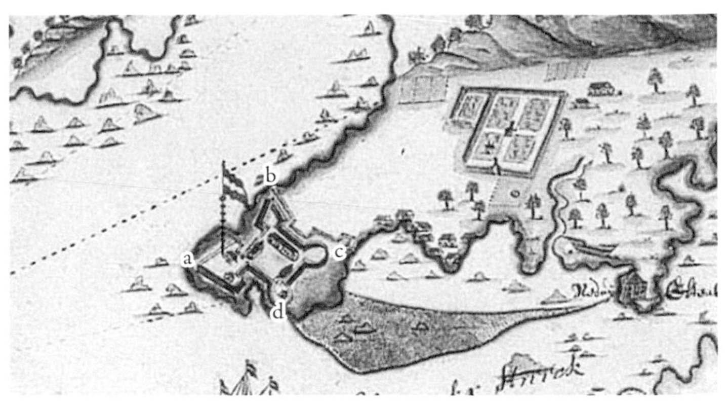

◀圖2｜科內利斯《福爾摩沙島北部海岸與雞籠圖》*Kaart van de noordkust van het eiland Formosa en Kelangh*, 約1664～1667年

科內利斯（Cornelis Vischer）的測繪水準相當高，比對現在的地圖可輕易辨認出其中標示的位置。局部圖中北荷蘭城（原聖薩爾瓦多堡）有兩個稜堡（a、b），兩個半月堡（c、d）。和平島高地、天顯宮附近有一座堡壘，名為維多利亞堡（2），原本是西班牙人建的看守堡（la mira）。

此圖沒有註明繪製年代，但我們可以從北荷蘭城的興廢斷定繪製的年代。1642年荷蘭人將雞籠的西班牙人驅逐之後，基本上已經放棄了聖薩爾瓦多堡，1654年《大臺北地圖》（圖6）中的薩爾瓦多堡僅餘聖安東大稜堡（San Antonio el Grande），荷蘭人將其改名為北荷蘭城（1）。直到國姓爺將荷蘭人逐出大員，他們才又回到雞籠重建薩爾瓦多堡。

1664年8月20日荷蘭聯合東印度公司（VOC）派出博特特遣艦隊抵達雞籠，重建雞籠成為福爾摩沙新的貿易據點。博特重建了維多利亞堡，加固北荷蘭稜堡（a. Print Noorthollant），並重建其他三座稜堡。北角為海堡稜堡（b. Zeeburg），東角為第一半月堡（c. First Halve Moon），南角為小半月堡（d. Small Halve Moon）。半月堡內為水井。

1666年2月7、800名鄭家軍進駐淡水，雞籠評議會決定進一步加強防務。5月鄭荷雙方在雞籠交戰，鄭軍無功而退。1667年荷蘭人將第一半月堡改為稜堡，並拆除了小半月堡。

由此可見此圖應該繪於1664～1667年之間，荷蘭人在福爾摩沙迴光返照的那段日子。

西班牙人為對抗VOC，占領了雞籠和淡水。

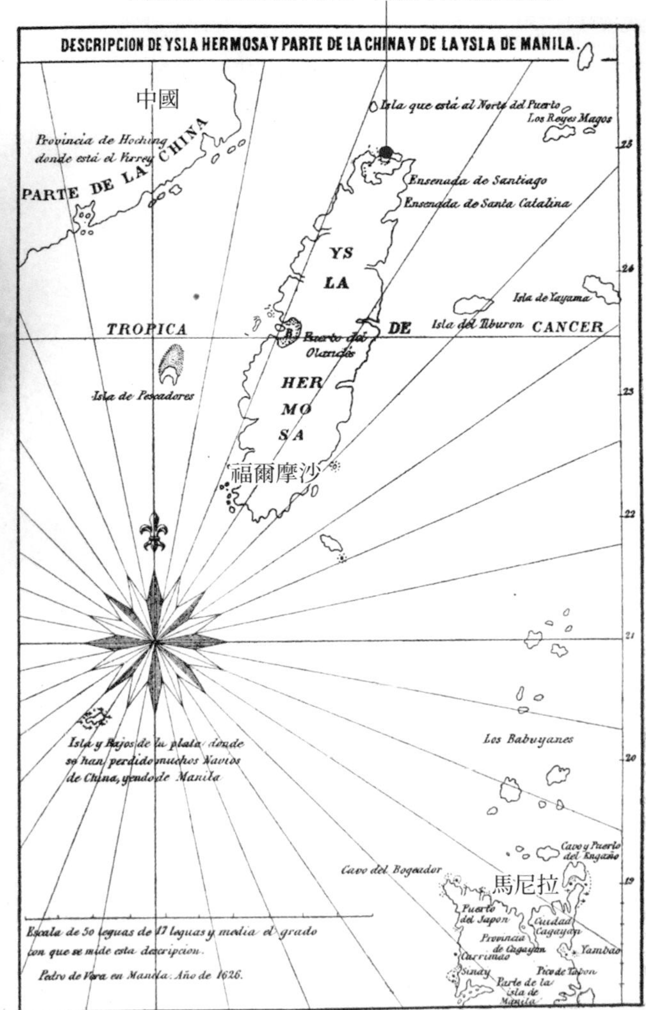

▲圖3｜佩德羅・德・維拉《中國、福爾摩沙與馬尼拉》*Descripcion de Ysla Hermosa y parte de la China y de la Ysla de Manila*, 1626年

從圖中可以看出中國、福爾摩沙及馬尼拉三者的相對位置，對當時的中國商人來說，航行到大員比到馬尼拉容易多了。於是西班牙人為了對抗VOC而占領雞籠、淡水。

Bautista），在淡水建玫瑰聖母堂（Nuestra Señora del Rosario）、詩仔林（Senar）也建了教堂，還有三貂角的聖多明哥教堂（Santo Domiogo）及噶瑪蘭的聖荷西教堂（San Jose）等。早在1590年代制定的計畫中，雞籠就被西班牙人定位為對中國、日本地區的傳教樞紐。

白銀與生絲交織的黃金航道

聖薩爾瓦多堡的構築雖然起步得相當早，但從文獻上可以看出一直到1630年代末期，整個城堡還不是很完善，淡水的聖多明哥堡（Santo Domingo）更是草率，只有簡易的木石結構而已。

根據包曉鷗〈十七世紀的雞籠要塞：過去與現在〉一文的描述，這些是雞籠第一、二任長官卡冷貓（Antonio Carreño de Valdes）、加拉錯（Juan de Alcarazo）所為。1634～1635年的第四任長官加羅貫（Alonso Garcia Romero），在給上級的

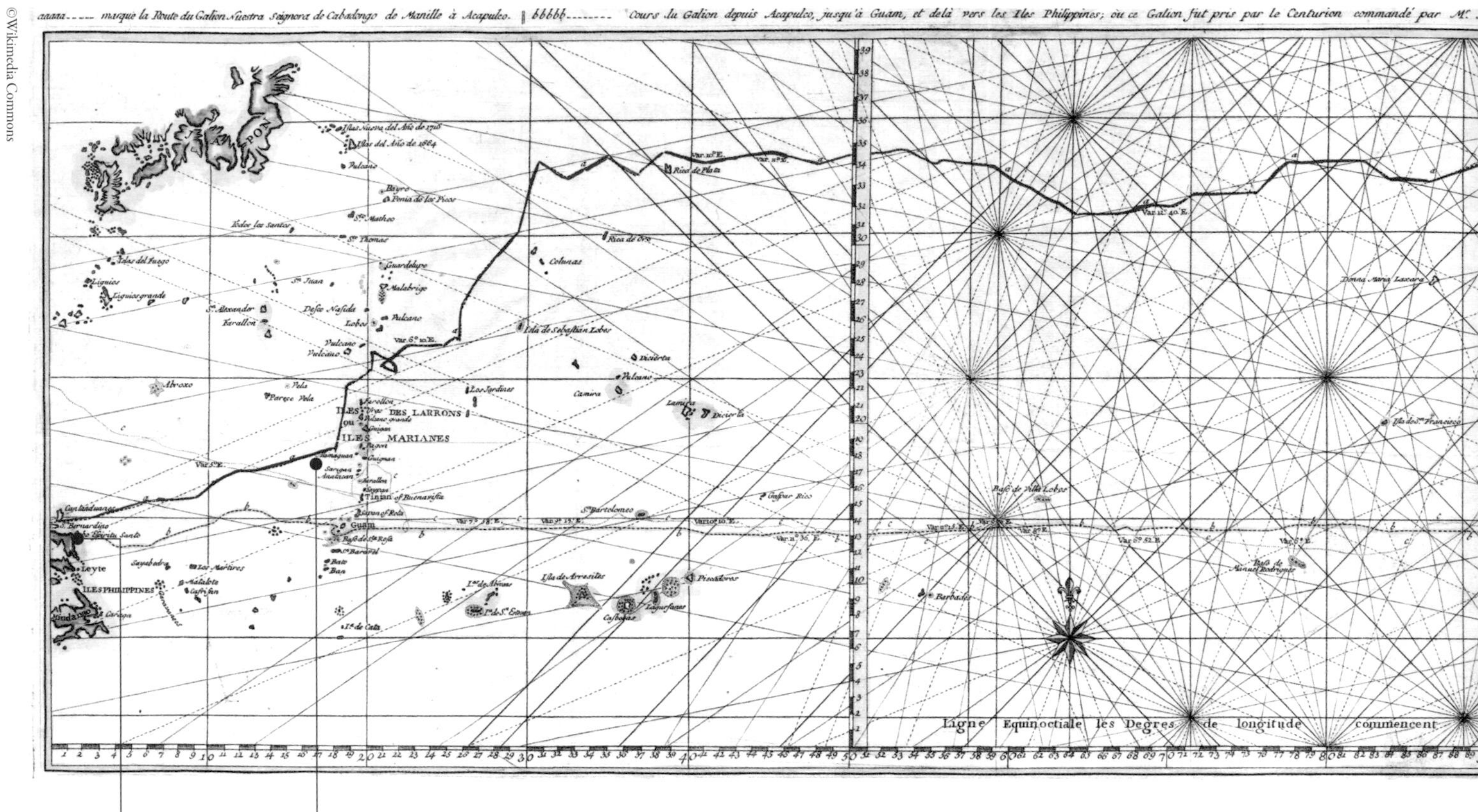

呂宋島的馬尼拉　　春夏之際，乘著西南季風航行的路線

報告中提到，薩爾瓦多堡已建了四座稜堡，靠海的兩座是聖安東大稜堡和聖安東小稜堡（San Antonio el Chico），由石材構築，另外兩座，聖若望稜堡（San Juan）與聖塞巴斯汀（San Sebastian），只有基座是石材，上方是土木結構。顯然薩爾瓦多堡和大員的熱蘭遮城不能相提並論。

吸引中國商人前來交易、反制VOC的大員商站，是西班牙人在雞籠建立根據地的最主要目的，所以雞籠也有中國商人聚居的地方。在馬尼拉，中國商人聚居的地方，西班牙人稱之為「Parian」，原意可能是「生絲市場」，中國人則稱之為「澗內」，那麼雞籠的「澗內」在哪兒呢？

日本時代的日籍學者認為雞籠的「澗內」可能在八尺門、大沙灣或是孝一路的慶安宮一帶，但國內學者陳宗仁則認為，中國商人交易的對象是西班牙人，而西班牙人聚居在和平島上，所以雞籠的「澗內」最有可能位在和平島上。

從1654年的《大臺北地圖》可以看出從薩爾瓦多堡到桶方堡之間有一條街屋，名為聖薩爾瓦多街，相當於現今和平島上的和一路。早年和平島和一路一帶有一個聚落叫「福州街」（圖6、No. 56），很可能就是「澗內」所在。

直接販運生絲到馬尼拉的中國商人比到雞籠的要多，但雞籠比馬尼拉更接近中國，風險較小，也吸引了部分中國商人前來交易。中國商人在雞籠的商品交易，是西班牙人在太平洋貿易航路上的一個環節，而太平洋貿易航路又是西班牙殖民帝國環球航路的一部分。雞籠的西班牙人收到中國商人販運而來的商品（主要是生絲）後，先轉運到馬尼拉，然後再裝運上橫越太平洋的大型帆船航向墨西哥。

西班牙殖民帝國太平洋貿易航路（圖4）的東西兩個主要端點，分別是呂宋島的馬尼拉和墨西哥的阿卡普爾柯（Acapulco）。每年春夏之際，由馬尼拉出發的西班牙大帆船乘著西南季風北上到日本東面的外海，再沿著北太平洋北緯38度盛行的西風帶抵達北美大陸，然後順著加利福尼亞半島南下，抵達墨西哥西岸的阿卡普爾柯。所以，墨西哥人將從菲律賓販運生絲、瓷器而來的西班牙大帆船（Galleon）稱為「馬尼拉大帆船」（Manila galleon）。

到了冬天，或隔年冬天，「馬尼拉大帆船」再由阿卡普爾柯運載美洲的白銀，一路向西順著黑潮回到馬尼拉。運載白銀的大帆船中途很可能遭遇劫持，尤其是英國、荷

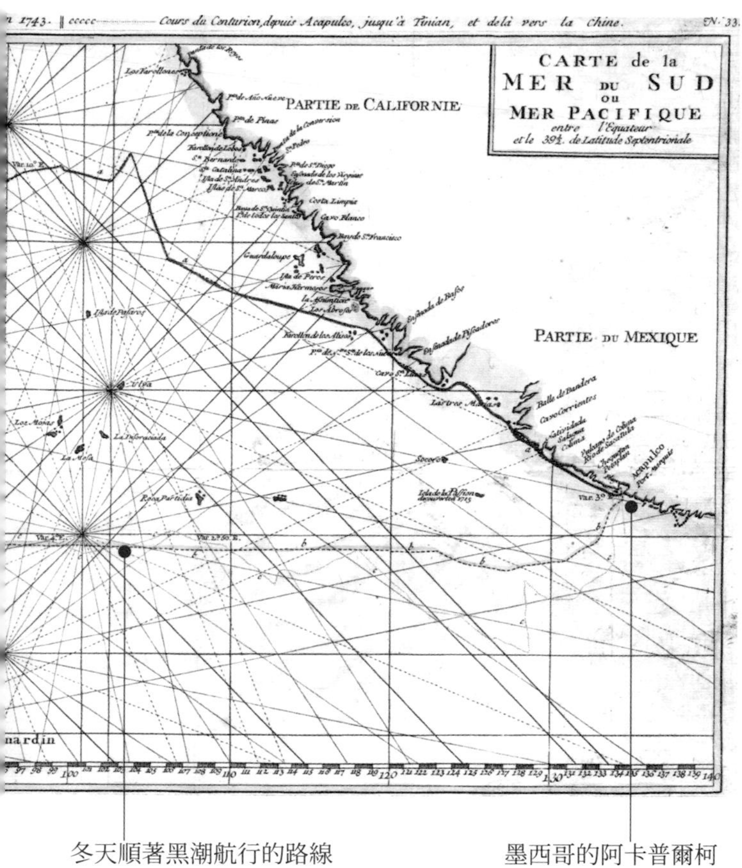

◀圖4｜《南海或太平洋海圖》*Carte de la Mer du Sud ou Mer Pacifique*, 1748年，收錄於《1740～1744年世界之旅》*A Voyage Round The World, In the Years MDCCXL, I, II, III, IV*, 理查・塞爾（Richard William Seale）繪製

西班牙殖民帝國太平洋貿易航路東西兩個主要端點是呂宋島的馬尼拉和墨西哥的阿卡普爾柯（Acapulco）。每年春夏之際，由馬尼拉出發的西班牙大帆船乘著西南季風北上到日本東面的外海，再沿著北太平洋北緯38度盛行的西風帶抵達北美大陸，然後順著加利福尼亞半島南下，抵達墨西哥西岸的阿卡普爾柯。到了冬天，或隔年冬天，「馬尼拉大帆船」再由阿卡普爾柯運載美洲的白銀，一路向西順著黑潮回到馬尼拉。

蘭兩國的私掠船。「馬尼拉大帆船」從1565年西班牙人在呂宋島建立殖民地開始航行，一直到1815年墨西哥獨立後才停航，在太平洋上行駛了超過250年。

根據粗略的統計，明清兩代藉由這條航路的商品交易而流入中國的墨西哥白銀可能超過1億兩，相當於3、4000公噸。此後白銀成了中國政府的財政支柱，但也延宕了中國金融現代化的進程。在太平洋彼岸，墨西哥則藉著中國出口的生絲，建立起龐大的絲織產業。

始於白銀，終於白銀的殖民時代

照理說，西班牙藉著美洲殖民地的大量白銀，應該可以輕而易舉地獨霸東亞的海上貿易，但事實並不盡然。西班牙占領雞籠之後不到10年，從1630年代中期開始，美洲運來的白銀突然急遽減少，馬尼拉的市場變得異常蕭條，中國商人運來的商品嚴重滯銷，已經出售的商品也很難收到貨款。

這引發了中國商人的恐慌，紛紛將商品轉移到其他地方，例如最近的大員。根據VOC的資料，大員也是從這時開始轉虧為盈，此後荷蘭人需要傷腦筋的不再是貨源不足的問題，而是如何籌措足夠的白銀收購大量湧入的中國生絲、瓷器。

美洲白銀輸入量銳減，不但嚴重影響了馬尼拉的商業市場，連帶的，才剛起步的雞籠貿易站也受到致命打擊，此後中國商人望之卻步，轉而投向大員。就在這青黃不接之際，淡水又發生了一起原住民殺死西班牙士兵和2名傳教士的事件。

事件發生後，馬尼拉當局命令雞籠長官厄南德斯（Francisco Hernândez）將淡水聖多明哥堡壘的所有火砲及駐軍撤回雞籠；馬尼拉總督府甚至考慮從離馬尼拉最遠的兩個據點，民答那峨的三寶顏及福爾摩沙的雞籠撤軍。財政困難當然是最主要的原因。那麼美洲的白銀為什麼突然急遽減少呢？

有的學者認為是因為中國商品在美洲市場滯銷，才導致白銀無法回流；有的則認為事實恰好相反，是因為白銀礦產減少，才導致中國商品滯銷。不論原因為何，美洲白銀減少讓西班牙人在雞籠難以為繼。雞籠駐紮的西班牙人不但嚴格執行了自淡水撤軍的命令，甚至因為駐軍減少還自己動手拆除和平島上較次要的看守堡、撤守堡（la retirada）以及桶方堡（el cubo）。1642年雞籠與其說是被荷蘭人攻下來的，還不如說是西班牙人自己放棄的，這一切都是美洲白銀惹的禍。

攻下雞籠的荷蘭人基本上並不打算恢復貿易站的功能，原因很簡單，大員就足夠了，不需要保留雞籠商站增加財政支出。1643年巴達維亞總部甚至認為連雞籠的聖薩爾瓦多堡也沒有保留的價值，可以拆除，將駐軍遷移他處。

巴達維亞總督陸美爾（Maximiliaen Le Maire）下令雞籠駐軍指揮官哈魯斯（Hendrik Harouse）中尉拆除聖薩爾瓦多堡，只保留西角最重要的聖安東大稜堡，改名為北荷蘭稜堡（Noord Holland），其餘城壁全部拆除；看守堡則改名為維多利亞堡。拆除聖薩爾瓦多城堡所得的石材全部運到淡水，在原西班牙堡壘的舊址上構築新的防禦工事，隔年，淡水堡壘重建完成。

被國姓爺逐出大員之前，VOC對雞籠始終沒有太多關注，因為此時大明王朝傾覆，中國本土動蕩不安，而日本已進入鎖國的長眠之中，幾乎不可能再對福爾摩沙構成威脅。但1662年國姓爺將VOC逐出大員之後，一切都改變了。

VOC不得不重新啟動雞籠的城堡與商站，1663年派遣博特率領特遣艦隊東來，在福州、雞籠建立駐紮據點，希望聯合清政府打擊明鄭勢力，重返大員。

博特重修了維多利亞堡，加固北荷蘭稜堡，還重建其他三座稜堡。東角為第一半月堡（First Halve Moon），南角為小半月堡（Small Halve Moon），北角為海堡稜堡（Zeeburg）。半月堡內為水井。這種改法讓人想到大員熱蘭遮城也曾出現類似的半月堡。後來第一半月堡又改為稜堡，小半月堡拆除。

1666年2月，原住民來報，7、800名鄭家軍已進駐淡水。5月鄭荷雙方在雞籠交戰，鄭家軍無功而退。荷蘭人雖然重建雞籠成為福爾摩沙新的貿易據點，也擊退了鄭家軍入侵，但除非雞籠的貿易利潤能夠支撐駐軍的開銷，否則對VOC這種將本求利的公司組織，賠本生意是不可能持續下去的。1668年10月荷蘭人徹底放棄，炸毀了雞籠要塞，從雞籠完全撤軍，正式結束對福爾摩沙的統治。

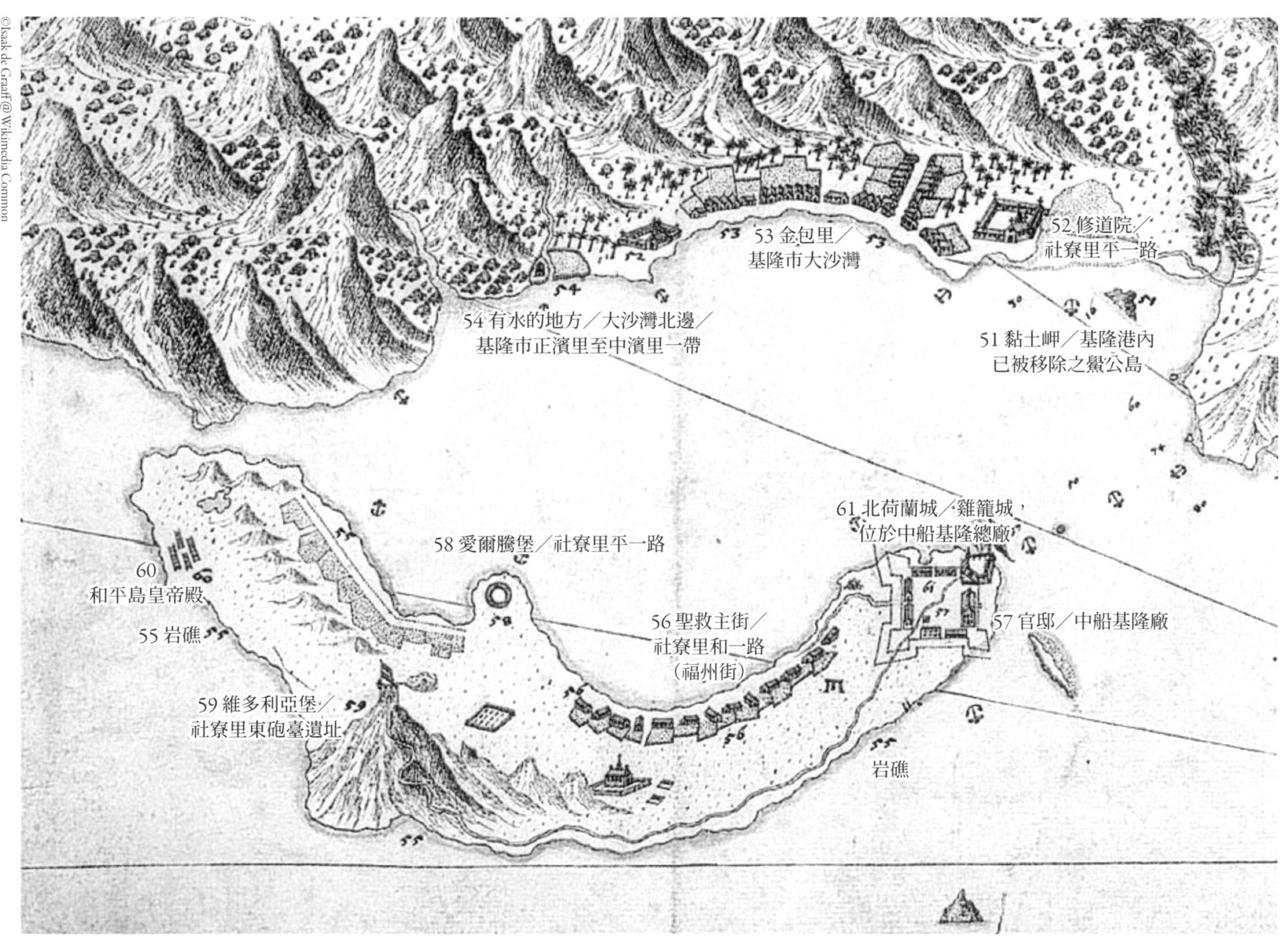

◀圖5 |《熱蘭遮城圖》*Kaart van fort Zeelandia*, 1667年（局部《雞籠圖》*KELANG*）

從艾薩克．德．赫拉夫（Isaac de Graaff）繪製《熱蘭遮城圖》左上角的《雞籠圖》可以看到，經過1666年鄭荷雞籠之役後，荷蘭人又對北荷蘭城進行一連串改造：將東角的第一半月堡改建為稜堡（De Batery），並拆除了南角的半月堡（可對照圖2）。但這一連串的改造，並沒有挽救這個VOC在福爾摩沙最後根據地的命運，1668年荷蘭人炸毀了北荷蘭城，完全撤出福爾摩沙島。

A Fort Noordholland 北荷蘭城
a Print Noorthollant 北荷蘭稜堡
b De print Zeeburg 海堡稜堡
c De Batery（第一半月堡改建為稜堡）
d De kat（南角的半月堡已拆除）
e De Landpoort 閘門
f De waterpoort 水閘門

▲圖6 |《大臺北地圖》局部 *Karrtje van Tamsuy en omleggende dorpen, zoo mede het eilanje Kelang*, 1654年

西門．給爾得辜（Simon Keerdekoe）1654年繪製的《大臺北地圖》，距離荷蘭人將雞籠的西班牙人逐出，已經過了12年，荷蘭人對薩爾瓦多堡（即北荷蘭城）並沒有給予太多的重視，沒打算恢復雞籠貿易站的功能。原因很簡單，大員就足夠了，不需要保留雞籠商站增加財政的支出。圖中的聖薩爾瓦多堡僅剩下一個稜堡（有護牆，其餘三個只剩基座，已無護牆），才經過12年就荒廢到這個程度？當然不至於，其中還有人為的因素。

1643年巴達維亞總部認為聖薩爾瓦多堡已沒有保留的價值，巴達維亞總督陸美爾下令雞籠駐軍指揮官哈魯斯中尉拆除聖薩爾瓦多堡，只保留西角最重要的聖安東大稜堡，改名為北荷蘭稜堡，其餘城壁全部拆除；看守堡則改名為維多利亞堡。拆除聖薩爾瓦多城堡所得的石材全部運到淡水，在原西班牙堡壘的舊址上構築新的防禦工事，隔年，淡水堡壘重建完成。

雞籠大事記

【西班牙時代】

1626～1629年：長官卡冷貓

✦ 西班牙人抵達雞籠不久即開始構築主要塞及看守堡。

✦ 雞籠要塞的工程師為尼古拉斯．波倫（〔Nicolas Bolen〕可能是荷蘭人）。

1629～1632年：長官加拉錯

✦ 1629年荷蘭船盾不黑號抵達雞籠，執行偵察任務。

✦ 盾不黑號上的約翰．卡爾布蘭特松．布拉克繪製一幅《雞籠－淡水圖》。圖中可辨識出聖安東大稜堡、30座帳篷及諸聖堂。

✦ 西班牙人還完成了看守堡、撤守堡以及桶方堡等3座堡壘。

1632～1634年：長官黎巴烈（Bartolome Diaz Barrera）

1634～1635年：長官加羅買

1635～1637年：長官厄南德斯

✦ 淡水發生西班牙士兵及2名傳教士被原住民殺死事件。

✦ 馬尼拉總督府命令厄南德斯將聖多明哥堡所有火砲撤至雞籠。

✦ 馬尼拉總督府開始考慮自三寶顏及雞籠撤軍。

1637～1639年：長官帕美諾（Pedro Palomino）

✦ 執行自淡水撤軍任務。

✦ 摧毀看守堡、撤守堡以及桶方堡等3座堡壘。

1639～1642年：長官岡薩羅．波地憂（Gonzalo Portillo）

✦ 重建看守堡與桶方堡2座堡壘。

【荷蘭時代】

1642～1661年：第一階段

✦ 1643年巴達維亞總部認為雞籠的聖薩爾瓦多堡完全沒有用處，可以將其拆除，駐軍遷移他處。陸美爾總督下令哈魯斯中尉只保留聖安東尼大稜堡，改名為北荷蘭城。看守堡改名為維多利亞堡。拆除聖薩爾瓦多堡所得的石材用於構築淡水的防禦工事。

✦ 1646年淡水堡壘重建完成。

1664～1668年：第二階段

✦ 博特特遣艦隊於1663～1664年在福州、雞籠建立駐紮據點。

✦ 荷艦1664年8月20日抵雞籠，30多名中國人登船離去。

✦ 荷蘭人企圖重建雞籠成為福爾摩沙新的貿易據點，但貿易始終沒有起色。

✦ 博特重建維多利亞堡，加固北荷蘭稜堡，並重建其他三座稜堡。東角為半月堡，南角為小半月堡，北角為海堡稜堡。半月堡內為水井。

✦ 1666年2月金包里原住民來報，7、800名鄭家軍進駐淡水。雞籠評議會決定進一步加強防務。5月鄭荷雙方在雞籠交戰，鄭軍無功而退。

✦ 1667年荷蘭人將第一半月堡改為稜堡，並拆除小半月堡。

✦ 1668年10月荷蘭人炸毀雞籠要塞，從雞籠全面撤軍。

CHAPTER

18

1636-1878年

倒風內海、臺江內海 滄海變桑田最佳見證！

1636年芬伯翁繪製的臺灣島圖，
在倒風內海、臺江內海、蟯港，與臺灣海峽之間描繪了一系列的沙洲，
中國漁夫依據形象將這些有如露脊鯨背的沙洲小島命名為鯤鯓，
如南鯤鯓、北鯤鯓、青鯤鯓、上鯤鯓、一鯤鯓、二鯤鯓、三鯤鯓、
四鯤鯓、五鯤鯓、六鯤鯓、七鯤鯓等……
這些鯤鯓沙洲和本島之間是一片廣大的水域，
1820年代道光年間一次大洪水改變了原本的面貌，
原來的倒風內海、臺江內海被填入了大量的淤泥，滄海成了桑田。
但這些水域真的消失了嗎？

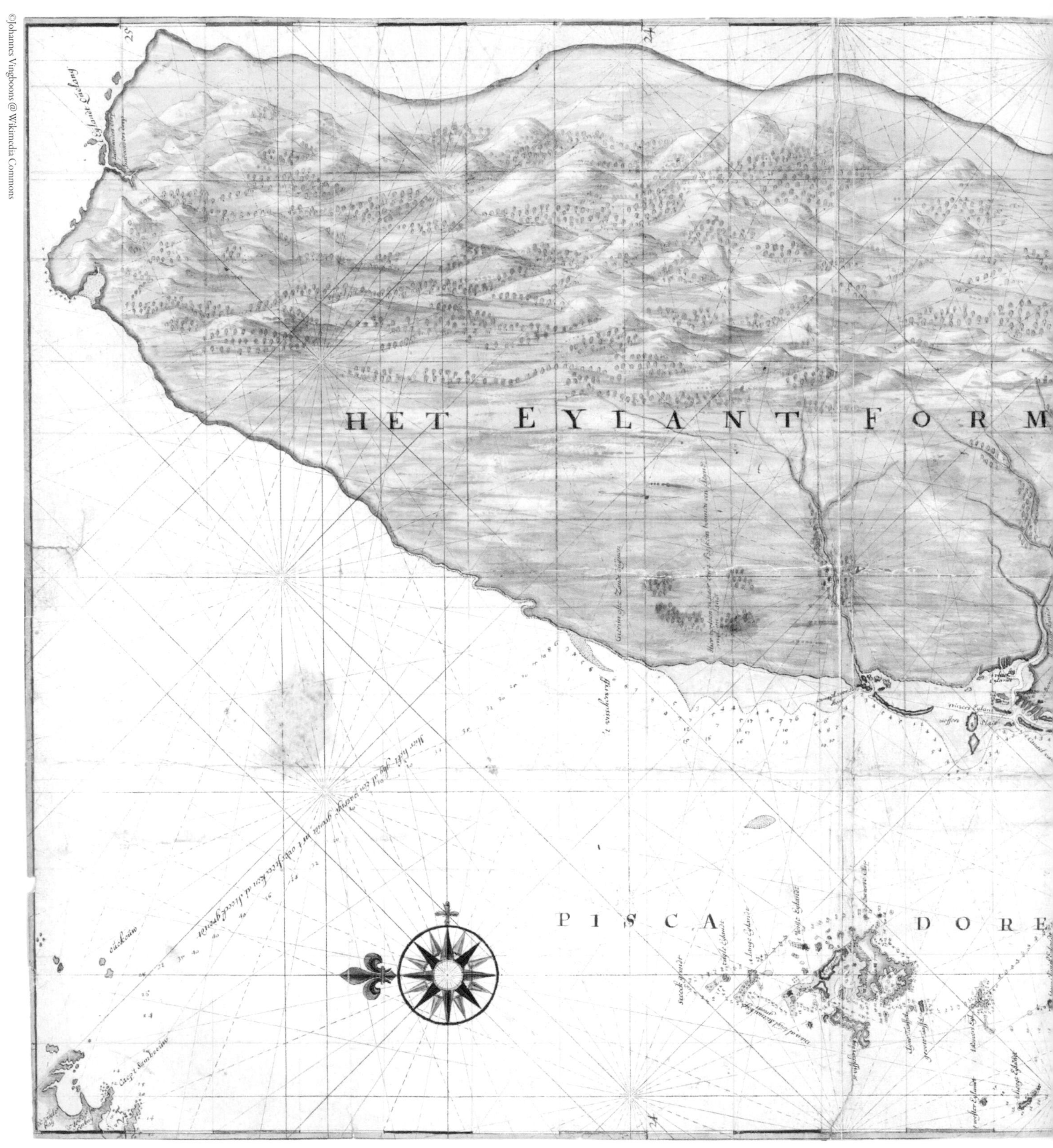

圖1

《福爾摩沙島與漁翁島海圖》*Caerte van't Eylandt Formosa en de Eylandt van de Piscadores*

館藏地點｜荷蘭海牙國立檔案館
繪 製 者｜芬伯翁（*J. Vingboons*）
繪製年代｜1636年
印製形式｜手繪
地圖尺寸｜56×44公分
相關地圖｜1.《福爾摩沙島》L' le de Formosa, 1727年，彼得．凡．德爾繪製（第14章，圖5）
2.《山川總圖》收錄於《諸羅縣志》，清康熙56年（1717），陳夢林繪製
3.《康熙臺灣輿圖》，清康熙43年（1704）以前

◀**圖1**｜本圖為1636年芬伯翁繪製，收藏於荷蘭海牙國立檔案館，是荷蘭聯合東印度公司（VOC）繪製的第二幅臺灣全島圖。或許是因為除了西南海岸與澎湖群島之外，臺灣其他海岸線還很粗略，不夠完善，所以本圖很少被其他歐洲地圖轉繪，知名度不算高。但是由於本圖的西南海岸線繪製得特別仔細，而西南海岸地區又是臺灣地理變遷幅度最大的地區之一，所以本圖是研究300年前臺江內海與倒風內海原貌的最佳歷史文獻。

冉福立認為1636年約翰松測繪的臺灣西南海岸可能也僅僅只有三幅，因為芬伯翁臺灣島圖中的西南海岸線、澎湖群島，和《勞倫斯．凡．德漢地圖集》收錄的三幅分圖摹本，基本上完全相同。除此之外，芬伯翁的臺灣島圖中，其他地區的海岸線並沒有比1625年的《北港圖》（第13章，圖1）高明到哪裡去。

雖然冉福立對本圖的評價不算高，但荷蘭時代繪製的臺灣地圖當中，地形、地貌和現今差異最大、最有滄海桑田之嘆的，就屬臺江內海和倒風內海，而這一帶正是本圖菁華所在，可說是研究臺灣西南海岸變遷最有價值的文獻。

此外，本圖還有一大亮點是澎湖群島，測繪得相當精確，這可能和荷蘭人占領過澎湖有關。圖中的澎湖群島後來出現許多不同的摹本，在中法戰爭之前，這些摹本大概是西方海舶航行附近海域時最主要的參考海圖。

©Peter Jansz @ Wikimedia Commons

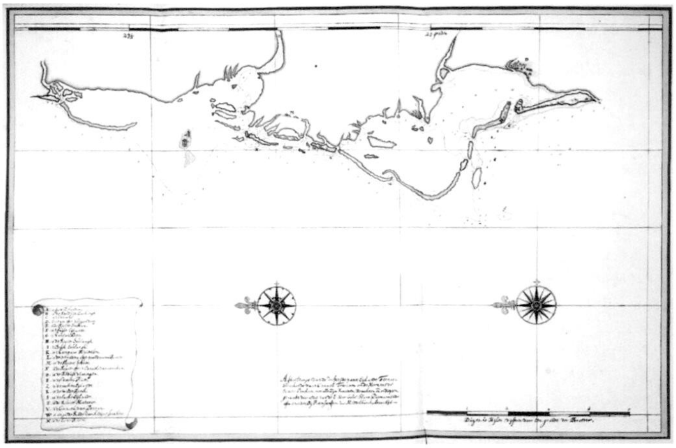

圖2

©Peter Jansz @ Wikimedia Commons

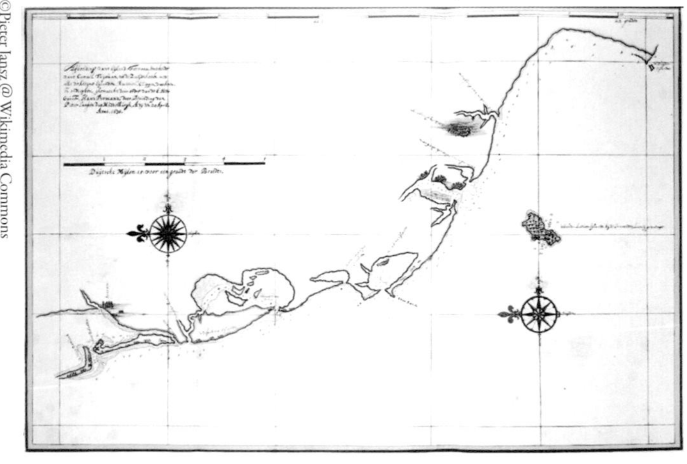

圖3

▲圖2｜《北港溪至七鯤鯓海岸線》，1636年

▲圖3｜《北汕尾至貓鼻頭海岸線》，1636年

收藏於奧地利國家圖書館的《勞倫斯．凡．德漢地圖集》不但收錄了芬伯翁《福爾摩沙島與漁翁島海圖》的摹本，同時還收錄了三幅約翰松繪製的臺灣西南海岸及澎湖海圖的摹本，即《澎湖群島》、《北港溪至七鯤鯓海岸線》與《北汕尾至貓鼻頭海岸線》三幅。由於原圖已經佚失，這三幅摹本顯得特別珍貴。冉福立認為第四任大員長官普特曼斯曾責令約翰松重新測繪全島海岸線，但是從1636年芬伯翁繪製的《福爾摩沙島與漁翁島海圖》看來，約翰松應該只完成了這三幅，其他地區應該沒有重新測繪過。

400年前的臺南海岸線

荷蘭時代繪製的臺灣地圖當中，地形、地貌和現今差異最大、最有滄海桑田之嘆的，就屬臺江內海和倒風內海。現在已經很難分辨出兩大內海的具體位置，與當時幾條大河川的流向。

臺江內海原名大港，荷蘭時代是熱蘭遮城與赤崁之間的潟湖，出海口就是熱蘭遮城旁的鹽水溪口。300年前郁永河來臺採硫時在《裨海紀遊》中記錄了當時臺江內海的情景：

「既入鹿耳，又迂迴二三十里，至安平城（熱蘭遮城）下，復橫渡至赤崁城（今赤崁樓），日已晡矣。蓋鹿耳門內浩瀚之勢，不異大海，其下實皆淺沙。若水深可行舟處，不過一綫，而又左右盤曲，非素熟水道者，不敢輕入，所以稱險。不然，既入鹿耳斜指東北不過十里已達赤崁，何必迂迴乃爾？會風惡，仍留宿舟中。二十五日（翌日）買舟登岸。近岸水益淺，小舟復不進，易牛車，從淺水中牽挽達岸……」

郁永河抵臺時距離國姓爺攻臺又過了20年，臺江內海的淤積更加嚴重了。如果當時國姓爺艦隊上的大批人馬，也像郁永河一樣進了鹿耳門水道，慢吞吞地航行到熱蘭遮城下，再換小船、牛車才能登陸赤崁城，那麼國姓爺的艦隊鐵定會被荷蘭人殲滅在熱蘭遮城下。

清代中期之後，因為臺南地區農業加速開發，而臺江內海淤積加速。1820年代在一次規模特別大的洪災之後，大港徹底喪失航運的功能。到了日本時代，為了解決臺南城區與安平港之間的貨物轉運問題，只得開鑿臺南運河。

倒風內海也是潟湖，得名於臺南學甲區三慶里新芳的舊名「倒風寮」。倒風內海古名「倒風港」，集八掌溪、急水溪之水而形成內海。早年以青峰闕為界，以南為臺江內海，以北為倒風內海。倒風內海的出海口傳說是在嘉義布袋鎮好美里（虎尾寮），古名「魍港」（蚊港）。

前幾年，好美里太聖宮發掘出一些據說是荷蘭時期的文物，似乎證實了1645年VOC在此設立菲力辛根堡的確切地點，以及倒風內海的出海口位置。

倒風內海的底部據說是麻豆古港文化園區的水堀頭。多年前水崛頭出土一大批早年榨甘蔗的「石車」，當地百姓傳說龍骨出土，真命天子即將出世。後來出生於水崛頭

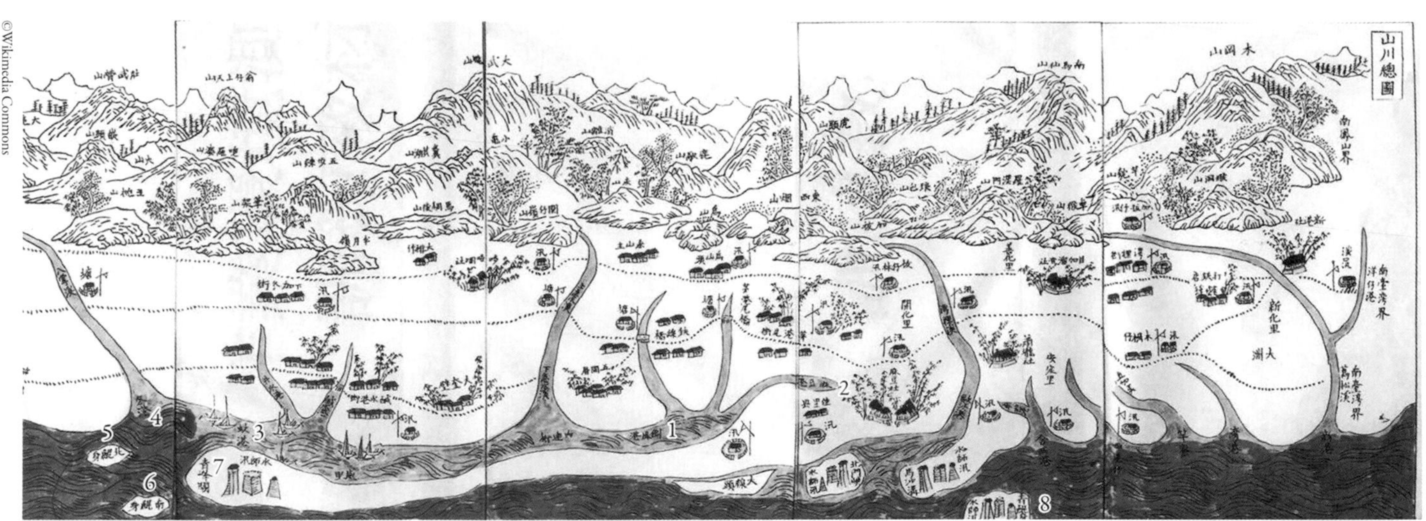

▲圖4｜《諸羅縣志．山川總圖》局部，清康熙56年（1717），陳夢林繪製

清初諸羅縣幅員廣大，從臺南新市以北一直到基隆都是諸羅縣的管轄的範圍。本圖顯示倒風港（1，即倒風內海）的底部是麻豆港（2），出口在蚊港（3，布袋好美里）、冬港（4，布袋鎮東港里），外有兩片沙洲，即北鯤鯓（5，今已無法確認具體的位置）與南鯤鯓（6，相當於臺南市北門區東璧、鯤江里）。蚊港下方即青峰闕（7）。右下角的青鯤鯓（8），現今約在臺南市將軍區、七股區濱海交界處。

附近西庄的陳水扁當上了總統，似乎「應驗」了這個傳說。

早年水崛頭是倒風內海的港口之一，不但有商船來此貿易，從大陸東南沿海出航的「王船」也會順著潮水漂到這裡。當地的百姓蓋廟供奉，據說這就是麻豆五府千歲代天府的由來；南鯤鯓的代天府也有類似的傳說。一個在倒風內海的出口附近，一個在底部，正好說明了倒風內海的範圍。

臺南安南區的兩座媽祖廟一直有所謂正統之爭，兩廟都爭說自己才是國姓爺登臺的地點。1961年國姓爺渡臺300週年，讓這個爭論達到最高峰，學術界也在此時發表了一批相關論文。著名的曹永和院士〈歐洲古地圖上之臺灣〉與素人學者盧嘉興的臺江內海變遷圖也都發表於此時。這些學術論文其實都有直接或間接探討臺江內海的意涵。

臺江內海與倒風內海之間隔著由急水溪、曾文溪沖積而成的古蕭壟半島。更古老的年代，臺江內海可能還包含古名為「蟯港」的興達港，後來因二仁溪（即荷蘭古地圖中的清水溪〔Versche Rievier〕）沖積而分隔開來。

中國移民與海盜在魍港一帶經營的歷史可能比大員更為古老，甚至早於荷蘭時代。16世紀末，陳第撰寫的《東番記》中，已出現魍港之名。由此可見在荷蘭占領大員之前，中國人已頻繁出現於此地，所以才會出現魍港（或蚊港）之類的閩南式地名。陳第與沈有容當時奉命來臺警戒豐臣秀吉進犯臺灣，他們應該都曾來過此地；傳說中顏思齊也是從魍港向內陸開發，從而建立了一連串的移民據點。

因此，倒風內海沿岸地區的中國移民據點可能早於臺江內海。從荷蘭人繪製的地圖當中，也可看出荷蘭人對此地的重視，其中魍港的標示和大員幾乎是同時出現的。

荷蘭時代魍港的重要性僅次於大員，荷蘭人曾在此設立菲力辛根堡。魍港要塞除了作為熱蘭遮城防禦上的犄角之外，主要的作用應該是取締中國的走私商人和盜獵的農漁民。因為無論進口商品或是農林漁牧產品，如鹿皮、鹿肉乾、烏魚、烏魚子等，都在荷蘭人徵稅的範圍之內，不容私自獵取、走私出口。

1636年芬伯翁手繪的臺灣島圖（圖1），在倒風內海、臺江內海、蟯港（興達港）的外圍，用紅線黃底畫的鯤鯓島，相當於當時的海岸線；臺南著名的素人學者盧嘉興曾經以臺江內海與倒風內海變遷的專著獲得中山學術獎。

400年前的臺江內海、倒風內海與臺灣海峽之間，分隔著一連串的鯤鯓島，包含南鯤鯓、北鯤鯓、青鯤鯓、上鯤鯓、一鯤鯓、二鯤鯓、三鯤鯓、四鯤鯓、五鯤鯓、六鯤鯓、七鯤鯓等。除臺南之外，臺灣其他地區，至今還沒有

▲圖5｜《康熙臺灣輿圖》局部，清康熙38～43年

康熙時期繪製的《康熙臺灣輿圖》中的左下角，安平附近的一崑身到七崑身，連接安平古堡與二仁溪口，有如海中露脊的巨鯨。

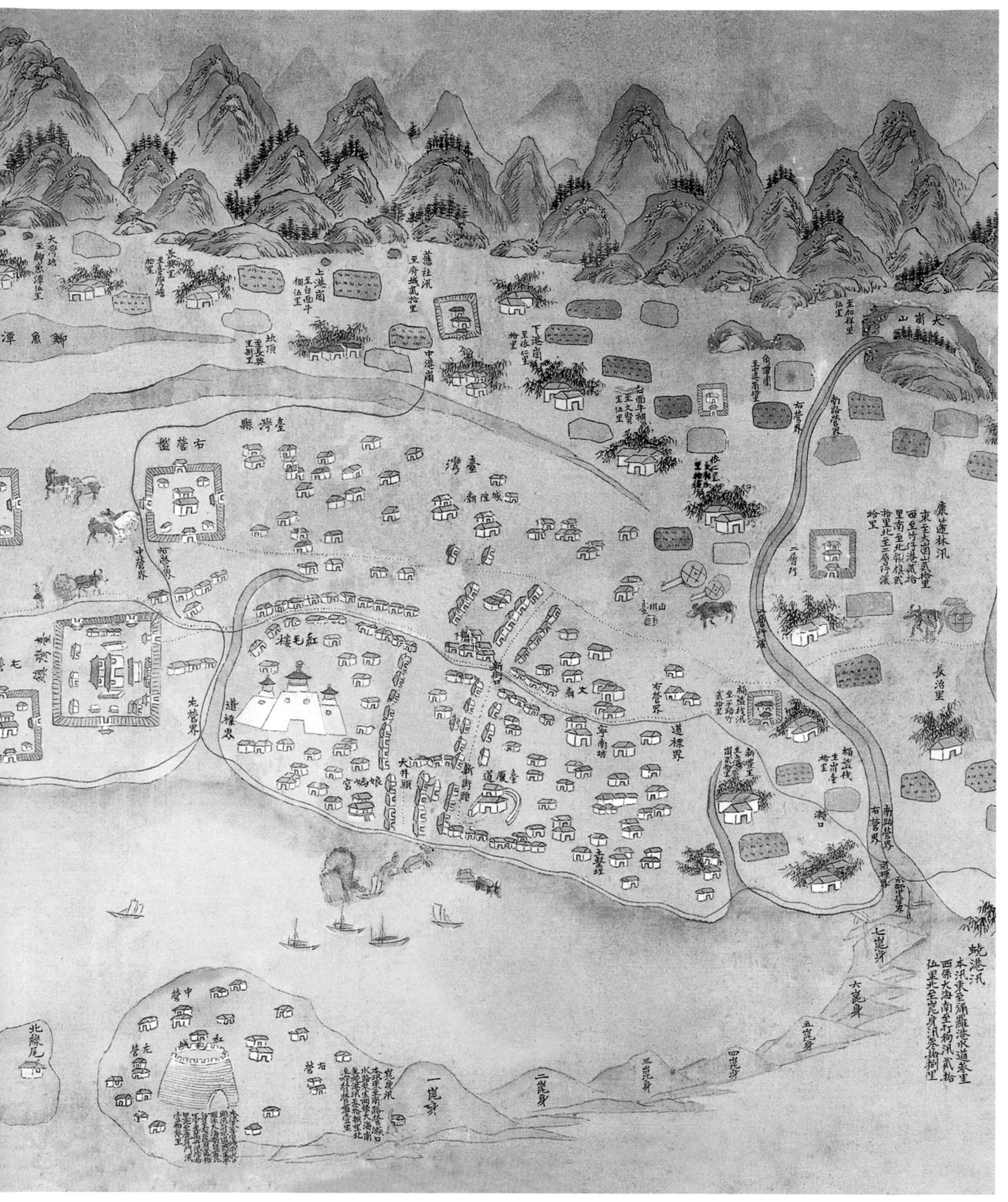

發現和「鯤鯓」相關的地名，可見鯤鯓島是臺南海岸線上特有的地貌。

臺南獨有的海上鯨背

「鯤鯓」指的是海邊大型沙丘，臺灣西部海岸除了高雄、屏東部分海岸為珊瑚礁地形之外，80～90%為沙岸地形，但海邊大型沙丘不在少數，為何除了臺南之外，沒有一處以「鯤鯓」為名？海邊大型沙丘多以「崙」為名，如沙崙、三條崙、崙背等，難道是臺南人凡事都能引經據典，連地名也與眾不同？當然不是，更何況「崙」也不是低俗的字眼。

其實臺南海岸地區也有以「崙」為名的地方，如安南區的青草崙、沙崙腳，七股區的沙崙寮等。可能是「鯤鯓」盛名在外，使得這些以「崙」為名的小村落較不為人注意。

那麼問題來了，為什麼同在臺南濱海地帶，又同是沙丘地貌，卻有「鯤鯓」與「崙」之分？回答這個問題，得從「鯤」這個字談起。因為「崙」不需多談，不外乎是沙丘、土丘之義，外貌較和緩，沒有劇烈起伏，意思相當單純。

而「鯤」在不同古籍中，有不同的說法。大魚、鯨是其一，另一種說法是魚子、魚卵之義，「鯤鯓」之名取的應該是第一義。而先民之所以將這些大型沙丘取名為「鯤鯓」，應該是因為這些沙丘遠望有如海面上露脊的鯨背。所以，依此定義，叫「鯤鯓」的地方應該是海中的大沙丘，而非沙岸上的大沙丘。沙岸上的大沙丘不會命名為「鯤鯓」，只能稱為「崙」。

可是如今這些叫「鯤鯓」的地方不但不在海中，有的甚至遠離海岸，如安平古堡所在的「上鯤鯓」，離海岸線起碼有一里之遙，那麼「鯤鯓」是海中沙丘的命名原則還說得通嗎？

滄海桑田，古有言之，如果我們查閱荷蘭時代，甚至清代的古地圖，會發現這些叫「鯤鯓」的地方確實都在海中。尤其是康熙時期繪製的《康熙臺灣輿圖》(圖5)，安平附近的一鯤鯓到七鯤鯓，真的有如海中露脊的巨鯨，由北而南，依序排列，連接安平古堡與二仁溪口。

經過2、300年的河川沖積，鯤鯓島與古海岸線之間的海域，逐漸被填平，甚至連叫「鯤鯓」的地方也遠離海岸成為陸上的小丘。我們從盧嘉興繪製的一系列臺南海岸變遷圖中，可以清楚看出這些叫「鯤鯓」的地方原本在哪裡。

從古地圖看臺南海岸線變遷

300年前郁永河從府城北上採硫，過了麻豆後，原本要去哆囉國（台南東山），平埔族嚮導卻誤以為他們一行要到北路營，結果把他們帶到了佳里。到了佳里的北路營才發現錯誤，待了一夜後，竟然又原路返回麻豆，再北上哆囉國。

如果不了解3、400年前倒風內海的範圍，對這個行程必然大感不解，因為當時麻豆還是島風內海的口岸，想從佳里穿過島風內海直奔哆囉國當然很麻煩。

古代分隔臺江內海與倒風內海是蕭壟半島，而蕭壟半島的形成應該主要是由曾文溪沖積而成。荷蘭時代的農業主要在臺南市區，明鄭時代實施屯田制，屯田據點由府城向南北擴展。清政府將臺灣納入版圖後，漢人移民大舉湧入，掠奪原住民的土地，並在嘉南平原上展開水田化運動，此後兩大內海淤積加速。平埔族被迫進入丘陵地帶後，由於實施燒墾，破壞原有植被，也加速了內海的淤積。

1823年發生特大的暴風雨，曾文溪、急水溪、八掌溪山洪一齊暴發，一夕間徹底改變了兩大內海的面貌。但臺江內海與島風內海真的完全消失了嗎？從現代的衛星影像圖中，我們可以發現台灣的西南海岸地區，密密麻麻的養殖魚池所呈現的深綠色塊正好清楚地勾勒出古代內海的輪廓。

▶圖6｜《福爾摩沙島與漁翁島海圖》局部，明崇禎9年

▶圖7｜《全臺前後山輿圖》局部，清光緒4年（1878）
本圖繪製於1878年，此時一鯤鯓至七鯤鯓和臺南府城之間的水域，除了二、三鯤鯓之間為二層行溪（二仁溪）出海口之外，已經完全淤塞形成陸地。二層行溪出海口應該在七鯤鯓之南，此處標示可能有誤。大汕頭（臺南安南區）以北一直到布袋，本島與海岸沙汕之間仍有大片水域，四草湖、大汕頭、南鯤鯓、青峰闕此時仍是海中沙汕。

1 麻豆河／今急水溪、八掌溪
2 倒風內海（倒風港）
3 南鯤鯓
4 蟳港水道（蚊港）
5 菲力辛根堡
6 蕭壟溪／今曾文溪
7 臺江內海（大港）
8 鹿耳門水道
9 鹽水溪口
10 熱蘭遮城（大員／上鯤鯓）
11 赤崁
12 清水溪（二層行溪）／今二仁溪
13 蟯港／今興達港

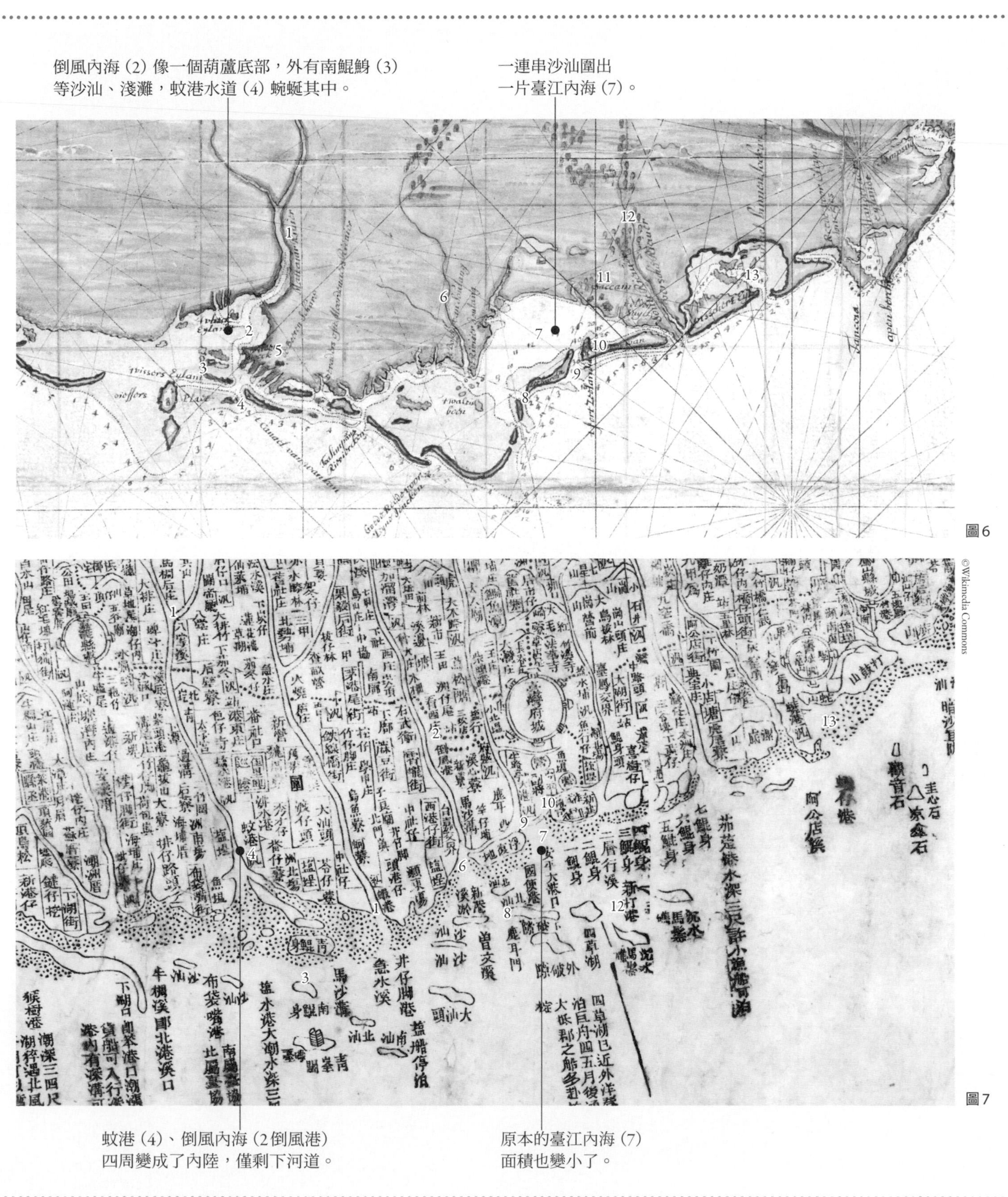

倒風內海（2）像一個葫蘆底部，外有南鯤鯓（3）等沙汕、淺灘，蚊港水道（4）蜿蜒其中。

一連串沙汕圍出一片臺江內海（7）。

圖6

©Wikimedia Commons

蚊港（4）、倒風內海（2倒風港）四周變成了內陸，僅剩下河道。

原本的臺江內海（7）面積也變小了。

圖7

臺灣府古圖

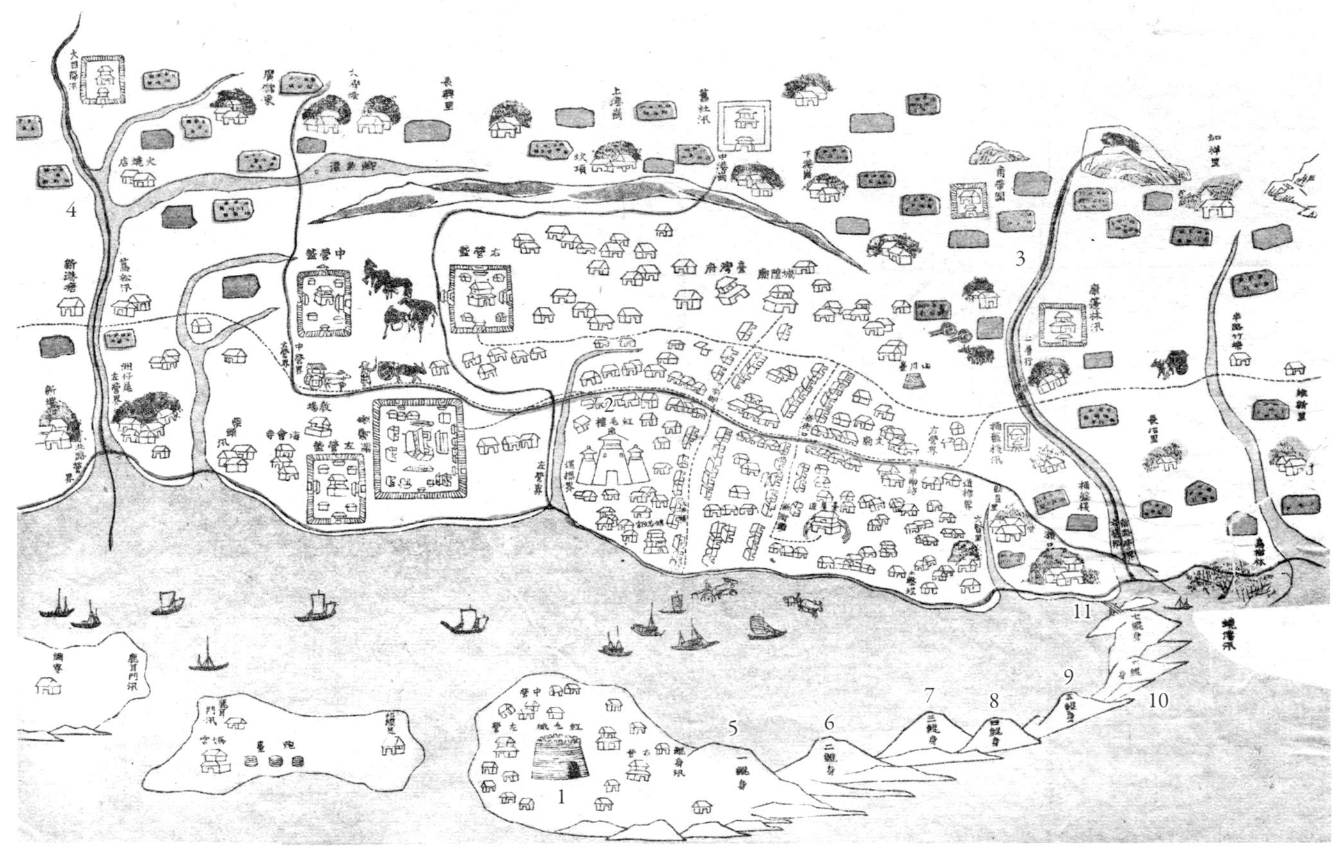

▲圖7｜《臺灣府古圖》，約1900年前後，伊能嘉矩繪製

本圖是伊能嘉矩根據《康熙臺灣輿圖》摹繪的雙色彩本。除了府城市街的布局之外，最大的亮點是臺江內海的航路與大船換小船，小船換牛車的情景，和300年前郁永河來臺採硫時，《裨海紀遊》中的記載一模一樣：大船從鹿耳門進入台江內海，然後向南航行到安平城邊，正對著赤崁城東行，於淺水處換乘小船，小船也行不得時，再轉乘牛車，在現在西門路附近上岸。

另一個亮點是安平城以南那一連串像巨鯨之背、分別被命名為「一鯤身」、「二鯤身」……乃至「七鯤身」的大沙丘。古書、古地圖上「鯤身」的寫法不一，有崑身、鯤鯓等，意思應該都是像鯨魚身軀的大沙丘。有趣的是，「鯤鯓」之名僅存於臺南，其他地方至今尚未得聞。

1　紅毛城（熱蘭遮城）／安平古堡
2　紅毛樓／赤崁樓
3　清水溪／今二仁溪
4　蕭壟溪／今曾文溪
5　一鯤身／臺南市安平區灰窯尾
6　二鯤身／臺南市安平國中至億載金城，所以億載金城又稱為二鯤鯓砲臺
7　三鯤身／臺南市安平區西門國小漁光分校一帶
8　四鯤身／臺南市南區鯤鯓里
9　五鯤身／臺南市南區喜樹
10　六鯤身／臺南市南區灣裡，一說為臺南南區喜樹
11　七鯤身／高雄市茄定區的白沙崙，一說為臺南南區灣裡

除了「崙」與「鯤鯓」的區分之外，還必須注意區分「汕」與「鯤鯓」的差別。為何臺江內海、倒風內海的外緣會出現一連串宛如鯨背的海上沙丘，而臺南以北的嘉義、雲林海岸外，沙洲地勢卻較為低平？如外傘頂洲。此一問題或許可以解開為何「鯤鯓」之名僅出現在臺南，而臺南以北的西部海岸線上卻沒有「鯤鯓」只有「汕」之謎。

原則上，早期的閩南移民對海中的大型沙丘以「鯤鯓」命名，如果海上只是出現低平的沙洲，則以「汕」命名，如大線（汕）頭、北汕尾、外傘（汕）頂洲等。臺灣西部海岸不乏以「汕」命名之沙洲，而「鯤鯓」卻只出現在臺南，可見別處海岸並無海中沙丘。

鯤鯓島只出現在臺南海岸的原因，可能和嘉義以南的海岸線，由原本「東北—西南」走向轉為「西北—東南」走向有關，不過這是屬於自然地理學的領域，還留待相關學者解答。

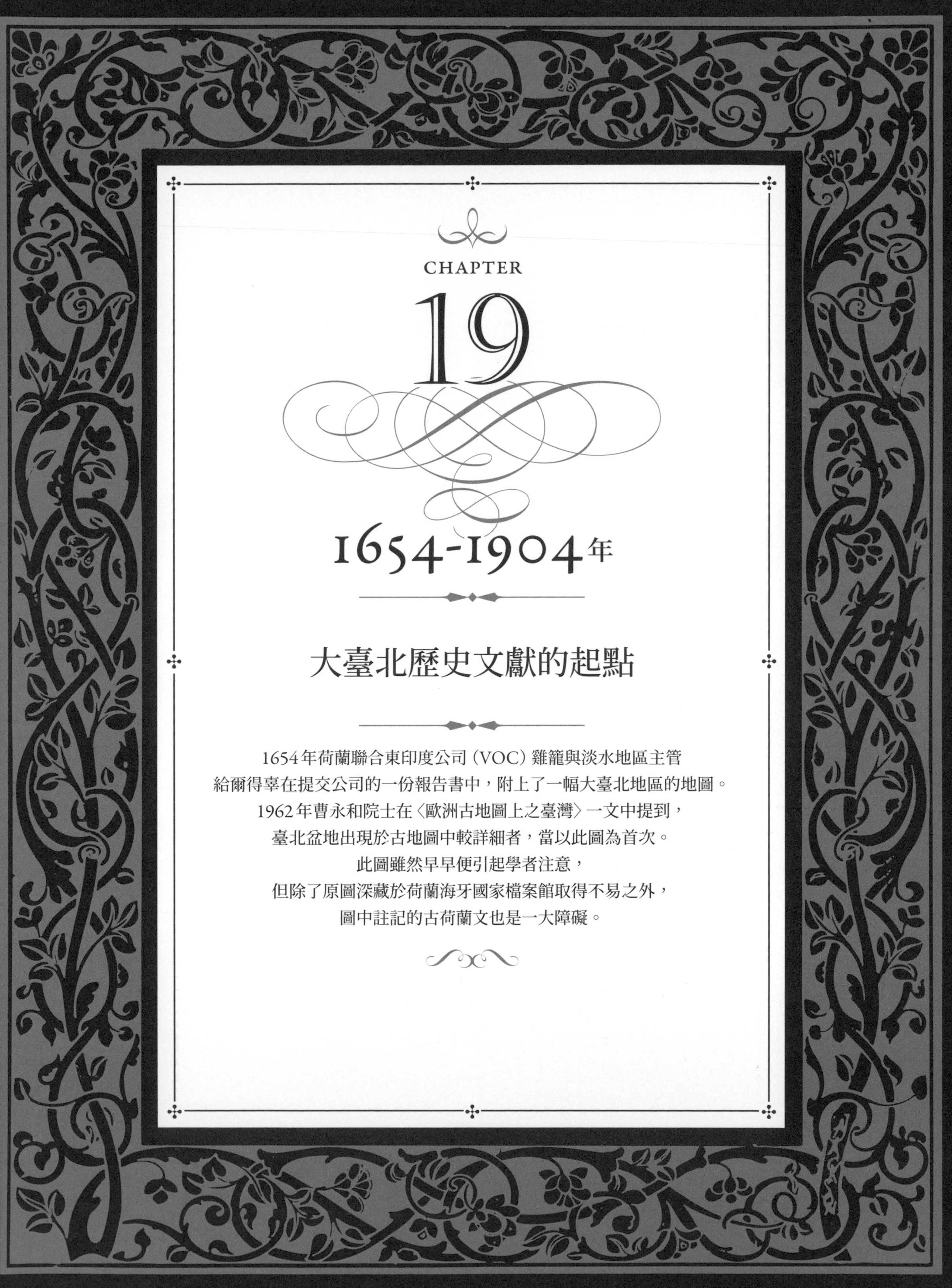

CHAPTER

19

1654-1904年

大臺北歷史文獻的起點

1654年荷蘭聯合東印度公司（VOC）雞籠與淡水地區主管
給爾得辜在提交公司的一份報告書中，附上了一幅大臺北地區的地圖。
1962年曹永和院士在〈歐洲古地圖上之臺灣〉一文中提到，
臺北盆地出現於古地圖中較詳細者，當以此圖為首次。
此圖雖然早早便引起學者注意，
但除了原圖深藏於荷蘭海牙國家檔案館取得不易之外，
圖中註記的古荷蘭文也是一大障礙。

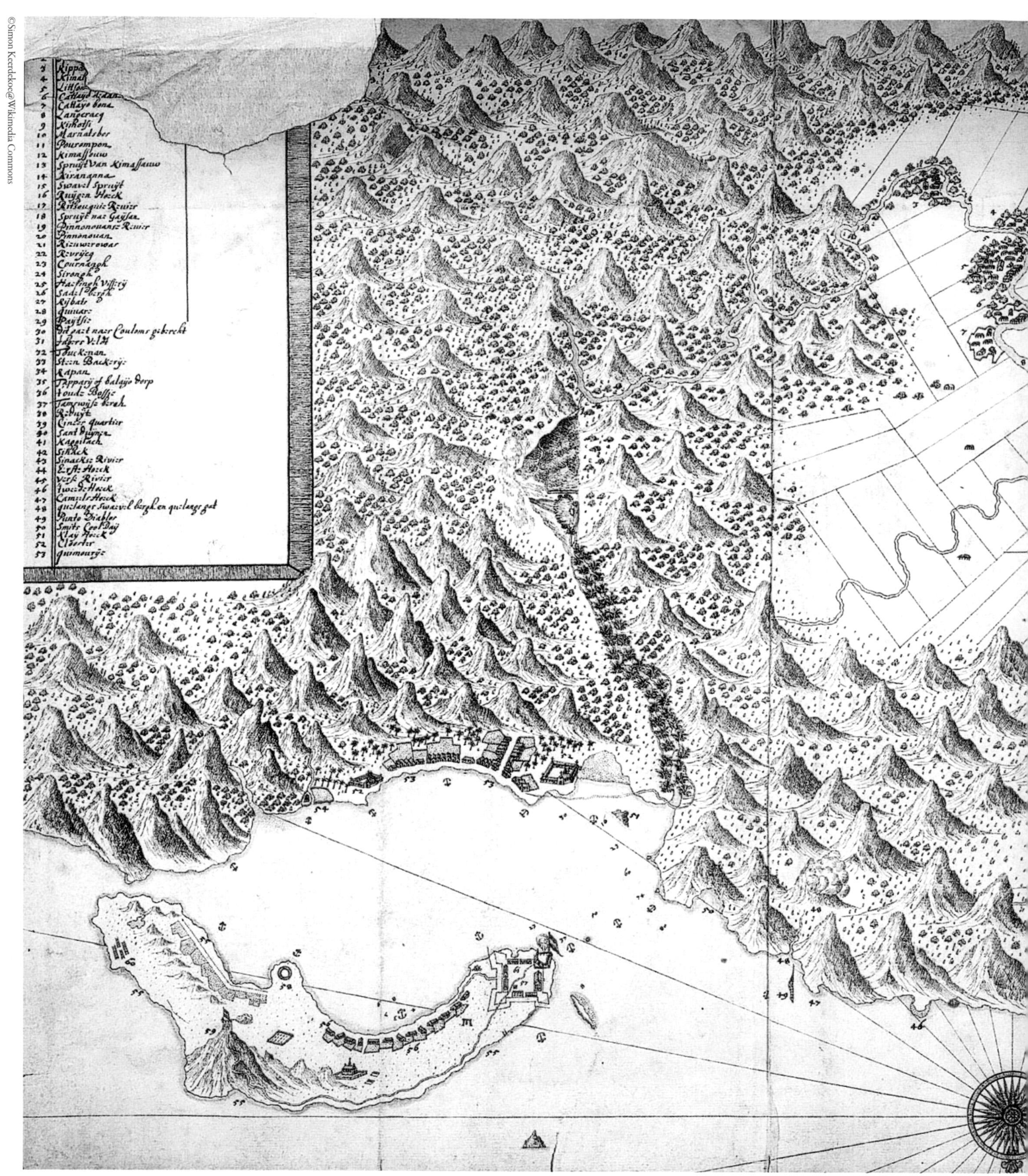

3 Kippa
4 Kimal
5 Littsou
6 Cattayo deden
7 Cattayo bona
8 Lanperacq
9 Kirhoffi
10 Marnatsber
11 Pourampon
12 Kimassouw
13 Spruyt Van Kimassauw
14 Kiranganna
15 Swavel Spruyt
16 Ruygen Hoeck
17 Ritseuquie Rivier
18 Spruyt nae Gaysan
19 Pinnonouanse Rivier
20 Pinnonouan
21 Rieuwerowar
22 Revrijcq
23 Cournangh
24 Sirongh
25 Haefingh Visserij
26 Sadel bergh
27 Rijbats
28 Quinare
29 Paytsie
30 Dit pact naer Coulomr gebrecht
31 Jagers Velt
32 Touckenan
33 Steen Backerije
34 Kapan
35 Tapparij of balajo dorp
36 Toude Bosse
37 Tamerwijse bergh
38 Reduyt
39 Cineese quartier
40 Sant Duyne
41 Kaggilach
42 Sibach
43 Sinackse Rivier
44 Eerste Hoeck
45 Versse Rivier
46 Tweede Hoeck
47 Cameels Hoeck
48 Quelanger Swavel bergh en quelanger gat
49 Punto Diables
50 Smits Cool Baij
51 Klaij Hoeck
52 Cloester
53 Quimourije

圖1

《大臺北地圖》地名原文／譯文／現今地名

＊譯者／王超賢（北京大學語言學教授）

1～3 原圖缺損。
4 Kimal／麻里即吼／基隆河南岸，松山老街
5 Litts（ouc）／里族／內湖區石潭里
6 Cattaijo dedan／上塔塔悠／內湖北勢湖一帶
7 Cattaijo bona／下塔塔悠／基隆河北岸大直舊地名番社的位置
8 Langeracq／長直河段／大直、劍潭
9 Kimotsi／奇武卒／基隆河南段西新庄子
10 Marnats bos／馬納特森林／劍潭山
11 Pourompon／大浪泵／基隆河北岸
12 Kimassouw／毛少翁／社子島的社子
13 Sprijt van Kimassouw／毛少翁溪支流
14 Kiranna／奇里岸／石牌國小一帶
15 Swavel spruijt／磺溪／北投磺溪
16 Ruijgen Hoeck／灌木林河角／關渡
17 Ritsouquie revier／里族河／基隆河
18 Spruijt nae Gaijsan／往海山之溪／新北市新莊塭仔溪
19 Pinnonouan Revier／武勞灣溪／新店溪
20 Pinnonouan／武勞灣／新北市板橋區埔墘
21 Rieuwwerowar／了阿八里／龍匣社、臺北市植物園、龍口市場一帶
22 Revrijcq／雷里／臺北市萬華區加蚋仔
23 Cournangh／龜崙蘭／新北市永和區頂溪站一帶
24 Sirongh／秀朗／新北市永和區店仔街
25 Haeringh Visserij／鯡魚場／新店溪永福橋附近河面
26 Sadel bergh／馬鞍山／公館寶藏巖
27 Rijbars／里末／板橋社後
28 Quiuare／瓦烈／大漢溪東岸
29 Paijtsie／擺接／板橋區社後里
30 Dit gaet near Couloms gebercht／通往龜崙山脈／大漢溪
31 Jagers veldt／獵場／新北市五股區城仔寮
32 Touckenan／奇獨龜崙／新北市淡水區竹圍
33 Steen Backerije／瓦窯／新北市淡水區瓦窯坑
34 Rapan／北投仔／新北市淡水區北投里
35 Tapparij of basaijo／沙巴里／馬賽：淡水市街
36 't oude bossi／小片古樹林／新北市淡水區破仔樹
37 Tamswijse berch／淡水山／八里區觀音山
38 Reduijt／堡壘／淡水紅毛城
39 Cinees quartier／漢人居住區／新北市淡水區油車口、大庄埔
40 Sant Duijen／沙丘／新北市淡水區沙崙里
41 Kaggilach 雞柔／新北市淡水區圭柔山
42 Sinack 林子／新北市淡水區林仔街庄
43 Sinackse Rivuer／詩仔林溪／新北市淡水區公司田溪
44 Eerst Hoeck／第一岬角／新北市石門區麟山鼻
45 Verse Rivier／清水溪／新北市石門區楓林溪
46 Tweede Hoeck／第二岬角／新北市石門區富貴角
47 Cameel Hoeck／駱駝岬／新北市金山區磺港漁港外的燭臺雙嶼
48 quelangs swaevel bergh en quelangs gat／雞籠硫磺山及雞籠坑口
49 Punto Diablos／魔鬼岬／新北市萬里區野柳
50 Smits Coolbaij／煤炭灣／基隆市外木山、仙洞
51 Klaij Hoeck／黏土岬／基隆港內已被移除之鱟公島
52 Clooster／修道院／社寮里平一路
53 quimourije／金包里／基隆市大沙灣
54 Rammekens water plaes／有水的地方（大沙灣北邊）／基隆市正濱里至中濱里一帶
55 Steen 岩礁
56 quartier；Stad Salvador／聖救主街／社寮里和一路（福州街）
57 Gouverneurs huis／官邸／中船基隆廠
58 Reduit Eltenburgh／愛爾騰堡／社寮里平一路
59 Rondeel Victoria／維多利亞堡／社寮里東砲臺遺址
60 ／和平島皇帝殿
61 Fort Noortholland／北荷蘭城／雞籠城，位於中船基隆總廠

《大臺北地圖》*Karrtje van Tamsuy en omleggende dorpen, zoo mede het eilanje Kelang*

館藏地點｜荷蘭海牙國家檔案館
繪 製 者｜西門．給爾得辜（*Simon Keerdekoe*）
繪製年代｜1654年
繪製方式｜手繪複製
地圖尺寸｜28×35公分
相關地圖｜1.《康熙臺灣輿圖》，清康熙38～43年（1699～1704）
2.《諸羅縣志．山川總圖》，清康熙56年（1717），陳夢林繪製。
3.《雍正臺灣輿圖》，雍正5年（1727）

◀▼圖1｜曹永和認為「這圖可謂一幅描繪臺北、雞籠、淡水等地區頗詳細地圖。尤其是值得注意者，即為臺北盆地出現於古地圖較詳細者當以此圖為首次。」這個說法可能還略嫌保守，對比半個世紀後繪於清初的三幅與臺北地區相關的輿圖：《康熙臺灣輿圖》（圖2）、《雍正臺灣輿圖》（圖8）與《諸羅縣志．山川總圖》（圖7），會發覺此圖標示的平埔社群要比它們詳細許多。這些平埔社群所在地，後來演變為漢人的移民村落，奠定了日後臺北城市發展的基礎。

武勝灣河流域（大漢溪、新店溪流域）：
8村／263戶／1001人

淡水及淡水河流域村落
（基隆河流域）：16村／491戶／1880人

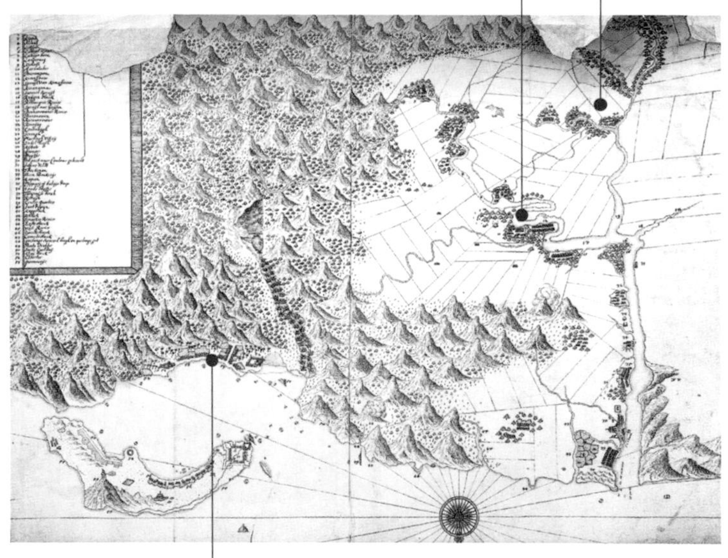

三貂方面金包里地區的馬賽村落
（新北市東北海岸）：3村／298戶／1116人

荷蘭時代最詳細的大臺北地圖

1930年代臺北帝國大學教授村上植次郎，從荷蘭海牙國家檔案館翻拍了一幅荷蘭時代的《大臺北地圖》（圖1），學者一直希望從中了解荷蘭時代臺北盆地內平埔社群的分布狀況。曹永和在〈歐洲古地圖上之臺灣〉一文中提到此圖，他名之為《淡水及其附近村落，並雞籠嶼圖》（*Karrtje van Tamsuy en omleggende dorpen, zoo mede het eilanje Kelang*）。曹永和在文中特別提到：「這圖可謂一幅描繪臺北、雞籠、淡水等地區頗詳細地圖。尤其是值得注意者，即為臺北盆地出現於古地圖較詳細者當以此圖為首次。」

曹永和撰寫此文時似乎沒有看到原圖，他看到的可能是1930年代臺北帝國大學教授村上植次郎，從荷蘭海牙國家檔案館翻拍的放大照片。或許是圖面不夠清晰，所以沒能進一步研究。

此圖雖然早早便引起了學者的注意，但除了原圖深藏於海牙國家檔案館取得不易之外，圖中註記的古荷蘭文也是一大障礙。國內能夠閱讀古荷蘭文的學者畢竟有限，所以此圖便長期被擱置，無人進行專題研究。直到翁佳音在荷蘭研究古荷蘭文多年後，終於完成了此圖的註解，於1998年出版《大臺北古地圖考釋》。

這張古地圖出自荷蘭聯合東印度公司（VOC）的檔案。1650年代擔任VOC派駐雞籠與淡水地區的主管西門．給爾得辜（Simon Keerdekoe）在提交公司的一份名為〈關於淡水河、雞籠港灣、及公司當地現存城砦、日常航行所經番社數等情述略〉的報告書中附上了這幅地圖。原圖已佚失，現存的地圖是由VOC巴達維亞總部製圖師抄繪的摹本，保存在荷蘭海牙國家檔案館。

學者對於翁佳音出版《大臺北古地圖考釋》的反應相當熱烈，主要的原因是，相較於臺灣其他地區，臺北盆地平埔族群的分布、甚至族群屬性至今仍存在較多的爭議。此書提供進一步了解大臺北地區荷蘭時代平埔族群分布的參考。

總括來說，翁佳音《大臺北古地圖考釋》翻譯了1654年荷蘭時代《大臺北地圖》中的荷蘭文地名，對臺北盆地平埔族群的分布研究，發揮了繼往開來的作用。當然，爭論、疑問還是有的，主要是針對個別社

◀圖2｜《康熙臺灣輿圖》局部，清康熙38～43年（1699～1704年）

過去臺北盆地平埔社群的位置一直頗有爭議。清代早期繪製的地圖中雖有標示，但可能並非實測的結果。

1 內北投社
2 淡水社
3 干豆門（關渡）
4 八里分社
5 大浪泵社（大龍峒）
6 南港社
7 北港社
8 雞籠社

群的具體位置。之所以有爭議，最大的原因是給爾得宰可能沒有受過完整的三角測繪訓練，所以此圖和VOC繪製的其他臺灣地圖不太相同，坐標、方位都沒有規範，很難以現代地圖去比對圖中標示的地理信息，給爾得宰的畫法反而有點像是清代的山水畫式地圖。荷蘭海牙國家檔案館研究員冉福立卻認為，此圖山丘的表現手法是承襲荷蘭地圖界的「固有傳統」。

記錄北臺灣平埔社群歷史的珍貴資料

所幸圖中標示的平埔族群名稱，基本上可以和清代文獻的記載對照，所以可以將平埔族群在臺北盆地的歷史追溯到荷蘭時代。曹永和將此圖命名為《淡水及其附近村落，並雞籠嶼圖》是很有道理的，因為淡水、雞籠是自西班牙人占領北臺灣以來，最重要的兩個據點。甚至早在16世紀末，馬尼拉的西班牙人所繪的臺灣島圖上，臺灣本島標示的僅有兩個地名，就是雞籠和淡水。後來占領北臺灣之後，西班牙人分別在雞籠和淡水都設立了城堡，當然雞籠在他們的眼中比淡水重要多了。

1642年荷蘭人將西班牙人逐出北臺灣之後，雞籠和淡水的地位發生逆轉。荷蘭拆除了和平島上聖薩爾瓦多堡的絕大部分石材，運到淡水重建聖多明哥堡（淡水紅毛城），顯然荷蘭人認為淡水比雞籠更有價值。雖然1664年後荷蘭人重新構築雞籠的北荷蘭城（原聖薩爾瓦多堡），但那應該是為了戰爭的需要，並非對兩者地位認知的轉換。

1654年給爾得宰提交給公司〈關於淡水河、雞籠港灣、及公司當地現存城砦、日常航行所經番社數等情述略〉的報告書和附錄地圖，證明了VOC計畫經營臺北盆地的企圖。相對於雞籠狹隘的山間腹地，淡水的腹地——臺北盆地的人口、面積顯然要大得多了。

詹素娟和劉益昌合編的《大臺北都會區原住民歷史專集》一書，根據本圖以及1654年VOC的戶口資料推算淡水、雞籠地區的社群與人口：

1. 淡水及淡水河流域村落（基隆河流域）：16村／491戶／1880人（含Kirabaraba、毛少翁、里族、北投、奇獨龜崙、

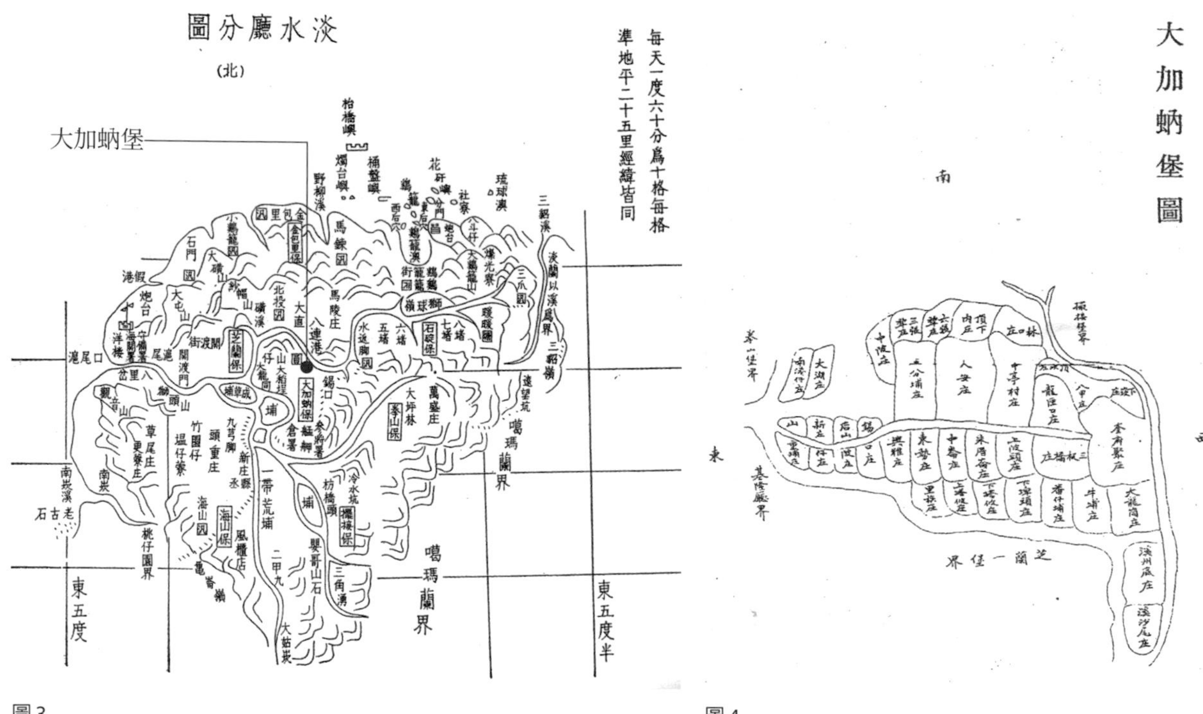

圖3

圖4

奇里岸、大浪泵、奇武卒、答答悠、麻里即吼、峰仔嶼、圭柔、Kypabe、小雞籠、大屯、沙巴里等社）。

2. 武勝灣河流域（大漢溪、新店溪流域）：8村／263戶／1001人（含武勝灣、了匣、雷里、龜崙蘭、秀朗、里末、擺接、瓦烈等社）。
3. 淡水堡壘以南村落（淡水河西岸）：2村／119戶／379人（含八里坌、南崁等社）。
4. Baritischoen村落（不明）：3村／88戶／209人（含Gagaisan、Sousouly、Terrisan等社）。
5. 三貂方面金包里地區的馬賽村落（新北市東北海岸）：3村／298戶／1116人（含大雞籠、金包里、三貂等社）。
6. 龜崙人村落（龜山、桃園方向）：13村／252戶／942人（含Rachuuwan、芝芭里、Semalan、霄裡、Kinorobourauw、荖厘、Serritsera、眩眩、Tobonnen、Silgelibbe、Binorauan、Progobas、Raliralias等社）。

這六個平埔社群是荷蘭人對北臺灣最早的行政劃分，行政中心就設在淡水社的所在地，淡水也成了北臺灣行政區域的總名。這個概念後來為明清政府繼承，直到日本時代才又退回淡水社的原點。

詹素娟推算，1654年臺北盆地平原區的平埔社群大約有3000人，比雞籠要多出許多。荷蘭人應該是計畫以淡水為據點，統轄整個臺北盆地，並以淡水之名涵蓋整個臺北盆地。事實上，以淡水之名所轄的行政區域，到了清代範圍更大。清中葉成立的淡水廳轄區涵蓋大甲溪以北到雞籠的臺灣西部地區，直到清末割臺之際，淡水縣所轄區域還包括臺北、新北兩市。日本時代以淡水為行政地域之名的區域萎縮回淡水社一帶，這與基隆港崛起、淡水港沒落有絕大的關係。

臺北平埔族其實不叫「凱達格蘭族」？！

和淡水幾乎同時崛起的另一個地名，是清代文獻經常出現的「大加蚋社」，1654年《大臺北地圖》中並沒有出現。荷蘭人也沒有像閩南人一樣，將臺北盆地稱為大加蚋或凱達格蘭（Ketagana），反而將「加蚋仔」附近的雷里社（Riruwrijck）、了匣社（Rouarouw）標示得滿清楚的。過去「加蚋仔」是指西藏路以南，萬大路兩側。依閩南語的語意，「加蚋仔」是「大加蚋社」的社仔，即較小的聚落，所以「加蚋仔」應該也在大加蚋社的範圍之內。

「凱達格蘭」是Ketagana的國語音譯，「大加蚋」則是閩南語音，現在一般學術刊物都將Ketagana音譯成「凱達格蘭」。凱達格蘭「洋味」十足，一般人很難將它和「大加蚋」聯想在一起，但兩者確實指的是同一件事。

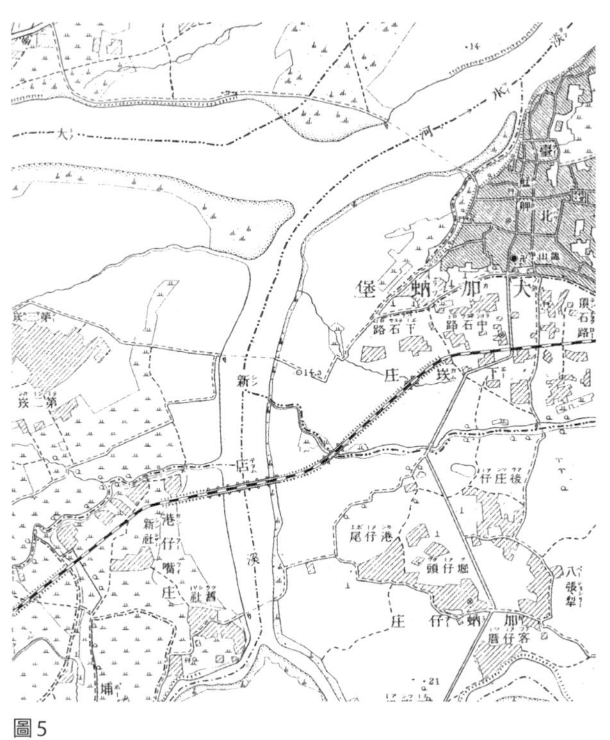

圖5

◀圖3 |《淡水廳志．淡水廳分圖》，同治10年(1871)

◀圖4 |《淡新鳳三縣簡明總括圖冊．大加蚋保圖》，光緒18年(1892)

◀圖5 |《臺灣堡圖》局部，日明治37年(1904)

清代的地圖中，大嘉臘庄時現時隱，位置大約在大安區一代，而清代的大加蚋保管轄範圍涵蓋基隆河以南、新店溪以東、公館以北、南港以西的盆地中心地帶。日本時代在1920年行政區域改制之前，仍然沿用清代行政區劃，因此大加蚋保作為臺北市的地名長達250年之久。

奇怪的是，荷蘭時代的地圖與戶口表都沒有提到大加蚋，而清代官方發出臺北盆地的第一張開墾許可執照，卻以大嘉臘保為許可範圍，相當於《淡新鳳三縣簡明總括圖冊》中的大加蚋保圖。可見從清初至清末，清政府一直以大加蚋涵蓋上述範圍，並以大加蚋作為該區域的總名。

加蚋仔位於西藏路以南，萬大路兩側，按閩南語的語義，加蚋仔應該是大加蚋的分社、社仔。但清代加蚋仔並不屬於大加蚋保，而是擺接保，很可能在某個歷史時期，西藏路原來的大河溝是新店溪的主河道所在，作為大加蚋保與擺接保的分界。

北部平埔族習慣在地名族群稱呼之前加上Ki或Ke，很像是英文中的The。初到臺北盆地的閩南人大概懶得重複這些平埔族群的前置、定冠詞，便常常將平埔地名中的Ki或Ke省略，結果Kimassauw省略了ki成了「毛少翁」，Kippanas省略了ki成了「峰仔嶼」，Ketagana省略了ke，就成了「大加蚋」。

「大加蚋」是閩南人早期對臺北盆地的總稱，後來也成了官方正式的地名「大加蚋保」或「大嘉臘保」。康熙晚年官方發出關於臺北盆地的第一份墾荒告示，便將臺北稱為「大嘉臘保」。

「大加蚋保」在清代的範圍涵蓋極廣，後來隨著人口增加，行政區劃細緻化，才逐漸縮小，但其作為地名則始終不變，甚至延用到日治初期。即使當時大加蚋保涵蓋的範圍已經縮小許多，但根據1897年臺灣總督府出版的《臺灣事情一班》上卷的註記，大加蚋保下轄區域，除了城內、大稻埕、艋舺、大龍峒之外，還包括松山、南港，其範圍甚至比臺北市1968年升格為院轄市之前的轄區還大。

不過學者的看法未必如此。日籍學者伊能嘉矩將臺北的平埔族定名為凱達格蘭族，可是現在的人類、歷史、語言等多方的學者都十分懷疑這個說法。因為根據伊能嘉矩自己的說法，「凱達格蘭」只是某次訪談時，某一個平埔族人的說法，只能算是個案，沒有更多的佐證，說服力不足。而且，從日治時代以來，學者主張的巴賽、龜崙、雷朗之說層出不窮，至今也沒有定論。學者似乎較關心平埔族群的分類，而非地名的由來。

但如果凱達格蘭不是臺北盆地內平埔族的名稱，為什麼初到臺北盆地的漢人要將此地稱為「大加蚋」呢？清代官方又為何始終不渝地沿用這個地名？另一方面，從荷蘭時代VOC一直到清代的土地契約，都很明確地將加蚋仔記錄為雷里社(Riruwrijck)，閩南人又為何獨獨稱呼此地為加蚋仔，而不是雷里呢？

大加蚋保這個沿用了近200年的地名終於在1897年走入歷史。100年後，1996年陳水扁當選臺北市長，第一項重大市政變更，便是將總統府前的介壽路改名為凱達格蘭大道，這是陳水扁將意識形態本土化，落實在具體行政上的第一步，後來各地爭相仿效，臺南的西拉雅、高雄的馬卡道、花蓮的知卡宣、臺東的馬亨亨……紛紛出籠，一時間凱達格蘭大道可謂獨領風騷。但回頭看看歷史，大加蚋曾是整個城市的名稱，如今不過在短短的介壽路上「重見天日」，目的還是意識形態上的鬥爭，實在談不上對歷史的尊重。我常常想，如果能將臺北市改名為「凱達格蘭市」、「大加蚋市」，甚至「淡水市」，那該是多麼美妙的事。

臺北曾經有座湖？

圖6

圖7

圖8

此圖繪於1694年大地震之後，圖中臺北盆地的大片水域應該就是「康熙臺北湖」，甚至還註明了「可泊大船」。

1697年6月郁永河乘船由關渡進入臺北盆地時發現當時的臺北盆地是一座渺無涯際的大湖，《裨海紀遊》中的描述是：「……共乘海舶由淡水港入，前望兩山夾峙處，曰甘答門（關渡），水道甚隘，入門水忽廣，漶為大湖，渺無涯涘……」

陪同郁永河進入臺北盆地的淡水社通事張大說：

「此地高山四繞，周廣百餘里，中為平原，惟一溪流水，麻少翁等三社*，緣溪而居。甲戌四月，地動不休，番人怖恐，相率徙去，俄陷為巨浸**，距今不三年耳。」

張大說臺北盆地之所以變成一座大湖，是因為1694年臺北盆地發生了一場大地震導致地層陷落。張大很可能親身經歷了這場大地震。他還指著竹梢、樹梢露頭的地方，辨識出麻少翁等三社的舊址。後來學界將郁永河所見到的這座大湖命名為「康熙臺北湖」，很長一段時間學界對「康熙臺北湖」是否存在頗有爭議。

《裨海紀遊》這段記述在921大地震後又被提及，引起各方關注。相對於史學界，地質學者認為「康熙臺北湖」的形成是「極其自然」的事。在地質學者看來，臺北盆地生成，最主要的原因是橫跨臺北地區，從金山到樹林的金山斷層、山腳斷層南側不斷塌陷所造成的。塌陷最深處在林口臺地與五股交接處，超過6、700公尺深，再加上林口臺地的高度，近幾十萬年來，山腳斷層南側至少塌陷了8、900公尺。所以臺北盆地不但過去曾經形成大湖，未來也還會形成大湖。

史學界對「康熙臺北湖」之所以存在爭議，最主要的原因是對於《康熙臺灣輿圖》（圖6）、《諸羅縣志・山川總圖》（圖7）與《雍正臺灣輿圖》（圖8）所描繪的臺北盆地中的平埔社群所在位置理解不同所造成的。

《雍正臺灣輿圖》與《諸羅縣志・山川總圖》中的臺北盆地中間是一大片水域，應該就是所謂的「康熙臺北湖」，這兩圖繪於1694年大地震之後，應該是沒有疑義。至於《康熙臺灣輿圖》目前比較一致的看法是繪於1704年之前，是不是可以推到1694年之前，目前還難以定論。

《康熙臺灣輿圖》臺北盆地的中央並沒有描繪一座大湖，盆地中心區標示的大浪泵社應該是現在的大龍峒，至於南港社與其對岸的北港社就不知所指了。另外，這三幅地圖中的地名，基本上難以相互比對，到底是因地震淹水造成社群遷移，還是繪圖者的筆誤，也難以定論。和1654年荷蘭人繪製的《大臺北地圖》（圖1）相較，這三幅輿圖的說明性實在不高。

* 指麻少翁、大浪泵與唭哩岸三社。
** 意指下陷成了一片大湖。

◀圖6｜《康熙臺灣輿圖》局部，清康熙43年（1704年）

◀圖7｜《諸羅縣志・山川總圖》局部，清康熙56年（1717），陳夢林繪製

翁佳音在《大臺北古地圖考釋》一書中探討大浪泵社的位置時，曾質疑300年前臺北盆地有一座大湖的說法。但《山川總圖》與《雍正臺灣輿圖》（圖8）都顯示臺北盆地曾經有一座湖，很可能是肇因於1694年大地震造成的地層下陷。

1 干豆門（關渡）
2 大浪泵社
3 麻少翁社
4 康熙臺北湖

◀圖8｜《雍正臺灣輿圖》局部，雍正5年（1727）

這張圖顯示了臺北盆地中有座大湖，還寫到「可泊大船」。但平埔社群的位置和大地震之前的荷蘭及後來的清代輿圖都無法對應，這是否是因大地震後臺北盆地陷落形成大湖泊，社群遷徙所造成的？

從古地圖看大臺北發展

1625年《北港圖》（圖9）地名還僅限於沿海海灣的描述，尚未深入內陸；到了1654年《卑南圖》（圖10）開始標示了內陸的淡水、大屯山、觀音山；1714年《皇輿全覽圖．福建省》（圖11）則開始出現雞籠城、雞籠社、金包里、淡水城、八里分等村落標示；到了《艾渾、羅剎、臺灣、內蒙古之圖》（圖12）標示的村落比《臺灣輿圖》（圖6、8）更多，已深入基隆河上游；1878年的《全臺前後山輿圖》（圖13）圖中有些大臺北地區的地名已跟現今的地名一樣了，如：大直、北投、劍潭、關渡、古亭、新店、公館、五堵等。

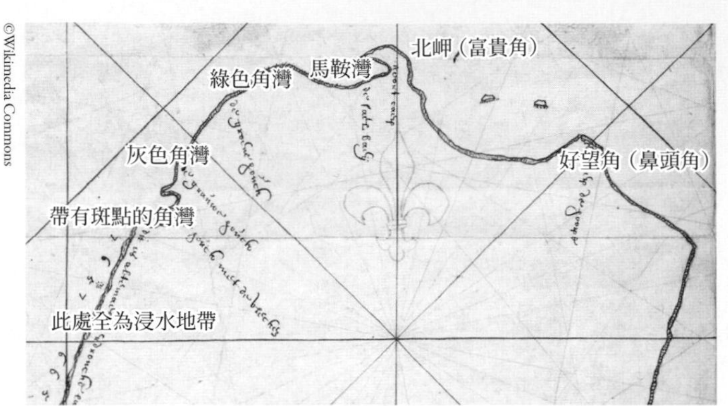

▲圖9｜1625年《北港圖》局部（第13章，圖1）

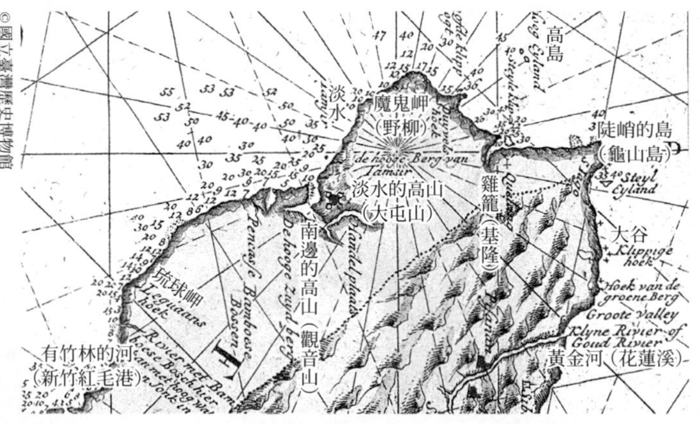

▲圖10｜1654年《卑南圖》局部（第15章，圖1）

▲圖11｜1714年測繪的《皇輿全覽圖．福建省》局部（清康熙年間）

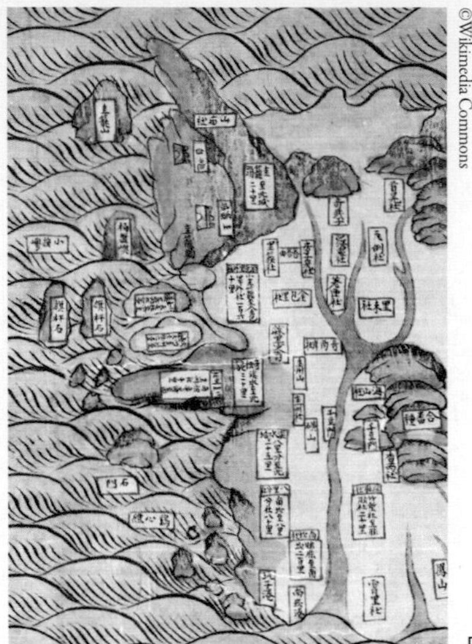

圖12

圖13

◀圖12｜1697～1722年《艾渾、羅剎、臺灣、內蒙古之圖》局部（清康熙36～61年間）

◀圖13｜1878年《全臺前後山輿圖》局部（清光緒4年）